# LE MASSACRE DES SURVIVANTS

DU MÊME AUTEUR

*Israël en danger de paix* (essai), 1969, Fayard.
*Tu vivras dans ton sang* (roman), 1971, Fayard.
*Au nom de la race* (en collaboration avec Clarissa Henry), 1975, Fayard.
*Les Archives de l'espoir,* (en collaboration avec Clarissa Henry) 1977, Fayard.
*O Israël, trente ans d'humour,* 1978, Stock.
*Les Oranges de Jaffa,* (roman), 1981, Garnier.
*Vie et mœurs des GI's en Europe, 1942-1947,* 1981, Balland.
*L'Occupation française en Allemagne,* 1983, Balland.

*Un pogrome est une espèce de rage. Elle n'atteint pas les animaux mais seulement les hommes et, en particulier, les militaires et les étudiants...*

*... Les enragés ne mordent pas chacun. Les Juifs, uniquement, leur portent aux dents. La vue du caftan, des barbes et des papillotes les électrise...*

*... Un pogrome est comme un incendie. Le premier arbre qui flambe allume tous les autres...*

Albert LONDRES

# PROLOGUE

Très régulièrement, le Centre de documentation pour les victimes du nazisme que dirige à Vienne (Autriche) l'infatigable Simon Wiesenthal, publie un rapport annuel sur ses activités.

Dans le rapport pour l'année 1983, figurait un paragraphe qui attira tout particulièrement mon attention. Intitulé « Pour une réconciliation entre Juifs et Polonais », il déclarait en substance :

« Depuis 1945, l'animosité entre Polonais et Juifs — fomentée par une intense propagande antisémite datant de bien avant la guerre en Pologne — ne cesse de croître. Deux facteurs en sont principalement responsables :

« — le nombre élevé de Polonais, collaborateurs des nazis, qui ont activement pris part à l'extermination des Juifs ;

« — les activités antipolonaises des communistes juifs après la guerre.

« Ces deux facteurs estompent les aspects positifs des relations d'amitié qui ont pu alors exister, au point que certains les ont déjà oubliés.

« On doit se souvenir que les 35 à 40 000 Juifs (sur plus de 3 millions) qui ont survécu à l'holocauste nazi en Pologne, doivent leur survie à l'aide que leur ont apportée des Polonais. La preuve en est que les deux tiers des arbres qui ornent l'avenue des Justes menant au Mémorial des victimes du génocide à Jérusalem portent des noms polonais.

« Le fait que les Polonais, collaborateurs des nazis, ont

également causé des ravages parmi les rangs de la Résistance polonaise, ravages qui se sont soldés par l'arrestation et l'exécution d'un nombre considérable de patriotes, n'est pas suffisamment pris en compte par ceux qui critiquent ; ces derniers doivent également savoir que les activités des Juifs communistes, à l'époque stalinienne, n'étaient pas dirigées uniquement contre les Polonais mais aussi contre d'autres Juifs, demeurés en Pologne après la guerre.

« Pendant mille ans, les Juifs ont vécu en Pologne, pays qui les a accueillis après que les gouvernements d'Europe occidentale les eurent chassés de leur territoire. Bien plus que dans beaucoup de pays européens, les Juifs ont joui d'une large autonomie dans l'ancienne Pologne.

« Mais il est aussi vrai que beaucoup de Polonais ont été influencés par la propagande antisémite des nazis quand la Pologne est devenue, entre les deux guerres mondiales, un pays semi-fasciste.

« Les uns doivent donc savoir qu'un grand nombre de Juifs ont combattu au côté des Polonais dans les mouvements de résistance ; les autres, que plus de la moitié des Polonais d'aujourd'hui sont nés après la guerre et qu'on ne peut les tenir pour responsables des crimes commis par leurs pères ou leurs grands-pères. »

Le rapport précisait :

« Adressé à la presse polonaise (hors de Pologne) comme à la presse juive, pour publication, le *Manifeste pour une réconciliation entre Juifs et Polonais* a été bien accueilli par les Polonais émigrés. Mais il a été, en revanche, catégoriquement rejeté par les lecteurs des journaux juifs des Etats-Unis, de France, de Grande-Bretagne, de Suisse, d'Allemagne et, naturellement, d'Israël, qui ont crié au sacrilège.

« Certains de ces journaux ont même refusé de le publier. »

L'initiative était méritoire, courageuse. Elle prenait à contre-pied les idées reçues dans un camp comme dans l'autre. Mais les faits historiques évoqués, tragiques ou réconfortants, appelaient certaines réserves, voire nécessitaient plus ample explication face au souci évident des signataires de faire comprendre aux nouvelles générations que l'Histoire n'est pas toujours telle qu'on la leur a décrite.

Une première réserve s'imposait d'elle-même : tous les signataires de ce *Manifeste,* tant chrétiens que juifs, vivent hors de la Pologne. Ils ne représentent aucune opinion publique, pas même une organisation nationale ou internationale directement concernée par le problème[1].

Ce détail, au demeurant et quand bien même il laissait de côté le point de vue officiel de la Pologne actuelle, jouait plutôt en faveur des initiateurs dont les concessions mutuelles étaient de taille.

En revanche, mettre en parallèle, les « activités antipolonaises » d'une poignée de Juifs staliniens après la guerre avec celles d'un « nombre élevé de Polonais, collaborateurs des nazis, qui ont activement participé à l'extermination des Juifs » pouvait choquer quiconque s'intéresse, de près ou de loin, à cette période tragique de l'Histoire.

De même, passer sous silence les raisons qui ont fait, de la Pologne démocratique et égalitaire, un pays aujourd'hui sans Juifs, alors que près de 250 000 y étaient retournés vivre après la libération, nous a paru tomber dans un travers contraire au but recherché.

L'idée du présent ouvrage est née de cette simple constatation. Il nous a semblé en effet important de comprendre en quoi quelques ministres juifs, staliniens mais minoritaires au sein d'un gouvernement polonais aux ordres de Moscou, étaient responsables du massacre de centaines de rescapés — juifs — de l'holocauste durant les deux années ayant suivi la libération de la Pologne. De comprendre également pourquoi la haine d'une majorité de survivants, témoins de cette époque, est aujourd'hui plus grande à l'égard des Polonais que des Allemands.

La lecture du paragraphe n° 37 de ce rapport aura donc été le point de départ d'une enquête difficile, souvent délicate. Mais le chapitre ayant trait au massacre des survivants en Pologne — et en Pologne uniquement — après

1. Il s'agit, pour la partie juive, de Michel Borwicz, ancien membre du Conseil suprême de la Résistance polonaise, écrivain de réputation internationale ; Simon Wiesenthal, grand spécialiste de la chasse aux nazis ; Jozef Lichten, représentant la Ligue antiraciste en Italie.

Pour la partie polonaise, des professeurs Jan Karski, de l'université Georgetown à Washington et Jerzy Luski, de l'université de San Francisco ; Jan Nowak, ancien directeur de la station américaine *Free Europe* émettant de Munich à destination des pays de l'Est.

la libération, fait partie de ces sujets dont l'historiographie polonaise, officielle ou « émigrée », se garde en général de traiter. Chacun sait, pourtant, que le martyre des Juifs dans ce pays n'a pas pris fin avec la guerre.

Les documents, tant en Pologne qu'à l'étranger, ne manquent pas. Les occulter parce qu'ils sont à même de détériorer une image ne sert qu'à tronquer l'Histoire.

Avec les années, les témoins sont, eux, de moins en moins nombreux. Eparpillés à travers le monde pour avoir été chassés, à un moment ou à un autre, de leur pays natal, leur mémoire m'aura été précieuse.

Que tous ceux qui m'ont aidé à combler cette lacune soient ici remerciés. Et qu'ils veuillent bien encore m'excuser d'avoir, l'espace d'un instant, ravivé de bien pénibles souvenirs.

M. H.

# PREMIÈRE PARTIE

CHAPITRE PREMIER

# LES RUSSES ET LES JUIFS ARRIVENT

PABIANICE, DÉCEMBRE 1944.

L'église avait fait le plein. Les fermiers, venus là autant pour s'informer, comme chaque dimanche, de l'évolution de la situation que pour assister à l'office, ne figuraient pas parmi les habitants les plus dévots de la région. Gens simples, illettrés pour la plupart et menant une vie d'autant plus pénible que les Allemands s'acharnaient à prélever une partie de leurs récoltes pour nourrir leurs troupes et leurs chevaux, ils n'étaient guère loquaces. Aussi suffisait-il au curé d'agiter la main au moment de prendre la parole pour obtenir le silence. Habitué à l'exubérance des Juifs dans la synagogue du quartier où le traînait autrefois son père, Ysok se laissait chaque fois surprendre par ce rite immuable d'un seul homme capable de maîtriser, par simple geste, une foule de gens d'ordinaire si têtus et manquant totalement d'amabilité.

« Mes frères, commença le prêtre d'une voix annonciatrice de nouvelles catastrophes, mes très chers frères polonais, je dois, aujourd'hui tout spécialement, vous mettre en garde : les Russes et les Juifs arrivent. Les Allemands laissent entendre qu'une grande offensive se prépare. Pour peu qu'on sache lire entre les lignes de leurs journaux, l'attaque est imminente. S'il en est ainsi, bientôt, le gouvernement des Juifs, installé à Lublin par Staline, pourra poursuivre, dans l'ensemble de notre vénéré pays, ses activités antipolonaises. Ces Juifs, à qui Moscou a donné le pouvoir, sont des communistes, des athées qui ont toujours combattu l'Eglise catholique. Nous devons nous attendre au pire. »

Debout, près du pilier central faisant face à la grande porte d'entrée, Ysok accusa le coup mais parvint rapidement à maîtriser son émotion. Il chercha le regard de son patron qui, au même moment, tournait la tête dans sa direction. Le fermier lui adressa un clin d'œil entendu pour lui faire comprendre qu'il ne fallait pas attacher trop d'importance aux paroles du vieux prêtre et Ysok se sentit rassuré. Apprendre là, par hasard, que le paysan l'avait accueilli en toute connaissance de cause le soulageait d'un grand poids.

« Ce qui se passe à l'Est est terrible », poursuivait l'homme d'Eglise en gesticulant sur son perchoir. Les intonations de sa voix, chaude et bien timbrée, devenaient, au fur et à mesure qu'il parlait, plus dramatiques, à la manière d'un mauvais acteur qui fait de son mieux pour contenir sa souffrance. A Lodz, sur une scène de théâtre, l'intermède se serait inscrit dans la plus pure tradition de la tragédie polonaise si semblable à la tragédie juive. Ysok observa l'assistance. Elle semblait atterrée.

« Les combattants de notre Armée de l'Intérieur, de notre grande et puissante armée de la Résistance sont, par régiments entiers, arrêtés, désarmés, emmenés en déportation en Sibérie, affirmait le prêtre. Tout ce qui n'est pas juif ou communiste est suspect, accusé de trahison. Nos filles sont violées et les Russes se conduisent en véritables conquérants. »

Ysok leva la tête vers la haute chaire. Le curé, au visage d'ordinaire si pâle, lui sembla au bord de la syncope. Chaque fois qu'il prononçait le mot « Juif » sa face plate, d'où émergeait un nez proéminent et pointu, esquissait une grimace de dégoût. Tant de haine, après ce qui venait de se passer, aurait dû révolter cette masse de croyants réunis là pour se trouver plus près de Dieu. Les paysans ne réagissaient pas, le visage tourné vers le perchoir de bois finement sculpté. Pensaient-ils, comme le curé, que les Juifs, traqués, déportés, fusillés, massacrés souvent avec l'aide de leurs semblables, étaient encore à même de pouvoir chasser les Polonais chrétiens de Pologne, de prendre leur place, de s'emparer de leurs biens comme eux-mêmes l'avaient fait en profitant de l'holocauste ? Les questions se bousculaient dans sa tête mais il était bien incapable de trouver la moindre réponse. Témoin privilégié, à son corps défendant, de ce débordement inattendu de haine, Ysok Helman ne pensa pas un seul instant à ce qui pourrait lui arriver dans le village au cas où son patron, fasciné par le prêtre comme semblaient l'être les autres, finirait par changer d'avis.

Le curé s'épongea le front à l'aide de son inséparable mouchoir à carreaux. Prenant ce geste pour le signal annonçant la fin du sermon, les paysans firent mine de vouloir se lever. Bien mal leur en prit. Le vieil homme s'était mis à hurler.

« Comme l'a dit, en son temps, notre cher cardinal, l'influence juive est immorale. De tout temps, il a existé une question juive en Pologne et cette question existera aussi longtemps qu'il restera des Juifs ici. Ils sont l'avant-garde de l'athéisme, du bolchevisme et de la révolution.

« C'est pourquoi, mes très chers frères polonais, si ces jours-ci vous rencontrez un Juif, un Russe, vengez-vous pendant qu'il est encore temps. Demain, il sera trop tard Les Juifs et les Russes arrivent ! »

Ysok quitta, le premier, l'église. L'air froid, que la neige chargeait d'humidité, lui fit le plus grand bien. Se plaçant derrière le cheval comme pour en vérifier le harnachement, il essaya d'étudier, de loin, les réactions des paysans qui s'égaillaient sur la place. Il ne remarqua rien d'anormal sauf que les familles évitaient de se saluer ce qui était contraire à leurs habitudes. Le patron et son épouse sortirent à leur tour, au milieu du dernier groupe.

— Stefan, dit doucement le vieux en aidant sa femme à grimper sur la carriole, ne raconte jamais aux autres que... nous savions. Même quand les Russes seront là, n'en parle à personne, à personne, tu m'entends ? Sinon, lorsque tu seras parti, c'est la vieille et moi qui devrons nous cacher. M'as-tu compris ?

Prenant pour prétexte que la neige rendait difficile la progression du cheval, Ysok posa sa main sur celles du fermier qui tenaient les rênes.

Avant de l'engager l'année précédente comme valet pour remplacer son fils prisonnier de guerre en Allemagne, le paysan avait longuement étudié son visage. Puis il s'était contenté de dire :

« Je ne veux rien savoir de toi, ni qui tu es ni d'où tu viens. Tu t'appelleras Stefan, et tu seras un bon chrétien qui va à la messe le dimanche et les jours de fête. Tu trouveras un missel sur la table du grenier. Pour le reste, je m'arrangerai avec le maire. C'est un vrai patriote et on peut lui faire confiance. »

Echappé du ghetto de Lodz alors que les SS s'apprêtaient à le liquider, l'étudiant en médecine Ysok Helman avait, ce jour-là, compris que jouer le jeu restait pour un Juif dans sa situation le seul moyen de survivre. Si fréquenter l'église devait représenter une question de vie ou de mort, pour lui comme pour le paysan polonais qui l'accueillait, il se plierait volontiers à cette exigence, ne serait-ce que pour éviter toute complication avec le voisinage. Nanti d'un « bon » visage aryen, affable et travailleur, Ysok était ainsi entré d'emblée dans le personnage de Stefan que les paysans du village avaient rapidement accepté comme étant des leurs. Une seule fois, dans les tout débuts, un policier polonais était venu de la ville poser quelques questions à son sujet au patron et à son épouse. Prétextant que leur valet, originaire d'une région lointaine sérieusement ravagée par la guerre et les bombardements, ne possédait pas de papiers, les fermiers en avaient été quittes pour la peur en offrant à l'intrus deux litres de schnaps et un kilo de beurre. Un calme absolu, presque serein, avait fait suite à cette seule et unique alerte. Jamais le fermier n'avait posé la moindre question. A la ferme, on évitait de parler des Juifs, de la chasse aux Juifs à laquelle se livraient Allemands et Polonais, à la ville comme à la campagne.

Pourtant, depuis que l'Armée rouge était entrée en territoire polonais, vers la fin du mois de juillet 1944, pour s'arrêter, quelques jours plus tard, aux portes de Varsovie, une certaine agitation s'était emparée du village et des hameaux environnants. Les bruits les plus terrifiants couraient, avec persistance, dans cette partie du pays toujours occupée par les Allemands, à propos de la conduite des soldats russes envers les populations des provinces libérées.

Au début, Ysok n'y avait guère prêté attention, préférant se tenir à l'écart des bavardages et des rumeurs dont la Pologne était, depuis toujours, très friande. Il s'agissait, après tout, d'une affaire entre Russes et Polonais dont les survivants juifs n'avaient pas à se mêler.

Peu à peu, les semaines passant, les bruits, colportés par le bouche-à-oreille et amplement grossis et déformés par la presse et la radio au service des nazis, s'étaient faits plus précis, plus alarmants. A partir du mois d'octobre et après avoir appris que l'insurrection de Varsovie s'était soldée, à l'issue de 63 jours de combats, par un épouvantable fiasco que les Russes s'étaient contentés d'observer sans intervenir, le curé du village avait cru devoir prendre la situation en main. De sermon en sermon, le dimanche à la fin de la grand-messe, il s'efforçait de mettre ses ouailles en garde contre le nouveau danger qui menaçait la Pologne, chrétienne et antibolchevique, dont une partie déjà se trouvait occupée par « l'ennemi héréditaire ». Jusqu'à ce dimanche, le prêtre avait évité de s'en prendre nommément à la Russie dont les soldats faisaient malgré tout le sacrifice de leur vie pour libérer les Polonais du joug nazi. La croisade du vieux curé, qu'il supposait semblable à celle de tous les curés, dans toutes les provinces encore occupées à cette époque, avait été dirigée contre Satan que les fidèles se devaient de repousser s'ils voulaient éviter l'Enfer.

Contrairement à ce qui s'était passé depuis l'entrée des Allemands en 1939, les Juifs avaient été eux aussi épargnés par cette nouvelle campagne de haine que l'arrivée prochaine de l'Armée rouge venait de susciter parmi les Polonais farouchement opposés à toute idée de chasser les Allemands autrement que par leurs propres moyens. Ysok, un moment, s'était pris à espérer que la hiérarchie catholique, frappée par le malheur commun, était subitement revenue à de meilleurs sentiments à l'égard des Juifs, victimes de la plus grande tragédie de tous les temps. Dans le doute, comme devaient l'être tous ceux qui, comme lui, avaient réussi à échapper au massacre organisé, il avait voulu se convaincre que la guerre avait eu un effet bénéfique sur ses compatriotes chrétiens.

Le sermon du curé, ce dimanche, le dernier avant les fêtes de Noël, venait d'un coup de lui enlever toutes ses illusions.

RÉGION DE VARSOVIE, DÉCEMBRE 1944.

La Wehrmacht occupe toujours la moitié de la Pologne et l'offensive des Russes se fait attendre. Déclenchée le 1^er^ août, l'insurrection des Varsoviens s'est terminée, deux mois plus tard, dans un bain de sang. Le courage des 50 000 combattants, leur audace, leur ingéniosité pour compenser la faiblesse de leurs moyens face à l'acharnement des Allemands à briser la résistance comme à détruire la ville, quartier par quartier, maison par maison, n'ont servi à rien. La capitulation a été signée le 2 octobre à 20 heures et le bilan est lourd : 180 000 civils et 20 000 combattants tués, Varsovie rayée de la carte.

Au moment du déclenchement des opérations, entreprises par la Résistance polonaise pour enlever aux Russes l'honneur de libérer la capitale, 20 000 Juifs environ, échappés aux griffes des nazis, ont survécu, les uns, ceux qui possèdent un « mauvais » visage, en se cachant dans des abris de fortune, les autres, nantis d'un physique « aryen » et de faux papiers, en se faisant passer pour de « vrais » Polonais.

L'insurrection a fait souffler un vent de liberté sur la ville et les Juifs sont aussitôt sortis de l'ombre, pour se battre, construire des fortifications, creuser des tranchées, défendre la patrie, leur patrie.

Mais pas plus que le malheur commun, l'héroïsme n'a pu rapprocher les êtres. Attisée par les rumeurs venues d'outre-Vistule, la haine séculaire du Juif s'ajoutant au stéréotype du judéo-communisme a, elle aussi, refait surface. Les Juifs sont chassés des queues pour le ravitaillement en eau potable ; on leur interdit, en certains endroits, de s'approcher des centres de distribution de soupe populaire et, plus terrible encore, de pénétrer dans les abris pendant les bombardements aériens.

D'autres, isolés ou en groupes, sont exécutés en secret, certains même après avoir été condamnés pour collaboration avec les... Allemands ou pour avoir été trouvés porteurs de... faux papiers. Obnubilés par un surcroît d'orgueil national que leur confèrent quelques succès, les Polonais croient pouvoir faire face, seuls, à la Wehrmacht et, bientôt, à l'Armée rouge. Etranger, et qui plus est « épargné » par Hitler, le Juif ne peut avoir l'honneur, du moins pour certains éléments de la Résistance, de combattre pour la Pologne.

« Ils étaient quinze Juifs, raconte J. Turkow, un témoin oculaire, qui se présentèrent à une unité de l'Armée de l'Intérieur (AK) commandée par un officier du nom d'Okrzeja, dans l'espoir de combattre aux côtés des Polonais dans Varsovie assiégée. Quatorze furent abattus sur-le-champ. Le quinzième réussit à s'enfuir et s'adressa à une autre unité pour se plaindre de l'assassinat de ses camarades. Il n'eut pas le temps de terminer sa première phrase[1]. »

« Dans la plupart des cas, note Joseph Kermish, qui vécut de très près ces événements, les Juifs qui trouvèrent la mort dans les combats de l'insurrection tombèrent en tant que non-juifs et ont été enterrés avec leurs frères d'armes polonais, leur véritable identité étant demeurée inconnue[2]. »

« La tragédie des Juifs, notera un autre témoin oculaire mais « pur » Polonais, Jerzy Pytlakowski, a atteint son paroxysme avec la capitulation des insurgés. Le retour des Allemands signifiait pour eux une mort cruellement inévitable mais à la veille même de la capitulation, des Juifs, qui avaient pris une part active aux combats, ont été massacrés dans le plus grand secret. Ces faits ont été accomplis par des hommes de la NSZ (Forces armées nationales) et par des éléments d'extrême droite de l'*Arma Krajowa*[3]. »

Une longue période de flottement succède aux actes d'héroïsme et aux sacrifices inutiles dans Varsovie qui agonise. Privés d'eau, d'électricité, de nourriture, de logements, quelques habitants s'accrochent aux ruines en dépit de l'ordre des Allemands de quitter la ville. Ordre a aussi été donné de tirer à vue sur tous ceux qui seront découverts. Mais pour ceux-là — Juifs, membres de l'AK, prisonniers évadés — se livrer aux SS serait pire. Ironie de l'histoire, les survivants juifs de Varsovie auront été les seuls de toute la communauté vouée au génocide à avoir pu jouir, quelques semaines durant, du statut d'êtres humains. Quelques semaines... sur cinq années d'une vie de paria.

Mais dans Varsovie, qui n'est plus qu'un cimetière pour les hommes comme pour les pierres, à nouveau ils se terrent sans savoir combien de temps leur drame va encore durer.

La situation des Polonais que les Allemands ont chassés de la ville est, elle aussi, des plus tragiques. Ils ont été déportés vers l'intérieur, là où l'armée allemande impose encore sa

1. Cité par J. Kermish, *Notes* in *les Rapports polono-juifs pendant la Seconde Guerre mondiale*, E. Ringelblum, Yad Vashem, Jérusalem (en hébreu), 1974.
2. J. Kermish, *op. cit.*
3. *Idem.*

loi, dans ces régions de l'Ouest en proie au chaos le plus complet[1].

La défaite du IIIe Reich, à l'Est, est presque consommée mais l'Armée rouge n'a encore pris aucune initiative. Elle n'est même pas venue au secours des insurgés de Varsovie et cette attitude suscite — et suscite encore — la colère et l'indignation des Polonais qui voient là l'intention de Staline de laisser la Pologne s'épuiser afin de mieux l'asservir par la suite[2].

La vie se fige. A cet instant précis de son histoire, la Pologne est, une fois de plus, coupée du reste du monde. La tentative de mettre les Russes devant un fait accompli en créant, en cas de victoire à Varsovie, une administration nationale qui aurait éliminé le gouvernement des « communistes et des Juifs » de Lublin s'étant soldée par un échec, le pays reste encore divisé en deux parties bien distinctes, l'une allemande à l'Ouest, l'autre russe, à l'Est.

La Pologne possède non pas un gouvernement mais deux — provisoires l'un comme l'autre — le premier en exil à Londres, nationaliste, conservateur et qui jouit du soutien de la grande majorité des Polonais[3]; le second, à Lublin, d'obédience soviétique, formé par des gens inconnus du grand public qui les considère d'emblée comme de vulgaires marionnettes manipulées par Staline. Pour couronner le tout, deux armées polonaises combattent l'ennemi allemand, l'une sur le front occidental mais sous commandement anglo-américain, l'autre sur le front oriental, de faible importance numérique et noyée au sein de l'immense Armée rouge. Le fait que des Juifs exercent des fonctions dans le gouvernement de Lublin — ce qui ne s'était jamais vu — s'ajoute à la frustration d'être bientôt « libérés » par une puissance étrangère dont personne ne veut, et que la Pologne

1. Aux insurgés, hommes et femmes, fut accordé le statut de « belligérants ».

2. La polémique reste ouverte : Staline n'a-t-il pas voulu secourir les insurgés ou l'Armée rouge n'en avait-elle pas, à ce moment-là, les moyens ? Le sujet dépasse notre enquête.

3. Ce gouvernement reposait sur une coalition des principaux partis politiques d'avant-guerre légaux ou illégaux, qui allaient des socialistes modérés à l'extrême droite. Les communistes, qui ne le reconnaissaient pas comme représentant le peuple polonais, n'y participaient pas.

n'a pas choisie comme alliée. De plus en plus aléatoire est l'espoir mis dans une intervention anglo-américaine pour rendre à la Pologne son indépendance.

A partir de ces nouvelles données historiques qu'elle ne maîtrise pas, la droite polonaise, majoritaire, considère qu'elle a désormais deux ennemis à combattre : l'Allemand et le Russe. Le Juif, qui, pêle-mêle, incarne dans les esprits le péril rouge, le bolchevisme, la révolution, l'athéisme, l'étranger, le déicide et l'antipolonais devient, dans de telles circonstances, le bouc émissaire à même de polariser l'indignation des masses populaires, malgré la précaution prise par les Russes de rendre invisibles la plupart des Juifs chargés d'aider la poignée de communistes polonais à mettre en place le nouveau régime.

Henryk Gutglass, devenu « invisible » à titre militaire, fait partie de ces Juifs, pourtant très nombreux, dont les curés ne parlent jamais dans leurs sermons. Il combat dans les rangs de l'Armée rouge qui va libérer la Pologne.

Patriote polonais, nationaliste farouche, il a répondu, en septembre 1939, à l'appel des autorités de Varsovie qui demandaient à la jeunesse de fuir vers l'est où une résistance à l'envahisseur allemand allait être mise sur pied.

Le départ des jeunes gens s'est fait dans la précipitation devant l'avance rapide des troupes de la Wehrmacht. Chemin faisant ils ont croisé des convois de réfugiés polonais qui, eux, fuient l'attaque de l'Armée rouge et se rendent à l'ouest, vers les Allemands. Gutglass et ses compagnons rencontrent enfin les premiers détachements de l'armée soviétique qui va bientôt occuper une moitié de la Pologne. Ils applaudissent. Le Russe c'est la liberté, la certitude qu'on sera à l'abri des nazis et de leur politique raciale.

Un inconnu, un jour, les interpelle dans une rue de Loutsk.

— Vous parlez le yiddish ?

— Et pourquoi ne parlerait-on pas le yiddish ?

— De quoi vous réjouissez-vous ?

— De notre libération par les Russes.

— Vous allez le regretter.

Les patriotes de Varsovie ignorent que la police secrète soviétique fait de véritables ravages parmi les réfugiés polonais. Les arrestations de « suspects » sont nombreuses, les déportations également. Henryk et ses compagnons sont jeunes. Ils ont entre dix-sept et vingt ans. Ils seront épargnés.

La vie est dure mais supportable alors que de l'autre côté les persécutions, les massacres ont déjà commencé. De temps à autre, les Russes pendent un Juif en public pour avoir acheté de la nourriture chez les paysans ukrainiens. D'autres Juifs sont déportés vers l'intérieur ou disparaissent sans laisser de trace.

En juin 1941, les Allemands lancent une attaque foudroyante. Lutsk change de mains en quelques heures et trois mille Juifs sont aussitôt enfermés dans un ghetto. Les massacres commencent. Ils seront tous exterminés à l'exception de Henryk et de son camarade Bronstein qui s'évadent à la veille de « l'évacuation ».

L'errance de village en village durera douze mois. Finalement, déguisés en paysans, ils survivront, « les Ukrainiens, à l'inverse des Polonais, ne reconnaissant pas toujours un Juif ». Ils sont à Kiev.

Le 6 novembre 1943, l'Armée rouge reprend la ville après 778 jours d'occupation.

Là encore, Gutglass n'hésite pas, il s'engage dans la division polonaise qui lutte aux côtés de l'armée russe. Il se souvient :

« Qui dit Polonais dit généralement antisémite. La proportion élevée d'officiers soviétiques au sein de cette armée hétéroclite, appelée à représenter la Pologne communiste au combat, créait déjà beaucoup de difficultés aux recrues polonaises peu enthousiastes pour servir les " rouges ". Les Russes ne voulurent pas aggraver la situation en engageant un maximum de Polonais d'origine juive. Cependant, à part quelques officiers polonais " bien-pensants " les chrétiens capables de former les cadres de la division étaient peu nombreux. Nous partions de zéro. Il fallait donc trouver ces cadres combattants mais aussi des médecins, du personnel administratif sachant lire et écrire, des techniciens. D'où la nécessité de faire appel aux volontaires juifs à qui on demanda, au préalable :

« — de changer de nom et de prénom ;

« — de ne jamais avouer qu'on était juif ;

« — de se déclarer de nationalité polonaise dans toutes les démarches officielles.

« De devenir, en quelque sorte, des Juifs invisibles.

« Ce que nous avons accepté, naturellement, tout en sachant parfaitement à quoi nous en tenir sur l'aptitude des Polonais à repérer un Juif dans n'importe quelle circonstance. Mais enfin, c'était la guerre, la Pologne était occupée et nous n'avions que faire de l'opinion et des états d'âme de certains. Les Russes, en cela, partageaient largement notre avis.

« Nous étions nombreux à vouloir combattre le nazisme. La demande était si importante parmi les Juifs polonais réfugiés en Union soviétique que les sergents recruteurs russes se sont offert le luxe de refuser l'incorporation de ceux de nos camarades dont les traits avaient une apparence par trop sémite[1]. »

La division polonaise *Kosciuszko,* créée sur ordre de Staline, avait connu des débuts difficiles par suite du manque d'effectifs à prélever sur les hommes en âge de porter les armes[2]. Plus d'un million et demi de Polonais, déportés des territoires occupés en 1939 par l'Armée rouge, se trouvent alors en Russie mais la plupart sont d'un niveau d'instruction proche de l'analphabétisme. Placée sous le commandement du colonel Zygmund Berling, la division a besoin d'hommes susceptibles de créer un esprit de corps à l'image de l'Armée rouge. A ces hommes, communistes déclarés ou sympathisants, reviendra, en grande partie, la charge de façonner, par une intense propagande communiste et pro-soviétique, ces unités polonaises dont la présence, tout du moins sur le plan psychologique, sera d'une importance décisive au moment de la libération de la Pologne par les Russes.

Eviter que les Juifs, notamment les officiers et les médecins, ne soient trop voyants permettait donc de ménager la susceptibilité des Polonais. Si l'armée polonaise de 1939 avait été vaincue en moins de trois semaines par la Wehrmacht, la division polonaise sous les ordres d'Anders combattait avec héroïsme en Italie, renforçant ainsi le prestige du gouvernement en exil à Londres. Il fallait donc prouver

1. Entretien avec l'auteur.
2. Une première division polonaise, dirigée par le général Anders et formée d'éléments antirusses et anticommunistes avait quitté l'Union soviétique pour le Proche-Orient où elle fut intégrée à l'armée britannique. Parmi eux se trouvait le futur leader politique israélien, Menahem Begin.

au peuple que, grâce au grand frère russe, les Polonais communistes étaient, eux aussi, capables de mettre sur pied la seule, la vraie armée de la Pologne.

« Ce fut à tel point que chaque fois qu'une ville polonaise était libérée par l'Armée rouge, c'est aux hommes de la division *Kosciuszko* que revenait l'honneur de défiler en tête de la parade de la libération. Cela s'est produit partout, à Lublin, à Bialystok, à Lodz, à Cracovie. Cependant, à Varsovie, où la division — déjà forte de 100 000 hommes — s'est bien battue, le " bluff " de la parade n'a pas échappé aux " libérés " qui accueillaient les soldats de l'Armée rouge plutôt en envahisseurs qu'en libérateurs. Si bien que dans les rues de la capitale, nous, les soldats polonais qu'on prenait pour des Russes, nous avons été très surpris de l'attitude des gens à notre égard[1]. »

A Kiev, le capitaine Gutglass avait cherché des survivants mais il n'en restait plus un seul. Tous morts, assassinés par les Allemands.

Parfois, au cours de la progression de son unité, il découvrait une femme, un gosse qui étaient incapables de lui expliquer comment ils avaient survécu.

L'offensive soviétique, déclenchée le 12 janvier, se développait à une allure vertigineuse devant une armée allemande acculée à la défensive. Les Russes et les Juifs, cette fois, arrivaient pour de bon.

Les combats à peine terminés, le capitaine obtient de son général la permission de « fouiller la ville », poussé par la mission que se sont donnée tous les militaires juifs de retrouver des rescapés. Avec l'aide de son chauffeur les recherches commencent. Dans une écurie, un groupe de squelettes vêtus de sacs de papier utilisés pour le transport du ciment se pressent les uns contre les autres. A la vue des deux soldats, ils lèvent les bras.

— Juifs ! Que faites-vous là ? Vous êtes libres... libres.

Ils gardent les bras en l'air. L'écurie dégage une puanteur terrible, l'odeur de cadavres en décomposition.

— Sortez, je vous en prie. Nous allons vous conduire à l'infirmerie.

1. Léon Abramowicz, entretien avec l'auteur.

Il s'adresse à eux en yiddish. Le chauffeur, un jeune Russe, pleure à chaudes larmes.

Même silence. Même immobilité craintive. Même dans leur propre langue, le mot « libre » ne veut plus rien dire.

Il faudra faire appel à des infirmières et à des médecins pour obliger ces malheureux, bagnards d'un camp de travail forcé oubliés par les SS dans leur fuite, à manger un peu de soupe et à s'étendre sur la paille.

Le soir, rendant compte de ses recherches au général, ce dernier lui dit :

— Henryk ! Les Allemands ont laissé ici un tas d'idées et d'habitudes qui vont faire leur chemin. Les Juifs ne doivent pas rester en Pologne, à cause de ces idées. Les Slaves ne vous aimeront jamais. C'est dans le sang, et rien ni personne ne pourra le changer, même pas nous.

Le combattant Gutglass écoute, paralysé. Il vient de retrouver sa patrie, la Pologne. Les Juifs polonais n'en ont pas d'autre.

— Staline, poursuit l'officier, fait actuellement plus confiance aux Juifs qu'aux Polonais. C'est grâce aux Juifs qu'il va introduire les idées communistes en Pologne. Mais quand il n'aura plus besoin d'eux, il les chassera et les Polonais l'aideront à s'en débarrasser.

Le capitaine n'en croit pas ses oreilles :

— Mon général... pourquoi me dites-vous ça ?

— Ce serait beaucoup trop long à t'expliquer.

Henryk Gutglass se demande encore aujourd'hui si le général n'était pas, lui aussi, un « invisible ». Russe, naturellement.

WROCLAWEK, JANVIER 1945.

Parti, dès la libération, d'un camp satellite d'Auschwitz, à pied et par ses propres moyens, Moshé Lisiak arrive, trois semaines plus tard, à Wroclawek, sa ville natale. Très affaibli par des années de détention, il a progressé par petites étapes, marchant, de jour, au milieu des convois de l'Armée rouge et des foules de réfugiés qui encombrent les routes défoncées du Sud de la Pologne, se reposant, la nuit, dans les fermes désertées par les paysans à l'approche des combats. Lui aussi se souvient :

« On pourrait penser, aujourd'hui et compte tenu des conditions effroyables dans lesquelles les internés avaient vécu à Auschwitz, qu'ils ont été pris en charge dès leur libération, comme cela s'est passé à l'Ouest quand les Américains ou les Anglais sont entrés à Dachau ou à Ravensbrück. Ce ne fut pas le cas. Une fois libérés, nous étions totalement livrés à nous-mêmes. Tout dépendait alors de l'état de chacun. Trop faible pour se déplacer, le déporté restait là où la liberté l'avait trouvé, dans un hôpital ou une infirmerie de fortune installés par les Russes, en attendant d'être pris en charge par les commissions spécialisées. Certains de mes camarades ont ainsi passé plusieurs semaines avant de pouvoir être ramenés chez eux. Il faut se souvenir que la guerre se poursuivait, plus féroce à l'Est qu'à l'Ouest où les Allemands n'ont pas appliqué leur méthode de la terre brûlée. Lorsque le déporté avait suffisamment de force pour tenir debout, seul ou en groupe, il a pris le chemin le plus court pour retourner à la civilisation. Notre première étape fut Katowice où fonctionnait déjà un centre de triage et de premiers secours. Après, pour les Polonais, cela a été à nouveau le chacun pour soi tandis que les Français, les Belges, les Italiens étaient pris en charge par des commissions envoyées spécialement pour s'occuper de leur rapatriement. Nous, nous étions chez nous... enfin, si l'on peut dire puisque le retour ne s'est pas du tout passé comme on se l'était imaginé à Auschwitz[1]. »

Il est dix heures du matin, quand Moshé Lisiak s'engage dans la rue principale de la ville. Et c'est là, en se traînant jusqu'à son ancien quartier, qu'il va vivre la plus étrange aventure qu'un survivant ait pu rencontrer sur le plan psychologique.

De tous les fantômes en pyjama rayé qui errent depuis la fin janvier sur les routes de la Pologne, il est le premier à être de retour à Wroclawek. Un Juif libre, seul, sans SS pour le faire avancer plus rapidement à coups de crosse de fusil, les Polonais n'en ont pas vu depuis 1939.

Rue Poznanska, place Wolnosci, rue Koscinski où sévissait la Gestapo, un même cri s'échappe de leurs lèvres à la vue de

1. Moshé Lisiak, entretien avec l'auteur.

Moshé, l'enfant de la ville, qui les salue de la main. « Les Juifs reviennent ! Les Juifs reviennent[1] ! »

Moshé ralentit le pas. La fatigue, la stupeur aussi, devant tant d'animosité inattendue, risquent d'avoir raison de ses dernières forces. Il marche au milieu de la chaussée mais la rumeur parvient quand même jusqu'à lui. Une deuxième exclamation fait, de temps à autre, écho à la première : « Quoi ! Ils ne sont pas tous morts ! »

L'inévitable juron polonais « choléra » accompagne la clameur.

Avec son pyjama de bagnard et ses galoches entourées de chiffons « à la russe », le pensionnaire d'Auschwitz, malgré sa misérable apparence, ne s'attire pas le moindre geste de compassion. Soudain, Moshé comprend : il n'y a plus de Juifs à Wroclawek. Les inscriptions en lettres hébraïques ont disparu des enseignes des magasins. Les synagogues ont été détruites par le feu bien avant sa déportation. Il se souvient que dans le vieux cimetière se déroulaient, clandestinement, les activités culturelles du dernier carré des survivants. Parmi les pierres tombales, des enfants y avaient suivi, la nuit, des cours d'instruction générale ou religieuse, des amateurs avaient monté des pièces de théâtre et créé une sorte de bourse permanente où l'on pouvait échanger des livres. De tout cela il ne restait apparemment plus rien[2].

L'impression de se mouvoir dans un désert, en dépit ou à cause de ces gens qui ricanaient sur le pas de leur porte, se confirma lorsqu'il fut arrivé devant ce qui, sa vie durant, avait été son chez-lui.

« Ma maison, comme toutes les maisons vidées de leurs habitants juifs, était occupée par un Polonais qui, naturellement, a refusé de me la rendre. Heureusement, un voisin, ami d'enfance, a offert de m'héberger pour quelques jours. C'était un bon Polonais, comme il y en eut beaucoup, certainement plus que certaines gens veulent bien le recon-

1. La population chrétienne de Wroclawek avait, elle aussi, terriblement souffert pendant l'occupation. La ville, rebaptisée « Leslau » par les Allemands, comptait alors 60000 habitants dont 13500 Juifs. Elle fut libérée le 20 janvier par les soldats du 1er front de Biélorussie avec la participation d'une brigade blindée polonaise.

2. La liquidation de « tout ce qui était juif » fut entreprise dès le mois de septembre 1939 avec la participation active de la population locale, de souche germanique ou polonaise. Elle prit fin en avril 1942.

naître. Il n'empêche que l'antisémitisme a resurgi dès l'instant où les Juifs ont fait leur réapparition. Nous n'étions pourtant plus très nombreux[1]. »

RÉGION D'AUSCHWITZ, JANVIER 1945.

« L'avance des troupes russes mit un point final à l'histoire du camp d'extermination d'Auschwitz. Dans le froid de l'hiver, les détenus furent poussés sur les routes, tragiques colonnes engagées dans ce que l'on a appelé la marche de la mort. Beaucoup, qui auraient pu survivre au camp, ont alors péri, gelés, affamés, abattus parce qu'ils ne pouvaient plus avancer. Ceux qui résistèrent à la marche et au trajet en chemin de fer — souvent dans des wagons de marchandises ouverts — passèrent la dernière période dans d'autres camps, une période de faim dépassant l'imagination[2]. »

Moché Garbarz sera de ceux-là. Mais avant de quitter le camp de Jawischowitz, camp satellite de Dachau, les déportés affectés au travail dans la mine avaient noté chaque détail annonciateur d'une libération imminente par les Russes. Vers la fin de décembre, les kapos, subitement, s'étaient montrés moins brutaux, moins durs envers les bagnards. C'est tout juste s'ils s'avisaient de les battre pour maintenir un semblant de discipline. La peur du Russe augmentait au fur et à mesure que se répandaient les rumeurs faisant état d'une prochaine grande offensive d'hiver à partir de la Vistule.

Chose curieuse, parallèlement à ce relâchement de la violence des « chefs », l'agressivité des Polonais envers les Juifs se faisait plus vive. Un tel comportement paraissait incompréhensible, illogique surtout. Moché Garbarz voulut en avoir le cœur net. Il posa la question à son coéquipier de la mine :

— Pourquoi tes compatriotes recommencent-ils à se conduire si mal avec les Juifs ? A quelques jours de notre libération...

Le Polonais avait refusé de répondre mais Moché avait insisté :

— Eh bien voilà, finit-il par avouer, dimanche dernier, à

1. Entretien avec l'auteur.
2. Hermann Langbein, *Hommes et femmes à Auschwitz*, Fayard, 1975.

la messe, le curé de la paroisse a consacré son sermon à nous mettre en garde. Il a dit : « Attention, les Russes et les Juifs avancent. Bientôt ils seront ici. Alors vengez-vous des Russes et des Juifs avant qu'il ne soit trop tard. »

Quelques jours plus tard, les Russes, effectivement, arrivèrent. Mais Moché Garbarz n'était plus là pour voir à quel saint le curé allait se vouer. Les SS avaient poussé les déportés sur les routes glacées, jusqu'au cœur de l'Allemagne, ne laissant sur place que les malades et les mourants[1].

Pour eux, pour ces morts en sursis, la liberté avait le visage d'un soldat russe. Henry Bulawko ne l'a pas oublié :

« Les Russes étaient là [...]. Il y avait à manger et à boire à profusion. Les occupants s'étaient enfuis, abandonnant tout, au milieu du repas [...].

« Je me dirigeais vers les somptueuses baraques d'officiers SS où trônait encore le portrait du Führer, lorsque j'aperçus un camarade français, Maurice Cohen. A ma vue, il lança un cri joyeux :

« — Arrive, les Russes sont là !

« — Où ? m'écriai-je en hâtant le pas.

« Déjà, derrière lui, je découvrais un soldat arborant l'étoile rouge sur son bonnet. C'était un Mongol tout jeune. Il avançait, le fusil mitrailleur braqué. Je m'élançai vers lui et lui sautai littéralement au cou.

« Sa surprise fit place à un sourire. Je lui parlai en français et il ne comprit pas un mot de ce que je lui disais...

« — Hitler *Kaputt !* me dit-il en souriant.

« Et déjà il se remettait en marche...

« Les Russes qui défilaient ne semblaient pas surpris de nos vêtements et de notre aspect physique. Ils avaient déjà vu Auschwitz quelques jours auparavant. Ils avaient rencontré d'autres camps et d'autres ghettos en route. Ils savaient ce qu'avait été notre enfer[2]. »

La formidable puissance de l'Armée rouge prend de court les curés et leurs menaces.

Au milieu du troupeau de détenus évacués d'Auschwitz et dont l'enfer va se prolonger jusqu'aux derniers jours de la

1. Moché et Elie Garbarz, *Un survivant,* Plon, 1984.
2. Henry Bulawko, *les Jeux de la mort et de l'espoir,* Encres, 1980.

guerre dans les camps à l'intérieur de l'Allemagne[1], quelques jeunes gens se distinguent par leur apparence physique, leur manière assurée de marcher, l'aide qu'ils prodiguent à ceux qui flanchent. Moins atteints que leurs compagnons — leur arrivée à Auschwitz ne remonte qu'à quelques mois — ils sont originaires de Kielce et de sa région et doivent leur survie, le mot ici n'est pas trop fort, à un miracle. Mordekhaï Gertler est parmi eux. Il a vingt ans au moment où son convoi prend la route.

Les Allemands sont entrés le 4 septembre 1939 à Kielce, amenant avec eux la terreur et les persécutions. 28 000 Juifs parqués dans un ghetto (isolé de la ville chrétienne) vont rencontrer la mort.

Elle vient d'abord pour 45... enfants que les SS massacrent, pour se divertir, le 23 mai 1941, sous les yeux de la foule horrifiée[2]. Le plus âgé a dix ans, le plus jeune... dix-huit mois.

Elle vient aussi pour 4 000 autres Juifs, emportés par une épidémie de typhus. Elle vient enfin, entre le 20 et le 24 août de l'année suivante, quand 21 000 personnes, en majorité des vieux, des femmes et des enfants, sont « transférées » à Treblinka afin d'y subir, selon la terminologie nazie, « un traitement spécial ».

Les hommes et les femmes jeunes et aptes au travail ont été provisoirement épargnés. Des camps de travaux forcés, érigés à leur intention, les accueillent : Skarzysko-Kamienna, Blizyna, Pionki.

Comment, par quel moyen, par le truchement de quelle complicité, ces esclaves, séparés du monde des vivants, ont-ils perçu les échos des sermons tenus à l'encontre des Juifs et des Russes dans les églises ? Mordekhaï Gertler l'ignore.

« Nous avions surtout compris que les Russes étaient passés à l'offensive et que l'heure de notre libération approchait. »

Convaincus que cette libération n'est plus qu'une question de jours, un certain nombre de déportés employés dans les camps de travaux forcés réussissent à fausser compagnie à

1. Ceux qui survivront aux exécutions, à la maladie, à la faim, seront répartis dans les camps de Dachau, de Buchenwald et de Bergen-Belsen. Peu d'entre eux réussiront à fausser compagnie aux SS.

2. Un monument à leur mémoire sera érigé au cimetière juif de Kielce en 1945 par des survivants.

leurs gardiens SS. Les forêts, dans cette région, ne manquent pas. Elles abritent même beaucoup de partisans polonais. Hélas, certaines unités, d'extrême droite, participent, aux côtés de la Wehrmacht, à la chasse aux Juifs et aux communistes. Depuis longtemps...

Le cri de vengeance des curés prend alors toute sa signification...

« Les Russes ne venaient pas. Ils s'étaient arrêtés de l'autre côté de la Vistule. Les fuyards se trouvèrent pris au piège, poursuivis par plusieurs chasseurs à la fois : les SS, les « partisans » polonais [1], les paysans qui les abattaient à coups de faux ou de hache ou les vendaient aux Allemands pour quelques zlotys. Ceux qui ont été repris ou qui étaient restés dans les camps de travail se sont retrouvés à Auschwitz, au mois d'août. Nous n'étions plus très nombreux et Kielce est alors devenue *Judenrein,* nettoyée de ses Juifs. Comme le reste...

« A partir de l'évacuation nous n'avons plus rien su de ce qui pouvait se passer en Pologne. En août 1944 j'ai attendu les Russes mais ce sont les Anglais qui m'ont libéré, à Bergen-Belsen... huit mois plus tard, le 15 avril 1945 [2]. »

1. Dont une brigade suivra la Wehrmacht dans sa fuite. Chapitre III : Les gars dans la forêt.

2. Entretien avec l'auteur.

CHAPITRE II

# MIRACLE À LUBLIN

Arrêté à Lwow (Ukraine) en septembre 1939 par le NKVD [1] et alors que l'Armée rouge venait tout juste d'occuper les provinces orientales de la Pologne, condamné à huit ans de travaux forcés pour « activités politiques contre-révolutionnaires », le docteur Emil Sommerstein, éminent économiste et leader sioniste de longue date — il a, à ce titre, siégé au parlement polonais jusqu'à la guerre — fut convoqué un matin de juin 1944 dans le bureau du responsable du Goulag. Malade, perclus de rhumatismes contractés dans les camps russes, il s'y rendit appuyé sur des béquilles et vaguement inquiet d'être, à nouveau, l'objet d'une attention particulière.

— Vous êtes libre !

— Pardon ?

— Voici le message arrivé de Moscou à votre sujet. Vous êtes libre.

— Un message ! De Moscou ! Libre !

Le vieux docteur essayait de comprendre. A plusieurs reprises, au cours des années précédentes, il avait été convoqué dans un bureau pour « affaires concernant l'avenir » mais il avait, chaque fois, repoussé les avances de l'Union des Patriotes polonais qui préparaient, en Union soviétique où ils s'étaient réfugiés, cet avenir de la nouvelle Pologne sous le contrôle du Kremlin. Par la suite, et les contacts ayant été rompus, les Patriotes communistes

1. Comme le furent des centaines de milliers d'autres Polonais, chrétiens ou juifs, sujet sur lequel nous reviendrons.

avaient perdu sa trace. Le NKVD venait de la retrouver et cela ne lui disait rien qui vaille.

— De quoi s'agit-il ? Pourquoi me libère-t-on ?

Le commissaire avait soigné son effet.

— Vous avez été nommé membre du nouveau gouvernement polonais [1] et vous allez nous quitter dans les plus brefs délais. Félicitations camarade !

Quelques jours après la libération de la ville, le Dr Sommerstein arrive à Lublin. Là sont déjà installés les camarades polonais chargés de former un gouvernement provisoire, sur ordre de Staline, pour faire pièce à celui de Londres que l'ensemble des Polonais, ainsi que le monde occidental, considèrent pourtant comme la seule autorité officielle représentant la Pologne. La lutte d'influence commence mais le Dr Sommerstein n'en a cure. Il est là pour s'occuper du destin des Juifs épargnés par l'holocauste [2]. C'est à ce titre et à ce titre seulement qu'il accepte d'entrer dans le jeu des communistes.

La plupart des membres de l'Union des Patriotes polonais se trouvent à Lublin, rentrés dans leur pays soit en qualité d'officiers de la division *Kosciuszko,* soit derrière les tanks de l'Armée rouge victorieuse. A eux se sont joints les « indigènes », communistes polonais qui ont passé les années de guerre en territoire occupé et auxquels Staline n'accorde qu'une confiance très limitée quant à la réalisation de son projet de faire de la Pologne un pays satellite de l'URSS.

Le Comité, dont la constitution a été proclamée le 21 juillet ne comporte pas que des communistes, mais la prédominance politique de ces derniers est déjà évidente.

« Indigènes » issus de la Résistance ou « staliniens » émigrés en URSS sont totalement inconnus du grand public. Il y a, parmi eux : Bierut, Zadawski, Ochab, futurs présidents de la République populaire de Pologne, Gomulka, le général Zeligowski, dissident de l'*Armia Krajowa* et qui reproche aux « Londoniens » de faire le jeu de Hitler en

1. Qui s'intitule, à ce moment-là « Comité polonais de libération nationale ».

2. A la fin de 1944, Staline organisa une grande réception au Kremlin en l'honneur des membres du Comité. S'aidant de ses béquilles dont il ne pouvait se séparer — le Kremlin n'ignorait pas l'origine de sa maladie —, le Dr Sommerstein fut présenté à Staline qui l'embrassa chaleureusement.

rejetant l'alliance avec les Russes, et quelques autres dont l'histoire n'a guère conservé de traces[1].

Mais il y a, surtout, ceux qui, non contents d'être communistes, staliniens et protégés du Kremlin sont aussi des camarades d'origine juive.

La nouvelle de leur présence à Lublin s'est répandue comme une traînée de poudre, des deux côtés de la Vistule. Et tout, déjà, laisse prévoir que la population, opposée au système mis en place par Moscou, ne tolérera pas sans réagir qu'une minorité, juive de surcroît, puisse participer aux affaires du pays.

Comme un malheur n'arrive jamais seul, le nouveau régime, en attendant de s'imposer, dès que possibilité lui en sera donnée, par la force, croit pouvoir pratiquer à l'égard de la communauté juive — du moins de ce qu'il en reste — une politique hautement humanitaire.

A peine formé, le Comité a, en effet, publié un *Manifeste* dont les termes se rapportant aux Juifs et à leur avenir constituent, compte tenu des mœurs politiques jusqu'ici en vigueur en Pologne, une véritable révolution.

Libéral dans le fond comme dans la forme puisqu'il promet, à tous les Polonais, que seront mises en place les réformes démocratiques essentielles, le projet de gouvernement du Comité accorde aux Juifs des droits égaux ; il leur garantit le soutien de l'Etat pour leur permettre de reprendre, tant dans le domaine civique qu'économique ou national, une existence normale et s'engage même à respecter les droits de ceux qui désireraient émigrer en Palestine afin d'y construire une patrie[2].

Le *Manifeste,* ainsi que divers autres décrets, sont publiés à Chelm — première ville libérée de la « nouvelle » Pologne

1. Il n'entre pas dans notre propos de conduire le lecteur à travers les méandres compliqués de l'évolution politique en Pologne jusqu'à l'établissement définitif du pouvoir communiste. Nous n'abordons dans notre récit que les événements se rapportant directement aux relations judéo-polonaises au cours des deux années qui ont suivi la libération.

2. Le projet, tout naturellement et en premier lieu, traite des questions intéressant l'ensemble des citoyens polonais : confiscation des biens allemands, expropriation des grandes propriétés (fléau de la Pologne d'avant-guerre), mais respect de la propriété individuelle, instruction gratuite et scolarité obligatoire (beaucoup de Polonais sont illettrés notamment à la campagne), révision des frontières avec l'URSS sur des bases ethniques (l'Ukraine et la Biélorussie sont d'ores et déjà annexées), etc.

— les 22 et 23 juillet 1944, soit près de six mois avant que l'Armée rouge ne déclenche son offensive finale. Reprise le 24, la ville de Lublin — première grande cité à être débarrassée des Allemands — devient alors la capitale provisoire de la Pologne et le siège d'un gouvernement, provisoire lui aussi.

Auréolé de son passé d'ancien député, homme intègre et demeuré fidèle à la cause de son peuple, le Dr Sommerstein ainsi que ses collègues sionistes, socialistes, orthodoxes et, naturellement, communistes recrutés parmi les rescapés, acceptent, en contrepartie de dispositions aussi favorables, de coopérer avec le nouveau régime. Pour eux et pour tous ceux qui retrouvent la liberté, il ne fait aucun doute, à ce moment précis de l'histoire de la Pologne, que les responsables du Comité de libération nationale, toutes tendances et toutes origines confondues, sont sincères dans leur désir d'aider les Juifs, de les considérer comme des citoyens polonais à part entière.

Le fait est si rare, le changement d'attitude si profond, qu'il ne vient à l'idée de personne parmi les bénéficiaires de ce miracle — le premier depuis longtemps — de se demander quelle pourra être, la liberté retrouvée, l'attitude des populations polonaises face à cette question précise des droits d'égalité officiellement accordés aux Juifs[1]. Le fait même que la Pologne soit le seul, de tous les pays d'Europe touchés par la guerre, à ressentir le besoin d'entreprendre une telle démarche ne les choque pas le moins du monde.

A Lublin, à Chelm, à Zamosc et dans toute la zone libérée, les règlements de comptes se poursuivent avec les Forces nationalistes dont certaines unités ont pris le maquis. En dépit de la présence, massive, de soldats russes, d'agents du NKVD, de la police polonaise en voie de formation et de partisans juifs de tous bords, des incidents de caractère antisémite sont parfois signalés. Des Juifs, retournés dans leur village, disparaissent ; d'autres sont retrouvés morts sur les routes ou dans les bois. Mais les difficultés matérielles sont telles que ces incidents passent presque inaperçus.

1. Largement diffusé par voie de presse et de radio le *Manifeste* est certainement à la base des calomnies antisémites et antirusses répandues par les curés à cette même époque en territoire occupé.

L'insécurité est un problème pour tous et même les soldats russes tombent victimes des nationalistes qui refusent d'arrêter le combat. L'Allemand parti, le Russe est devenu l'ennemi comme l'est, également, le communiste polonais.

Dans l'euphorie de la liberté retrouvée, le Dr Sommerstein et ceux qui, comme lui, rêvent d'un renouveau juif en Pologne, ne prennent pas non plus en compte une réalité politique évidente, à savoir la domination du Kremlin dans les changements qui s'opèrent. Or, en Union soviétique et plus précisément en Ukraine et en Biélorussie, provinces voisines déjà en voie de soviétisation, toute vie juive semble impossible à reconstruire. Au contraire, les Juifs, originaires de ces régions, ne sont pas « encouragés » à y retourner. Certes, bien peu ont survécu à l'holocauste ; les grandes communautés de Lwow, de Kiev ont toutes été exterminées par les Allemands. Mais les survivants se voient interdire l'ouverture d'écoles, de synagogues, de théâtres par les autorités locales.

L'idée de comparer la nouvelle Pologne à l'Union soviétique ne paraît pas avoir effleuré les esprits. A la veille de la victoire le vieil optimisme juif reprenait ses droits.

Il est vrai que tout est mis en œuvre, à l'échelon des plus hautes instances tout au moins, pour donner aux survivants l'impression que les Juifs, enfin, seront bien traités.

En 1944 — et pour le temps que cela durera — la Pologne se différencie de son allié russe dans ce domaine précis. Le nouveau régime, qui n'a aucun appui populaire, tient à s'assurer les bonnes grâces des puissances occidentales, de la Grande-Bretagne et des Etats-Unis en particulier[1], dans sa lutte future et prévisible contre le gouvernement polonais en exil à Londres.

Il tient aussi, mais sans pour autant l'exprimer ouvertement, à mettre tout en œuvre pour atténuer l'impression qui, déjà, prévaut en Occident et selon laquelle la conduite de la majorité des Polonais face à l'extermination des Juifs appelle les plus grandes réserves.

Le Comité a d'ailleurs pris, dans sa déclaration, le soin de rappeler que « les Juifs, soumis à des tortures inhumaines

1. De Gaulle, en voyage à Moscou où il a signé un pacte d'alliance avec l'Union soviétique, refusera de reconnaître « de jure » le gouvernement de Lublin mais nommera un délégué « de facto », Christian Fouchet.

par les forces d'occupation, doivent bénéficier d'une totale réhabilitation en accord avec la garantie des droits égaux qui sont désormais les leurs »[1].

Les signataires de ces textes, de quelque bord qu'ils soient, savent pertinemment que le combat qu'ils devront mener contre l'Eglise, la droite, l'extrême droite, autrement dit contre une grande partie de l'opinion publique, pour obtenir un aussi radical changement des mentalités, n'est pas gagné d'avance. Il ne le sera d'ailleurs jamais. Mais au sortir de la guerre et de la tragédie de l'occupation il faut, à tout prix, éviter que les accusations à propos de la participation plus ou moins active des Polonais à la solution finale des nazis ne viennent ternir l'image de la Pologne, pays martyr. Une résurgence de l'antisémitisme serait, d'autre part, susceptible de retenir, si besoin était, l'attention de la puissante communauté juive américaine dont l'influence s'avérera décisive au moment où la Maison Blanche devra faire un choix entre le gouvernement de Lublin et celui de Londres.

Quels que soient les motifs, humanitaires ou politiques, du Comité, celui-ci entend agir de son mieux pour prouver au monde extérieur que les rescapés de l'holocauste bénéficient de toute son attention. Dans le cadre de la stratégie globale de Moscou, à cette époque précise, comme dans celui de la recherche d'une reconnaissance internationale, la tragédie juive pèse de tout son poids au point qu'il est même tenu compte de la volonté de ceux qui voudraient émigrer en Palestine. Face aux visées politiques des Russes au Moyen-Orient, il va donc de soi qu'un gouvernement communiste polonais, téléguidé par Moscou, tolère et même encourage une intense activité sioniste sur son territoire afin d'aider les Juifs qui voudraient s'en aller. Pourtant, le pays manque de bras et de cerveaux pour sortir de ses ruines.

A la veille de l'offensive d'hiver de l'Armée rouge, un Comité central des Juifs de Pologne a été créé. Il a à sa tête le Dr Emil Sommerstein déchargé de ses fonctions au sein du gouvernement provisoire.

A partir des avantages prévus mais non encore acquis — il faut attendre la libération de tout le territoire pour les

1. Déjà, la *Déclaration des principes idéologiques* de l'Union des Patriotes polonais alors en exil à Moscou était allée dans le même sens.

mettre réellement en pratique — le Comité des Juifs, qui regroupe tous les partis autorisés — 13 membres sionistes, 4 socialistes, 6 communistes, 2 de l'Union des Partisans dont un communiste — croit pouvoir prendre en main le destin des Juifs libérés ou en passe de l'être.

A l'instar de son mentor, le gouvernement provisoire, qui va trouver en face de lui une population hostile, le Comité central des Juifs, aussi paradoxal que cela puisse paraître, est aussitôt confronté à l'opposition des... Juifs communistes, notamment sur la question de l'émigration vers la Palestine. Pour ces derniers, une émigration de masse équivaudrait à une capitulation devant l'antisémitisme, à un manque de confiance dans la démocratie[1].

Les plus intransigeants en la matière sont, naturellement, les « staliniens » à qui incombe la charge de soviétiser la Pologne.

Rejetés par la masse comme le sont, en cette période de transition, les nouveaux maîtres de la Pologne, les camarades communistes juifs n'ont pas, pour autant, la sympathie des membres de leur propre communauté. Leur attitude, face aux problèmes que pose la reconstitution d'une vie juive sur les bords de la Vistule, est en contradiction formelle avec celle des responsables tels que le Dr Sommerstein et certains de ses collègues du nouveau Comité. Ceux-ci veulent soit encourager les départs en Palestine, soit permettre à ceux qui resteront de conserver leur spécificité. Ceux-là en revanche, professionnels du marxisme et de ses implications, sont partisans d'une assimilation intégrale. Partant du principe que seul l'établissement de relations étroites avec les gentils pourra permettre aux Juifs de devenir des Polonais à part entière, de se transformer, en quelque sorte, en citoyens invisibles, ils ne se rendent pas compte qu'une telle démarche, au sortir de l'holocauste, est inacceptable. Imaginer que des hommes et des femmes, échappés à l'hécatombe, pourraient se renier au nom de l'idéologie marxiste sera une gageure, une erreur psychologique lourde de conséquences.

En fait, ces militants ont vécu trop longtemps hors du

1. Les socialistes, eux aussi opposés à l'émigration, y voyaient également un obstacle à la reconstruction d'une vie juive en Pologne

judaïsme pour mesurer les effets de leur théorie de renoncement[1].

« C'était des gens qui se considéraient comme des " Polonais d'origine juive " ou des " camarades d'origine juive "; ils étaient pressés d'oublier et d'effacer, au plus vite, leur origine. On nota, à cette époque, des exploits kafkaïens de la part de ces " camarades " qui voulaient à tout prix accélérer le processus de leur intégration définitive. Des communistes juifs de vieille date, des athées convaincus, faisaient participer leurs enfants, mineurs, aux cours de religion catholique, au catéchisme, aux manifestations chrétiennes dans les rues, etc. [...].

« A l'époque, au départ, tous les postes dans l'appareil du Parti et de l'Etat (défense nationale, sécurité, diplomatie, commerce extérieur, etc.) leur étaient réellement accessibles. On avait recours aux " camarades d'origine juive " parce que les intellectuels non juifs étaient alors très peu nombreux[2], parce que les intellectuels non juifs et non communistes refusaient toute participation à la gestion du pays ; ils la considéraient comme une collaboration pure et simple avec l'occupant soviétique[3]. »

« Voilà des apparatchiks, note pour sa part le sociologue français Michel Wieviorka, dont certains sont médiocres, carriéristes, manipulés par Staline ou Bierut, parlant parfois la langue polonaise avec difficulté, convaincus d'apporter au pays une modernité qui n'est autre que le socialisme soviétique. Ces cadres staliniens, véritable bourgeoisie rouge, ne sont pas tous conformes au portrait que je trace ici mais beaucoup y correspondent. Le ministère de l'Intérieur, à l'exception du ministre lui-même, est dirigé dans ses différents départements par des Juifs, tandis que des conseillers soviétiques assurent le contrôle des opérations. [...].

1. Anciens membres du parti communiste polonais dissous en 1938 sur ordre de Staline, beaucoup ont fui la Pologne lors de la première attaque allemande de 1939. Jusqu'à cette époque les Juifs représentaient les 9/10e de ce parti.

2. Les nazis s'étaient acharnés à détruire l'intelligentsia polonaise dans le but de faire du peuple polonais un peuple d'esclaves au service du « surhomme » germain.

3. S. Ilany, *l'Antisémitisme des régimes communistes,* Editions Alerte, janvier 1978.

« Face à ces staliniens qui sont juifs, s'installe ou se renforce, dans le silence des consciences, une haine antisémite qui ne distingue pas le Juif du stalinien et apporte une signification nouvelle, capitale, à un antisémitisme déjà lourd et chargé d'histoire[1]. »

La magie des décrets pris à Lublin n'agit donc pas comme prévu sur les populations déjà libérées cependant qu'elle excite les esprits dans les régions encore sous le contrôle des Allemands. Il est d'ores et déjà clair que la malveillance à l'égard des Juifs va survivre à leur disparition quasi totale.

A cause, entre autres, de dirigeants choisis parce que communistes de longue date — et qui le sont restés malgré les épreuves — l'antisémitisme de l'après-guerre va prendre une forme nouvelle du fait même de la présence physique de « l'occupant » russe en Pologne, laquelle présence concrétise l'association ancienne du Juif et du communiste. Blâmés pour tout ce qui avait pu, jusqu'ici, porter préjudice à la Pologne jusque et y compris la guerre, les Juifs le seront à nouveau pour la manière dont la paix s'installait.

« On pourrait croire, constatait en 1946 un écrivain polonais de grande honnêteté, Jerzy Andrzejewski, que lorsque sur 3 millions de Juifs polonais il n'en reste que 100 000 en vie, une nation de plus de vingt millions de citoyens ne peut continuer à se nourrir de ragots sur le " danger juif " si elle ne veut pas rester en contradiction flagrante avec le bon sens[2]. » Le même auteur écrira plus tard :

« L'antisémitisme polonais ne s'est pas consumé dans les flammes des ghettos. Le meurtre de millions de Juifs n'a pas eu de signification assez horrible pour amener un changement dans les sentiments et les pensées des Polonais. L'école nazie de la haine n'a pas constitué une mise en garde suffisante. Il est difficile de parler de tout cela mais telle est la vérité[3]. »

L'hostilité à l'égard de la minorité agissante que furent les Juifs communistes englobera, à partir des décisions de

1. Michel Wieviorka, *la Pologne, les Juifs et Solidarnosc,* Denoël, 1984.
2. Szwarczynska et Andrzejewski, « Le problème de l'antisémitisme polonais », *Odrodzemi,* 7 juillet 1946.
3. *Martwa fala,* Varsovie, 1947, p. 20.

Lublin, non seulement ceux dont la profession de foi consistait à amener la Pologne vers le socialisme, mais tous ceux dont la langue, la culture, le sentiment d'identité ethnique étaient liés à la société juive, ceux qui étaient et entendaient demeurer juifs.

Elle englobera également, et pour ces derniers l'évolution des esprits rendra tragique leur situation, cette catégorie importante d'éléments qui se trouvaient, à ce moment-là, sur le chemin de la transition menant de la société juive à la nouvelle société polonaise.

Communistes sincères ou de fraîche date, ministres ou simples fonctionnaires, ces hommes et ces femmes ont accepté, de leur plein gré, de servir un régime qui, finalement, se retournera contre eux.

Mais, à la libération en 1945, ils vont former le noyau des fonctionnaires du Parti, de l'armée, des services de sécurité, de l'administration en général. Ce sont eux que la rumeur publique qualifiera de « Juifs rendus officiellement invisibles pour les besoins de la cause »... Afin d'atténuer le mécontentement des chrétiens, ils seront allés jusqu'au bout de leur raisonnement, convaincus qu'il suffisait à un Juif de se « poloniser » pour passer inaperçu en Pologne.

Un décret permet d'ailleurs à toute personne « ayant changé de patronyme pour diverses raisons de conserver ce dernier si elles le désirent ». Ce décret vise, en réalité, les Juifs au service des instances du Parti et de l'Etat. Pourquoi un Polonais chrétien ressentirait-il le besoin de s'affubler d'un autre nom polonais pour masquer ses origines chrétiennes ? La Pologne n'est pas la France et encore moins l'Allemagne occupée où il suffit à un criminel de guerre ou à un ancien collaborateur de changer d'identité pour disparaître dans la nature et se faire oublier. Ici, le NKVD [1], la police du Parti, la milice, les mouchards veillent et font, parfois trop bien, leur travail.

Cette pratique du Juif invisible, exploitée, nous l'avons vu, par les Russes à titre « militaire » [2], si elle ne peut s'appli-

1. Police secrète soviétique, remplacée depuis par le KGB.
2. Elle n'était pas nouvelle et remontait à la Révolution de 1917. Trotski, de son vrai nom Bronstein, en est l'un des plus illustres exemples.

quer aux camarades-ministres ou vice-ministres trop en vue — encore que le cas se soit produit — est nettement plus adaptable aux échelons inférieurs. Parfois les intéressés eux-mêmes y ont veillé, sans attendre les conseils ou les... ordres. Certains l'ont fait pendant la guerre, dans la Résistance ; d'autres ont conservé leurs papiers « aryens » achetés à prix d'or du temps de l'occupation[1]. Mais la procédure du changement de patronyme sera parfois imposée par le Parti lui-même qui ira jusqu'à fournir des noms adéquats aux Juifs en passe de devenir ses cadres. Si bien qu'on finira par désigner le service compétent du Parti sous le nom de « Service de la Race »[2] et par qualifier les candidats de : « POP », initiales des mots polonais *Polniontz Obowionski Poliaka,* littéralement : « Celui qui a rempli son devoir de Polonais. »

Cette catégorie de fonctionnaires qui, au demeurant, ont rendu de grands services à un pays ravagé par une anarchie administrative héritée de l'occupation allemande, va être la cible privilégiée des opposants du régime. Invisibles ou difficilement reconnaissables grâce à leur patronyme tout neuf mais authentiquement polonais, donc à même de tromper l'ennemi, leur nombre ainsi que leurs prérogatives seront constamment exagérés de manière à alimenter la campagne antisémite contre une Pologne « gouvernée par les... Juifs ».

Dans les provinces orientales à peine libérées, les bruits les plus sinistres se sont d'ailleurs aussitôt mis à circuler à leur sujet. L'introduction de méthodes policières, importées de Russie par les agents du NKVD, et appliquées lors des vagues d'arrestations et d'exécutions d'anciens dirigeants de la Résistance, est imputée aux seuls Juifs. Tout ce qui va et ira — longtemps après — à l'encontre des mœurs, des

1. Cette pratique sera étudiée ultérieurement. Ainsi, et compte tenu du respect que nous devons à l'ordre chronologique des événements, il sera donné aux lecteurs de rencontrer d'autres milliers de Juifs « invisibles » que les circonstances auront contraints de continuer à vivre sous une fausse identité même après la libération.

2. Par référence au « Service de la Race et du Peuplement » de la SS qui, en Pologne, était chargé de décider lesquels d'entre les Polonais étaient « valables » ou « non valables » du point de vue des critères raciaux imposés sous l'occupation.

coutumes, des habitudes est, dans l'esprit des opposants, de la faute de ces « étrangers au service d'une cause étrangère »[1].

Traité de cosmopolite, d'étranger, d'agent de Moscou donc d'antipolonais par définition, le Juif communiste, qu'il fasse partie des sphères gouvernementales ou qu'il appartienne, très modestement, à un organisme chargé de gérer les intérêts de sa communauté, accentuera, à partir de la libération, l'image déjà fortement négative du Juif en Pologne dont l'ensemble des populations ne parviendra jamais à se débarrasser complètement.

Plus royalistes que le roi, ces gens par qui le malheur — des autres — va arriver avant de s'abattre, un jour, dix, vingt ans plus tard sur leur propre tête et alors que l'antisémitisme d'Etat aura pris la relève de l'antisémitisme populaire, étaient-ils sincères en pensant que l'avenir de la Pologne résidait dans l'installation d'un régime marxiste seul capable de corriger les injustices du passé et que celui des Juifs résidait dans l'assimilation? Rien ne permet d'en douter. Que les Russes se soient servis d'eux à un moment où ils ne faisaient guère confiance aux Polonais ne change rien à l'affaire. Le processus était engagé. Et quoi que peuvent, aujourd'hui encore, en penser leurs détracteurs, cette poignée de Juifs staliniens, et quand bien même ils auraient, à eux seuls, détenu tous les pouvoirs, n'étaient pas à même de s'opposer à la volonté de Staline et encore moins à la puissance de l'Armée rouge. Avec ou sans eux, la libération de la Pologne était à ce prix. Elle l'est toujours.

A l'opposé de ces assimilationistes en faveur d'une « polonisation » volontaire ou forcée de ceux dont les origines pouvaient être considérées comme un obstacle sur la voie du socialisme, se situent les Juifs « déclarés » qui, tout en acceptant de remplir leur devoir de Polonais, ne tenaient pas pour autant à se renier. Hommes et femmes de toutes tendances, leur première réaction fut de se mettre au service

1. Jakub Berman, éminence grise du régime, grande figure de la police politique et du stalinisme en Pologne, est considéré par ses détracteurs comme le « responsable de toutes les abjections commises à la Sécurité ». Il est mort dans l'indifférence la plus complète le 10 avril 1984 à Varsovie.

d'un pays enfin débarrassé de toute velléité de discrimination.

L'itinéraire de l'officier de police Ignacy Balinski [1] est, en ce sens et jusqu'à son arrivée à Lublin, exemplaire. Fils d'une famille de quatre enfants élevés dans la tradition, il était de ceux qui, en 1939, avaient choisi l'exil en Russie plutôt que de tomber entre les mains des Allemands. Au moment d'enregistrer les réfugiés, les policiers russes leur avaient posé deux questions : voulez-vous devenir citoyen soviétique ou préférez-vous rentrer chez vous ?

Que voulait dire : rentrer chez vous ? Chez Hitler ? Ignacy opta pour la première et reçut un passeport soviétique agrémenté de l'appendice 11-38, réservé aux « éléments dangereux ». Tout lui semblait alors préférable à un retour en Pologne, décision que prenait la majorité des réfugiés, inconscients qu'ils étaient de se jeter dans la gueule du loup.

Après des pérégrinations sans fin dans les camps russes, Ignacy, nanti de papiers aryens polonais, rejoignit un groupe de partisans de la région de Bialystok avec qui il lutta pendant près de deux ans.

La guerre terminée, il se retrouve à Lublin bien décidé à recommencer une vie nouvelle dans sa patrie. Il est de ceux qui, sans être inconditionnels de la cause marxiste, sont convaincus qu'un avenir plus favorable s'offre à eux sans pour autant renoncer à leur spécificité.

Comme lui, nombreux sont à Lublin les anciens partisans, de toutes tendances, devant qui s'ouvrent les portes de l'administration en général, de la police en particulier. En dehors des Polonais chrétiens politiquement sûrs, ils sont les seuls à qui les nouveaux leaders politiques accordent leur confiance. Quelques semaines de stage ont fait d'Ignacy un officier.

La police classique est alors la seule administration organisée. Elle s'occupe de tout : du rapatriement, de l'aide aux réfugiés, du logement... Les rescapés trouvent à Lublin la première opportunité de jeter l'ancre, de se remettre des années de cauchemar. L'atmosphère, dans la ville même, leur semble supportable, du fait de la sympathie que leur témoignent les autorités. Et surtout, ils découvrent une

1. Sous ce pseudonyme se cache un écrivain juif qui vit aujourd'hui à Paris.

situation à l'opposé de celle qu'ils ont connue avant la guerre.

Volontairement ou par un immense besoin de retrouver le calme, les jeunes gens se sont mis au travail, chacun dans son domaine. On leur fait confiance donc ils se sentent utiles. L'imagination aidant, même ceux que le communisme n'a pas séduits et ne séduira jamais (Juifs religieux, sionistes, conservateurs...) sont happés par le semblant de démocratie qui règne en Pologne dans ces mois de flottement faisant suite à la libération.

On veut croire, on essaie même de se persuader que la population aura subi la même métamorphose après être devenue l'héritière de la misère juive d'avant-guerre.

Les Polonais en effet ont quitté la campagne pour se regrouper dans les petites villes nettoyées de leurs Juifs par les Allemands.

Paysans incultes et crevant de faim, citadins chômeurs et vivant d'expédients, ils avaient toujours vu dans les Juifs, des riches, des malins, des roublards. Les Juifs partis, ils les ont remplacés. Mais en fait de fortunes cachées, de montagnes de dollars et de coffres bourrés de pierres précieuses, ils n'ont trouvé que l'insalubrité des maisons juives, la misère sordide des villages juifs, l'incommensurable misère des *Shtettle,* ces anciennes petites bourgades juives aux avantages et aux attraits tant déformés par le folklore.

Aussi le retour de quelques Juifs rescapés pose-t-il d'ores et déjà à ces Polonais un problème. Non contents d'occuper de hautes fonctions officielles, les Juifs ont désormais, et grâce à la police, les moyens de les chasser des demeures héritées à la faveur de l'occupation.

Mais les préoccupations immédiates de l'officier Balinski et de ses collègues sont d'un autre ordre. En dehors de leur mission journalière, ils se sont fixé pour tâche de retrouver les survivants, de leur venir en aide et de les diriger vers Lublin où le Comité a installé un bureau d'accueil.

Là, et sous la conduite de l'infatigable Dr Sommerstein, les responsables des opérations de recensement essaient d'établir une première estimation du désastre qui s'est abattu sur leur peuple dans cette partie de la Pologne, une première fois occupée par les Russes, entre septembre 1939 et juin 1941, une deuxième fois par les Allemands, entre 1941 et juillet 1944.

Dans le bilan, terrible, qu'ils osent à peine dresser, les responsables du Comité essaient de fixer approximativement le nombre de ceux à qui les hasards de la guerre ont permis de se réfugier en Union soviétique. Difficiles à dénombrer, compte tenu des circonstances de leur fuite (ou de leur déportation), de l'immensité du territoire russe, et du sort qui leur a été réservé, on sait que ces Juifs, dont le rapatriement n'est pas encore prévu [1], ne représentent qu'un pourcentage infime de la population juive d'avant-guerre.

Sur place, à Lublin, le désastre prend déjà toute son ampleur. Dans ce district, considéré par les Allemands comme une réserve juive, 250 000 personnes — dont 55 000 réfugiés ou déportés — avaient été recensées en avril 1941. De tous ceux-là, quelques centaines ont survécu d'une manière ou d'une autre, cachés par des Polonais ou dans les forêts. D'autres sont des rescapés des camps d'extermination parmi les plus terribles ayant fonctionné en Pologne : Sobibor, Treblinka, Maïdanek, Belzec pour ne citer que les principaux. A Treblinka, à Sobibor, les Juifs s'étaient révoltés, quelques-uns avaient pu s'enfuir pour rejoindre les unités de partisans de la région, Juifs ou Russes pour la plupart. A eux et à tous les autres, les gens du Comité ne cessent de poser la même question dans l'espoir d'une réponse précise :

— D'où vient ce Juif ?

— De Varsovie.

— Et cet autre Juif ?

— De Radom !

— Et celui-ci ?

— De Tchécoslovaquie... [2]

Rarement, très rarement, un Juif vient de Lublin ou d'une région déjà libérée. La proportion des survivants autochtones est si faible, si infime que, déjà, elle fait redouter le pire. Allait-il en être ainsi pour l'ensemble de la Pologne ?

A Lublin même, des 50 000 Juifs qui y vivaient avant la guerre, une poignée seulement se sont présentés au bureau

1. Il se fera au printemps de 1946 et nous y reviendrons plus longuement, le retour de ces réfugiés ayant joué un rôle capital — et dramatique — dans les événements de cette époque.

2. Conçu pour être le camp d'extermination des Juifs de Varsovie et de la Pologne centrale, Treblinka reçut également des transports de Grèce, de Yougoslavie, de Tchécoslovaquie, d'Autriche et d'Allemagne.

du Comité. Leurs témoignages ne laissent planer aucun doute sur le sort qui a été réservé aux autres [1]. Exterminés à Maïdanek, fusillés dans les forêts avoisinantes de Niency... ou dans le ghetto.

De ce dernier, il ne reste plus rien. Les maisons, les synagogues ont été rasées, brûlées. L'endroit n'est plus qu'un vaste champ en friche où aucun humain ne semble avoir vécu. L'herbe sauvage envahit déjà les fosses communes.

Le jour où une délégation du Comité s'y était rendue en pèlerinage, un vieux Polonais, aidé d'une fillette, poussait une charrette remplie d'ossements humains. A l'aide de ce qui avait dû être un tibia d'adulte, l'enfant, chemin faisant, grattait la terre meuble, en extrayait parfois un os qu'elle jetait dans la charrette et le manège reprenait. La gorge serrée, l'un des délégués avait mesuré, à grandes enjambées, la fosse commune : 600 mètres de long sur 30 de large.

L'enfant et le vieil homme s'en étaient allés porter leur macabre chargement dans le cimetière juif voisin que des rescapés s'efforçaient de remettre en état. Trop jeune ou trop vieux pour participer à la reconstruction de la Pologne nouvelle, la fillette et le vieillard s'efforçaient de se rendre utiles. Quand bien même tous les vieux et tous les enfants du pays se livreraient à une telle besogne, il leur faudrait des années, des siècles avant de libérer ce coin de terre de son terrible fardeau.

Ce jour-là, le bon Dr Sommerstein et ses compagnons, dont certains, comme lui, avaient eu la « chance » d'échapper à l'occupation nazie, prolongèrent le plus longtemps possible leur pèlerinage. Ce qu'ils découvraient, à la limite du supportable, leur faisait redouter le pire. En Pologne, ce qui était arrivé aux vivants était aussi arrivé aux morts. Les vieux cimetières juifs, dont les tombes remontaient parfois au XIVe siècle, avaient disparu ; les pierres tombales en avaient été brisées, détruites, volées. Le fameux cimetière où les Juifs de toute la Pologne venaient naguère prier sur les tombes des illustres rabbins, grands maîtres de la loi, n'était plus qu'un champ dévasté. Authentiques vestiges de mille ans d'histoire juive, les sépultures des magiciens de Lublin avaient servi à construire des routes ou des édifices publics.

1. On en dénombrera finalement 31, sur 50 000.

Le château, la cathédrale, les églises et les couvents, par leur présence massive, intacte, rendent plus triste encore l'absence des fameuses synagogues Marshall et Maharam réputées pour leur splendeur et leur achitecture parmi les Juifs du monde entier. De tous les anciens bâtiments de la communauté, ne reste debout que la fameuse école rabbinique *Khakhmé Lublin* construite hors du ghetto par le non moins fameux Rabbi Shapiro et qui avait servi d'hôpital à la Wehrmacht. L'attaque surprise de l'Armée rouge l'a sauvée de la destruction. Au premier étage les volontaires s'affairent.

— D'où vient ce Juif ? de Lublin peut-être ?

Au fur et à mesure qu'ils surgissent du néant, et trouvent le chemin du centre d'accueil, la réalité prend des allures de statistiques. Mais le pourcentage reste bas, tragiquement bas. Et tout porte à croire qu'il en sera de même ailleurs, demain, quand sonnera l'heure de la liberté.

— D'où vient ce Juif ?

— De Zamosc.

Il raconte les exécutions massives, l'intervention des partisans polonais pour s'opposer à la déportation des paysans polonais, jamais des Juifs[1].

— D'où vient ce Juif ?

— De Belzec[2], mais il est originaire de Lublin.

Lui aussi raconte l'assassinat de centaines de milliers de personnes, hommes, femmes, enfants. Mais il parle également de ces Polonais courageux, assassinés de la même manière que les Juifs pour avoir voulu en sauver un, deux, une famille amie ou inconnue. Ils savaient que leur geste était passible de la peine de mort.

Le 29 novembre 1944, le Comité central des Juifs de

1. En 1942-43, les Allemands procédèrent à la déportation massive de la population chrétienne polonaise dans l'intention d'installer des colons allemands dans la région. Plus de 100 000 Polonais furent ainsi transférés. De nombreux enfants périrent ou furent envoyés en Allemagne pour y être germanisés. Les attaques de la Résistance polonaise mirent finalement un terme à ces déportations. Aucune action de ce genre ne fut entreprise au bénéfice des Juifs déportés.

2. Environ 600 000 personnes ont été exterminées dans ce camp dont plus de 1 500 Polonais chrétiens « sauveurs » de Juifs. Le camp fut liquidé au printemps de 1943. Sur son emplacement les Allemands firent planter une forêt de jeunes pins. Seul un monument rappelle aujourd'hui ce que fut Belzec.

Pologne tient sa première grande assemblée à Lublin. A cette occasion est publié le premier bulletin de « l'Agence de presse juive ». De toutes parts, les rescapés étaient venus se faire enregistrer, quelques milliers tout au plus. Le *Bulletin*, ronéotypé sur du papier de piètre qualité, parle d'eux, du désir des uns de recommencer une vie nouvelle en Pologne, du refus des autres de vivre dans un cimetière avec le souvenir des morts, disparus sans sépulture.

On redoute déjà que pas plus d'un Juif sur dix n'ait survécu, la plupart d'ailleurs grâce à leur fuite en Union soviétique. Le recensement dans ces régions libérées en premier ne permet aucun espoir. Sur les 120 médecins et chirurgiens de Lublin, deux seulement sont revenus. Mais les 80 avocats, les artistes, les musiciens, les écrivains, les professeurs, religieux ou agnostiques, les rabbins, les instituteurs, leurs élèves et leurs parents ne se sont pas présentés. Les rescapés viennent de tous les coins de la Pologne, voire de l'Europe occupée mais rarement de Lublin ou de la région.

Errant dans la ville à la recherche d'un gîte ou d'un couvert les survivants voulurent se convaincre que l'animosité des populations polonaises à leur égard n'était qu'un malheureux concours de circonstances, principalement dû au fait qu'ils n'étaient pas originaires de ces provinces orientales où les SS les avaient transférés.

A partir de janvier 1945 la plupart de ces « étrangers » rentrèrent chez eux à Lodz, à Varsovie, à Cracovie, à Kielce ou dans leur village.

Leur premier geste fut de rechercher qui, de leurs proches, avait échappé aux massacres.

Leur première constatation : les massacres se poursuivaient. Beaucoup, d'ailleurs, en seront les victimes.

CHAPITRE III

# LES « GARS DANS LA FORÊT »

Lancée le 13 janvier 1945, la grande offensive d'hiver de l'Armée rouge a donc permis de libérer Varsovie le 17, Lodz et Cracovie le 19, Katowice, dernière grande ville avant l'ancienne frontière, le 28. En moins de trois semaines, les Allemands ont été chassés du territoire polonais d'avant 1939. Pour cette partie de la Pologne, occupée dès les premiers jours de la Seconde Guerre mondiale, le cauchemar aura duré près de six années.

La fin de l'occupation nazie ne signifie pas pour autant la fin des souffrances pour la population qui vient de vivre une véritable tragédie nationale[1]. Alors que la famine menace dans les grandes villes dévastées, plus de 15 millions de Polonais, réfugiés ou déplacés par la Wehrmacht, se retrouvent sur les routes pour le plus gigantesque mouvement migratoire qu'aura connu la Pologne au cours de son histoire pourtant riche en événements de ce genre. Ce dramatique va-et-vient, qui va s'étendre sur près de deux années, se complique encore par la présence massive des soldats de l'Armée rouge dont les lignes de communications entre l'Union soviétique et la zone russe d'occupation en Allemagne passent désormais obligatoirement par le territoire polonais.

Une partie de ces réfugiés dénués de tout, qui bravent la faim et le froid d'un hiver très rude, dans la perspective de

1. La Pologne est le pays d'Europe qui a le plus souffert par rapport à sa population et à sa superficie. Elle compte 6 millions de morts (dont près de 3 millions 200 000 Juifs), plus d'un million d'invalides et de malades incurables du fait de la guerre qui a détruit près de 40 % de son patrimoine.

retourner le plus rapidement possible chez eux, sont des Polonais originaires des régions de l'Ouest ou du Centre que les Allemands ont déportés à l'Est ou tout simplement expulsés de leurs terres dans le cadre d'un plan de repeuplement de la Pologne occupée par des Germains de « race pure ».

D'autres migrants ont fui les villes, notamment Varsovie, à un moment ou à un autre de la guerre, pour se mettre à l'abri à la campagne moins exposée aux sévices et aux restrictions. Eux aussi espèrent retrouver leur ancienne résidence au plus tôt sans se douter que la destruction partielle ou totale des grandes cités les obligera à reprendre la route.

En provenance des ex-provinces orientales polonaises annexées par les Russes, un million de réfugiés supplémentaires, échangés contre des Ukrainiens et des Biélorusses [1], renvoyés de Pologne parce que citoyens « ethniques » de l'Union soviétique, se livrent à un interminable chassé-croisé qui amène les uns de l'autre côté de la nouvelle frontière, les autres au-delà de l'ancienne Pologne, en Poméranie et en basse Silésie héritées à Potsdam et brutalement vidées de leurs habitants allemands [2].

Enfin, à partir de l'occupation et de la capitulation du III<sup>e</sup> Reich, le rapatriement de deux à trois autres millions de Polonais — prisonniers de guerre, internés politiques, déportés du travail ou volontaires s'étant mis au service de l'industrie allemande — accentue encore le chaos provoqué par cette masse humaine errant sans discontinuer dans un paysage horriblement martyrisé par les combats et les bombardements.

Dans la Pologne en ruine, les moyens de transport font particulièrement défaut. Peu de gares et encore moins de voies ferrées sont demeurées intactes. Mais si les trains, les camions, les automobiles sont rares, la nourriture et les possibilités d'hébergement le sont bien davantage, d'où la lenteur tragique de ces mouvements migratoires aggravés par une effrayante misère.

Aux difficultés matérielles de l'exode qui affecte plus de la moitié des citoyens de la nouvelle nation polonaise née de la

1. On estime leur nombre à environ 600 000.
2. Voir chapitre VII.

guerre, s'ajoute, pour l'ensemble de la population, et ce dès les premiers jours de la libération, une impitoyable chasse à l'homme dans les rangs des « collabos » d'abord, dans ceux des opposants anticommunistes ensuite — ou parallèlement — qui va faire de la Pologne le pays le plus longuement et le plus profondément affecté par les luttes fratricides et les effusions de sang de toute l'Europe d'après-guerre.

A partir de la libération et comme partout où il y a eu collaboration, une vaste campagne d'épuration est entreprise. Serviteurs zélés des Allemands, traîtres en tout genre, trafiquants du marché noir et agents de la Gestapo sont fusillés ou jetés en prison [1].

Cette première vague d'épuration est d'autant plus radicale qu'elle se déroule dans un climat partisan où se mêlent, en général, la répression d'ordre politique et la vengeance personnelle, la jalousie et la peur, la cupidité et la lâcheté, dans un pays où la délation a été pratiquée sur une très vaste échelle.

Pourtant, et contre toute attente, si la répression s'abat sur tous ceux qui ont trahi la patrie et qui n'ont pas eu, comme d'autres, la chance ou le réflexe de suivre la Wehrmacht dans sa retraite, il est rare que les sévices commis à l'encontre des Juifs sous l'occupation donnent, officiellement tout au moins, matière à poursuites pour fait de collaboration.

En dehors d'une poignée de chasseurs de Juifs professionnels liquidés par la Résistance après intervention du Conseil des Résistants juifs [2] et de quelques procès intentés, à la libération, à des dénonciateurs dûment reconnus, on ne trouve que peu de traces, dans les annales judiciaires de cette époque, de mesures qui auraient dû être spécialement prises à l'encontre des dénonciateurs ou des meurtriers de Juifs, lesquels firent pourtant tant de dégâts parmi la communauté.

La violence qui a ravagé celle-ci semble donc avoir été versée, une bonne fois pour toutes, au chapitre des profits et

1. Entre janvier 1943 et juin 1944, la Résistance polonaise avait exécuté 2 000 traîtres à la patrie sur ordre de ses chefs. Selon le procureur général Sawieki, 400 personnes ont été exécutées et 400 autres condamnées à de lourdes peines d'emprisonnement à l'issue des premiers procès de la libération.

2. Geste qui resta d'ailleurs sans effet sur la population.

pertes de l'occupation sous prétexte qu'elle ne fut pas l'œuvre des Polonais mais des Allemands.

« C'est la moitié de la Pologne qu'il aurait fallu jeter en prison. Les documents et les témoignages juifs mais aussi non juifs ne manquent pas, qui accusent tant de paysans d'avoir vendu, dénoncé ou tué eux-mêmes des Juifs, tant de policiers d'avoir ouvertement participé au génocide, tant de gens, voyous ou bourgeois, commerçants ou étudiants, qui ont fait commerce du Juif en danger.

« Bien sûr que certains de ces gens ont été arrêtés et jugés ; ils l'ont été en tant que membres de l'extrême droite anticommuniste, rarement en tant que collaborateurs des Allemands pour la " solution finale ". Ou alors par hasard, à la suite d'une plainte. Mais 50 000 survivants ne pouvaient pas fournir de preuves pour 3 millions de disparus. Le Juif vendu, arrêté, massacré n'était plus là pour désigner le Polonais à qui il devait d'avoir été découvert, le paysan qui l'avait tué à coups de fourche, le policier qui s'était volontairement chargé de la besogne.

« Les Polonais se vantent de ne pas avoir eu de gouvernement collaborateur pendant la guerre. Mais ils oublient de dire qu'il n'entrait pas du tout dans l'intention des Allemands d'en chercher un. Pour eux, les Polonais faisaient partie des " races inférieures ", juste après les Juifs et les Tsiganes. Si Hitler avait gagné la guerre ils auraient servi d'esclaves aux " super-Germains " et rien de plus [1]. »

Parallèlement à l'épuration pour crimes commis contre des patriotes polonais ou, plus généralement, contre la patrie pendant les cinq longues et terribles années de l'occupation, une seconde vague de terreur déferle sur le pays.

Le NKVD opère des arrestations massives parmi ceux qu'il soupçonne d'appartenir ou d'avoir appartenu aux forces de droite et d'extrême droite. D'autres Polonais, militants des ex-organisations clandestines telles que le Parti socialiste (PPS) et le Parti paysan, qui refusent de s'aligner sur la politique du gouvernement « arrivé dans les chars de l'Armée rouge », subissent le même sort. Les Russes, qui tiennent à assurer leur liberté d'action, veulent

1. Léopold Gertner, entretien avec l'auteur.

aussi écarter tout danger qui pourrait menacer la sécurité de leurs troupes, de passage ou en stationnement.

Cette campagne de terreur pour « raison d'Etat », qui accentue encore le désordre régnant dans le pays à tous les niveaux, affecte, très vite, toutes les couches de la société polonaise très largement hostile au gouvernement provisoire imposé par Moscou. Elle utilise les mêmes méthodes — arrestations, internements, déportations, désarmement des membres de l'Armée de l'Intérieur (AK), toujours fidèles au pouvoir rival en exil à Londres, etc. — qui ont fait leurs preuves dans les provinces libérées antérieurement [1].

La lutte menée contre les opposants, déclarés ou considérés comme tels, prend d'autant plus d'ampleur qu'elle se déroule sous l'entière supervision de l'Armée rouge, laquelle fait, seule, figure d'élément d'ordre et de stabilité capable d'éviter la guerre civile.

Faible, peu soutenu, le gouvernement provisoire de Lublin trouve donc, en face de lui, d'importantes forces combattantes — les unités de l'AK — qui ne reconnaissent pas son autorité et refusent d'emblée l'idée de voir leur pays passer sous l'entière dépendance de l'ennemi bolchevique. La lutte pour le pouvoir commence. Elle va durer deux ans.

A travers toute la Pologne libérée, les résistants de l'Armée de l'Intérieur tombent victimes de cette entreprise d'élimination des adversaires potentiels du nouveau régime. Ils sont arrêtés, emprisonnés au fur et à mesure qu'ils se montrent à visage découvert.

Comme au temps de la Gestapo, la police enfonce les portes des appartements, pourchasse les militants des tendances diversement opposées à l'emprise de Moscou. Tous sont accusés, par la presse communiste, d'être vendus au capitalisme étranger et même aux... Allemands. Il suffit d'une simple dénonciation — plaie de la Pologne pendant et longtemps après la guerre — pour qu'un individu soit arrêté et traîné devant les tribunaux. Déclaré dangereux, il est jugé par un tribunal militaire d'exception et condamné à de lourdes peines d'internement dans un camp ou dans une

1. L'Ukraine et la Biélorussie, récupérées par Staline, ainsi que les régions polonaises de Mazovie, de Podlachie et de Mazurie ont été libérées durant l'été 1944, avec la participation symbolique du corps d'armée polonais, intégré à l'Armée rouge cependant que les combattants de droite ont fait l'objet des pires mesures de discrimination puis de répression.

prison[1]. D'autres, considérés comme inoffensifs, sont incorporés dans les unités polonaises appelées à former la future grande armée du peuple au service de la nouvelle République.

Fin janvier, le départ du dernier soldat allemand du territoire polonais aurait dû, en principe, rendre inutile tout maintien d'une organisation de résistance clandestine dont les activités ne pourraient être dirigées que contre les soldats de l'Armée rouge.

Cependant, si une partie importante des unités de l'AK accepte de se rendre aux Russes pour connaître, bien souvent, le sort des suspects dangereux, l'autre refuse d'abandonner le combat qu'elle reprend aussitôt contre « l'occupant » bolchevique et partant contre le Juif, son allié de toujours.

Ainsi, et du fait de cette coupure profonde entre la majorité conservatrice et la minorité communiste soutenue par Moscou, la Pologne sera, jusqu'en 1947, le théâtre de luttes fratricides sanglantes dont les Juifs ne tarderont pas à faire les frais quand bien même la plupart d'entre eux n'y seront pas engagés.

Epargnés, pour des raisons évidentes, par l'une et l'autre des vagues d'épuration, les survivants deviennent, dès le début des troubles, les victimes d'une autre terreur, clandestine celle-là, non pas en fonction de leurs opinions politiques mais parce qu'ils représentent une minorité que la droite et l'extrême droite veulent chasser de la Pologne.

Le stéréotype du *zydokomuna* (judéo-communiste), slogan qui a sévi bien avant la guerre parmi la multitude d'activistes de droite et d'extrême droite fait donc sa réapparition. Des groupes, dont l'antisémitisme outrancier et l'anticommunisme primaire ont abouti, sous l'occupation, à une collaboration active avec les SS dans la chasse aux Juifs et aux partisans de gauche, se reforment et passent rapidement à l'action. La décision « d'achever l'œuvre de Hitler » et de s'opposer, par la force, à l'avènement du communisme en Pologne est ainsi prise au plus fort de cette période marquée

1. Certains opposants polonais parleront de tortures et d'assassinats notamment parmi les membres du Parti paysan, principal parti d'opposition à cette époque de liberté provisoire.

à la fois par la migration massive des populations et par la violence, policière et terroriste, laquelle va faire trembler la Pologne sur ses bases et mettre en péril son équilibre social. Elle ne s'en remettra jamais complètement.

En 1945, alors que la guerre n'a pas encore pris fin, l'insécurité s'installe, pour durer, dans un pays qui n'est plus que ruines et problèmes de tous ordres.

Sur un territoire rétréci, déplacé d'est en ouest, avec une population « purement » polonaise mais réduite à 26 millions d'âmes [1], la misère, le marché noir, le laxisme administratif le plus total offrent fatalement aux combattants nationalistes de l'après-guerre un terrain propice à leurs actions criminelles.

La politique économique des nouveaux maîtres, qui vise à une étatisation plus ou moins calquée sur l'URSS, ne fait qu'accroître la confusion et l'anarchie et, par là, le mécontentement de la population. Le chômage augmente et la misère qui se développe n'est pas faite pour apaiser les esprits.

L'Armée de l'Intérieur, officiellement dissoute dès le 19 janvier 1945 après qu'une partie de ses membres se furent ralliés au nouveau pouvoir, une nouvelle organisation de résistance, la *NIE*, prend la relève mais elle n'a guère les moyens de s'affronter à l'Armée rouge malgré les prétentions de son sigle [2]. En revanche, les attaques contre les Juifs, dans les villages éloignés ou à bord des trains ou des autobus comme l'assassinat de communistes polonais ou de soldats russes isolés restent à sa portée. Même privées de leurs chefs après la capture de l'état-major de la *NIE* en novembre de la même année, les unités, agissant de leur propre initiative à l'échelon local, et non plus national, poursuivront ce combat contre les « ennemis » de la Pologne à défaut de pouvoir se mesurer avec « l'occupant » bolchevique.

Regroupés dans une sorte de « Comité de défense des forces clandestines », ces groupes fascistes — les seuls subsistant en Europe après la défaite du nazisme — vont ainsi offrir à la Pologne le triste privilège d'avoir été

1. Contre 35 millions en 1939.

2. *NIE* qui veut dire « non » en polonais vient aussi des trois premières lettres du mot « indépendance ».

également le seul pays d'Europe à permettre le massacre de survivants juifs épargnés par le génocide.

Devant ces meurtres, il ne restera aux Juifs que leurs yeux pour pleurer ou leurs jambes pour s'enfuir alors que le gouvernement polonais et Staline lui-même se serviront de chaque incident antirusse ou anticommuniste pour annihiler un peu plus leurs adversaires politiques quand bien même ceux-ci n'entretiennent pas le moindre rapport, matériel ou moral, avec les assassins.

En s'en prenant particulièrement aux Juifs, en les obligeant par la force et la terreur à quitter la Pologne, les fascistes polonais espèrent atteindre un double but, chaque rescapé représentant, selon eux, un agent du bolchevisme. Face à des êtres sans défense la tâche est, naturellement, plus aisée.

Un nouveau chapitre de l'histoire tragique des Juifs en Pologne s'ouvre donc au moment où les restes de la communauté s'apprêtent à profiter de leurs premiers instants de liberté. Epargnés par les mesures de répression qui plongent la population dans un perpétuel climat de panique, préoccupés, au premier chef, par la multitude de problèmes inhérents à la reconstruction d'un semblant d'existence, ceux-ci seront, les premiers, surpris par la vague de violence dont ils vont faire l'objet au lendemain même de la libération.

Confiée, principalement, aux militaires, la lutte antiterroriste, à l'inverse de l'épuration et de la répression, n'aura qu'une efficacité très relative. Déjà profondément déchirée par les purges, les arrestations, les vexations et humiliations incessantes infligées par le vainqueur russe, distant et mal disposé à son égard, la nouvelle armée polonaise, encore à l'état embryonnaire, est donc contrainte de faire ses premières armes contre d'autres Polonais, lesquels jouissent indéniablement de la sympathie, souvent agissante, d'une partie non négligeable de la population.

Trop exposés dans les villes de par la présence des agents du NKVD soviétique, de la Milice, des indicateurs et des mouchards qui ont repris du service, ceux que l'armée est chargée de mettre hors d'état de nuire à la bonne marche du socialisme se sont réfugiés dans les forêts, nombreuses et souvent impénétrables, qui recouvrent une part importante du territoire polonais. Disséminées notamment dans les régions de Lublin, de Bialystok, de Cracovie, des Carpates ou de la Mazovie, les unités de partisans rebelles, qui se sont donné pour tâche de « purifier l'âme et le sol polonais », sont familièrement désignés sous le nom magique autant que mystérieux de « gars dans la forêt » par ceux qui les soutiennent.

Et ils sont nombreux. En 1945, beaucoup de Polonais attendent encore le miracle qui prendrait la forme d'un nouveau conflit, entre l'Union soviétique et ses alliés anglo-saxons cette fois, conflit qui déboucherait, dans leur esprit, sur une libération de la Pologne par les armées occidentales sous la conduite du général Anders à la tête des régiments polonais de l'armée britannique qui se sont couverts de gloire dans les combats d'Afrique et d'Italie[1].

Il n'en faut pas plus pour encourager tout ce que le pays compte d'éléments anticommunistes et antisémites à poursuivre leurs activités de conspirateurs, à stocker les armes et à battre le rappel de leurs sympathisants afin d'être prêts le moment venu[2]. Pour eux, qui sont engagés dans une guerre sainte basée sur la morale chrétienne, « servir la Pologne reste le seul moyen de servir Dieu », le vieux slogan fasciste « Dieu et la Patrie » reste le symbole de ralliement. Mais ils sont plusieurs dizaines de milliers, ces ultra-nationalistes, dont la prétention de « combattants historiques » prêterait à rire si leur action ne s'était soldée par un affreux bain de sang.

Héritiers des « forces armées nationalistes » (NSZ) qui se sont constituées en 1942 à partir des organisations fascistes d'étudiants et autres formations d'extrême droite, les « gars dans la forêt » proviennent soit des rangs de l'Armée de l'Intérieur (AK) dissoute, soit de divers milieux nationalistes, dirigés par des politiciens en exil à Londres, les motifs des uns et des autres ne variant que peu ou prou. Toutefois, si leur stratégie consiste à tuer des fonctionnaires commu-

1. On dit même, dans le peuple, que le général Anders, fer de lance du nationalisme polonais et de l'antisoviétisme, entrerait dans Varsovie juché sur un cheval blanc.

2. Lors de son arrestation, le chef de la « résistance » pour la région de Cracovie avouera que son gang avait à sa disposition : 4000 fusils, 2000 revolvers, 10000 grenades, 5 canons antichars et plus de dix tonnes de munitions.

nistes ou des soldats russes dans la guerre larvée menée contre le régime, l'extermination des Juifs est considérée par chacun, de surcroît, comme un acte chevaleresque, voire une entreprise de purification nationale.

Les « gars dans la forêt » n'occupent cependant pas seuls le terrain. Des bandes d'Ukrainiens, opérant à partir des montagnes des Carpates, organisent de fréquentes razzias dans les régions avoisinantes, et font, à chacune de leurs sorties, beaucoup de victimes parmi les fonctionnaires de l'Etat comme parmi les populations civiles. Alliés aux gangs polonais, les Ukrainiens travaillent pour leur propre compte et font passer le vol et le pillage avant la défense d'une cause qu'ils savent perdue d'avance.

Présentés comme des garçons et des filles qui sacrifient leur vie pour une Pologne libre et indépendante par ceux qui les soutiennent ou qui feront, plus tard et hors du pays, leur panégyrique, les « patriotes » polonais sont loin de ne compter que des idéalistes dans leurs rangs. En effet, aux fascistes convaincus se sont joints des déserteurs, des rescapés de l'armée Vlassov [1], des voleurs de grands chemins, quelques « collabos », un certain nombre de *Volksdeutsche* anciens de la Wehrmacht, de la SS, de la Gestapo, ainsi que toute une kyrielle de personnages sans foi ni loi qui se servent du prétexte nationaliste pour poursuivre des activités commencées sous l'occupation.

L'entreprise, qui confond, par la force des choses, patriotisme et banditisme, jouit du soutien de Polonais de l'étranger et, en premier lieu, de la fameuse brigade des « Montagnes de la Sainte-Croix » passée avec armes et bagages dans le camp allemand à l'automne de 1944.

Forte de près de 2000 hommes rassemblés autour du colonel Bohun, la brigade [2] a déserté le combat contre l'occupant au moment le plus crucial pour la résistance polonaise déjà déchirée par les luttes intestines entre partisans de droite — les plus nombreux — et maquis de

1. Du nom du général russe qui leva une armée de Russes, d'Ukrainiens et de Biélorusses de plusieurs centaines de milliers de volontaires pour lutter aux côtés de l'armée allemande. Il sera pendu pour trahison en Union soviétique le 2 août 1946.

2. La brigade Swietokrzyska était de la région de Kielce dont il sera beaucoup question à la fin de la période qui nous préoccupe.

gauche[1]. Elle a non seulement reçu des Allemands le droit de quitter le pays sans encombre et sans combattre mais encore la Wehrmacht a-t-elle mis à sa disposition, près de Prague, en Tchécoslovaquie, une école d'espionnage où sont aussitôt formés espions et saboteurs polonais et ukrainiens en vue de missions de diversion contre l'Armée rouge. Plusieurs spécialistes, après un bref entraînement, sont effectivement parachutés en Pologne où ils prennent aussitôt contact avec les unités cachées dans les forêts de diverses régions où se sont établis de petits quartiers généraux.

L'aide accordée à la brigade fasciste par les services spéciaux allemands, à la toute dernière extrémité, ne porte que partiellement ses fruits. Après la capitulation de Berlin, le 2 mai 1945, Prague reste certes la dernière capitale européenne occupée par la Wehrmacht qui dispose encore de 600 000 hommes. Mais une insurrection éclate le 5 et, à l'issue de trois jours de combats héroïques, les Allemands cessent toute résistance et obtiennent le droit de se replier[2].

Les Polonais de la brigade des Montagnes de la Sainte-Croix se retrouvent, indemnes et prêts à reprendre la lutte contre le bolchevisme et les Juifs, dans un camp des environs de Nuremberg, occupé par les Américains.

La conspiration, un instant entravée par l'évolution trop rapide des hostilités, s'intensifie, à partir de l'Allemagne, avec l'aide, cette fois, de Polonais en exil et notamment des services de propagande du deuxième corps d'armée d'Anders qui se trouve encore en Italie.

Bien que l'armistice soit signé, le général Anders n'en continue pas moins de recruter des hommes parmi les anciens cadres de l'ex-Armée de l'Intérieur, ainsi que de différentes organisations paramilitaires secrètes comme la WIN (Liberté et Indépendance) dont le cerveau fonctionne à Londres et les exécutants dans les forêts de Pologne. Pour

1. Les années 1942-44 ont été marquées par des affrontements sérieux entre ces groupes rivaux.

2. Les chars soviétiques n'entreront que le 9 au matin alors que les combats avaient pris fin la veille. Contrairement à l'insurrection de Varsovie qui fut un fiasco, le soulèvement de Prague avait permis de libérer entièrement la ville.

Anders, comme pour tous ceux qui partagent ses illusions, après la défaite de l'Allemagne un seul front reste à renforcer, le front polono-russe.

Le centre de Regensburg déploie une étonnante activité depuis l'armistice. Emissaires, instructeurs, armes et sommes d'argent importantes sont parachutés à un rythme accéléré en Pologne cependant que de prétendus « rapatriés » rentrent par voie de terre et trouvent le chemin des gangs disséminés à travers tout le territoire.

Devant la multiplication des meurtres et des opérations de sabotage, le gouvernement de Varsovie est, à plusieurs reprises, contraint d'intervenir auprès de Londres à qui il demande de mettre fin aux agissements des hommes de l'armée Anders.

Le général, lui, ne désarme pas. D'Italie il envoie ses officiers de liaison dans les camps de personnes déplacées des zones britannique et américaine en Allemagne avec pour mission de trouver de nouvelles recrues. En moins d'un an, l'armée polonaise hors de Pologne passe ainsi de 70 000 à 100 000 hommes alors que partout ailleurs est venu le temps de la démobilisation.

« C'est une armée de mercenaires dominés par des éléments antisémites et antirusses », câble de Munich l'envoyé spécial du *New York Times*, Raymond Daniell qui assiste aux opérations de recrutement.

Il faudra attendre le mois de juillet, quand les Alliés cesseront de reconnaître le gouvernement en exil à Londres, pour mettre fin aux rêves du général et, partant, à l'aide massive aux terroristes des forêts en provenance de l'extérieur[1].

La terreur clandestine ne cesse pas pour autant. Elle va même, dans les semaines qui suivent, amener la Pologne au bord d'une véritable guerre civile.

En visite à Varsovie, le Dr Tenenbaum, président de l'Association des Juifs américains originaires de Pologne, est reçu, au début du mois de juin, par le ministre de l'Intérieur à qui il pose, d'emblée, la question :

— Monsieur le ministre, beaucoup de Juifs ont été assas-

1. Anders décidera par la suite de ramener ses hommes en Angleterre où la plupart se sont installés. 20 % seulement d'entre eux avaient, entre-temps, accepté de rentrer en Pologne.

sinés depuis la libération. Combien de temps cela va-t-il encore continuer ?

« Pour toute réponse, raconte le Dr Tenenbaum dans ses mémoires, le ministre me montra un rapport de police qu'il venait tout juste de recevoir. Quelques heures auparavant le village de Szydlowiec-Kieleckie avait été attaqué par des bandits de la NSZ qui avaient tenté d'en prendre possession après avoir tué les hommes de la Milice et quelques fonctionnaires. La bande, équipée d'armes modernes, avait placé une mitrailleuse au sommet du clocher de l'église. Le curé, armé d'un revolver, s'était joint aux assaillants dans un combat qui avait duré toute la journée. Pour en venir à bout, les forces de l'ordre avaient dû mettre le feu à l'église. Une partie du gang avait été tuée, l'autre s'était rendue. »

— Ce genre de bataille se produit presque quotidiennement, avait soupiré le ministre.

Le Dr Tenenbaum ne s'était pas rendu au quartier général de l'UB (services de sécurité [1]) pour entendre les doléances du ministre. Il revint à la charge :

— Les survivants juifs, monsieur, ne sont pour rien dans votre guerre. Il me faut des assurances.

Le ministre s'excusa de ne pouvoir les lui donner mais il promit de poster des gardes dans chaque train, d'organiser des patrouilles sur les routes. Et il ajouta :

— On ne peut pas supprimer la guérilla en employant uniquement la tactique militaire.. La population doit nous aider...

Quelques jours après cette entrevue, un convoi de rapatriés en provenance d'Union soviétique fut attaqué à deux reprises après son passage de la frontière. De connivence avec les terroristes, le mécanicien de la locomotive avait ralenti l'allure en rase campagne, prouvant ainsi que l'ensemble de la population n'était pas du côté espéré par le ministre. On déplora, ce jour-là, la mort de sept Juifs dont un enfant de 4 ans.

De passage à Paris, le Dr Tenenbaum, s'adressant aux représentants de la Fédération mondiale des Juifs polonais, demanda l'aide du monde entier pour mettre fin au massacre des survivants en Pologne. Il demanda même à ce que les

1. Fortement gardé par des hommes en armes, le bâtiment se trouvait alors au 6 de la rue Koszykowa à Varsovie.

dirigeants des bandes terroristes soient jugés à Nuremberg, au même titre que les chefs nazis, pour crimes contre l'humanité.

« Le monde, écrit le Dr Tenenbaum, refusa d'entendre mon appel et on continua à tuer des Juifs comme si rien ne s'était passé[1]. »

Alertés par la montée de la violence antisémite dans les régions du Sud-Est de la Pologne, deux reporters anglais, envoyés spéciaux du *News Chronicle* et du *Daily Mail*[2] s'étaient fait l'écho de rumeurs de plus en plus persistantes, au sujet de la « sympathie agissante » de certains milieux anglais et américains à l'égard des combattants clandestins.

Des révélations, faites au cours de procès publics intentés à des chefs de gangs capturés, faisaient même état d'une fâcheuse connivence entre la « résistance » et certains membres des représentations diplomatiques de ces pays à Varsovie. La presse communiste, pour sa part, ne se privait pas d'accuser le gouvernement de Londres auprès duquel les démarches à propos du général Anders et de son soutien aux opposants restaient pour l'instant sans effet.

Chef du département des Nations unies du *Foreign Office*, Paul Mason fut chargé d'étudier le dossier. Il parvint à cette conclusion :

« Ces éléments sont décrits comme provenant des restes de l'AK ou de diverses autres organisations armées formées par le gouvernement polonais en exil. C'est certainement faux. L'AK a été dissoute et rien ne prouve qu'elle soit encore en activité. Cependant une organisation nationaliste extrémiste, connue sous le nom de NSZ continue le combat subversif contre la présente administration. Le gouvernement polonais prétend qu'elle est en contact avec l'armée polonaise du général Anders sous notre commandement en Italie et qu'elle reçoit une aide de ce dernier. [...].

« La difficulté est que si nous en débattons avec le gouvernement provisoire polonais il ne manquera pas de dire que tout, en fait, est de notre faute[3]. »

Avec le temps et la découverte de documents plus ou

1. Joseph Tenenbaum, *In search of a Lost People*, The Beechhurst Press, New York, 1948.
2. 10 décembre 1945.
3. Document FO 371/51128 WR 3648/4/48, décembre 1945.

moins compromettants, les rumeurs prirent la forme d'une authentique accusation contre les étrangers, diplomates ou non, dont l'appui, tout au moins moral, encourageait les terroristes à poursuivre leurs activités. Présentés comme des patriotes combattant pour la démocratie, opposés à une minorité qui tentait d'imposer le bolchevisme totalitaire par la terreur et la répression policière, les « gars dans la forêt » ne se voyaient jamais reprocher, par ces milieux, de s'en prendre aux Juifs. Personne jusqu'ici et en dehors du gouvernement provisoire communiste, n'avait fait le moindre geste pour s'élever contre ces meurtres d'innocents, le moindre effort pour mettre fin à l'effusion de sang. Au contraire! Chaque condamnation infligée à l'un de ces « patriotes » capturé et jugé soulevait des tempêtes de protestations [1].

Pourtant, l'arrestation puis le procès public de quelques gangs permettaient à quiconque de se faire une idée de la nature de leur « combat ». Aux nazis ils avaient non seulement emprunté les slogans tels que : « Il faut exterminer les Juifs et les Bolcheviques », mais aussi les méthodes, ordonnant, entre autres, aux victimes, de creuser leur tombe avant d'être exécutées.

On apprit aussi, mais ce n'était pas nouveau, qu'ils pouvaient compter sur l'appui des villageois et même des citadins quand une « opération de nettoyage » les obligeait à opérer au centre d'une ville.

« La plupart des membres de ces gangs, écrit le journaliste américain Shneiderman après avoir assisté à un procès à Lodz, sont de très jeunes garçons. Dans les forêts ils disposent d'un asile sûr. Ils se réunissent dans des endroits secrets; là ils rencontrent leurs sympathisants venus des villages ou des villes, qui leur apportent de la nourriture et surtout des renseignements sur les militaires ou les policiers stationnés dans la région; là sont planifiés les attaques de trains et les pogromes contre les survivants juifs; là sont amenées les victimes pour être tuées; là, aussi, sont organisées des parties de plaisir après une opération couronnée de succès; l'alcool distillé par les paysans coule comme de

1. Les révélations se feront par la suite si précises qu'elles déboucheront, en 1947, sur le départ plus ou moins forcé de l'ambassadeur britannique Victor Cavendish-Bentik et sur celui des Etats-Unis, Arthur Bliss Lane.

l'eau. Les filles des villages voisins viennent assister aux festivités et il arrive souvent que des noces soient célébrées, avec danses et musique, un peu à la manière des anciennes coutumes païennes slaves[1]. »

Parent éloigné d'un avocat — juif — qui défendit plusieurs terroristes à Lodz, avocat lui-même en Allemagne où il vit depuis qu'il a quitté à l'âge de 16 ans sa Pologne natale, Michaël G. a longuement étudié, à partir de documents en sa possession, le comportement psychologique des « idéalistes » parmi la masse hétéroclite des « gars dans la forêt ».

« En fait, ces garçons singeaient les Allemands non seulement en employant leurs méthodes mais en faisant leurs les principes nazis d'une race purifiée. La propagande raciale des occupants à propos des Germains, ils la transposaient, l'adaptaient à la race polonaise. Les lois de Nuremberg[2], qu'ils avaient toujours approuvées, ils voulaient les appliquer à la Pologne " enfin " débarrassée de ses minorités ukrainiennes, biélorusses, *volksdeutsche*. Seuls les Juifs posaient encore problème. Chaque Juif qui revenait était un Juif de trop tant au point de vue politique, économique que racial.

« A la libération, les survivants ont été assassinés pour différents motifs et par différentes catégories de Polonais. Les paysans, les villageois tuaient, en général, pour ne pas rendre au Juif ce qu'ils lui avaient volé, la plupart du temps après l'avoir eux-mêmes dénoncé à la Gestapo ou à la police polonaise. Dans un pays qui comptait alors tant de miséreux et d'illettrés, la brutalité, la violence sauvage faisaient partie des mœurs.

« Les " idéalistes ", plongés dans un mysticisme et un romantisme typiquement polonais, trouvaient, dans cette extermination des derniers Juifs, l'occasion de monter d'un cran dans la pseudo-théorie des races supérieures. Peut-être avaient-ils été inscrits, eux ou leurs parents, sur la *Deutsche Volksliste* qui avait fait de quelques millions de Polonais des

1. S. L. Shneiderman, *Between Fear and Hope*, New York, 1946.
2. Ces lois devaient « préserver le sang allemand de toute contamination et protéger la race allemande jusqu'à la fin des temps ». Promulguées en 1935, elles privèrent les Juifs de leurs droits civiques et autres en attendant la « solution finale ».

personnes " valables sur le plan racial "[1]. On ne peut l'affirmer. Il est certain, en tout cas, qu'ils prenaient, par survivants Juifs interposés, une revanche sur les Allemands dont le but final était l'extermination biologique de la population polonaise ou, tout au moins, sa réduction, en partie, à un peuple d'esclaves au service du Germain.

« En réalité, les Polonais se sont toujours considérés supérieurs aux autres Slaves, Russes y compris. Eux étaient les Slaves civilisés, cultivés. Après l'intermède allemand, les vieux démons revenaient à la charge. L'Etat polonisait les nouvelles provinces ; les terroristes idéalistes, eux, voulaient poloniser la race[2]. »

1. Cette politique allemande de séparer, en Pologne, « le grain de l'ivraie » porta parfois ses fruits, notamment dans certaines provinces comme la Mazurie et la Haute-Silésie. Après la guerre, elle a pesé sur bon nombre d'activités à l'intérieur des frontières.
2. Entretien avec l'auteur, septembre 1984.

CHAPITRE IV

# TROP DE SURVIVANTS

*A l'époque, la seule vue d'un Juif était un événement.*

Marek Edelman [1]

Depuis l'entrée des Allemands en Pologne en septembre 1939, la population a eu largement le temps de s'habituer au spectacle quotidien des foules de Juifs emmenés à « l'Est » ou massacrés sur la place publique. Active ou passive, elle s'est réjouie ou résignée à l'idée que les Allemands avaient décidé de nettoyer le pays de cette « occupation intérieure juive » dont la Pologne a, de tout temps, voulu se débarrasser.

« Beaucoup de nos gens condamnent avec révulsion les crimes commis par les Allemands », notait en 1942 dans son journal un instituteur polonais, S. Zeminski. « Il en est d'autres qui sombrent dans le désespoir à la vue de telles atrocités. Il en est qui pensent que cela est cruel et désagréable, mais aussi, et pour dire la vérité, qu'il s'agit là d'un service rendu aux Polonais par les Allemands qui règlent le problème juif. »

Dans son témoignage, paru à Cracovie en 1946, un autre Polonais, Adam Polewka, arrive à cette conclusion :

« Une partie considérable de la population se montrait indifférente à ces monstruosités et certains les regardaient même avec une certaine satisfaction en disant : " Même si

1. Marek Edelman, *Mémoires du ghetto de Varsovie,* Editions du Scribe, 1983. Edelman est le seul survivant des cinq membres de l'état-major de l'insurrection du ghetto. Il vit actuellement à Lodz.

nous n'approuvons pas de telles méthodes, nous devons admettre que Hitler fait le travail pour nous car nous aurions été incapables de le mener aussi complètement à bien. "

« Ces gens voyaient dans l'extermination en masse de la population juive par les nazis une victoire nationale [pour la Pologne] [1]. »

L'arrêt de mort de toute une communauté dont le retour de quelques « débris » va être considéré, à la libération, comme une anomalie ou un accident de l'histoire, avait fait l'objet d'une propagande intensive de la part des Allemands afin d'attiser la haine envers les Juifs et de rendre comme allant de soi leur extermination. Une telle campagne avait été menée dans tous les pays occupés — en France notamment — mais nulle part ailleurs qu'en Pologne elle n'avait trouvé un terrain aussi favorable [2].

Dans les principales villes du gouvernement général, des journaux allemands en langue polonaise s'étaient chargés de propager le venin. Le *Nowy Kurier Warszawski* à Varsovie, le *Glos Lubelski* et le *Goniec Czestochowski* à Czestochowa, le *Kurier Krakowski* à Cracovie, le *Glos Radomski* à Radom, pour n'en citer que quelques-uns, dont les collaborateurs étaient des Polonais ou des Allemands de souche (*Volksdeutsche*), constituaient à l'époque la seule source d'information. Très lus par la masse en dépit des conseils de la Résistance pour les boycotter, ils ressemblaient, à s'y méprendre, aux journaux fascistes polonais d'avant-guerre où le Juif représentait « Judas », celui qui avait trahi le Christ et qu'il fallait éliminer. Des prêtres et notamment le père Stanislaw Trzeciak [3] y tenaient régulièrement une colonne où Judas était, naturellement, qualifié de « communiste ».

L'historien français Henri Michel, dans un ouvrage

1. Adam Polewka, *To Boli*, Cracovie, 1946.

2. Quand se fit sentir, vers la fin de 1943, la pénurie de commentaires sur les Juifs en Pologne (il n'en restait plus beaucoup en vie) la presse fasciste exploita l'antisémitisme dans les autres pays occupés. En 1943, le *Nowy Kurier* de Varsovie notait, avec satisfaction, que « les Français étaient et continuaient d'être antisémites ».

3. Le père Trzeciak était alors recteur de l'église Sainte-Hyacinthe à Varsovie. Il avait fondé un parti pro-nazi sous l'occupation mais sa mort, en 1944, évita à l'Eglise un procès pour le moins gênant.

# POLACY!

Zbrodniarz niemiecki usiłuje wmówić w świat, że to myśmy podpalili ghetto warszawskie, że to myśmy mordowali Żydów, a udział żołdaków niemieckich w tej zbrodni nazywa — „zbrojną interwencją".

My i dzieci nasze, przeżywając wszystkie okropności krwawej okupacji nie mogący narazie samych siebie obronić, nie mogliśmy w dniach krytycznych udzielić Żydom skutecznej pomocy w ich walce.

Żaden Polak wyznający moralność chrześciańską nie przyłożył i nie przyłoży ręki do tej potwornej zbrodni.

W laurowym wieńcu bohaterstwa Polski Podziemnej nie mniejszym blaskiem, niż inne czyny, opromienione beda również czyny i bohaterstwa w dziedzinie ratowania człowieka przed bestią hitlerowską.

B. premier Rządu R. P. w Londynie, ś. p. gen. Sikorski, piętnując przed światem tę nieznaną w dziejach świata zbrodnię niemiecką przesłał Krajowi wyrazy podziękowania za jego godną postawę i za okazywanie Żydom pomocy w ich straszliwej sytuacji.

Kierownictwo Walki Podziemnej i Sądy Specjalne już karzą śmiercią zdrajców i szantażystów, wydających Żydów w ręce katów niemieckich, a miary sprawiedliwości w stosunku do tych jednostek dopełnią już niezadługo Sądy Wolnej Rzeczy. Polskiej. V p.

**POLSKIE ORGANIZACJE NIEPODLEGŁOŚCIOWE.**

*Warszawa we wrześniu 1943 r.* RPZ

*Affiche clandestine parue en 1943 à Varsovie et mettant en garde les Polonais contre tout acte pouvant aider l'occupant allemand dans la chasse aux Juifs.*

important et tout à la gloire des combattants polonais de l'insurrection de Varsovie, se voit lui aussi contraint de constater que la haine des antisémites de ce pays, attisée pendant la guerre, ne disparaît pas avec le retour à la liberté quand il écrit :

« Mais il arrive aussi que l'antisémitisme prenne une tonalité politique, sans que la présence et la propagande allemandes y soient forcément pour quelque chose. Ainsi des journalistes polonais mènent une campagne contre les Juifs en les accusant de propager le typhus. Une association, " le Marteau et la Croix ", se crée à Varsovie pour " libérer la vie polonaise de l'influence juive ". Même dans la presse clandestine, l'antisémitisme n'a pas totalement disparu. On peut lire dans *les Nouvelles quotidiennes,* organe de " Glaive et Charrue "[1] qu' " on n'a pas le droit de risquer la vie d'un Polonais pour sauver celle d'un Juif ". Le journal de la Falanga, *le Rempart* demande carrément qu'on supprime " ces maudits vagabonds que sont les Juifs ". Des tracts encouragent la dénonciation de Juifs qui essaient de se cacher ; " ils mangent le pain des chrétiens ".

« La haine d'une partie de l'extrême droite polonaise ne disparaît pas avec l'occupation étrangère malgré les souffrances endurées en commun par toute la population[2]. »

En lançant, très tôt, leur campagne de propagande antisémite en Pologne, les Allemands savaient qu'ils pouvaient faire appel aux plus bas instincts d'une certaine couche de la population déjà acquise à leurs idées.

Après l'attaque contre la Russie de juin 1941 et l'occupation de la totalité du territoire polonais, la presse allemande, relayée par la presse fasciste polonaise, avait donné à cette campagne sa véritable dimension. Les accusations portées contre les Juifs de « menées criminelles contre l'Eglise » ou d' « assassinat de membres de l'intelligentsia polonaise par des meurtriers juifs » correspondaient point par point avec l'image que l'extrême droite avait faite, avant-guerre, du « Juif bolchevique », agent de Moscou et ennemi de la Pologne. Aussi les propagandistes allemands, actifs jusque dans les plus petits villages, trouvèrent-ils un écho d'autant plus favorable que l'épidémie de haine antisémite était

1. D'inspiration franchement nazie.
2. H. Michel, *Et Varsovie fut détruite,* Albin Michel, 1984.

propagée par tous les médias de l'époque : radio, conférences publiques retransmises par haut-parleurs, expositions, affiches, brochures largement illustrées, etc.

La « passivité » des Juifs, accusés de se laisser docilement conduire à l'abattoir, fut également un argument largement exploité par les antisémites polonais[1].

La presse favorable aux Juifs qui avaient pris les armes, comme celle qui leur reprochait, alors même que le ghetto était en flammes et agonisait, de « se battre pour vendre chèrement leur peau », avaient passé sous silence le fait que des centaines de milliers de Polonais non juifs s'étaient laissé traîner vers la mort sans opposer la moindre résistance.

En 1971, un ancien membre important de la Résistance, le socialiste Waclaw Zakorski, jugea nécessaire de s'élever contre les accusations de lâcheté dont certains se servent toujours encore en Pologne pour justifier l'attitude hostile de la population envers les Juifs emmenés vers une destination inconnue :

« Pour moi les Juifs n'étaient pas plus préparés [à l'extermination] et pas moins malins que les Polonais qui, en fait, se sont laissé ramasser dans les rues, jeter en prison et déporter dans les camps de la mort[2]. »

Estimant insuffisante la campagne de haine orchestrée par les Allemands, le mouvement fasciste polonais ONR[3] organisa sa propre campagne à travers ses journaux — *Placowka, Praca i Nalka, Szaniel, Zaloga, Walka, Glos Polski, Nowa Polska.* Elle fut systématique, extrêmement violente et se poursuivit jusqu'aux derniers jours de l'occupation.

L'impact de cette presse antisémite sur une population élevée dans une atmosphère de pogromes saisonniers, de lois antijuives, de discrimination économique, fut très profond.

1. Vingt-cinq ans plus tard, le 28 mars 1968, le journal du Parti *Trybuna Ludu* reprendra les accusations fascistes pour affirmer que « la passivité des Juifs pendant cette période a été tragique ».

2. W. Zakorski, *Wolnosc i niewoli*, Londres, 1971. Le nombre des Polonais non juifs — dont parle Zakorski — « ramassés par les Allemands » s'élève à plusieurs millions si l'on ajoute aux prisonniers de guerre et aux victimes de la déportation les centaines de milliers de Polonais chassés de leur province à l'Ouest et transplantés à l'Est.

3. *Oboz Narodowo Radykalny.* Ce mouvement, qui préconisait la liquidation des Juifs, avait une certaine influence parmi les intellectuels, les propriétaires terriens, le clergé et la jeunesse.

Aussi les Juifs qui se rendaient au travail, du ghetto dans la partie aryenne d'une ville, savaient-ils par avance qu'un article antisémite paru le matin dans l'un de ces journaux allait amener une journée de vexations, d'excès, de pierres lancées par la foule, parfois de sévices corporels.

Ces scènes furent quotidiennes, notamment à Varsovie.

La guerre terminée et les Allemands partis, se pose aussitôt la question de savoir dans quelle mesure l'attitude hostile envers les Juifs d'une aussi importante majorité de la population polonaise est due à la propagande allemande. Les historiens polonais qui se sont penchés sur ce problème n'ont, jusqu'ici, trouvé qu'une réponse pour le moins ambiguë. Ils sont d'avis « qu'il existait un rejet général de la propagande allemande, jusques et y compris la propagande antisémite mais que d'un autre côté, cette propagande a agi sur le subconscient des masses sans qu'on puisse pour autant en mesurer les effets ». Selon eux, « des affiches telles que celles qui faisaient du Juif le propagateur du typhus[1] ont certainement porté leurs fruits à la faveur d'un climat hautement empoisonné par la propagande ».

Tout à la joie de retrouver la liberté, les Juifs ont évidemment d'autres préoccupations que d'analyser les effets d'une propagande sur leurs concitoyens chrétiens que la guerre et les souffrances ont peut-être ramenés à de meilleurs sentiments. Miraculeusement réchappés d'une monstrueuse chasse à l'homme destinée, selon une implacable logique, à les faire disparaître tous, sans exception, ces survivants sont les premiers surpris de voir que le mal accumulé par des années de haine et de mépris a, lui aussi, survécu à l'occupation. Mais à la haine et au mépris s'ajoute maintenant l'indignation à l'encontre de ces squelettes en guenilles qui, surgis seuls ou en petits groupes des caves et des égouts, des forêts ou des camps fraîchement libérés, errent en ville ou sur les routes à la recherche de leurs semblables.

Vêtu de vieilles hardes, maigre et affamé par trois années de détention dans divers camps de travaux forcés du centre de la Pologne, Pinkas Alterman est un de ceux-là. Tout heureux d'être libre, il se heurte le jour même de sa libération à l'animosité d'un groupe de villageois à qui il

1. « Juif = poux = typhus. »

demande un morceau de pain. Cela se passa près d'Opatow, dans la région de Kielce, le 18 janvier 1945[1].

« Les Polonais m'ont dit : " Quoi, tu es encore là ? Comment se fait-il qu'un Juif soit encore en vie ? On vous croyait vraiment tous morts... "

« Dans un certain sens, leur réaction était normale. En dehors de ceux qui avaient caché des Juifs — que Dieu les bénisse ! — les autres ne pouvaient imaginer que les Allemands ne se soient pas montrés plus efficaces.

« Mes villageois n'avaient plus vu de Juifs depuis longtemps. Nous avions été effacés du paysage. Ils n'étaient pas forcément antisémites, ceux qui voulaient notre mort. On les avait habitués à l'idée que nous étions une race nuisible, juste bonne à être exterminée et ils l'ont cru d'autant plus qu'ils y étaient depuis toujours prédisposés. Découvrir un rescapé a été pour eux un vrai choc. Un peu comme si, aujourd'hui, vous rencontriez un martien au coin d'une rue. Ils me palpaient, me questionnaient, me montraient à tous ceux qui passaient par là comme une bête curieuse. Et la réaction, chaque fois, était la même : " Quoi, un Juif ! Ils ne sont donc pas tous morts ? "

« Tous les rescapés, sans exception, ont vécu cette triste aventure. Si les Polonais s'en étaient tenus à la surprise, passe encore... Mais ils se sont vite ressaisis. Pendant cinq ans, tuer un Juif, même plusieurs, n'avait pas constitué un délit. Aucun Polonais n'a été condamné, sous l'occupation, pour avoir tué, volé, dénoncé, vendu un Juif. Il n'y avait donc aucune raison que cela s'arrête, d'autant plus que la plus grande partie du travail était déjà faite[2]. »

Témoin « privilégié » de cette ambiance hostile qui préside au retour des rescapés, Bernard Goldstein, combattant héroïque du ghetto et de l'insurrection de Varsovie, note dans ses souvenirs du premier jour de la libération :

« Je rencontre des Juifs dépenaillés, couverts de crasse, le visage blême, véritables cadavres ambulants... J'apprends que dès hier, 15 janvier, la ville a été prise par les Russes. [...]

1. Région réputée comme étant la plus dangereuse pour les Juifs, avant, pendant et après la guerre, elle va jouer un rôle dramatique dans le destin de la communauté juive polonaise au lendemain de la libération.
2. Entretien avec l'auteur.

« Au fur et à mesure que les jours passèrent, on vit de plus en plus de civils circuler dans la ville. La plupart étaient des Polonais. Les Juifs étaient peu nombreux. On apprit bientôt que des 500 Juifs réfugiés dans les bunkers au moment de l'évacuation de Varsovie, 200 environ avaient survécu ! De nombreux bunkers avaient été découverts par les machines à défoncer, repérés par les chiens policiers, ravagés par les incendies ou détruits par des explosions. Des malheureux étaient morts de faim, d'autres de maladie. On sortait des trous des malades qu'on ne savait où mettre. Des hommes squelettiques erraient couverts de vermine, loqueteux, semblables à des ombres. Enfin, au bout de plusieurs jours, arrivèrent de Lublin des vivres et quelques médicaments. Nous pûmes distribuer les premiers secours. Un comité juif se mit à l'œuvre à Praga. Il enregistra les nouveaux venus, délivra à chacun une livre de pain par jour et s'efforça de leur procurer une première aide. [...]

« Dans Varsovie en ruine, dans Praga surpeuplée, les visages juifs apparurent de plus en plus nombreux. Sortis des forêts, des bunkers, des camps d'extermination, des fantômes loqueteux erraient à la recherche d'un abri, d'un parent, d'un ami ; ils assiégeaient le comité juif, pleurant, criant, ergotant, réclamant un vêtement convenable, un peu de nourriture, un toit. Mais le comité ne disposait que de moyens très limités et était impuissant à satisfaire même le minimum des besoins de tous ces malheureux, déçus et désespérés.

« Les Polonais, dans leur majorité, manifestèrent de l'animosité envers les Juifs réapparus. Ceux-ci avaient donc le sentiment d'être repoussés, d'être considérés comme des intrus, des usurpateurs [1]. »

Comme s'il ne leur suffisait pas d'avoir échappé à la mort, les Juifs adoptent, vis-à-vis des soldats russes, une attitude qui ne peut qu'exacerber les sentiments nationalistes de la grande majorité des Polonais. Dès que prend fin la bataille qui chasse les Allemands d'une ville ou d'un village, ils sortent de leur trou et se portent, si faibles soient-ils, au-devant de leurs libérateurs. Les mêmes scènes pathétiques

1. Bernard Goldstein, *Cinq années dans le ghetto de Varsovie*, la Renaissance du Livre, Bruxelles, 1962.

se déroulent au rythme des combats qui font progresser l'Armée rouge en direction de Berlin. Dans un immense élan de reconnaissance, les rescapés, hommes, femmes, enfants, se jettent au cou de ces soldats à qui ils doivent d'avoir la vie sauve cependant que les Polonais, frustrés de leur victoire, s'offusquent de l'hommage ainsi rendu à l'ennemi bolchevique auquel on reproche surtout de s'être arrêté aux portes de Varsovie et d'avoir permis aux Allemands d'écraser l'insurrection.

Pour les uns comme pour les autres, le cauchemar de l'occupation et de la terreur nazie s'achève. Mais la haine propagée pendant cinq années à l'égard du Juif, au lieu de disparaître dans la joie de la liberté retrouvée, prend une nouvelle dimension. Le Russe, dépeceur historique de la Pologne, amène dans son paquetage un régime dont personne ne veut, en dehors des Juifs qui voient en lui leur libérateur et de la poignée de communistes polonais qui l'acclament. A cela s'ajoute le pressentiment qu'une nouvelle occupation, d'une durée impossible à prévoir, succède à celle qui vient à peine de prendre fin.

Légitimement préoccupés par les problèmes de tous ordres qui se posent à eux au moment de se réhabituer à ne plus vivre comme des bêtes traquées, beaucoup de survivants ne se rendent pas immédiatement compte de l'animosité que leur seule présence suscite. Jouissant d'un total appui de l'Etat comme jamais les Juifs n'en ont connu dans le passé en Pologne, convaincus de leurs bons droits eu égard aux souffrances que leur peuple vient d'endurer, il leur est humainement difficile d'admettre que cette présence, même réduite à sa plus simple expression, ne cadre plus avec la réalité polonaise née de la guerre et, partant, de l'élimination quasi totale de la communauté juive.

Pourtant, selon eux, une constatation historique s'impose. Survivants, les Polonais non juifs le sont en réalité aussi, dans la mesure où la victoire des Alliés les a sauvés de l'esclavage et de la mort lente auxquels étaient voués les peuples slaves de l'Est européen. En 1944, c'est-à-dire un an presque jour pour jour avant la libération de Cracovie par les Russes, le gouverneur nazi Hans Frank avait déclaré dans cette même ville : « Quand enfin nous gagnerons la guerre, alors, en ce qui me concerne, des Polonais, des Ukrainiens et de tout ce qui traîne ici, on pourra faire du hachis [*Hackfleish*], on pourra faire tout ce qu'on voudra[1]. » A ce moment-là, la question des Juifs ne se posait déjà plus.

Mais déjà en février 1940, et alors que parallèlement à l'extermination de ces derniers venait de commencer l'anéantissement *biologique* de la nation polonaise, ce même Hans Frank avait dit : « Si nous devions placarder des affiches pour chaque Polonais fusillé, les forêts de la Pologne ne suffiraient pas à produire le papier nécessaire à les fabriquer[2]. » Et Heinrich Himmler, le chef de la SS, avait renchéri, un mois plus tard, le 15 mars : « Tous les Polonais doivent disparaître de la surface de la terre[3]. »

En 1945, les Polonais n'ignorent plus quelles avaient été les intentions des nazis à leur égard. Largement utilisés par les services de propagande des autorités communistes pour mieux souligner le poids de la victoire du partenaire soviétique, les documents nazis révèlent un à un leur secret. Il est beaucoup question, dans la presse et à la radio, du mémoire ultra-secret remis par Himmler à Hitler le 15 août 1940 à propos du traitement à appliquer aux populations « étrangères » de l'Est. Par ce document les Polonais découvrent, avec stupeur, que leur sort était lié à celui des Juifs à un moment où il n'était pas encore question de les exterminer :

« J'espère, disait Himmler, voir complètement effacé le concept de " Juif " grâce à la déportation massive de tous les Juifs vers l'Afrique ou vers une colonie quelconque. Il doit également être possible, dans un espace de temps un peu long, de faire disparaître les concepts raciaux d' " Ukrainiens ", de " Gorales " et de " Lemken ".

« Tout ce qui a été dit de ces groupuscules raciaux est valable pour les Polonais, évidemment sur une échelle correspondante plus grande[4]. »

Ainsi, à la différence du Juif pour lequel une « solution finale » avait été trouvée, les Polonais versés dans les « races inférieures » — le délai était de dix ans pour mener à bien le

1. Cracovie, le 14 janvier 1944.

2. Allusion faite à l'affichage, à Prague, des noms des fusillés dans une interview publiée par le *Volkischer Beobachter*, le 6 février 1940.

3. « *Dann verschwinden alle Polen aus der Welt.* »

4. Heinrich Himmler, « Quelques réflexions sur le traitement à appliquer aux populations étrangères de l'Est », 18-8-1940.

tri racial des populations — allaient constituer un « réservoir de main-d'œuvre » censé fournir à l'Allemagne les ouvriers dont elle aurait besoin pour construire le Reich de Mille ans projeté par Hitler. Mais une partie devait être éliminée et, notamment, l'intelligentsia, les bouches inutiles, les vieux et les incurables[1].

Le professeur Mark L., Polonais exilé aux Etats-Unis, juge ainsi le comportement de ses compatriotes au lendemain de la guerre :

« L'attitude hostile des Polonais à l'égard des Juifs s'explique en partie par le délai de grâce que leur ont accordé les Allemands. Par rapport aux Juifs et aux Tsiganes, les premiers à être éliminés, ils ont eu diverses raisons de croire que dans la hiérarchie raciale nazie ils étaient supérieurs à ces derniers. Ils le crurent d'autant plus que la défaite allemande interrompait brusquement tous les plans à long terme prévus à leur sujet. Il faut également garder en mémoire la différence de traitement appliquée à l'époque. Des millions de Polonais étaient considérés comme des « sujets » de l'occupant dans les régions annexées — Poméranie, Dantzig, « Grande-Pologne » avec Poznan et Lodz et, naturellement, la Silésie — et jouissaient d'une protection dont les Juifs étaient exclus. Ces Polonais-là étaient, dironsnous, les privilégiés. Les autres, la majorité, condamnés à une sorte d'esclavage médiéval, s'ils étaient désavantagés par rapport aux premiers, occupaient malgré tout, du moins dans leur esprit, un échelon supérieur aux Juifs, qu'on plaçait tout en bas de l'échelle. Cette différence de traitement les a probablement confortés, à la libération, dans l'idée que, l'Allemand parti, il appartiendrait aux seuls « vrais » Polonais de prendre en main les destinées de leur pays[2]. »

En décembre 1944 et alors que le gouvernement en exil à Londres tirait des plans sur la comète quant à la forme que devrait prendre, après la guerre, le futur Etat polonais, le chef du Parti national démocrate, Tadeusz Bielecki, avait

1. On estime que l'ensemble des pertes de la population polonaise a dépassé 6 millions de personnes dont 5 millions du fait de l'extermination sous toutes ses formes. 90 % des Juifs ont péri de cette manière, soit plus de 50 % de l'ensemble.

2. Entretien avec l'auteur.

déclaré avec force : « La question juive a été définitivement réglée par Hitler[1]. »

Ne l'ayant pas été de façon aussi définitive que souhaité par certains la question, en 1945, se pose donc à nouveau à la masse polonaise, laquelle, relayée par les « gars dans la forêt », décide aussitôt d'y répondre par la force. Entre les émigrés, réactionnaires et antisémites, qui rêvent d'une troisième guerre mondiale opposant Anglo-Américains et Russes à la seule fin de repousser le bolchevisme hors de Pologne, et le gouvernement communiste de Varsovie qui a placé les Juifs sous sa protection, les nationalistes, en s'en prenant plus particulièrement à ces derniers, sont conscients de l'impact déstabilisateur que pourra avoir une campagne antisémite tant sur le plan politique que psychologique.

A la libération, et pour une grande majorité de Polonais, les Juifs sont de trop. Il s'agit donc de veiller à ce que la question juive soit, une fois pour toutes, réglée. Il sera ainsi possible de faire d'une pierre deux coups : chasser le « péril rouge » que les Juifs ont, de tout temps, représenté et conserver les avantages économiques de l'holocauste lesquels ont, dans les faits, rendu toute la Pologne aux Polonais.

Le décor, lui aussi, a subi de profonds changements. Architectes de la mort, les nazis l'ont transformé de fond en comble en s'acharnant à appliquer, partout, la politique de la terre brûlée. Varsovie n'est plus que ruines comme le sont, en partie, beaucoup d'autres villes et de villages. Mais s'il reste aux Polonais l'espoir de construire, un jour, sur les décombres, de nouvelles cités, la fin de la guerre débouche, pour les Juifs, sur la disparition sans appel de dix siècles de labeur et de traditions, de bonheur et de larmes. Dans leur rage à effacer toute trace de vie juive, les Allemands ont détruit, incendié, rasé, réduit en cendres un patrimoine unique, irremplaçable. Morts sont les Juifs mais morts sont aussi les synagogues, les lieux de prière, les cimetières, les quartiers et les anciens ghettos.

La Pologne, pour les survivants qui retrouvent l'air libre, est maintenant plus vide qu'un désert. Ils ne peuvent plus,

1. Déclaration faite à Oxford, devant une nombreuse assemblée réunie par le Parti national démocrate.

comme à l'époque des pogromes épisodiques, chercher refuge auprès de ces masses grouillantes et misérables, couvertes de nippes de deuil, qui sentaient l'oignon et le hareng, mais dont la générosité débordait de chaleur humaine. Ils ne peuvent même plus chercher refuge à l'intérieur d'une synagogue comme ils le faisaient autrefois après le massacre. La misère, décrite vingt ans plus tôt par un journaliste français, Albert Londres a, entre-temps, décuplé :

« Chassés, battus, moqués, ne pouvant sortir DE LEUR CAMP DE CONCENTRATION [1], accusés de magie, de sorcellerie, de maladies, leurs habits marqués d'une rouelle, ils allaient, le dos voûté, frêles et maigres, la barbe désenchantée, dans les petites rues d'alors, à grands pas et tête baissée, vers cette première synagogue. C'était leur unique patrie. Là, seulement, ils se réchauffaient le cœur [2]. »

Les petites rues d'alors et leurs passants ont disparu. Pour se réchauffer le cœur, les Juifs, à Varsovie, à Lodz ou ailleurs, n'ont pour seule ressource que d'assiéger les bureaux des comités d'entraide où ils viennent pleurer, crier leur peine, réclamer un vêtement chaud, de quoi manger et de quoi dormir. Il leur faut, surtout, lutter contre la solitude. Vers la fin du mois de janvier, ils sont près d'un millier qui errent dans les décombres de la capitale. L'animosité dont ils font l'objet laisse déjà présager que le rapprochement entre tous les Polonais, cautionné à ce moment précis de l'histoire de la Pologne nouvelle par les autorités officielles, sera inévitablement voué à l'échec. Témoin de la première heure, Léon Abramowicz, officier dans le corps d'armée polonais qui lutte dans les rangs de l'Armée rouge, est parmi ceux qui sont revenus en Pologne à ce moment-là. Il a observé ce phénomène de rejet.

« Nous avons été très vite soumis à une sorte de vindicte populaire. C'est surtout dans les petites villes de province que la réaction était la plus vive. Nous nous trouvions pris dans un abominable piège. D'un côté, les Polonais avaient peur de perdre ce qu'ils avaient volé aux morts, de l'autre, ils redoutaient la vengeance des représentants de ces

1. C'est nous qui soulignons.
2. Albert Londres, *le Juif errant est arrivé*, UGE/10-18, 1975.

mêmes morts revenus, pensaient-ils, pour les précipiter dans le giron de l'ennemi bolchevique.

« Un certain nombre de Juifs, plus ou moins enclins à participer à l'édification de la nouvelle Pologne communiste, ont alors tout remis en question. Ils ont tout de suite compris que lorsqu'on a une bosse, il ne suffit pas de répéter " je suis droit, je suis droit et je choisis de l'être " pour que le miracle se produise. Il faut assumer sa bosse et se dire " je suis bossu mais je suis comme tout le monde ". Ceux qui, comme moi, ont très vite compris qu'il leur serait difficile de vivre avec leur bosse n'ont pas tenu longtemps. Ils ont quitté la Pologne[1]. »

Quelques milliers de personnes, à peine libérées, optent pour cette solution. Elles le font d'autant plus précipitamment que les autorités de Varsovie, tout en étant favorables à un renouveau juif, se montrent compréhensives à l'égard de ceux « qui refusent de vivre dans un cimetière ».

La vague de violence naissante n'ayant pas encore trouvé d'échos à l'extérieur des frontières, l'image de la Pologne ne souffre donc pas de ces départs massifs provoqués par des raisons humanitaires. Les Juifs polonais qui émigrent entrent d'ailleurs dans un processus rendu inévitable par la guerre. A la même époque, un nombre considérable de nationaux de divers pays européens quittent leur pays ou refusent d'y retourner au terme d'un des plus gigantesques brassages humains jamais enregistrés. Que trente mille Juifs veuillent fuir le souvenir d'un monde englouti, quoi de plus légitime ?

« Il faut replacer cette époque de transition dans son contexte. Dans le monde entier et partiellement en Pologne, la tragédie du peuple juif avait fait une profonde impression. Les peuples civilisés se sentaient vaguement coupables d'avoir permis à l'Allemagne de perpétrer un tel crime contre l'humanité. En Pologne l'idée de culpabilité, même si on continue de l'occulter, restait omniprésente. Les autorités ne pouvaient pas ignorer le fait, maintes fois prouvé, que beaucoup de Polonais avaient fourni une aide précieuse aux occupants et causé ainsi, directement ou indirectement,

1. Léon Abramowicz, secrétaire général pour l'Europe de la Fédération des anciens combattants, résistants et déportés juifs. Entretien avec l'auteur.

la mort de milliers de Juifs. D'où la décision de plus d'un tiers d'entre nous de ne plus vivre dans ce pays. Les jeunes surtout partaient dès qu'ils en avaient les moyens. Parmi les plus âgés, il s'est trouvé quantité de gens ayant tout perdu, famille, amis, biens et qui ne crurent même pas nécessaire de récupérer quoi que ce soit. Pourtant, partir, retrouver les camps de « Personnes déplacées » et en Allemagne qui plus est, en attendant de repartir, n'était pas à la portée de tout le monde, sur le plan physique notamment. Il fallait disposer d'assez de force et d'énergie pour une telle entreprise quand la moitié au moins du chemin devait se faire à pied, à travers des routes de fortune. Pourtant, beaucoup de Juifs, jeunes et vieux, ont pris ce risque. Je ne pense pas qu'un seul d'entre eux puisse regretter de ne pas vivre dans la Pologne d'aujourd'hui [1]. »

Avec l'occupation de l'Allemagne par les Alliés et le retour d'une partie des déportés des camps de concentration, le nombre total des survivants atteint bientôt un chiffre difficile à fixer mais qu'on situe entre 70 000 et 80 000.

Parmi les personnes qui ont quitté le territoire ou sont sur le point de le faire, certaines ont pu prendre leur décision à la suite d'un incident plus ou moins sérieux avec les occupants polonais de leur ancien foyer. Ces incidents, qui dépassent le stade de l'insulte ou de la réflexion désagréable pour prendre la forme de sévices corporels, ne parviennent que très rarement à la connaissance des responsables des comités encore mal organisés. Il s'agit d'événements isolés dont les témoins — ou les victimes — ne peuvent se faire l'écho dans un pays où les communications téléphoniques font totalement défaut. Ces premiers signes de violence, dont le nombre n'est pas connu, ne semblent cependant pas avoir joué un rôle déterminant dans ce premier exode.

Une grande majorité des rescapés de l'holocauste, bien que pour des motifs fort divers, acceptent de rester. Leur attitude — souvent critiquée par la suite — est, dans ce contexte de l'immédiat après-guerre, parfaitement loyale et correspond à celle de tout individu décidé à reprendre, dans son pays natal, une vie interrompue par les événements, si tragiques qu'ils aient pu être.

Leur foi en l'avenir est fondée sur les bouleversements

1. Léon Abramowicz, entretien avec l'auteur.

profonds qui s'opèrent en Pologne. Le régime a, à sa tête, des hommes issus des forces de progrès, les seules qui, avant la guerre, avaient eu le courage de combattre le racisme et l'antisémitisme à un moment où l'Etat dérivait, mais sans pour autant y être engagé, vers un processus totalitaire calqué sur le modèle allemand.

Citoyens définitifs ou se considérant comme tels jusqu'à ce que des exodes successifs — volontaires ou imposés — ne les obligent à s'expatrier, ils appartiennent à toutes les couches de la communauté d'autrefois tant du point de vue spirituel que politique. A l'exception de ceux, communistes ou non, qui ont renié leurs origines pour des raisons diverses, ils ont en commun leur conscience juive et leur volonté de reconstruire, à partir de ce qui a pu être sauvé, une communauté active, tant sur le plan économique que culturel.

Contre vents et marées, ils assument leur statut de « Juifs déclarés » et, conscients du rôle historique qui leur échoit, rêvent d'un renouveau de la culture et de la littérature yiddish dans une Pologne socialiste et égalitaire, prête à accepter une minorité bien structurée en son sein[1].

Nonobstant la réaction de rejet qu'ils suscitent et avant que ne se déchaîne, au grand jour, la vague de violence, les survivants essaient de croire qu'il va bientôt régner en Pologne une atmosphère plus amicale, dominée par une volonté de tolérance politique et sociale qu'encouragent les autorités.

Les vieux communistes, nombreux parmi les Juifs « déclarés » et dont les convictions politiques remontent à des années en arrière, considèrent le nouvel Etat comme la réalisation de toutes leurs aspirations ; ils sont convaincus que l'antisémitisme qui persiste à la libération n'est qu'un héritage de l'ancien régime appelé à disparaître très rapidement. L'idée que la terreur puisse provoquer, dans les mois qui vont suivre, la mort de plusieurs centaines de Juifs sans distinction d'appartenance politique, ne les effleure pas en dépit du climat qui, de jour en jour, s'alourdit. Ces communistes ne demandent aucun avantage national spécifique

1. Trois représentants de la communauté siègent au Parlement provisoire, lequel est basé sur une coalition de plusieurs partis et même d'une aile non socialiste.

puisqu'ils considèrent l'intégration à la nouvelle structure politique, sociale et économique comme la meilleure solution pour les survivants.

Ces Polonais, juifs de souche, qui vont déterminer le caractère du judaïsme d'après-guerre, font preuve d'une telle détermination à recréer une nouvelle vie juive en terre polonaise qu'ils seront les plus affectés lorsque antisémitisme d'Etat et soviétisation à outrance se conjugueront pour interdire finalement toute spécificité juive dans le pays. Il leur restera alors la satisfaction de s'être dépensés sans compter pour aider quelques milliers de rescapés à se réadapter, à trouver un emploi, un logement et, partant, un semblant d'existence.

Citoyens très provisoires, faute de pouvoir réaliser dans l'immédiat leurs aspirations, mais Juifs doublement déclarés, les sionistes de toutes tendances qui voient en la Pologne un pays de transit, en la Palestine leur future patrie, sont acceptés au même titre que les autres partis politiques admis par le régime ; ils bénéficient de la clémence momentanée de ce dernier qui favorise les départs vers la Palestine où la création d'un Etat juif semble acquise à plus ou moins long terme[1].

Animés par des Juifs palestiniens qui s'occupent plus spécialement de la formation des jeunes à la vie agricole, les mouvements sionistes de toutes tendances exercent leur activités ouvertement et légalement. Mais ils trouvent en face d'eux les communistes intégristes qui s'opposent non moins ouvertement à la solution sioniste du problème juif[2].

Durant la période qui nous préoccupe l'aide aux survivants reste l'objectif prioritaire des Juifs « déclarés ». Majoritaires au sein du Comité central, les sionistes de droite comme de gauche doivent cependant composer et avec le gouvernement et avec les communistes — minoritaires — à qui sont confiés des postes importants au sein des institutions juives.

Ainsi les survivants, à peine délivrés du cauchemar de

1. L'Union soviétique voyait alors d'un bon œil la naissance d'un Etat juif en Palestine censé lui être favorable et réduisant d'autant l'influence de la Grande-Bretagne dans cette partie du monde.

2. Avant 1939, le nombre annuel des Juifs polonais émigrant en Palestine ne dépassa jamais les 30 000.

l'occupation, subissent-ils les effets des luttes intestines qui secouent la Pologne engagée dans l'implacable processus de soviétisation. Rien, au sein du Comité censé les représenter, ne peut se faire sans l'approbation des communistes professionnels. La marge de manœuvre, assez large en 1945, se rétrécit au fur et à mesure que se rétrécit, dans l'ensemble de la Pologne, celle des partis d'opposition.

Cependant, la guerre larvée à laquelle se livrent les partis politiques au sein du Comité et que mènent principalement les communistes professionnels obnubilés par leur projet de faire des Juifs « déclarés » des Polonais bon teint, ne dépasse pas les limites de la « rue juive ». Pour la grande masse des gentils hostiles à leur présence, un Juif reste un Juif qu'il ait survécu aux pires horreurs sous l'occupation ou qu'il soit rentré de l'étranger, autrement dit de Russie.

Soutenus par l'opinion publique dans leur combat contre le Russe et le Juif, les « gars dans la forêt » ne font aucune discrimination. Profitant du chaos ambiant ainsi que des sentiments de la masse excédée par l'importance tant numérique que politique de cette minorité, ils s'en prennent aux survivants qu'ils soient « communistes professionnels, Juifs déclarés, sionistes ou antisionistes » dont on n'imagine pas qu'ils puissent un jour vivre dans une Pologne rendue aux Polonais.

CHAPITRE V

# PERTES ET PROFITS DE L'HOLOCAUSTE

Sincèrement choqué par la lecture des rapports que lui adressent régulièrement ses subordonnés en poste dans diverses villes de Pologne au sujet de la situation alarmante des rescapés juifs dans ce pays, Son Excellence l'ambassadeur de Grande-Bretagne à Varsovie estime de son devoir, en décembre 1945, d'en avertir ses supérieurs au *Foreign Office.* Par courrier diplomatique, comme le veut l'usage, il adresse un long câble à Londres qui dit en substance :

« La population juive est tombée de 3 250 000 en 1939 à 80 000 aujourd'hui.

« Avant la guerre, les Polonais, dans leur grande majorité, étaient foncièrement antisémites et ce sentiment n'était pas uniquement l'apanage des classes possédantes.

« LE PHÉNOMÈNE N'A PAS DISPARU [1]. Les Polonais me semblent plus antisémites qu'ils ne l'étaient il y a vingt-cinq ans. La population polonaise est désormais décidée à garder entre ses mains tout ce qui touche au commerce et aux affaires. [...]. Il sera difficile aux Juifs de retrouver la prospérité qui était la leur avant la guerre [2]. »

L'éminent représentant de la Couronne britannique, puissance mandataire en Palestine où des milliers de rescapés espèrent s'installer malgré l'interdiction qui leur en est faite depuis 1939, a, moins que quiconque, intérêt à dramatiser le

1. C'est l'ambassadeur qui souligne.
2. Varsovie, 18 décembre 1945. Document FO 371/57684.

problème que pose la présence de ces gens dans la Pologne d'après-guerre.

Il se borne, en réalité, à décrire une situation de fait dont la Pologne, d'ailleurs, n'a pas le monopole.

Depuis la libération, en effet, la fantastique indifférence et l'incroyable passivité des populations non concernées face au sort réservé aux Juifs sous l'occupation se reportent, à quelques exceptions près, sur les survivants qui rentrent chez eux. A cette indifférence quasi générale s'ajoute çà et là une animosité plus ou moins déclarée où se mêlent, confusément, des sentiments de haine séculaire attisée par cinq années de propagande antisémite, de culpabilité rétroactive et de crainte de voir les revenants réclamer leur dû.

Le phénomène de rejet du Juif échappé au massacre est, naturellement, plus accentué parmi la nouvelle couche sociale, née du génocide et du pillage, que forment les « héritiers » aryens des biens, mobiliers et immobiliers, ayant appartenu aux Juifs partis sans laisser d'adresse et dont on estime le nombre à 6 millions pour l'ensemble de l'Europe.

Bénéficiaires directs ou indirects de l'histoire, ces nouveaux propriétaires d'appartements juifs, de magasins, d'usines, etc., comme ceux qui ont fait main basse sur les meubles, l'argent, les bijoux, le linge des voisins qu'ils ont, très souvent, « aidé » à faire disparaître, se sont tout naturellement habitués à l'idée que cette disparition était définitive.

Moins répandue en Europe occidentale où la situation, revenue à la normale dès la fin de l'occupation, a rapidement permis de mettre un terme aux abus, la nouvelle classe des détenteurs de biens juifs englobe, en 1945, à l'Est mais également en Allemagne et en Autriche, des centaines de milliers de personnes convaincues de leur bon droit[1].

En Pologne mais aussi en France, en Belgique, en Roumanie, en Tchécoslovaquie, en un mot partout où sévissaient la SS et la Gestapo, la police nationale et les collaborateurs,

1. En France, par exemple, bon nombre de Juifs durent d'être déportés à la dénonciation d'un voisin ou d'un concierge dans le seul but de s'approprier leurs meubles ou leur appartement. A la libération, une organisation pour la défense des locataires « de bonne foi » fut même créée par suite du problème que posaient les rescapés en droit de reprendre leur logement. Les procès furent nombreux.

ces gens ont vu, de leurs propres yeux, les Juifs emmenés vers les ghettos et les camps; ils ont, en personne, assisté aux rafles et aux déportations; la propagande raciale des nazis à laquelle ils ont parfois souscrit, a fait le reste. Dans un tel contexte comment ne pas avoir cru que l'élimination physique des Juifs avait atteint le point de non-retour qui les mettait à l'abri de toute réclamation[1].

Cette constatation de fait, appliquée à des degrés divers compte tenu de la mentalité des bénéficiaires, ne signifie pas pour autant que tous ont souhaité l'accomplissement d'un tel crime en échange de leur ascension sociale personnelle. Il n'en reste pas moins que dès l'instant où possibilité a été offerte à un Français, un Polonais ou un Tchèque de profiter de cette absence forcée et qu'on croyait sans appel, rares ont été ceux qui ont eu la force de caractère ou les scrupules de s'en priver.

Pendant cinq ans, des quantités inestimables d'avoirs juifs, amassés au cours des siècles, sont passés, sans effort et sans risque, entre des mains étrangères au cours d'un pillage collectif organisé à l'échelle de tout un continent. Aucun pays d' Europe, bien que dans des proportions fort diverses compte tenu et de sa population juive et de la mentalité de ses habitants, n'a fait exception à la règle. Partout où cela était possible, autochtones et occupants allemands se sont partagés un fabuleux butin dont le montant ne pourra, naturellement, jamais être connu[2].

Ces multiples facettes d'une spoliation, sans précédent dans l'histoire d'un peuple non belligérant, ont donné naissance, dès la réapparition des premiers rescapés, principalement dans les pays de l'Est, à une nouvelle forme d'antisémitisme populaire, national voire nationaliste. A la haine séculaire, s'est ajoutée une notion jusque-

1. Les témoignages recueillis en vue de la préparation de cet ouvrage abondent tous dans le même sens : en dehors de quelques marques de sympathie pour les souffrances endurées, ce fut surtout la surprise de voir que « tant » de Juifs avaient survécu qui domina à l'époque de la libération et pas uniquement en Pologne.

2. Cette question des avoirs juifs volés à la faveur du génocide et demeurés, jusqu'à aujourd'hui, entre les mains des usurpateurs, officiels ou privés, n'a jamais fait l'objet d'une étude approfondie. Difficile à réaliser, elle permettrait cependant de se faire une idée de l'héritage involontairement légué par les Juifs aux pays de l'Est, à l'Autriche, l'Allemagne, etc.

là inconnue, à savoir la non-acceptation de la survie du Juif supposé avoir été exterminé.

Cette notion de rejet physique, si elle a parfois effleuré ceux à qui, en Occident, la réapparition inattendue de quelques survivants allait poser problème, a très vite débouché, en Europe de l'Est, sur une vague de violence qui atteindra son paroxysme en Pologne, et ce jusqu'en 1947.

Spontanée, presque unanime, la « résistance » contre la restitution des avoirs juifs volés sous l'occupation ou hérités des Allemands après leur départ, a connu une évolution différente selon la méthode employée par chacun des pays pour y faire face. Mais elle a en commun la manière dont les populations ont cru devoir s'opposer à la réinstallation des rescapés. Partout, des foules en colère se sont rassemblées dans les villes et les villages, prêtes au lynchage et au pogrome. Que ce soit à Kiev, en Ukraine, où il a suffi que quelques Juifs apparaissent parmi les ruines du ghetto pour déclencher un début d'émeute très vite réprimée par la police et l'armée soviétiques, ou en Slovaquie, où les autorités ont dû suspendre la promulgation d'une loi permettant aux Juifs de reprendre leurs biens afin d'éviter la répétition des désordres, les revenants se sont heurtés à une hostilité sans précédent [1]. Dans l'histoire, pourtant tragique, des communautés installées là depuis des siècles, jamais le refus du Juif n'aura été aussi fort. Le désir d'un pays sans Juifs, largement favorisé par l'holocauste, ne pouvait engendrer que la violence.

En Pologne, où les Juifs représentent jusqu'à l'arrivée des Allemands, en 1939, le dixième de la population, la spoliation a pris, de ce fait, des proportions considérables. Dans les villes comme à la campagne, tout ce qui a appartenu aux Juifs, riches ou miséreux, est, en 1945, aux mains des Polonais, lesquels ne vont pas hésiter à employer les moyens les plus extrêmes pour s'opposer aux prétentions des requérants.

Les survivants, en réalité, ne sont pas étonnés outre mesure par cette attitude de l'ensemble de la population à

1. En dehors de la Pologne, les excès antisémites de l'immédiat après-guerre n'ont fait que très peu de victimes dans l'ensemble des pays de l'Est. Il ne s'agissait d'ailleurs que de cas isolés.

leur encontre. Six années durant, ils ont été la proie d'une multitude de délateurs en tout genre, de maîtres chanteurs insatiables, qui les ont exploités jusqu'au dernier zloty avant de les dénoncer à la Gestapo. Nulle part comme en Pologne, le commerce du Juif en danger n'a été développé sur une si vaste échelle ; nulle part le prix de la survie — provisoire — n'a été plus élevé que dans les rues de Varsovie. Et c'est en Pologne qu'a été inventé le mot de *Schmaltzovnik*[1] pour désigner la formidable confrérie de ces gens profiteurs venus de toutes les couches de la population, qui s'enrichirent sur le dos de morts en sursis, acculés au désespoir.

Emmanuel Ringelblum, observateur impartial, les décrit ainsi :

« Parallèlement aux policiers, les délateurs et les *Schmaltzovnik* sont l'éternel cauchemar des Juifs " aryens ". Il n'en est pas un seul qui n'ait eu affaire à eux une ou plusieurs fois et n'ait été obligé de payer une rançon plus ou moins élevée. [...]. Le Juif devient la victime des maîtres chanteurs dès sa sortie du ghetto, plus exactement aux portes mêmes du ghetto, portes assiégées et guettées par de très nombreux *Schmaltzovnik*.

« Le *Schmaltzovnik* voit une proie dans chaque Juif qui passe " de l'autre côté ". Dans la terminologie de la " profession ", un Juif clandestin s'appelle " chat ", allusion à sa façon de raser les murs pour se dissimuler. Policiers volontaires et *Schmaltzovnik* ne quittent pas des yeux leur victime, guettant le moment où le Juif enlèvera son brassard juif en pénétrant sous un porche, pour le prendre en flagrant délit et exiger une rançon en conséquence. S'il est plus malin que les autres, le *Schmaltzovnik* repérera le numéro du logement où le Juif est entré, puis, en association avec un policier, y fera irruption pour appréhender le Juif ainsi que les chrétiens qui l'hébergent[2]. Les *Schmaltzovnik* opèrent là où l'on peut rencontrer des individus suspects, sur les places publiques, à proximité de la gare centrale, dans les cafés et restaurants, dans les hôtels où l'on interne les Juifs étran-

1. *Schmalz* (allemand), *smalec* (polonais) : graisse fondue. *Schmaltzovnik*, celui qui se faisait « graisser la patte » pour ne pas dénoncer les Juifs cachés, camouflés, etc.

2. « Planquer » un Juif revenait cher, de deux à cinq mille zlotys selon que le planqué avait l'air très juif, un peu ou pas du tout, s'il parlait le polonais avec l'accent yiddish, si c'était un homme ou une femme...

gers. Ils agissent en bandes organisées, se passent la victime de main en main, exigeant chaque fois une nouvelle rançon, jusqu'à lui extorquer le dernier grosz et les vêtements qu'elle a sur elle. Les *Schmaltzovnik* collabórent avec les agents de la police polonaise et avec tous ceux qui traquent les Juifs. Ce sont de vraies sauterelles qui, par centaines ou peut-être par milliers, sautent sur les Juifs du côté aryen et les dépouillent totalement de leur argent, de leurs bijoux et souvent de tous leurs biens. [...]. Les *Schmaltzovnik* se recrutent généralement parmi la jeunesse dévoyée, qui, faute de meilleure occupation, s'est attelée à la chasse aux Juifs et au chantage. A vrai dire, il faut ajouter qu'on trouve parmi les *Schmaltzovnik* des personnes prétendument honorables. [...]. Seuls les Juifs riches peuvent faire face aux exigences des maîtres chanteurs sans scrupule ; les autres doivent se résigner à abandonner leur domicile, en laissant aux oppresseurs tous leurs biens. Tant qu'existait le ghetto, on pouvait observer de nombreux retours de leurs victimes. On revenait le cœur brisé, dépouillé de tout, maudissant la « terre aryenne » qui leur avait ôté la dernière planche de salut. Les revenants baisaient la terre du ghetto, bénissant les jours qui leur restaient à y vivre, heureux de n'avoir plus à guetter les bruits suspects, les descentes de police ou l'apparition soudaine de cars de la gendarmerie. Certains retournaient au ghetto sans avoir été soumis au chantage mais dans la crainte de cette horreur qui, du côté aryen, les empêchait de dormir et les effrayait jour et nuit. Certains se rendaient pour quelque temps seulement au ghetto, rien que pour se détendre et laisser leurs nerfs se reposer[1]. »

Ancien combattant du ghetto, rescapé de toutes les batailles, Bernard Goldstein a, lui aussi, longuement parlé de cette plaie typiquement polonaise que furent les maîtres chanteurs. Il complète, on ne peut mieux, les observations de Ringelblum :

« J'ai évoqué à plusieurs reprises le rôle des *Schmaltzovnik,* ces dénonciateurs, ces ignobles pirates, qui furent les ennemis les plus terribles des Juifs réfugiés en zone aryenne.

1. Emmanuel Ringelblum, *les Rapports polono-juifs pendant la Seconde Guerre mondiale,* Centre de documentation juive contemporaine, Paris, 1977.

La Gestapo, les SS, la police étaient reconnaissables de loin ; mais d'autres inquisiteurs méconnaissables nous poursuivaient sans répit. Ces voyous polonais faisaient un vrai commerce des vies juives ! [...]. Ils étaient des centaines qui s'adonnaient à cet ignoble trafic : rechercher, reconnaître, poursuivre les Juifs vivant sous une fausse identité. Plusieurs de mes camarades furent obligés de payer des mensualités à leurs persécuteurs, et quand ils n'avaient plus d'argent pour régler cet " impôt du sang ", ils étaient livrés aux Allemands.

« Etudiants reconnaissant dans la rue un ancien condisciple juif, bourgeois rencontrant un ancien voisin, commerçants, les maîtres chanteurs appartenaient à tous les milieux. Ils s'étaient organisés en bandes et formaient une association largement ramifiée qui opérait dans des secteurs différents, surveillait les issues du ghetto, examinait chaque passant suspect et le suivait pas à pas. La proie qui leur tombait sous les griffes leur échappait rarement. On avait beau se cacher dans les rues plus écartées, les chacals retrouvaient la trace. Quand l'un d'eux avait réussi à extorquer une rançon à sa victime, un second se présentait peu de temps après en proférant des menaces, puis c'était un troisième, un quatrième, jusqu'à l'épuisement complet des ressources du malheureux qui était alors dénoncé aux Allemands.

« Pendant des centaines d'années, Juifs et chrétiens polonais avaient vécu côte à côte, avaient entretenu des relations amicales, s'étaient confondus en une seule communauté. Comment concevoir que dans ce terrible drame qui les écrasait tous deux, certains éléments de l'un de ces deux peuples aient trouvé une source de bénéfice en vendant l'autre à l'ennemi commun[1] ? »

Autre fléau typique à la Pologne de cette époque, le corps de police spécial employé dans les tâches les plus sordides par les Allemands dans la région de Varsovie, Lublin, Kielce, Cracovie et en Galicie orientale.

Forte de près de 15 000 hommes, cette police, appelée « police bleue[2] » par les patriotes qui lui refusaient le

1. Bernard Goldstein, *Cinq années dans le ghetto de Varsovie, op. cit.*
2. Bleue était la couleur de leur uniforme.

qualificatif de « police polonaise », fut utilisée en tant qu'auxiliaire de la Gestapo dans la chasse aux Juifs et, parfois, aux résistants. Plus que les délateurs, les maîtres chanteurs, les *Schmaltzovnik* et les dénonciateurs en tout genre intéressés à ce grand nettoyage par le vide dont fut victime la communauté juive en Pologne, la « police bleue » a joué un rôle déterminant dans l'extermination. Elle avait d'ailleurs pour mission de :

1. garder les portes et les issues ainsi que les murs et les clôtures entourant les ghettos et les quartiers juifs;
2. participer aux opérations de déportation de Juifs, à leur capture, à leur acheminement vers les lieux de rassemblement;
3. rechercher, après les actions, les Juifs clandestins ou cachés;
4. fusiller les Juifs condamnés à mort par les Allemands[1].

Le zèle mis par ces hommes à accomplir leur tâche, notamment lorsqu'il s'agissait de femmes, d'enfants et de vieillards a poussé plusieurs Polonais chrétiens à s'élever contre cette conduite qu'ils jugeaient indigne de la part de leurs compatriotes. C'est ainsi que le Dr Klukowski notera dans son journal :

« Beaucoup de gens participent à la chasse aux Juifs. Ils indiquent les endroits où ceux-ci se cachent; des jeunes garçons traquent les enfants juifs que la police polonaise tue sur-le-champ, devant tout le monde. »

Plus loin, le Dr Klukowski, dont le témoignage sera souvent critiqué en Pologne par les historiens chargés de récrire l'histoire, note encore :

« Les gendarmes venus d'ailleurs et les SS sont partis hier. Aujourd'hui " nos " gendarmes et la " police bleue " sont à l'œuvre; ils ont l'ordre de tuer tout Juif trouvé sur les lieux. Cet ordre, ils l'exécutent avec un grand zèle. Depuis ce matin, ils amènent les corps des Juifs tués dans divers quartiers de la ville et notamment dans le quartier juif, à bord de charrettes tirées par des chevaux, et les jettent dans de grandes fosses creusées dans le cimetière

1. Les forces de police « légales » des pays occupés, et notamment en France, ne furent jamais employées à d'autres activités que les arrestations et l'acheminement des déportés vers les centres de rassemblement.

juif. Durant toute la journée les Juifs ont été tirés de leurs cachettes. On les tue sur place ou dans le cimetière [1]. »

Le 31 décembre 1943, le délégué du gouvernement (en exil) publie un rapport dont les termes sont d'une extrême gravité :

« La police polonaise (appelée police bleue) est profondément corrompue. L'exigence de pots-de-vin et le chantage dont souffrent les personnes d'origine juive — et même parfois aryenne — sont quotidiens. [...]. L'occupant n'utilise pas la police polonaise dans les activités politiques, mais il n'en reste pas moins que la part prise par cette police dans les opérations antijuives et notamment lors de la liquidation du ghetto de Varsovie en avril et mai 1943, ou encore dans la chasse aux Juifs, est considérable [2]. »

« Quelques milliers de Juifs du ghetto [de Varsovie], note l'historien Lucien Steinberg, avaient réussi à s'infiltrer dans la ville aryenne où, grâce à des amis dévoués, ils échappèrent aux embûches de la Gestapo et de ses très nombreux complices polonais. Ces complices n'étaient pas toujours animés par des sentiments pro-allemands ni même par l'antisémitisme, mais plus simplement par l'appât du gain. Les groupements juifs clandestins avaient bien exécuté un certain nombre de ces délateurs ; le commandement de l'AK en avait également fait supprimer un nombre considérable. Pourtant ce fléau continua [3]. »

Spécialiste du repérage et de l'exécution discrète des délateurs opérant dans un quartier donné de Varsovie, Samuel D. a bien voulu, pour la première fois, parler de son « travail » :

« Il fallait faire en sorte de suivre les vrais Polonais qui suivaient les " faux " aryens jusqu'au moment où ils pouvaient les coincer, seuls, sous un porche, dans une cour, n'importe où. N'ayant pas " l'air " juif, je me suis souvent fait repérer mais je m'arrangeais pour prendre la mine de circonstance du *Schmaltzovnik* devancé par un concurrent. Un clin d'œil complice, un haussement d'épaule souligné

1. Dr Zymunt Klukowski, *Dzinnik z lat okupacji zamojszczyny*, Lublin, 1959, p. 289-295.
2. Archives de l'Institut historique du Parti (communiste) — Varsovie.
3. Lucien Steinberg, *la Révolte des justes*, Fayard, 1970.

par un geste entendu... et je repartais, soi-disant battu. Les ordres étaient très stricts. On ne pouvait éliminer un de ces salopards qu'après s'être assuré qu'il était vraiment nuisible. Après... c'était une affaire de routine... un coup de couteau bien placé, une corde qu'on serre à l'aide d'un garrot et le tour était joué. On utilisait aussi le revolver mais plus rarement, à cause du bruit.

« Il ne faudrait surtout pas croire, comme l'ont écrit certains, que nous n'avions affaire qu'à des gens de la pègre. C'est faux, d'autant plus faux que la pègre s'était rapidement mise au service de la Gestapo. Elle travaillait disons... officiellement alors que les *Schmaltzovnik* agissaient pour leur propre compte. Un tas de gens... honnêtes faisaient commerce de Juifs repérés par hasard. Certains se sont enrichis, d'autres en sont morts. C'est la règle.

« Après la libération, nous étions animés d'une haine terrible à l'égard de ces Polonais qui avaient dénoncé les Juifs aux Allemands et qui avaient amassé des fortunes sur le dos de leurs victimes. Nous avons réglé de nombreux comptes avec les profiteurs et les voleurs en tout genre. Dans les villages, nous avons incendié des fermes, des moulins, des maisons... abandonnés par les Juifs, avant de supprimer les propriétaires-spoliateurs. Notre action représentait une goutte d'eau dans la mer mais que faire ? Je pense que si nous en avions eu les moyens nous aurions tué beaucoup plus de Polonais en échange des services qu'ils avaient rendus aux Allemands. On nous avait craché au visage, montré du doigt, dénoncés, pillés... et voilà que la guerre finie, tous ces gens profitaient de notre mort. Que faire sinon nous venger ? Les *goym*[1] n'ont pas agi autrement avec les collaborateurs. Il n'y a guère que les Allemands et les Polonais pour n'avoir pas payé collectivement, le prix du sang juif. De cela, personne n'en a jamais parlé[2]. »

« Dans les pays de l'Est, en Pologne tout particulièrement, note à ce propos un très sérieux ouvrage français d'histoire consacré à la Seconde Guerre mondiale, la collectivité juive constituait une entité nationale. La ghettoïsation, première étape avant la purification définitive, ne se heurta pas aux

1. *Goym :* non-Juifs.
2. Samuel D. entretien avec l'auteur.

obstacles engendrés par la situation historique de l'Europe de l'Ouest. La stratégie nazie put utiliser l'isolement artificiel, censé apporter une sécurité " aux Aryens menacés d'infection ". Ainsi, dans toute l'Europe de l'Est, l'enchevêtrement de l'antisémitisme populaire et nazi, le croisement de l'antijudaïsme local et allemand aboutiront à un génocide méthodiquement organisé. [...].

« Malgré le croisement des antisémitismes, autochtone et nazi, la résistance juive, passive ou active, s'était organisée sous différentes formes : sabotage des usines dans les ghettos, appels à la désobéissance, opposition armée. Si une véritable conscience collective se forme ainsi chez ces " inassimilés " les organisations juives de combat se heurteront à un obstacle fondamental : l'antisémitisme des partisans polonais, refusant l'intégration dans leurs rangs de résistants juifs. Un pacte tacite liait en effet les bourreaux nazis et les masses polonaises. Dans une nation où était incrusté dans les esprits le stéréotype négatif du Juif, où l'habitant du ghetto avait toujours suscité l'angoisse, délation et chasse aux Juifs s'organisent tout naturellement[1]. »

Journaliste, témoin attentif de ces événements tragiques qui ont affecté sous l'occupation et dans l'immédiat après-guerre la communauté juive en Pologne, Léon Leneman apporte ici un témoignage précieux et rare :

« J'ai enquêté longtemps, minutieusement sur ce phénomène de la dénonciation à des fins de profit parfois même minimes. Et je suis parvenu à la pénible conclusion que 10 % seulement des Polonais ont aidé les Juifs, notamment parmi les ouvriers et les intellectuels, 30 % sont restés neutres et le reste, 60 %, ont pris une part active à la chasse aux Juifs.

« Début 1946, dans les villes et dans les campagnes, la rumeur se propagea rapidement : des milliers, des dizaines de milliers de Juifs allaient rentrer d'Union soviétique. Les Polonais craignaient ce retour et redoutaient que ne s'installe, mais en sens inverse cette fois, ce climat de délation, de dénonciation qu'ils avaient outrageusement pratiqué sous l'occupation allemande. Ils pensaient, tout naturellement, que le phénomène allait reprendre, que ceux

1. *Dictionnaire de la Seconde Guerre mondiale,* Larousse 1979.

qui n'avaient que peu ou pas profité du tout de l'extermination des Juifs n'hésiteraient pas à prendre leur revanche sur les mouchards et les délateurs lesquels avaient vendu aussi des Polonais résistants ou " cacheurs " de Juifs.

« Le climat de terreur est d'autant plus grand qu'on sait, dans les villes comme dans les campagnes, que beaucoup de Juifs " importants ", formés dans les écoles du Parti soviétique, dirigent la Pologne depuis la libération. Et ces Juifs, dans la police, dans les ministères, se livraient, depuis le début, à des règlements de comptes implacables. Cela, on le savait aussi. [...].

« Une quête hallucinante se déroula à travers tout le territoire polonais durant ces mois-là. Les uns cherchaient des vivants ; les autres, ceux que l'espoir avait définitivement quittés, cherchaient une sépulture, un détail, même futile, afin d'y accrocher un éternel souvenir. Les uns et les autres frappaient aux portes. On en revenait toujours au même : la présence d'objets familiers qui accusaient.

« Le voisin, gêné, se voyait contraint de mentir, d'inventer une fin plus glorieuse qu'un départ vers la mort à la suite d'une dénonciation. Un autre voisin dénonçait le premier, lui attribuait les malheurs de l'intrus à la recherche d'un semblant de vérité. " Ce n'est pas moi, c'est lui " devint le leitmotiv de ces innombrables quêtes, de ces multiples démarches visant à reconstituer un passé à jamais détruit.

« La jalousie alourdit encore ce climat de cupidité et de délation en sens inverse qui va régner en Pologne dans les premières années de l'après-guerre. Ceux qui se sont enrichis sur les cadavres des Juifs assassinés sont souvent la proie de ceux qui, par scrupule ou par honnêteté, ont refusé de profiter de la situation[1]. »

Au demeurant, les Juifs avaient été *officiellement* avertis qu'un retour « en masse » de leur part poserait à la Pologne nouvelle un problème auquel elle n'accepterait nullement de faire face. Roman Knoll, alors directeur des Affaires étrangères de la délégation gouvernementale, avait publié, en août 1943, donc en pleine guerre, un mémorandum qui disait textuellement :

« L'atmosphère qui prévaut actuellement dans le pays

1. Léon Leneman, entretien avec l'auteur.

veut que rien ne permette aux Juifs, même en petit nombre, de reprendre leurs affaires ou leurs ateliers. La population non juive a pris la place des Juifs dans les villes, grandes ou petites, et leur retour signifierait non pas une restitution mais une invasion à laquelle il faudrait s'opposer au besoin par la force[1]. »

Sans pour autant se livrer à une accusation systématique il ressort néanmoins, tant des documents que des témoignagnes, que le nombre de Juifs vendus aux Allemands par intérêt ou bénévolement, ou exterminés avec l'aide de la police polonaise, ou directement par elle, fut si élevé qu'il estompe, dans l'esprit des témoins, le sacrifice de tous ces Polonais chrétiens qui ont eu le courage d'aller à contre-courant. L'attitude criminelle des uns a terni, dans les mémoires, l'image des autres, faite d'abnégation, de dévouement inspiré par la charité chrétienne si bafouée en ces temps inhumains. Ils sont nombreux, pourtant, ceux qui, gens des villes ou de la campagne, ont tendu, au risque de leur vie, une main secourable à un homme, une femme, un enfant, une famille, dans les pires moments de l'occupation. Bravant le gestapiste et le délateur, le zélé policier « bleu » et le *Schmaltzovnik,* ils ont sauvé des milliers de vies humaines. Un geste qui n'allait pas de soi, en Pologne, à l'époque. Léopold Gertner :

« A Chelm je n'ai trouvé que quelques Juifs " aryens " qui sortaient des forêts où ils s'étaient cachés pour échapper aux *Schmaltzovnik.* Ils sortaient aussi des trous, comme des rats. Même libérés, ils avaient peur. Les dénonciateurs les avaient traumatisés. Rentrant de Russie je ne partageais pas leur crainte. Aussi ai-je souvent posé la question aux Juifs que je rencontrais : si les rôles avaient été inversés, quelle aurait été leur attitude ? La réponse fut toujours la même et c'est aussi la mienne. Je ne sais pas si j'aurais mis ma vie en danger pour sauver un chrétien. Ce dont je suis certain, définitivement certain, c'est que je n'aurais pas dénoncé un homme, une femme, un enfant en échange d'un kilo de sucre ou d'une bouteille de vodka. On ne peut pas exiger de quelqu'un, même de sa propre famille, de risquer sa vie pour vous. Mais on peut espérer qu'en tant qu'être humain il ne

1. Cité par E. Ringelblum, *op. cit.*

vous aidera pas à perdre la vôtre. Nous n'en voulons pas à la masse silencieuse qui n'a rien fait pour nous sauver. Ce que nous reprochons aux autres, c'est d'avoir permis aux Allemands de découvrir nos cachettes, de nous avoir pourchassés comme des chiens galeux. Et quand déjà un Polonais nous donnait un abri, il suffisait qu'il se querelle avec un voisin pour que ce dernier se venge en allant le dénoncer comme " cacheur " de Juif[1]. »

Dans le malheur qui s'était abattu sur les Juifs, la part active prise par une partie de la population, à partir de mobiles où se conjuguaient racisme et intérêts matériels immédiats, affecte donc, dès la libération, les relations entre les deux communautés. C'est en effet là, en Pologne, que le génocide a permis aux autochtones de faire, bien plus que partout ailleurs, d'une pierre deux coups : se débarrasser des Juifs à bon compte, grâce à la formidable machine de mort allemande, et s'accaparer, par tous les moyens, de ce que les Juifs étaient contraints d'abandonner en disparaissant. Léon Abramowicz peut en témoigner :

« Il est vrai que, grâce à Hitler, les classes moyennes polonaises, débitrices des banques ou des commerçants juifs, furent immédiatement et sans frais libérées de leurs créanciers. L'industrie, le commerce, l'artisanat, la vie économique en général, quand elle ne passait pas sous la coupe de l'occupant, tombait entre des mains polonaises. Les hommes de paille aryens, avec le départ précipité de leurs " associés " juifs, devenaient, du jour au lendemain, à la faveur d'une " aktion " ou d'une dénonciation, héritiers d'usines, de magasins, d'immeubles et autres sociétés dont ils n'auraient jamais pu rêver d'être un jour les heureux propriétaires. D'autres, par dizaines de milliers, pauvres, miséreux, chômeurs, trouvaient subitement de quoi se loger, s'habiller, des jouets pour leurs enfants, des draps pour leur lit, autant de choses inconnues jusqu'alors. »

Dénoncé par un *Schmaltzovnik* ainsi que son père avec qui il se cachait, Léon Abramowicz a été enfermé dans une prison à Lublin. Transféré au camp de Maïdanek, il s'en évadera pour rejoindre les partisans. Notre témoin a, à la

1. Léopold Gertner, entretien avec l'auteur.

libération, dix-sept ans quand le « propriétaire » polonais de la maison familiale le met à la porte.

« Je définirais l'antisémitisme des Polonais, sur le plan économique s'entend, par la haine de deux chiens misérables qui découvrent un os décharné et qui vont se battre jusqu'à la mort pour qu'un seul puisse le garder. Ces gens nourrissaient à l'égard des Juifs, lesquels, dans leur grande majorité, partageaient la même misère, l'attitude qu'on retrouve aujourd'hui dans les réflexes xénophobes face aux " étrangers qui mangent notre pain ".

« Pour arriver à leurs fins pendant la guerre, quand la délation était devenue le pire des fléaux pour les Juifs, par intérêt ou par pure haine, ils ont employé toutes sortes de moyens. Sans cette attitude de la population, on pense que le nombre de survivants aurait été de plusieurs centaines de milliers alors qu'il atteignait tout juste les 80 000 en 1945. Les Allemands ne reconnaissaient pas toujours un Juif ; les Polonais, en revanche, ne se trompaient jamais. Il leur suffisait de désigner à un Allemand un homme, une femme, un enfant en criant *Jude* pour que cette personne disparaisse à jamais. Cela s'est produit, partout en Pologne, tous les jours, à toute heure, pendant cinq ans. En réalité, les Allemands ne faisaient pas toujours la chasse aux Juifs, en dehors des contrôles, des rafles, des actions méthodiquement organisées. Moi-même j'ai souvent été contrôlé par les Allemands. Ils m'ont toujours laissé repartir. Avec les Polonais, je n'ai eu aucune chance.

« C'est pourquoi chaque vie sauvée représente la participation, à ce sauvetage, de centaines de Polonais, véritable chaîne de gens hors du commun, qui ont risqué leur vie au sens le plus immédiat du terme. Un Juif découvert dans une cachette signifiait irrémédiablement la mort pour ceux qui l'avaient caché. On les fusillait sur la place publique pour enlever à d'autres l'envie d'en faire autant. Ainsi pour les 80 000 Juifs sauvés, on peut dire — selon les estimations les plus sérieuses — que plus de 300 000 chrétiens au moins ont pris un risque considérable. Le fait est d'autant plus à souligner que chaque cas constituait l'exception qui confirmait la règle[1]. »

1. Entretien avec l'auteur.

Autre témoin de premier plan, l'écrivain Michel Borwicz, ancien officier supérieur dans la Résistance polonaise[1], a longuement étudié les réactions de la population polonaise face à l'holocauste et aux profits que pouvaient en tirer certains, alors que d'autres risquaient leur vie pour sauver quelques Juifs.

« Il est incontestable que l'antisémitisme s'est considérablement développé parmi les masses. Personne ne peut en déterminer les causes réelles. Bien entendu, la propagande nazie a beaucoup influencé les gens mais cela mis à part — et je l'ai souvent écrit dans mes livres publiés en Pologne — le martyr n'est pas photogénique. L'image des Juifs en loques, exténués, battus, emmenés en troupeaux... n'était pas très belle à regarder. Il y avait aussi les ghettos et leur misère, les poux, la vermine, les épidémies de typhus... tout cela a probablement joué sur les sentiments des spectateurs.

« Quant aux profiteurs, il y en a partout, mais naturellement, par rapport à la France par exemple, en Pologne les chiffres étaient disproportionnés.

« Certes, des gens étaient heureux de voir disparaître les Juifs. Cependant il est impossible d'établir une différence entre les " squatters " qui ont pris possession des appartements vacants avec plaisir et ceux qui ont tout simplement sauté sur l'occasion pour améliorer leurs conditions de vie. Une telle nuance est impossible à cerner, en Pologne plus qu'ailleurs. Qui a souhaité la mort des spoliés ? Qui ne l'a pas souhaitée ? Personne ne connaît la réponse. Mais on a vu, en Pologne comme partout, des antisémites sauver des Juifs.

« La Pologne sans Juifs est un mot d'ordre qui ne date pas de l'occupation. Lorsque cela a failli se produire, on peut dire que beaucoup de Polonais en étaient heureux mais, en même temps, épouvantés. Il existe même un dicton qui témoigne de cette attitude : " Les Allemands font le sale travail pour nous car nous ne serions jamais capables de le faire. " C'est un dicton très ambivalent mais qui décrit on ne peut mieux la situation[2]. »

1. Condamné à être pendu par les Allemands, Borwicz échappa à la mort après que la corde de la potence eut cédé par miracle. Evadé du camp, il devint l'un des rares commandants juifs d'une unité de partisans polonais.

2. Entretien avec l'auteur.

La guerre finie, la situation que décrit Michel Borwicz, dont les compétences en la matière sont incontestées, poussera certains individus, convaincus de leur « bon droit », à tuer des Juifs échappés « au sale travail des Allemands » et qui venaient simplement réclamer leur dû. Les effets de la spoliation post-guerre ont d'ailleurs atteint un tel degré de gravité que les historiens polonais s'efforcent, depuis, de minimiser les avantages tirés, par leurs concitoyens, du génocide[1].

Ainsi Czeslaw Madajczyk, spécialiste de la période de l'occupation nazie en Pologne, qui croit pouvoir affirmer :

« Les usines juives ont été soit détruites, soit transférées à des Allemands. Peu de magasins, d'ateliers, de fermes ont été donnés à des Polonais... Quelques immeubles d'appartements seulement sont passés entre les mains d'occupants polonais. [...].

« Parfois, les Polonais qui profitaient matériellement de la déportation des Juifs — il n'y en eut pas beaucoup — leur étaient hostiles. Certains commerçants ont reçu des magasins juifs qui avaient été fermés. Des commissions polonaises ont été créées pour évaluer les biens confisqués aux Juifs mais tous les membres de ces commissions n'ont pas fait preuve d'une égale honnêteté[2]. »

Les biens immobiliers transférés aux Allemands, entre 1939 et 1944, tels qu'appartements, bureaux, hôtels, usines ayant appartenu aux Juifs n'ont naturellement pas été chargés, en 1945, sur les camions de la Wehrmacht en retraite. Ils ont été, plus simplement, l'objet d'un nouveau « changement de propriétaires ». Ceux-ci, et c'est le moins qu'on puisse dire, ne vont pas faire « preuve d'une égale honnêteté » à l'égard des revenants qui se présentent, un beau matin, sur le pas de leur porte.

Ainsi va débuter, à la libération, le massacre des survivants en Pologne.

1. Cette délicate question de la délation, intéressée ou bénévole, qui fit beaucoup de victimes dans les pays occupés, n'est abordée qu'avec d'infinies précautions par les historiens. En France, notamment, il ressort de tous les ouvrages qui y font allusion une très grande gêne.

2. Czeslaw Madajczyk, *Rzeszy w okupawanej Polsce, Polityka III*, Vol. I, p. 530.

En dehors de Varsovie qui n'est plus qu'un amas de ruines, c'est dans les petites villes de province épargnées par la guerre que la réaction des détenteurs d'avoirs juifs est la plus vive. Certaines de ces bourgades, autrefois exclusivement peuplées de Juifs, ont été complètement vidées de leurs anciens habitants et n'abritent plus désormais — et pour toujours — que des Polonais. Dans les immeubles, les concierges ont été promus au rang de propriétaires ; dans les ateliers, les manœuvres d'antan sont devenus patrons ; dans les magasins, les ex-employés dirigent les affaires ; les uns et les autres vivent dix fois, cent fois mieux qu'avant.

Ce qui aggrave la situation et nourrit l'irritation des nouveaux « propriétaires », c'est la promulgation d'une loi, en mai 1945, qui abroge « tous les contrats de propriété passés entre des tiers et les autorités d'occupation » et qui prévoit, explicitement, que « toute propriété abandonnée du fait de la guerre sera rendue, à sa demande ou à la demande de ses héritiers, à toute personne pouvant justifier de cette démarche ».

Ils ne sont que quelques dizaines de milliers à pouvoir user de cette loi sur les 3 millions 250 000 qui occupaient autrefois un logement, qu'il fût misérable, modeste, bourgeois ou luxueux, en ville ou à la campagne. Et pourtant l'idée de rendre aux Juifs ce qui est aux Juifs constitue, aux yeux des héritiers de l'holocauste, une véritable trahison.

Les autorités communistes, au pouvoir encore fragile, s'efforcent pour leur part d'éviter de prendre — dans le cadre de la loi de restitution — toute initiative susceptible de choquer les sentiments d'une population qui leur est hostile. L'antisémitisme constitue, en effet, une arme contre le gouvernement lequel, non seulement comprend des ministres juifs, mais de plus s'avère par trop favorable aux Juifs et à leurs problèmes.

Face à un tel dilemme, les décisions prises à l'échelon le plus élevé restent lettre morte dès qu'elles atteignent les niveaux inférieurs de l'administration. Il est rare qu'une sanction soit prise dans cette perspective de ménager constamment l'opinion publique. Pour parer au « manque » de logements que rencontrent ceux dont les immeubles ont changé de mains, les autorités s'efforcent de mettre à la disposition des conseils juifs, installés dans les villes, des locaux réquisitionnés ou non réclamés par leurs anciens propriétaires. Quelques survivants, plus décidés que d'autres à faire valoir leurs droits, réintègrent, par-ci par-là, leurs pénates mais la grande majorité vit, depuis la libération, dans des conditions très précaires. Tout se passe, en Pologne, comme si la mort de ces 3 millions de citoyens polonais était totalement étrangère à ce pays.

Contournée, la loi qui permet aux survivants juifs de rentrer en possession de leurs anciennes propriétés, l'est plus largement à la campagne que dans les villes. Ancien membre de la police, Michaël Checinsky a noté :

« Parfois, la réaction des nouveaux propriétaires prend une forme inattendue. Dans la bourgade de Checiny par exemple, les paysans des villages voisins avaient acquis un certain nombre de maisons juives à la suite d'une vente aux enchères organisée par les Allemands. Alors que le front approchait, les nouveaux propriétaires abattirent ces maisons et se servirent des matériaux récupérés pour en construire de nouvelles, ailleurs. Aujourd'hui encore, dans les rues de Checiny, les fondations des maisons démolies offrent leur désolation à la vue des passants[1]. »

Rentré à pied, seul, des fins fonds de la Russie où, fuyant la Pologne occupée, il a trouvé refuge, Léopold Gertner arrive, à la fin du mois de juillet 1944, dans la ville de Chelm (district de Lublin) que l'Armée rouge vient tout juste de libérer[2]. Sa première réaction — qui sera d'ailleurs celle de tous les rescapés valides — est de parcourir les lieux en tous sens pour le cas où des Juifs y auraient survécu. Ses pas le guident vers le centre de Chelm. Ce qu'il découvre dans la rue principale le glace d'effroi.

« J'avais baissé la tête. Sans m'en rendre compte je marchais sur des vieilles pierres tombales juives arrachées dans les cimetières. La rue commerçante avait été repavée grâce à la profanation de nos tombes. Je me suis arrêté. J'ai enlevé mes chaussures et me suis mis à pleurer. Ces vieilles épitaphes en yiddish ou en hébreu, ces chiffres qui indiquaient la naissance et la mort de Juifs partis tranquillement à une époque lointaine me sautaient au visage. J'avais l'impression de piétiner leurs restes. Ce fut une expérience terrible mais pas unique, malheureusement. Les Polonais

1. Michaël Checinsky, *Poland, Communism, Nationalism, Antisemitism*, New York, 1982.
2. La ville fut libérée les 21 et 22 juillet après de très durs combats.

ont récupéré tout ce qu'ils ont pu de l'holocauste. Les pierres tombales des cimetières, profanés par eux ou par les Allemands, qu'importe, ils les ont utilisées pour paver les rues, construire des maisons, des murs. On a transformé des vieilles synagogues en cinémas, des cimetières en terrains de sport.

« L'holocauste, savez-vous, présentait pour eux de nombreux avantages[1]. »

A peine les Allemands ont-ils tourné le dos que naît, en Pologne, une nouvelle catégorie de profiteurs du malheur d'autrui à titre posthume, que les témoins qualifient de « charognards ». Leurs activités, profanes s'il en fut, se concentrèrent sur les camps d'extermination récemment vidés de leurs détenus.

Surpris par l'avance trop rapide de l'Armée rouge, les responsables SS de Maïdanek, Treblinka, Auschwitz, pour ne citer que les camps les plus importants, se sont empressés d'effacer toute trace de leurs crimes. Les chambres à gaz, les fours crématoires ont été détruits et la plupart des bâtiments démontés ou démolis. En dehors de quelques vestiges de ces temps d'horreur, il ne reste plus que des milliers d'hectares de terre fraîchement remuée, des milliers d'hectares qui renferment d'immenses fosses communes que recouvre une épaisse couche de cendres. Le travail des Allemands a été, comme à Treblinka, si méticuleux que des anciens déportés sont même incapables d'en montrer l'emplacement aux officiers soviétiques à qui ils ont fait part de leur existence.

Cinq millions de personnes, originaires de la plupart des pays d'Europe, mais en particulier de Pologne, ont péri dans ces camps d'extermination. Avant d'être jetées dans les fours crématoires ou brûlées sur des bûchers on leur a arraché les dents en or, pour les récupérer et les envoyer grossir les réserves de la Reichbank.

Mais les déportés « arracheurs » de dents n'étaient pas allemands ; ils n'ont peut-être pas fait preuve d'autant d'efficacité que leurs bourreaux dans leur tâche accomplie, il est vrai, dans des conditions démentielles. A la libération, c'est sur cette hypothèse que vont se baser les charognards polonais au moment d'organiser, en plein cœur de l'univers

1. Léopold Gertner entretien avec l'auteur.

concentrationnaire des anciens camps, une véritable ruée vers l'or. Ma regrettée amie Rachel Auerbach [1] a longuement décrit, en son temps, l'horreur que lui ont inspirée ces milliers de Polonais qui se sont transformés en chercheurs d'or à Treblinka à partir de la libération.

« Ils tamisent la cendre des morts pour extraire le métal des dents ou des bijoux cachés, échappés à la récupération. A l'aide de petites charges de dynamite, ils font sauter des carrés de cendres qui volent autour de leurs têtes. Le métal, plus lourd, retombe avant la cendre.

« Des mois et des mois durant, des centaines de chariots, tirés par des chevaux, ont fait la navette entre Treblinka et les villages environnants. Il suffit de se rendre dans cette région pour constater que la plupart des fermes et des maisons sont généralement plus cossues que dans tout le reste de la Pologne [2]. »

Président de l'importante Fédération internationale des Juifs originaires de Pologne, le Dr Joseph Tenenbaum, citoyen américain, est envoyé en Pologne, au printemps de 1946. Il est chargé par sa Fédération d'établir un rapport sur la situation des Juifs au lendemain du génocide.

L'une des toutes premières démarches de l'éminent visiteur américain est naturellement une visite au camp d'Auschwitz. Un curieux spectacle l'attend :

« Une charrette tirée par un cheval passe devant nous.

« — Regardez dit mon guide, je n'en suis pas certain mais je crois que le paysan transporte des os juifs, un chargement d'os et de cendres juifs mais principalement des os.

« J'étais atterré. — Des os juifs ?

« — Oui, continua le guide, les paysans des environs s'enrichissent ; ils achètent et revendent des tonnes d'os ; ils pilent les os dans l'espoir d'y trouver de l'or, des dents en or, des bijoux [3]. »

Depuis des mois, à Auschwitz comme ailleurs, des groupes

1. Rachel Auerbach fut durant la guerre la collaboratrice du chroniqueur du ghetto, Emmanuel Ringelblum. Elle fit, à la libération, partie de la commission d'enquête sur les crimes nazis en Pologne avant d'émigrer en Israël en 1949.

2. Rachel Auerbach, *Hazaav Shel Treblinka (l'Or de Treblinka)*, Jérusalem, 1952.

3. Joseph Tenenbaum, *In search of a lost People, op. cit.*

de « prospecteurs » écument les hectares de la mort. La terre des anciens camps est tournée et retournée sur toute sa surface. Les prospecteurs, paysans ou gangsters attirés par ce trésor fabuleux, se sont spécialisés dans une macabre entreprise qui ne respecte rien : fosses communes creusées à la dynamite, cendres tamisées, mise à sac des cimetières, achat et vente des os qui, une fois pilés et vidés de leur contenu, seront revendus sous forme d'engrais [1].

Dans ces mois de l'immédiat après-guerre où le culte du souvenir n'a pas encore repris ses droits, les terrains sont laissés à l'abandon. Alertées par d'anciens déportés, les autorités ont fait installer des barbelés aux endroits les plus vulnérables et placer des gardes à l'entrée du camp d'Auschwitz où la ruée vers l'or, compte tenu du nombre des morts [2], est, naturellement, la plus terrifiante. Mais l'appât du gain reste le plus fort et les gardes participent eux-mêmes aux « recherches ».

Poursuivant sa visite, le Dr Tenenbaum arrive au camp de Birkenau construit pour éviter la saturation du premier complexe d'Auschwitz. Il notera dans son journal :

« Il n'y a aucune trace des fours crématoires, pas plus que des chambres à gaz. Même le sol a été retourné. Seule une vieille latrine demeurée debout sert de témoin à la bestialité nazie. Des ouvrages devraient être consacrés à cette institution nazie de la latrine pour faire mieux connaître le rôle qu'elle a pu jouer dans la vie et la mort des prisonniers. Pour les nazis, la latrine en tant qu'instrument de torture a été utilisée à un point tel que dans certains camps il était impossible de s'y rendre sans avoir une carte. La *Scheisskarte* [3] était aussi difficile à obtenir que la carte de pain.

« C'est dans ces latrines que des enfants se sont cachés pour échapper à la chambre à gaz, que les couples faisaient l'amour même s'ils encouraient la peine de mort... Dans les camps, les latrines servaient à tout... mais aussi aux besoins physiologiques [4]. »

1. Les pilleurs de tombes détruisirent, ce faisant, quantité de manuscrits et de témoignages enterrés par les déportés avant de mourir.

2. On estime ce nombre à environ 4 millions, d'une trentaine de nationalités différentes.

3. Littéralement « carte pour ch... ».

4. Joseph Tenenbaum, *op. cit.*

A Birkenau, les latrines, dès la libération, ont été vidées, nettoyées non pas par les services de l'hygiène mais par les charognards.

« Les gens étaient comme des sauterelles, aussi bien les gars des environs que les sentinelles de la milice. Ils ont remué chaque pouce de ... pour chercher de l'or et des diamants. Ils ont trouvé de vrais trésors, des colliers de perles, des chaînes et des bagues en or. Les Juifs préféraient jeter leurs bijoux dans les latrines qu'enrichir les nazis [1]. »

La mise à sac des anciens camps d'extermination, limitée dans le temps et en dehors de son aspect sacrilège, n'eut pas la moindre influence sur la situation faite aux survivants qui s'efforçaient de recréer un semblant d'existence. Les voyous, en Pologne comme ailleurs, avaient toujours existé.

Les Juifs qui, pour des raisons personnelles, se résignaient à reprendre une vie d'errants en laissant derrière eux leurs souvenirs et leurs biens, quittaient la Pologne pour rejoindre les camps de réfugiés, érigés en Allemagne et en Autriche, à l'intention des personnes déplacées. Les villes limitrophes du Sud, les premières, se vidèrent en 1945 de plus d'un tiers des rescapés, soit près de 30 000 personnes.

« LE GOUVERNEMENT TCHÈQUE, signale à ce propos l'ambassadeur de Grande-Bretagne à Varsovie dans son rapport déjà cité sur la situation alarmante des Juifs en Pologne, EST INQUIET DE L'EXODE DES JUIFS POLONAIS. TOUS SEMBLENT DÉTERMINÉS A PARTIR [2].

« Les autorités polonaises accordent avec beaucoup de zèle — contre un paiement de 1 000 zlotys — des titres de voyage valables pour une journée seulement pour traverser la frontière.

« Déjà 6 000 personnes sont entrées en Tchécoslovaquie. D'autres quittent clandestinement la Pologne pour Berlin et Munich (zone américaine). Il n'existe aucune preuve d'un complot sioniste.

« Des rapports signalent un certain nombre d'assassinats de Juifs à travers toute la Pologne, notamment dans les petites villes et les villages. Attribués à des organisations réactionnaires clandestines, ils ont pour toile de fond :

1. Joseph Tenenbaum, *op. cit.*
2. C'est toujours l'ambassadeur qui souligne.

l'antisémitisme très ancré dans la population polonaise et le fait qu'un certain nombre de Juifs occupent d'importantes positions dans l'actuelle administration et notamment dans les Services de sécurité, organisme le plus craint et le plus détesté de tous[1]. »

En plus de ceux qui jamais ne reviendront, chaque personne qui décide de partir sans chercher à reprendre ce qui lui appartenait autrefois ou sans exiger des autorités, comme elle en a le droit, que celles-ci lui fournissent un toit laissé vacant pour cause de déportation, représente en réalité une part supplémentaire des avantages que la Pologne et les Polonais ont tirés de l'holocauste.

Dans le cas de ces départs volontaires il ne viendrait à l'idée de personne d'en faire grief aux Polonais bénéficiaires. Aucun de ceux qui s'en vont ne le fait uniquement parce qu'il suffit de 1 000 zlotys pour échapper aux « gars dans la forêt » comme aux villageois qui assassinent, la nuit, les requérants de bonne foi, mais isolés et sans défense. Ils ne partent pas, ils fuient la Pologne.

Mais en 1945 beaucoup de Juifs s'accrochent à ce pays qui est le leur depuis mille ans. Et beaucoup d'autres, réfugiés en Russie, sont sur le point de les rejoindre.

Antisémitisme économique et antisémitisme politico-culturel vont alors se confondre pour achever, autant que faire se pourra, l'œuvre de Hitler. D'ailleurs, dans son numéro de juin-juillet 1942, le journal du mouvement paysan *Przebudowa* (Reconstruction) avait jugé nécessaire d'avertir les Juifs — du moins ceux qui n'avaient pas encore été massacrés à cette date — de ce qui les attendrait après la guerre.

« En ce qui concerne les Juifs notre position est claire : il y en a beaucoup trop en Pologne.

« Beaucoup de nos problèmes d'ordre économique, politique, culturel ne peuvent être réglés avec succès du fait que nous sommes noyés dans une masse de Juifs. Les expériences récentes ont montré que cette masse nous est hostile ou, pour le moins, indifférente. Bien que nous soyons loin d'employer les méthodes cruelles des Allemands, notre position actuelle est que l'excessive participation des Juifs à

1. Document du *Foreign Office, op. cit.*

la vie du pays doit être éliminée et que la majorité des Juifs doit quitter la Pologne.

« Nous savons que le problème juif ne peut pas être résolu en Pologne uniquement. Il s'agit d'un problème à l'échelle du monde et qui devra être réglé à cette échelle[1]. »

Partageant naturellement cette opinion, l'état-major des Forces nationales, alors censées combattre les Allemands, ennemis de *tous* les Polonais, avait, pour sa part, anticipé sur les bienfaits que le pays allait tirer de l'holocauste :

« Le contrôle des propriétés laissées par les Juifs reviendra à l'Etat qui, à son tour, distribuera ces biens aux Polonais sous forme de compensation, de prêts, de location, de vente. Les Polonais devenus propriétaires de biens juifs ou d'affaires juives pendant la guerre et qui auront rempli leur devoir envers la nation ne seront pas tenus de les rendre... Chaque paysan devra recevoir sa propre ferme ; chaque ouvrier, son appartement ou sa maison ; chaque artisan, son atelier.

« Une Pologne grande et forte, basée sur la justice sociale, sur les principes de solidarité nationale, sur l'amour chrétien de son prochain, se devra de rejeter définitivement le principe marxiste de la lutte des classes[2]. »

1. *Przebudowa*, n° 6/15, Varsovie, juin-juillet 1942.
2. *O co walczy Ruch Narodowy* (Pourquoi luttent les Forces armées nationales). Tract des NSZ, 1943-1944.

# DEUXIÈME PARTIE

CHAPITRE VI

# À CRACOVIE L'HONNEUR DU PREMIER POGROME

Au fur et à mesure qu'il progressait en direction du quartier de Podgorze, le capitaine Stefan Bialeski se demandait s'il n'était pas victime d'une hallucination. Partout en Pologne, les Allemands, battant en retraite, s'étaient acharnés à appliquer leurs méthodes criminelles de la terre brûlée. Varsovie n'était plus qu'un amas de ruines, des villages avaient été rasés, incendiés mais ce spectacle de désolation s'arrêtait aux portes de Cracovie, sa ville natale, qu'il retrouvait après quatre années d'absence involontaire. La ville était intacte, sans la moindre blessure apparente.

Enveloppée dans un épais manteau de neige, elle se présentait à lui toujours aussi fière de son passé de capitale historique des rois et des princes d'Eglise, de son architecture classique, de ses joyaux de la Renaissance. Indifférents au malheur qui s'était abattu sur le quartier juif pourtant tout proche, se dressaient les clochers et les tours, les remparts et les donjons, le château et la cathédrale. La guerre avait épargné les vieilles pierres, les immeubles et les jardins publics ; elle n'avait pas non plus touché aux jolies maisons de la grand-place, aux magasins et aux échoppes des rues commerçantes dont la plupart n'avait souffert que d'un changement, inespéré autant que gratuit, de propriétaires.

Le capitaine Bialeski tenta, chemin faisant, de s'expliquer les raisons pour lesquelles Cracovie se devait d'être l'exception dans un pays aux trois quarts dévasté par le cataclysme. Il se dit tout d'abord que la ville en était peut-être redevable à la décision du gouverneur général nazi, Hans Frank, grand maître, après Hitler, de la Pologne annexée par le III^e Reich, d'en faire le centre administratif de son empire au détriment de Varsovie. Impressionné par la richesse et la beauté des lieux, le bourreau de la Pologne avait même installé son quartier général ainsi que sa résidence au château royal de Wawel, joyau unique, entouré de remparts, posé au sommet d'une colline avenante surplombant la Vistule[1]. C'est de là qu'étaient partis les ordres dits de « transfert » ou de « nettoyage » qui signifiaient la mort pour des centaines de milliers de Juifs.

En partant, les Allemands avaient-ils eu l'intention de détruire aussi ce qui était intransférable ? Et dans l'affirmative, en avaient-ils été empêchés par l'attaque fulgurante des soldats de l'Armée rouge au terme d'une irrésistible manœuvre d'encerclement ? La réponse, désormais, appartenait aux historiens.

Le capitaine pressa le pas. Membre d'une mission médicale chargée, par les autorités militaires, de veiller à la remise en marche des installations sanitaires de la région Ouest, il avait demandé et obtenu du médecin-chef, l'autorisation de se rendre à Podgorze. Guidé par ses souvenirs et ses émotions il se dirigeait, d'instinct, vers ce quartier dont il s'était enfui, quatre ans plus tôt et presque jour pour jour. A l'époque le capitaine n'était encore que le tout jeune docteur Samuel Fodiman.

D'un seul élan il parvint à gravir la colline enneigée. Aussi loin que put porter son regard, il ne vit que des clochers trouant le ciel sans nuages dont Cracovie était coutumière en hiver. Pour la ville, la guerre avait fait une exception mais du ghetto de Podgorze et de ses milliers d'habitants, autochtones ou transférés provisoirement, il ne restait plus rien.

Durant toute l'occupation, Cracovie avait été la ville la plus gaie de la Pologne. Les dignitaires nazis y venaient en villégiature et traitaient avec une extrême courtoisie les belles Polonaises, nombreuses à leur servir de compagnes dans les restaurants et les dancings, alors que la majorité des habitants chrétiens se montraient d'une indifférence totale à l'égard de leurs concitoyens juifs chassés de leurs

1. Grand criminel de guerre, Hans Frank fut condamné à mort par le tribunal allié de Nuremberg et pendu dans la prison de la ville le 16 octobre 1946.

demeures et parqués, comme des bêtes malfaisantes, dans ce ghetto. Les Juifs spoliés, pillés, le commerce entre Polonais et occupants avait, très tôt, transformé Cracovie en une ville prospère et insouciante et, pourtant, plus hostile à ceux qui tentaient alors, comme lui-même, d'échapper à leur sort. Face aux ruines de Varsovie, il s'était senti fier d'appartenir à ce peuple polonais qui s'était battu, en vain peut-être, mais jusqu'au bout de ses forces. Ici, à Cracovie, berceau de l'histoire de la Pologne, il avait honte.

Le district de Cracovie qui regroupait, jusqu'en 1939, douze sous-préfectures[1], avait alors une population juive évaluée à 250 000 âmes. En mai 1941, ces chiffres se trouvaient déjà réduits d'un quart en dépit d'un afflux constant de réfugiés et de déportés en provenance de Silésie, de Lodz et de Kalish, régions nouvellement incorporées à l'Allemagne. Au début, les nazis s'étaient contentés de transférer à l'Est une partie des gens ainsi regroupés, mais les internements dans les camps de concentration et les exécutions sur place avaient vite succédé à ce premier nettoyage par le vide.

L'installation du ghetto de Podgorze dans cet ancien quartier de la ville, construit par les Autrichiens vers 1784 sur une colline de la rive droite de la Vistule, remontait au mois de mars 1941. Un mur, le séparant du reste de la cité, avait été érigé avec pour unique ouverture un lourd portail, lequel offrait la particularité de se présenter sous la forme de grandes pierres tombales dont la présence, hautement symbolique, attirait la foule des curieux le dimanche matin après la grand-messe. C'est de là qu'il s'était évadé.

Parvenu au sommet de l'archaïque monticule, le capitaine devina plutôt qu'il ne le vit le pourtour du cimetière de la rue Miodowa. Pour faire face à l'arrivée constante de Juifs à Podgorze, les SS, soucieux de contrôler le surpeuplement de ce petit ghetto, fusillaient le « surplus » dans ce vieux cimetière d'où n'émergeait aujourd'hui pas la moindre relique.

Les « évacuations » s'étaient déroulées en trois phases, les 30 et 31 mai et le 28 octobre 1942, les 13 et 14 mars 1943. Ce

1. Le gouvernement général était divisé en cinq districts, dirigés par des gouverneurs allemands placés sous l'autorité de Frank.

dernier jour, et afin d'éviter des problèmes de transport, 2 000 personnes avaient été exécutées sur place, des femmes et des enfants pour la plupart. 2 000 autres avaient pris le chemin d'Auschwitz, 6 000 celui du camp tout proche de Plaszow, construit à l'emplacement de deux anciens cimetières juifs[1]. En tout, près de 70 000 Juifs, condamnés à mort, étaient passés par ce ghetto.

— Juifs ! Juifs ! cria à tout hasard le Dr Fodiman en se servant de ses mains comme d'un porte-voix.

Il se rendit aussitôt compte de l'incongruité de son geste. Le ghetto, vidé de ses habitants jusqu'au dernier, n'était plus qu'un vaste et silencieux désert[2]. Et la présence des églises intactes, au sommet desquelles s'attardait un rayon de soleil, ne rendait que plus choquante la désolation du quartier de Podgorze. Ainsi, les Juifs de Cracovie qui, tout au long des siècles, avaient résisté aux interdits royaux, aux menaces d'expulsion, au boycottage économique et aux pogromes jusqu'à prendre une part importante au développement de leur cité, n'avaient pas eu la chance de partager le sort des vieilles pierres. Des rois, des princes, des hommes d'Eglise, le peuple aussi s'étaient acharnés sur eux mais les Juifs, accrochés à leurs chandeliers, avaient tenu bon. L'histoire de cette communauté était pavée de tragédies, depuis l'arrivée des ancêtres chassés d'Allemagne en des temps immémoriaux. Mais en dépit de toutes les vicissitudes et grâce à une activité intellectuelle débordante, elle avait su acquérir, bien avant la guerre, la renommée de plus beau fleuron du judaïsme en terre polonaise.

De tout cela, il ne restait apparemment pas la moindre trace.

Une poignée de ceux qui, comme lui, avaient participé à la révolte du ghetto étaient demeurés en vie[3]. D'autres, rescapés des camps de concentration ou de travaux forcés, nombreux dans cette région jusqu'à la libération, se trou-

1. 80 000 personnes, de différentes nationalités, y furent exterminées.

2. Ils étaient au nombre de 567 qui furent fusillés au début du mois de janvier 1945. Entre-temps tous les habitants du district de Cracovie (entre 250 000 et 300 000 personnes) avaient été soit massacrés sur place soit expédiés dans les camps de concentration.

3. Des résistants de l'Organisation juive de combat (ZOB) ont pu échapper à l'extermination et à la liquidation du ghetto de Cracovie en rejoignant des groupes de partisans dans les forêts.

vaient peut-être en ville ou y étaient attendus. Remuer la neige immaculée qui recouvrait Podgorze d'un immense linceul ne servirait à rien. Même les morts avaient disparu.

Sur le chemin du retour, le capitaine s'arrêta quelques instants devant les austères bâtiments de l'université, rue Golebia. C'est là qu'il avait appris, parallèlement à ses études, l'art et la manière de supporter l'antisémitisme. A l'université Jagellonne de Cracovie, en effet, avait été inventée, bien avant la guerre, la pratique des « rangées séparées » entre étudiants des deux communautés[1]. En ce temps-là, les bagarres, les pogromes servaient seuls de lieux de rencontre.

A hauteur du Collegium Novum, siège du rectorat, il croisa un groupe de jeunes prêtres qui, à la vue de son uniforme, s'écartèrent de sa route. A l'aller déjà, il avait observé que les Polonais avaient tendance à éviter les militaires russes agglutinés autour de leurs camions ou de leurs tanks. Il en allait ainsi de toute la Pologne, en ville comme à la campagne. Le geste des prêtres, mille fois répété depuis la libération, traduisait la crainte inspirée par cette Armée rouge, autant exécrée, sinon plus, que l'armée allemande par la masse polonaise.

Se situant à Cracovie, la scène ne le surprit pas autrement. La ville, de tout temps, avait été le centre des forces d'extrême droite anticommunistes et antisémites. L'université, sans en avoir toutefois le monopole, restait responsable de bien des souffrances endurées par les Juifs dans la Pologne indépendante, ne serait-ce que parce qu'elle comptait en son sein une majorité de professeurs très croyants et très inspirés des doctrines racistes de l'Eglise à l'égard des « assassins » du Christ.

N'était-ce pas l'archevêque de Cracovie, le prince Sapieha, qui, le premier de tous les évêques polonais et bien avant la guerre, avait ouvertement et en public traité les Juifs de « race destructrice » ? L'incendie, ranimé par une flamme de cette importance, n'était pas prêt de s'éteindre.

Il s'en persuada définitivement lorsque, empruntant pour la seconde fois de la matinée la rue Florianska, il aperçut une foule de badauds gesticulant derrière un homme vêtu d'un pyjama rayé. L'homme se déplaçait lentement, appuyé

1. Appelées « rangées-ghetto » par les Juifs.

sur un bâton qui lui servait de canne. L'ayant aperçu qui pressait le pas, une femme, au comble de l'excitation, hurla dans sa direction :

— Hé ! L'officier ! Viens voir ! C'est un Juif ! Hitler ne les a donc pas tous tués ?

Pour la première fois depuis qu'il était entré en possession d'une arme, Samuel se sentit pris d'une irrésistible envie de tirer sur des civils.

Il se contenta de décharger son revolver en direction du ciel sans nuages de Cracovie. La femme le regarda, surprise, puis s'enfuit à toutes jambes, imitée par les autres.

— D'où viens-tu, Juif ? dit doucement le capitaine en s'approchant de l'inconnu.

Celui-ci se retourna, visiblement surpris par la question. Il répondit au bout de quelques instants non sans avoir dévisagé l'officier qui parlait yiddish.

— D'où peut bien venir un Juif, hein, je vous le demande ?

Samuel lui emboîta le pas.

— Alors, où vas-tu, Juif ?

L'homme au pyjama rayé stoppa net sa progression. Les badauds partis, ils étaient seuls sur le trottoir taché de neige sale.

— Où peut bien aller un Juif un samedi matin ? Hein, je te le demande ?

Une voiture militaire passa à leur hauteur. Les soldats, des Russes aux traits asiatiques très prononcés, saluèrent le capitaine en riant.

— Un Juif, autrefois, serait allé à la synagogue, dit Samuel en s'efforçant d'employer un ton jovial.

— Et où crois-tu que va un Juif ce matin ? A l'église, peut-être ? Que Dieu nous en préserve !

Il s'était remis à marcher et Samuel se plaça de l'autre côté du bâton afin d'éviter un coup de pied malheureux contre l'appui de son compagnon.

— Ton Juif arrive d'Auschwitz, où il a passé trente-trois mois et sept jours, camarade officier. Et il va de ce pas rue Szeroka.

— J'en viens, ami. Et la Vieille Synagogue n'existe plus.

L'inconnu s'arrêta à nouveau et posa sa main libre sur le bras de l'officier :

— La synagogue, mon fils, est à l'image de notre peuple. Il suffit d'en retrouver quelques pierres pour savoir que tout n'est pas perdu. Mais tu n'es pas obligé de m'accompagner, je connais le chemin.

— Y a-t-il d'autres Juifs que vous à Cracovie ? Je profite de quelques heures de permission pour essayer d'en rencontrer.

— Et pourquoi n'y aurait-il pas d'autres Juifs à Cracovie ? Nous sommes déjà près d'une centaine à être enregistrés sur les listes du Comité.

— Du Comité ? sursauta le capitaine. Déjà !

— Comment déjà ? Les quatre premiers Juifs revenus dans la ville l'ont créé vingt-quatre heures après l'arrivée des Russes. Il paraît que quelques-uns des nôtres sont revenus à Nowy Sacz, à Tarnow, à Nowy Targ, à Jaroslaw aussi. Les gens du Comité sont pleins de bonne volonté mais les Polaks ne les aident pas beaucoup.

Ils arrivèrent rue Szeroka. Les murs calcinés de la *Stara Synagoga,* la Vieille Synagogue[1], ne retinrent qu'un bref instant l'attention de son compagnon qui reprit sa marche en direction du vieux cimetière au centre duquel s'élevait un bâtiment, très ancien lui aussi. Le capitaine se souvint qu'il existait autrefois plusieurs synagogues de style mi-baroque mi-Renaissance dans ce quartier de « Casimir » qu'il n'avait que très peu fréquenté avant ce matin. Mais était-il possible qu'il en restât une seule debout ?

— L'Eternel, béni soit-il, nous pardonnera de travailler le Shabbat puisque c'est sa maison que nous purifions, dit encore l'ancien déporté en s'éloignant.

Et il ajouta :

— Ami officier, reste-moi en bonne santé[2].

La présence de la deuxième synagogue que la guerre avait épargnée de la même manière, apparemment, que l'église Saint-André ou le donjon du château de Wawel qu'on apercevait dans le lointain, lui apparut comme un défi lancé aux forces du mal. Elevé loin de la religion, dans un milieu intellectuel, progressiste et très assimilé, il n'avait jamais vu, dans ces vieilles bâtisses perpétuellement envahies par des Juifs barbus, très jeunes ou très âgés, autre chose que des

1. La *Stara Synagoga* la plus ancienne de toutes les synagogues de Pologne, date du début du XVIe siècle. Détruite par les nazis, elle a été depuis restaurée et abrite un musée d'histoire. Elle partage l'honneur avec deux autres synagogues d'avoir été classée monument national.

2. Vieille formule yiddish couramment employée.

vestiges bien conservés du passé au même titre que l'étaient les églises et la cathédrale.

Une demi-douzaine de Juifs, de tous âges, munis de pelles et de balais grossièrement confectionnés à l'aide de jeunes branches d'arbre, pataugeaient dans le fumier encore humide qui formait un épais tapis sur toute la surface de la salle. Le sol était jonché de bidons d'essence, d'excréments humains et de détritus de toutes sortes que les préposés au ramassage empilaient dans un coin, en un gros tas. Ils revenaient ensuite, avec les mêmes gestes, présentant leur pelle à ceux qui maniaient le balai. Personne ne prêta attention à sa présence, chacun vaquant à ses occupations. On les eût pris volontiers pour des ouvriers qui auraient, leur vie durant, accompli une besogne aussi répugnante.

Son compagnon avait échangé sa canne de fortune contre un balai dont il se servait avec une déconcertante dextérité. Celui qui lui présentait la pelle avait, malgré sa maigreur, apparemment plus l'allure d'un avocat ou d'un fonctionnaire que d'un éboueur. A chaque coup de balai, il faisait un signe de tête à son équipier pour le remercier.

Les Juifs n'avaient donc rien perdu de leurs facultés d'adaptation à des conditions anormales d'existence, ainsi qu'ils l'avaient prouvé dans les ghettos et dans les camps. Les Allemands, les premiers, avaient été surpris de constater que peu d'internés y mouraient « naturellement ». Dans leur rage de détruire ce peuple, le fait que jamais les Juifs ne s'étaient livrés, même dans les pires conditions, à un suicide collectif, leur avait paru, d'autre part, inadmissible. Cette faculté d'adaptation, cette résistance atavique à la déchéance morale autant que physique les avaient d'ailleurs obligés à trouver une autre solution que la famine ou les épidémies pour en venir à bout.

La présence de Juifs, maigres, chétifs, surmontant leur nausée, qui s'arrangeaient avec Dieu pour travailler, en son honneur, un jour de Shabbat, réconforta le capitaine.

Sa montre-bracelet lui indiqua que le moment de rejoindre ses collègues de l'équipe médicale était venu. Devant la porte, un vieillard aux épaules recouvertes d'un châle de prières marmonnait dans sa longue barbe en balançant le buste. Il ne l'avait pas entendu venir et fut sur le point de lui demander par quel miracle il se trouvait là, ce 7 février 1945, debout, vivant, à partager les rayons du soleil avec les clochers des églises de Cracovie.

Mais le courage lui manqua de déranger cet envoyé de l'Eternel à qui une poignée de Juifs avaient décidé de rendre son dû.

Démobilisé, sur sa demande, à la fin du mois d'avril, le Dr Stefan Bialeski revint à Cracovie le 1er mai 1945. L'appartement de ses parents, décédés avant la guerre, étant réquisitionné par des officiers russes, il accepta de bon gré l'offre de la municipalité de le loger au-dessus du dispensaire dont il prenait la charge. A Cracovie, porte de la Silésie et, partant, de l'Allemagne occupée, une importante garnison de l'Armée rouge avait pris ses quartiers et cela réduisait d'autant la possibilité pour les rescapés de récupérer leurs anciens logements. Il en allait d'ailleurs de même pour toutes les propriétés juives, habitations et locaux commerciaux, confisqués à l'époque par les Allemands et récupérés, après leur départ, par des Polonais, autochtones ou réfugiés.

Dans les alentours de la rue Miodowa où le Comité s'évertuait à regrouper les restes de la communauté, l'activité de quelques-uns ne parvenait pas à faire resurgir celle-ci de ses ruines. Çà et là s'ouvrait une échoppe dont le propriétaire, pour limiter les risques, se voyait contraint de s'associer avec un gentil. Les synagogues et les maisons d'études, débarrassées des souillures de l'occupant, restaient désespérément vides à l'exception de l'une d'entre elles qui retrouvait quelques fidèles le samedi et les jours de fête.

La tragédie avait irrémédiablement nivelé le profil de ce groupe humain, minuscule et sans avenir. De privilégiée qu'elle avait pu être avant la guerre, avec ce mélange de Juifs traditionalistes et progressistes, de sionistes et de socialistes, de libres penseurs et de nationalistes convaincus qui en avaient fait l'une des communautés les plus florissantes de la Pologne, la situation des Juifs de Cracovie, par ses aspects désespérés et désespérants, décourageait quiconque tenait, comme le capitaine, à jeter les bases d'une vie nouvelle dans une Pologne où il n'y aurait plus que des Polonais égaux devant la loi.

Pourtant et contrairement à ce qui se passait dans différentes localités où des Juifs étaient revenus s'installer, une relative sécurité régnait dans la ville. De temps à autre, des groupes de Polonais envahissaient les quartiers du centre afin de manifester bruyamment leur opposition aux Russes au gouvernement, aux Juifs, mais là s'arrêtaient leurs revendications.

La première alerte sérieuse s'était produite le surlendemain de son arrivée, le 3 mai, quand des bandes d'étudiants armés de gourdins avaient envahi les rues « juives », brisant des vitres et jetant des pierres, en reprenant en chœur les vieux slogans antisémites que les survivants entendaient pour la première fois depuis leur libération.

Quelques tanks de l'Armée rouge, envoyés, pensait-on, par un officier juif, avaient semé la panique parmi les étudiants et le calme avait été aussitôt rétabli. Mais il n'en fallut pas plus pour qu'à la quiétude des premières semaines de liberté succède la crainte.

En sa qualité de médecin employé par le département social du nouveau conseil municipal, le capitaine tenta, à partir des malades qu'il recevait en consultation, d'analyser le sentiment des survivants face aux événements qui leur faisaient redouter le pire. Il décela, très vite, une nouvelle forme de peur, différente de celle qu'avaient connue les Juifs sous l'occupation. Elle était constituée d'un mélange de rage contenue et de haine muette qui ne pouvait s'expliquer que par le refus des rescapés d'accepter, après le génocide, quelque exaction que ce fût de la part des Polonais.

Bien que ses patients se montrassent méfiants et peu enclins aux confidences, eu égard à sa position d'employé de l'administration polonaise, le médecin se rendit non moins rapidement compte que la possibilité de fuir n'était pas étrangère à ce sentiment quand bien même peu d'entre eux l'avaient, jusque-là, mise à profit. La frontière n'était pas loin.

Juin et juillet s'écoulèrent dans un calme relatif, mais l'atmosphère dans le « ghetto » et sans qu'on puisse en situer la cause semblait plus pesante qu'au lendemain des incidents du mois précédent. Chassés des villages environnants par une reprise des activités terroristes et porteurs de rumeurs de plus en plus alarmantes, de nombreux réfugiés venaient chercher la protection de la grande ville. Même ceux, parmi les autochtones, qui, pour des raisons conjoncturelles, persistaient, autant que faire se pouvait, dans la pratique du camouflage d'identité inventé sous l'occupation, se sentaient concernés.

L'accroissement des effectifs de la communauté était également dû au retour de quelques dizaines de rapatriés des camps d'Allemagne dont les portes venaient de s'ouvrir. Ce « surcroît » de Juifs, dénonciateurs en puissance de voisins chrétiens à qui ils devaient d'avoir été découverts et arrêtés, cette augmentation du nombre des victimes spoliées qui venaient réclamer leur dû auprès d'une autorité qui leur était officiellement favorable, ne laissaient présager rien de réconfortant à ceux à qui l'expérience de quelques mois avait enseigné à se montrer plus discrets.

Au début du mois d'août les rumeurs prirent la forme d'un tract distribué par des inconnus dans les rues autour de la synagogue :

« Vous les Juifs, nos ennemis depuis les temps immémoriaux, disait en substance la feuille de papier anonyme, vous avez tué des enfants polonais dans la synagogue de la rue Miodowa. Combien d'enfants sont-ils morts ainsi ? Nous ne le savons pas. Après Rzeszow et Tarnow [1], Cracovie devient le centre de meurtres perpétrés par les Juifs. [...].

« Peut-être ces crimes sont-ils l'œuvre d'un dégénéré ? Ou d'un groupe ? [...]. Le motif de ces meurtres est clair et symbolique de l'attitude du peuple juif à l'égard de tout ce qui nous est cher. Pour nous, Polonais, l'Allemand est notre ennemi, comme l'est le Bolchevik ; le troisième est le Juif. [...]. Il n'y a plus de place en Pologne pour l'Allemand, le Bolchevik et le Juif. La Pologne aux Polonais [2] ! »

Le tract parvint sur le bureau des responsables du Comité central des Juifs de Cracovie le 10 août dans l'après-midi.

Le lendemain et pendant plus de 24 heures, à la ville épargnée par six années d'occupation, reviendra l'honneur de voir se dérouler entre ses murs vénérables le premier pogrome antijuif du temps de paix.

Confirmées par divers témoins, voici, décrites par un journal polonais, le *Polska Zbrojna*, les scènes qui se déroulèrent à Cracovie ce jour-là :

1. Où des incidents sanglants avaient fait, quelques semaines auparavant, un certain nombre de victimes parmi les petites communautés de survivants revenus dans ces deux villes.

2. Extraits du tract publié par Lucjan Dobroszycki, dans *Soviet Jewish affairs*, Volume 3, n° 2, 1973.

« Le 11 août, Cracovie est devenue le théâtre d'une provocation criminelle. La populace, agitée par des rumeurs de crime rituel propagées par des éléments fascistes, a organisé une série d'attaques contre des Juifs, des appartements et des institutions appartenant à cette communauté.

« Le résultat de cette action criminelle s'est soldé par un certain nombre de victimes, tuées et blessées. La pègre a mis à sac un grand nombre d'habitations juives. Les événements se déroulèrent de la manière suivante :

« Le 11 août tombant un samedi, la pègre a attaqué la synagogue du 27 de la rue Miodowa, pendant l'office du Shabbat. Les voyous ont lapidé la synagogue à coups de pierres.

« Après l'arrestation de l'un des attaquants, la populace s'est précipitée sur le local juif du n° 26 ainsi que sur divers appartements voisins. Après en avoir forcé les portes ils battirent leurs locataires et les dépouillèrent de leurs biens.

« Dans la Wolnica, les criminels ont tué une Juive de 55 ans, Mme Berger, et ont grièvement blessé cinq autres personnes.

« En face de la centrale électrique, un individu a fracassé le crâne d'une Juive inconnue. La synagogue a été incendiée, de l'intérieur. Les rouleaux de la Loi profanés par la populace furent entassés sur le trottoir et, à l'exemple des nazis, détruits par le feu.

« Ainsi qu'on a pu le constater, cette hideuse provocation a été soigneusement préparée. Les appartements juifs ont même été recensés bien avant l'attaque. [...].

« Cracovie, centre et gloire de la culture polonaise, a été déshonorée ce samedi 11 août 1945. Ces exactions, hideuses et barbares, ont été provoquées par la lie de la société[1] excitée par des agents hitlériens qui ont propagé des rumeurs contre la population juive rescapée de l'horrible pogrome hitlérien. [...]. Ces agents ainsi que des éléments criminels et des individus abêtis, peu nombreux il est vrai, ont battu et massacré des femmes et des enfants juifs dans les rues de Cracovie où des scènes identiques à celles de l'occupation se sont déroulées. [...].

1. La foule qui y participait fut évaluée à plusieurs milliers de personnes, hommes, femmes, enfants.

« Ces événements couvrent notre ville de honte[1]. »

Le même jour, l'Agence Polpresse déclarait que « la population de Cracovie... condamnait l'activité des agents hitlériens ».

« Ce pogrome de Cracovie, notera plus tard le leader communiste Hershl Smolar, se déroula selon le modèle classique des pogromes tsaristes et de la période d'avant-guerre en Pologne. Ce jour-là, on se livra au pillage des malheureux restes sauvés de biens juifs. Une foule énorme de pogromistes excités, parmi lesquels on trouvait des étudiants et des scouts en uniforme, y participa. Selon le rapport de Kowalski, secrétaire du Comité du Parti ouvrier polonais de la région de Cracovie, un certain nombre de policiers ont pris part aux exactions contre les Juifs. La situation devenait de plus en plus menaçante et les autorités locales étaient complètement dépassées.

« La vie des Juifs fut sauvée par le militaire juif, celui qui devint, plus tard, chef du Corps pour la sécurité intérieure, Edouard Kolinski. Il envoya des groupes militaires nombreux et bien armés qui mirent fin aux débordements des pogromistes[2]. »

Ainsi, grâce à cet officier juif, les dégâts, déjà très importants, purent être limités. Quelques meneurs furent arrêtés parmi lesquels un « Allemand » Kurt Schultz et un *Volksdeutsche,* Johan Michnik, dont les noms furent naturellement mis en évidence par les journaux polonais fort embarrassés.

Mais on ignorait — on ignore encore — le nombre exact des victimes parmi les Juifs « inconnus » qui, à l'instar de la « Juive retrouvée avec le crâne fracassé », avaient jugé préférable de ne pas se déclarer aux gens du Comité.

Blessé à la tête par un tesson de bouteille alors qu'il se penchait sur un homme tombé sur le trottoir, le capitaine Stefan Bialeski quitta, dès le lendemain matin, Cracovie pour ne plus jamais y revenir. Il attendit cependant d'être en sécurité en... Autriche avant de reprendre sa véritable identité[3]. A Vienne, il constata que la presse, à l'étranger, ne

1. *Polska Zbrojna,* du 12 août 1945.

2. Hershl Smolar, *Oïf der letzter Pozitie, mit der letzter Ofenung,* Editions I. L. Peretz, Israël, 1982.

3. Il vit depuis en Israël.

consacrait pas une seule ligne à ce premier pogrome de l'après-génocide.

Les Américains avaient lancé, quelques jours auparavant, une bombe terrifiante qui avait anéanti une ville de 350 000 habitants au Japon. Comparée à une nouvelle susceptible de changer la face du monde, la mort de quelques Juifs de plus, en Pologne, semblait bien dérisoire.

Les Juifs qui, à partir du mois de février de l'année suivante, quittent l'Union soviétique où ils se sont réfugiés pour rentrer en Pologne, sont des milliers à choisir Cracovie plutôt que Lodz ou Bialystok pour se réinstaller. Les échos du pogrome, si déjà ils sont parvenus aux oreilles de quelques-uns d'entre eux, pèsent de peu de poids face aux avantages que peut offrir aux nouveaux venus une ville n'ayant pas du tout souffert de la guerre.

A la fin du mois d'avril, la communauté est passée de 200 à près de 10 000 âmes dont la moitié au moins est à la charge du Comité. Faute d'avoir trouvé les moyens d'assurer eux-mêmes leur existence, 5 000 Juifs vivent de la soupe populaire et dorment dans des locaux de fortune mis à leur disposition par le conseil municipal. Ceux que le président du Comité, le Dr Horowitz, estime être « des gens ayant un passé terriblement tragique mais aucun avenir[1] », continuent cependant de s'entasser dans la ville et sa périphérie où tout, commerce, artisanat, appartements, est désormais entre les mains des Polonais.

Le Dr Joseph Tenenbaum rapporte, de sa visite à Cracovie, la pire des impressions :

« Au plus fort des opérations de rapatriement, le nombre des Juifs dans le district administratif de Cracovie s'élèvera à douze mille dont les trois quarts dans la ville même. Les rapatriés trouvent des conditions d'accueil misérables, sans espoir. Ces gens n'ont pas de maison, même pas un lit. Ils dorment par terre, dans les rues, dans les anciennes tranchées. Beaucoup débarquent à Cracovie, s'y font enregistrer et repartent.

« Je suis arrivé alors que la vague était à son sommet. J'ai vu la misère née de la guerre et se prolongeant dans la paix.

1. Déclaration à des journalistes américains, fin avril 1946.

Nous, étrangers, nous étions continuellement assiégés par des vétérans, invalides, amputés, borgnes, aveugles de l'ancienne ou de la nouvelle armée polonaise qui nous demandaient du pain, des membres artificiels, une aide médicale. [...]. J'ai vu des Juifs volontaires pour aller mendier dans les rues afin que les enfants ne soient plus affamés [1]. »

Alertés, les Juifs américains, originaires de Cracovie et de sa région, voulurent aussitôt remédier à cet état de choses en envoyant au Comité un important stock de vêtements *Made in USA* [2]. Si bien qu'en peu de temps les Juifs sous-alimentés de Cracovie finirent par ressembler à des Américains qui auraient effectué un séjour prolongé au bagne d'Alcatraz. Vestes à carreaux, chemises aux couleurs chatoyantes, pantalons larges flottant sur des jambes maigres, il était loin le temps où les Juifs étaient fiers de leurs vêtements de fabrication locale, fierté des tailleurs juifs d'avant le déluge.

Les Polonais de Cracovie, eux, ne connaissaient pas, pour ainsi dire, ce problème de l'habillement. Non seulement ils avaient conservé leur propre garde-robe mais encore avaient-ils largement puisé dans les magasins juifs à la faveur des rafles et des transferts dans le quartier de Podgorze.

Si bien que les « Russes » habillés en Américains finirent par être très facilement repérables.

Il serait injuste de prétendre qu'il n'existait pas la moindre relation amicale entre certains membres des deux communautés. A Cracovie, comme à travers toute la Pologne, mais à des degrés divers cependant, les manifestations de sympathie, envers les rescapés des camps notamment, n'étaient pas rares. Dans les milieux de gauche comme parmi bon nombre d'intellectuels, les Juifs savaient pouvoir compter sur un accueil compatissant, le même que celui qui, sous l'occupation, avait sauvé un certain nombre d'entre eux.

1. Joseph Tenenbaum, *In search of a Lost People, op. cit.*

2. Les Juifs américains expédièrent également des tonnes de vivres et de médicaments dont ne bénéficièrent pas toujours leurs destinataires étant donné le vol et le marché noir qui sévissaient dans toute la Pologne à ce moment-là.

Les élans de bienveillance s'arrêtaient, en général, au seuil de ce qu'il est convenu d'appeler la reprise en main par les « vrais » Polonais de tout ce qui touchait à l'économie privée du pays.

Ainsi lorsque des Juifs entreprenants et soucieux de préparer leur avenir sur place se lançaient dans la réouverture d'un magasin ou d'un atelier, ou tentaient de se réintroduire dans les affaires du marché libre qui faisait alors fureur en Pologne, ils se heurtaient à toutes sortes d'obstacles placés en travers de leurs efforts, non pas de la part des autorités officielles mais de l'ensemble de la profession visée. Cela ressemblait étrangement à une sorte de revanche généralisée contre ce peuple autrefois maître en la matière.

Les signes les plus visibles de ce boycottage officieux se manifestaient sur les places de marché où quelques survivants, las de la soupe populaire et des surplus américains, tentaient d'installer un éventaire, ces fameux petits étals qui, autrefois, avaient permis à tant de modestes gens de subsister au bord de la misère.

Fameux à travers toute la Pologne, le marché de Sukiennice reste réputé pour ses articles de bois, ses objets ciselés et ses vêtements fabriqués par les artisans de la région. Non loin de là se tenait, à l'époque, en plein vent et en permanence, une immense officine de trafiquants de devises et de denrées rares. Tout s'achetait, s'échangeait, se revendait, du dollar à la livre sterling, du mark d'occupation aux pièces d'or, de la cigarette américaine à la cigarette russe, roulée dans du papier journal. Ce genre de commerce, parfaitement illégal[1], ne semblait déranger personne et surtout pas la police qui y trouvait largement son compte.

Le marché, noir et parallèle, de Sukiennice était organisé par les trafiquants polonais. Le passage de soldats russes aux poches pleines de devises inutilisables chez eux, l'arrivée de missions occidentales, françaises, britanniques, américaines, militaires ou civiles, l'argent volé aux Juifs puis aux *Volksdeutsche* représentaient autant de possibilités d'amasser des fortunes considérables.

1. On le retrouve aujourd'hui à Varsovie et dans les grandes villes touristiques où la chasse aux devises étrangères, au dollar surtout, apparemment agréée par les autorités, se fait pratiquement dans la rue, aux abords des grands hôtels.

Quelques Juifs osèrent braver les hommes du milieu polonais et vinrent, un matin, installer leur « commerce » un peu plus loin, dans une sorte de ghetto volontaire. Ils furent aussitôt attaqués, molestés, dépouillés non pas par les trafiquants mais par des voyous payés par eux, qui s'en prirent à toute personne, selon les témoins, « ayant une apparence juive ».

Les Juifs revinrent le lendemain, puis les jours suivants. Ils installaient leurs étals en attendant d'être chassés à coups de trique par des hommes généralement ivres.

Le manège, aussi incroyable que cela puisse paraître, dura des semaines, des mois. Finalement, habitués à ce genre d'exercice, les Juifs ne protestèrent plus, n'offrirent plus la moindre résistance. Se plaindre à la police n'aurait servi à rien si ce n'est qu'à subir un nouveau chantage. Ils arrivaient de très bonne heure, s'installaient, recevaient des coups, s'enfuyaient et revenaient le lendemain, à la même heure, à la même place. C'était leur seul moyen de gagner, le plus rapidement possible et malgré les coups, l'argent nécessaire à soudoyer les gardes-frontières.

« J'ai demandé aux responsables du Comité juif de Cracovie, note l'envoyé spécial du *Jewish Chronicle* de Londres, s'ils considéraient la situation faite aux Juifs comme susceptible de favoriser la renaissance d'une communauté. Ils ont haussé les épaules en signe d'impuissance. Le climat antijuif qui règne dans la ville même, aggravé par les meurtres dans la région, n'encouragent certainement pas les gens à s'y installer. En réalité, peu resteront si une quelconque possibilité de partir leur est offerte [1]. »

David Grassgrün n'était pas originaire de Cracovie, mais de la région sub-carpatique de la Pologne. Seul et unique rescapé d'une communauté de 50 000 habitants [2], il avait erré longtemps sur les routes avant de s'installer à Nowy Targ, près de Cracovie, où il devait mourir assassiné un matin d'avril 1946. Sur sa table de travail, un tract, dont il avait tout juste eu le temps de prendre connaissance, avait été découvert :

1. *Jewish Chronicle*, 10 mai 1946.
2. Ils périrent au cours d'une longue série d'exécutions en masse qui s'étendit sur toute l'année 1942.

« David Grassgrün, disait le message, la Palestine est ton pays. Va-t'en pendant qu'il est encore temps car nous sommes animés d'un irrésistible désir de vous battre, de vous tuer, de vous assassiner tous. »

Des 40 Juifs que comptait alors Nowy Targ, 21 s'enfuirent au milieu de la nuit, les mains vides. Les 19 autres s'accrochèrent jusqu'à ce que la police découvre, à l'entrée du bourg, les corps de cinq jeunes gens partis faire une visite à un orphelinat de la région.

Ruth Joachimsman, 22 ans, Henryk Unterbruch, 20 ans, tous deux de Cracovie, Ludwig Herz, 22 ans, de Nowy Targ, Léon Lindenberg, 25 ans et Benjamin Rose, 35 ans, de Zakopane avaient été abattus à bout portant. Des fractures relevées sur les bras et les jambes de deux d'entre eux indiquaient qu'ils avaient été torturés avant de mourir. Leurs corps avaient été retrouvés gisant au milieu d'une chaussée très utilisée par les paysans à cette époque de l'année mais personne n'avait donné l'alerte. A l'exception de la jeune fille à qui les meurtriers avaient laissé ses sous-vêtements, les cadavres des quatre hommes étaient entièrement nus. L'enquête de la police s'avérait d'autant plus difficile que la voiture et le chauffeur polonais avaient disparu. De plus la bande — une vingtaine d'hommes en uniforme et en civil — soupçonnée d'être à l'origine de ces meurtres, avait pris la précaution de « visiter » le poste de police de Nowy Targ et de capturer les deux seuls policiers en fonctions[1].

Après l'assassinat de David Grassgrün et le départ des 21 membres de la communauté, Ludwig Herz, l'une des cinq victimes de l'attentat, survivant, comme ses quatre compagnons, de plusieurs camps en Pologne puis en Allemagne[2] avait refusé de partir, malgré les conseils de ses aînés. « Aussi longtemps qu'il restera ici un seul Juif à défendre, avait-il affirmé ce jour-là, je ne quitterai pas les lieux. »

Ludwig Herz ne devait, en effet, plus jamais quitter la Pologne. A l'enterrement du jeune homme et de ses amis, le 24 avril, soit trois jours après le meurtre, près de 10000 personnes, venues de toute la région, accompagnaient jusqu'au

1. L'un d'eux sera retrouvé dans une forêt, mort, exécuté par les terroristes.
2. La jeune fille, Ruth Joachimsman, était sur le point de se marier avec un garçon rencontré à la libération en Allemagne.

cimetière de Cracovie les cinq cercueils de sapin peints en noir et recouverts de drapeaux bleu et blanc frappés à l'étoile de David. Le convoi funèbre traversa lentement la ville, entre deux haies de badauds, avertis par des affichettes collées au mur à l'initiative des partis politiques locaux pour dénoncer le crime.

La foule observait le silence. De temps à autre un Polonais soulevait son couvre-chef comme le veut la tradition chrétienne au passage des morts.

Mais parmi les spectateurs il s'en trouva quelques-uns pour pousser des ricanements ou pour rire aux éclats à la vue des cercueils. Des témoins se souviennent que, passant devant un grand bâtiment occupé par des militaires, ils entendirent un piano « jouer à tue-tête un morceau de musique joyeuse » cependant qu'apparaissaient aux fenêtres « des soldats hilares et faisant des gestes obscènes ».

L'ambiance de cet enterrement que les Juifs voulaient exemplaire devint très vite insupportable face à la foule inamicale. A l'entrée du cimetière une grosse pierre, lancée de l'extérieur, atteignit en plein front un des participants. Son sang se mit à couler à flots jusqu'à ce qu'un médecin, se frayant à grand-peine un passage parmi la foule dense, vînt lui prodiguer les premiers soins.

Les coups de sifflets reprirent de l'autre côté du mur, au moment où les cercueils descendaient lentement dans les tombes.

La minute de silence écoulée, le rabbin demanda si quelqu'un de la famille des morts voulait bien prononcer quelques mots. Une nouvelle minute, puis deux, s'écoulèrent. Personne ne bougea. Le rabbin attendit encore, espérant un miracle. Des larmes lui coulèrent le long des joues en même temps que la foule éclatait en sanglots. C'est alors que le président du Comité, le Dr Horowitz, se décida à prendre la parole. Il s'adressa à Ludwig Herz :

« Mon petit ! ensemble nous avons connu les camps de concentration. Ensemble nous avons enduré le pire, ensemble nous avons souffert, toi, un jeune garçon, moi un homme mûr. Je me souviens. J'essayais de soulever un fardeau trop lourd pour mes forces. Je suis tombé... Tomber signifiait la chambre à gaz. Alors toi, cher petit, tu es arrivé portant ton propre fardeau. Tu as pris le mien sur ton épaule demeurée libre et tu m'as aidé, jusqu'au bout. Quand j'ai voulu mourir, tu m'as réconforté, tu m'as apporté à manger, tu m'as gardé en vie.

« Et maintenant tu es parti et moi je suis là... »

D'un geste discret, le rabbin avait passé son bras sous celui du vieil homme au bord de l'évanouissement.

Secrétaire général du Comité, le Dr Reichman s'adressa à son tour à la foule qui pleurait sans bruit, presque en cachette pour éviter les jets de pierres.

« Pourquoi cela doit-il nous arriver à nous ? questionna en criant l'orateur. Pourquoi sommes-nous assassinés alors que si peu sont demeurés en vie ? Pourquoi le sang juif continue-t-il à être répandu en Pologne ? »

Un long murmure plaintif parcourut l'assistance.

« Beaucoup d'entre nous, continua le Dr Reichman en regardant au-delà du mur d'enceinte du cimetière, ont connu l'enfer des camps de la mort. Un Juif sur deux ici présents a souffert à Auschwitz, à Dachau, à Maïdanek ; certains se sont même échappés, miracle parmi les miracles, de Treblinka. »

La foule, assommée par la douleur et la colère, se dispersa lentement.

Le lendemain les membres du Comité durent se rendre à l'évidence : des 5000 bols de soupe *kasher* servis à la cantine quotidiennement, plus de la moitié n'avait pas été réclamée.

A quelque temps de là, les journaux polonais d'obédience gouvernementale publièrent, le même jour, deux nouvelles censées rassurer la communauté juive. La première annonçait, en gros titres et en page une que « des centaines de terroristes de la NSZ avaient été capturés et de nombreux gangs démantelés après de violents combats entre la troupe et les gangsters dans la région de Bialystok ».

La seconde, en page intérieure et plus discrète, était ainsi conçue : « Quatre Polonais ont été condamnés à mort par pendaison pour le meurtre de cinq Juifs à Skarzysko [1], dans l'Ouest du pays. Au cours du procès qui s'est tenu à Lodz, les accusés ont reconnu avoir tué les Juifs — Abraham Herszonfus, Szlona et Icek Warszauer, Szmul Miller et Chaïm Levita

1. Skarzysko-Kamienna, à 150 km au sud de Varsovie.

— pour les voler. Le crime avait eu lieu quelques mois plus tôt [1]. »

C'était la première fois qu'une sentence de cet ordre était prononcée depuis la promesse officielle des autorités annonçant la tenue de tels procès et l'annonce du verdict dans la presse.

Quatre Polonais — il ne s'agissait d'ailleurs pas de terroristes mais de vulgaires voleurs — pour plus d'un millier de rescapés assassinés entre la libération et ce mois de mai 1946, les Juifs de la région estimèrent qu'ils étaient trop loin du compte.

Après Nowy Targ et l'enterrement-symbole des cinq jeunes victimes, Cracovie et ses clochers intacts perdirent beaucoup de leur attrait. La ville se vida peu à peu. Pourtant les passages à la frontière devenaient plus périlleux par suite de la décision des autorités de freiner l'émigration illégale. Mais une fois atteint le territoire tchécoslovaque, le voyage jusqu'aux camps de « Personnes déplacées » d'Autriche ou d'Allemagne se poursuivait sans encombre.

Décidés à s'épargner ce long détour, beaucoup de Juifs, des jeunes surtout, prenaient un chemin plus direct pour atteindre les côtes toujours interdites de la Palestine. Ils envisageaient de traverser la Tchécoslovaquie, l'Autriche, l'Italie sans passer par les camps pour embarquer, au plus vite, dans les ports italiens réputés acquis à leur cause.

Ils étaient 18, ces jeunes qui, le 14 avril, étaient montés discrètement à bord d'un autobus bourré de paysans polonais. Sur la route de Kroscienko à Nowy Sacz, un contrôle effectué par des hommes en uniforme de l'armée polonaise mit brusquement fin à leur projet.

— Les Juifs, descendez !

« Neuf de mes camarades furent tués sur le coup, d'une balle à bout portant, au front ou dans la nuque. Pendant la fusillade un paysan est descendu de l'autobus et s'est mis à insulter les militaires. Nous étions encore debout, maintenus en joue par un tout jeune garçon qui nous insultait et nous crachait à la figure. J'ai encore vu le paysan — il avait une énorme couche de cheveux blancs peignés en brosse — se jeter sur un soldat pour lui prendre son fusil. A ce

1. Le recours en grâce présenté au président Bierut fut rejeté.

moment-là, le moteur de l'autobus s'est remis à tourner. Ce qui s'est passé par la suite ? Je ne l'ai jamais su. Ils ont dû tirer sur nous d'assez loin, je suppose, mais j'ai perdu connaissance. Deux autres camarades sont décédés sur la charrette qui nous a ramenés au village le plus proche dont j'ai oublié le nom [1]. »

Il y eut onze morts et sept blessés au cours de cette attaque du 14 mai 1946, la plus meurtrière qu'ait connue la région devenue, depuis le retour des réfugiés d'Union soviétique, la cible privilégiée des terroristes.

« A l'hôpital, un policier juif, en civil, est venu nous interroger. Nous lui avons parlé du paysan aux cheveux blancs et de son attitude courageuse qui nous avait sauvé la vie. Le policier ne voulait pas nous croire. D'après ses dires, nous avons compris que c'était la première fois qu'un Polonais prenait parti pour les Juifs dans un attentat de ce genre. Les gens du Comité sont aussi venus nous rendre visite à l'hôpital. Etant donné que les journaux nous avaient décrits comme des Juifs voulant quitter clandestinement la Pologne, cela les embêtait terriblement. J'imagine que leur position les obligeait à ménager l'autorité de l'Etat [2]. »

Ces cinq passagers du train omnibus qui se traînait péniblement entre Nowy Sacz et Cracovie, ce 12 juin, n'étaient pas des clandestins. Pourtant, quand le train avait stoppé en rase campagne, ils étaient sagement demeurés immobiles sur leur siège, n'osant même pas se lever pour jeter un coup d'œil à la fenêtre et voir ce qui pouvait bien se passer.

Ils ne tardèrent pas à être fixés. Un groupe de Polonais, en uniforme, étaient montés à bord des wagons pour contrôler l'identité des passagers. Lentement le convoi avait repris sa route jusqu'à la petite station de Zaretta où cinq personnes furent poussées vers la sortie sans ménagement.

Il ne resta à la police qu'à récupérer les corps dans un champ voisin et aux Juifs de Nowy Sacz à les conduire au cimetière pour la cérémonie funèbre de rigueur.

De tous les Juifs libérés et encore présents en Pologne, les employés des « comités de deuil [3] » étaient en passe de

1. Wanda Lefkowitz, entretien avec l'auteur.
2. *Idem.*
3. *Khevera Kadisha* — Pompes funèbres juives.

devenir les seuls dont l'avenir semblait assuré. Peu nombreux, dans les premiers mois de l'immédiat après-guerre compte tenu des effectifs réduits de la communauté des survivants, ils étaient censés s'occuper pieusement des Juifs morts de mort naturelle laquelle, souvent, venait frapper trop tôt, par suite des maladies contractées dans les camps.

La vague de violence s'amplifiant il avait donc fallu prévoir, au sein des communautés importantes comme à Cracovie, et en raison des difficultés de transport, une augmentation du personnel. Tout au long de ce printemps de 1946 il ne se passa en effet guère de jour sans qu'une communauté, ici ou là, ne fasse appel aux « comités de deuil ».

Ainsi et alors que l'on enterrait les voyageurs descendus en gare de Zaretta, un autre « comité » fut mandé, en toute hâte, à Nowy Targ où un Juif, très apprécié et très actif, venait d'être assassiné.

Il s'appelait Klinger et se dépensait sans compter afin de réaliser un projet qui lui tenait à cœur : l'érection d'un monument à la mémoire des 3 000 Juifs de l'endroit exterminés par les Allemands entre 1939 et 1942 [1].

La semaine qui suivit les obsèques de l'infatigable Klinger, échappé, jusqu'au jour de son assassinat par des... patriotes polonais, aux rafles et aux fusillades, à l'aube, dans le vieux cimetière, les journaux — juifs — de Cracovie publièrent un nouveau faire-part.

Il est daté du 1er mai 1946.

« Le 30 avril, dans les environs de Nowy Targ, sont tombés sous les balles des bandits fascistes : Krec Blima, 32 ans, Golel Bella, 43 ans, Salzberg Freida, 48 ans, Schwerdscharf Faïga, 32 ans, Dornberg Sara, 40 ans et Dornberg Salomon, 14 ans.

« Les obsèques des victimes mortes tragiquement auront lieu demain, le 2 mai, à 19 heures, dans la chapelle du cimetière juif de Cracovie, rue Miodowa n° 55.

« Cet avis tient lieu de faire-part. »

L'enterrement de ces nouveaux morts se déroula dans la

1. A Nowy Targ, il n'y a pas de monument au centre du vieux cimetière juif. En revanche, la cellule de l'ancienne prison où Lénine fut détenu par les Autrichiens en 1914 reste un des hauts lieux de pèlerinage dans cette charmante région touristique.

plus stricte intimité. Las d'organiser des funérailles grandioses censées servir d'exemple à un environnement de plus en plus hostile, les dirigeants, parmi les plus optimistes, avaient fini par s'avouer vaincus.

CHAPITRE VII

# LES BARBELÉS DE LA LIBERTÉ

*Nous avons conservé nos vies mais notre vie a disparu.*

B. Goldstein

Craignant que ne vienne, un jour, leur tour de figurer dans la rubrique nécrologique d'un journal polonais, fût-il juif, des milliers de survivants, traumatisés par le premier pogrome de l'après-guerre, prennent, dans les semaines qui suivent les événements de Cracovie, le chemin de la frontière, en direction de l'ouest, via la zone russe et Berlin.

En ce mois d'août 1945, les routes menant à l'Ouest sont particulièrement encombrées. Entrepris par les Polonais, dès que possibilité leur en a été donnée, le grand nettoyage ethnique des provinces ex-allemandes se poursuit à un rythme accéléré. A peine ont-ils quitté leur ville ou leur village que les Juifs sont happés par l'énorme marée humaine que forment les millions d'Allemands et de *Volksdeutsche* expulsés de chez eux, brutalement et de façon définitive. L'interminable serpent progresse de vingt, trente kilomètres par jour sur des routes parsemées de valises et de baluchons que certains abandonnent au gré de leur lente et pénible progression. Au passage de la frontière, les soldats russes, le doigt sur la détente, se contentent de canaliser les migrants qui quittent la Pologne sans subir le moindre contrôle. Seuls ou par petits groupes, les exilés juifs se sont mêlés aux interminables colonnes d'expulsés dont les plus avancées se déversent déjà dans l'ancienne capitale du Grand Reich.

A Berlin, les journalistes occidentaux assistent, stupéfaits, à cet exode anarchique, lequel, selon les accords de Potsdam, aurait dû se dérouler « d'une façon ordonnée et humaine ».

« Des millions d'Allemands de Tchécoslovaquie, de Silésie, de Prusse orientale et de Poméranie sont chassés de chez eux depuis la fin des hostilités en Europe. Les fugitifs forment un flot ininterrompu de vagues humaines qui transitent par la zone soviétique. On pense qu'ils sont au moins 2 millions d'Allemands originaires de la Pologne d'avant-guerre, y compris des centaines de milliers de *Volksdeutsche* installés par Hitler dans des régions aussi éloignées que l'Estonie. 3 autres millions arrivent ou sont attendus des régions sudètes de la Tchécoslovaquie, 4 millions et demi de Silésie, 2 millions de Prusse orientale et un million de Poméranie, portant le total des expulsés à 12 millions[1]. »

A Berlin, la situation évolue dans un chaos inimaginable. La ville, détruite à 80 %, occupée par quatre armées alliées et quelques millions d'habitants, autochtones ou réfugiés, a même atteint le point de saturation au courant de ce mois d'août avec plus de quatre millions d'Allemands qui y cherchent un abri provisoire en attendant d'être évacués vers les zones d'occupation américaine et anglaise. Les autorités civiles de Berlin, mises en place par l'occupant, comprennent fort bien qu'elles ne peuvent se permettre la moindre critique à l'égard des Polonais et des Tchèques que le sort des armes a rangés parmi les vainqueurs. Aussi, Alfred Werner, le maire, se croit-il obligé, au paroxysme de la crise, de déclarer devant des réfugiés massés sur une place :

« Douze années de national-socialisme ont conduit à l'effondrement total de notre pays. Ce que vous vivez actuellement n'est qu'une infime partie de ce qu'ont vécu les Russes, les Polonais, les Tchèques ainsi que d'autres peuples et les Allemands antifascistes sous Hitler. Il n'est pas question de remplacer le diable par le diable et nous ferons notre possible pour vous aider. Mais vous ne pouvez en aucun cas rester à Berlin. D'autres régions vous attendent, prenez-y votre place et aidez-nous à construire une Alle-

1. *New York Herald Tribune*, du 30 juillet 1945.

magne nouvelle où chacun pourra travailler en faveur de la paix et de la démocratie. »

La déclaration du maire allemand de Berlin qui a cru bon d'inclure, mais sans les nommer, les six millions de morts juifs parmi « les autres peuples » ayant souffert du nazisme, jette la consternation au sein du Comité juif de la ville. Elle prouve, si besoin était, que la catégorie qu'il représente n'entre pas dans le cadre des préoccupations de l'heure. Exilés volontaires, sans patrie, ils ne peuvent être l'objet de l'attention portée à des Allemands qu'on dirige vers des territoires allemands parce qu'ils en ont le droit au nom de la race et de l'entraide nationale.

A Berlin pourtant, les rangs de ceux qui quittent la Pologne au lendemain des « petits » pogromes de Cracovie et de Rzeszòv ne cessent d'augmenter. Mais on ignore, en haut lieu, que la plupart de ces clandestins volontaires, pour parvenir jusqu'à l'Ouest, se sont fait passer pour des... Allemands de souche afin de traverser plus facilement la frontière, perdus au milieu de la masse des expulsés.

Situation étrange que celle de ces survivants juifs victimes du nazisme recherchant la protection des Allemands ex-nazis pour fuir un pays qui se débarrasse de ses minorités. Etrange aussi, dans ce contexte, l'attitude magnanime des autorités — allemandes, américaines, britanniques — à l'égard des Allemands expulsés pour lesquels tout est mis en œuvre afin d'alléger, au maximum, leurs souffrances. Etranges enfin les accusations de toutes sortes qui vont bientôt être lancées contre les rescapés juifs ayant choisi l'exil plutôt que de tomber sous les balles des terroristes polonais.

A la cadence de 25 000 à 30 000 par jour, les Allemands prennent d'assaut la cinquantaine de camps ouverts à leur intention à Berlin.

Il s'agit surtout de femmes, d'enfants, de vieillards, les hommes adultes étant retenus en Pologne pour y travailler à reconstruire le pays qu'ils ont peut-être, eux-mêmes, dévasté. Un délai de 24 heures est fixé à chacun avant de continuer sa route vers l'intérieur de l'Allemagne, délai au cours duquel ils sont nourris, parfois vêtus et vaccinés contre la fièvre typhoïde dont on craint une épidémie.

Le spectacle de ces « pauvres Allemands jetés sur les

# LA POLOGNE EN 1939

# LA POLOGNE DEPUIS 1945

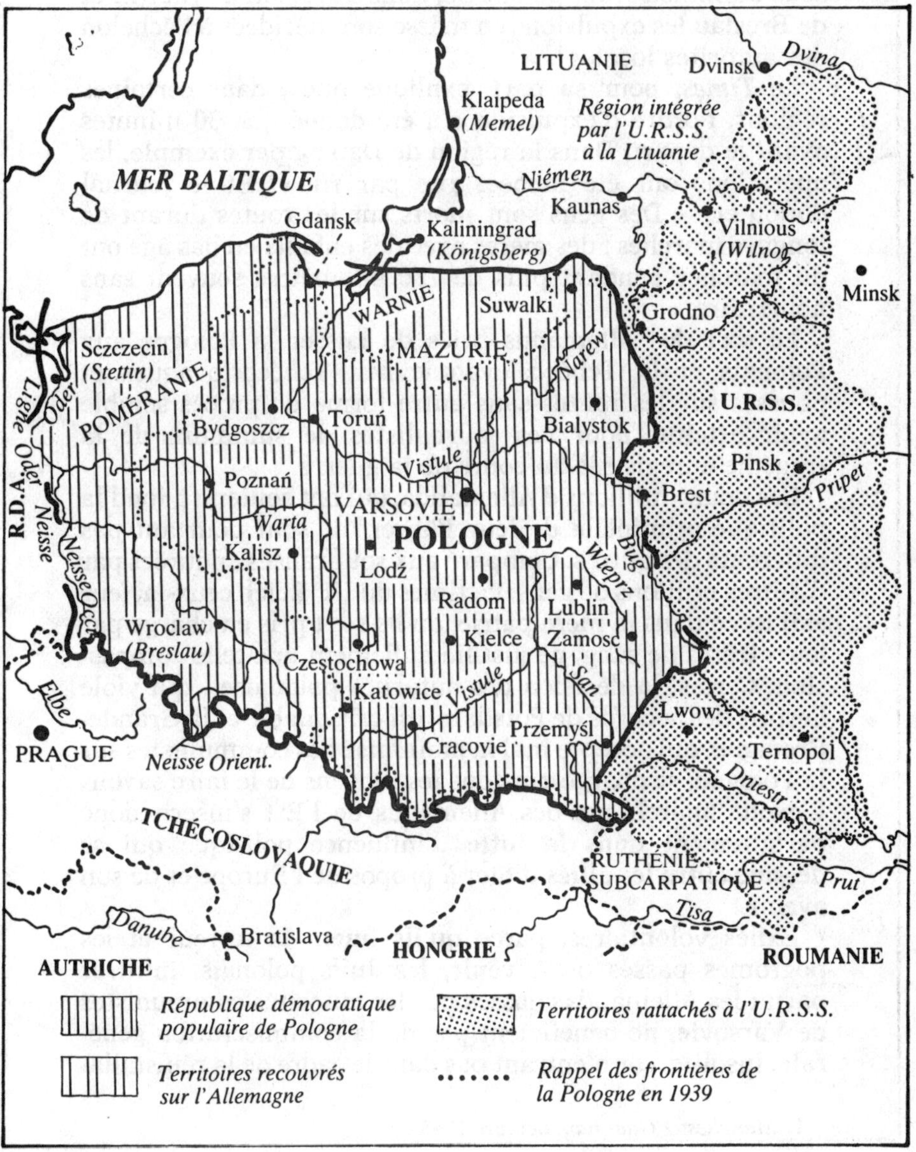

chemins de l'exil » attriste tout particulièrement la presse britannique qui s'élève contre la « brutalité » des expulsions dont ils sont victimes.

« Il est à noter, écrit le *Manchester Guardian*, que si les accords sur les frontières occidentales placent ces provinces sous administration polonaise, dans la région de Stettin et de Breslau les expulsions en masse sont décidées à l'échelon des autorités locales[1]. »

Le *Times*, pour sa part, explique que « dans certaines régions, l'ordre d'expulsion n'a été donné que 30 minutes avant le départ. Dans la région de Danzig par exemple, les opérations ont été menées rue par rue ». Et le journal d'ajouter : « Des gens sont morts sur les routes durant de longues marches ; des mères avec des enfants en bas âge ont dû marcher pendant plus de 130 kilomètres souvent sans nourriture. »

Le sort des Allemands priés de laisser la Pologne aux Polonais et la Tchécoslovaquie aux Tchécoslovaques et poussés sur les routes sans autre forme de procès semble avoir atteint, pour ces journalistes, le summum de la tragédie enregistrée au cours de la guerre.

Ces douze millions d'Allemands, qui ont soutenu à fond la politique criminelle de leur Führer, ne sont pourtant pas différents des autres. Comparé aux souffrances endurées par d'autres millions de gens, victimes du IIIe Reich ceux-là, leur exil forcé dans la mère patrie, où ils sont pris en charge par leurs frères de sang, ne justifie nullement une telle compassion. Certes, la décision des autorités polonaises, qui viole l'esprit des accords de Potsdam, est critiquable et la Grande-Bretagne, qui accepte mal la mainmise des communistes sur la Pologne, se charge par tous les moyens de le faire savoir. L'exode anarchique des Allemands de l'Est s'inscrit donc parfaitement dans la lutte d'influence politique qui se dessine entre les alliés d'hier à propos de l'Europe et de son avenir.

Exilés volontaires, parce qu'ils fuient la terreur et les pogromes passés ou à venir, les Juifs polonais, infiltrés parmi les Allemands chassés par les autorités communistes de Varsovie, ne bénéficient pas de la commisération générale. Insolite, car n'entrant pas dans le cadre de la réinstalla-

1. *Manchester Guardian*, octobre 1945.

tion des expulsés en zone occidentale[1], leur présence devient franchement insupportable aux yeux des fonctionnaires britanniques en poste à Berlin du fait qu'elle représente un problème interne à la Grande-Bretagne, lequel va bien au-delà des considérations politiques d'ordre général.

Exerçant avec autorité son mandat sur la Palestine, l'Angleterre a, depuis 1939, réduit au minimum le quota d'entrée des Juifs dans ce pays. Or, chaque Juif qui vient grossir les rangs des « Personnes déplacées » est un candidat potentiel à l'émigration. Et tout se passe comme si quelques milliers d'entre eux étaient à même de mettre en danger l'Empire britannique.

A leur sujet le ton des diplomates concernés change. Il n'est plus question d'évoquer la misère de ces mères qui ont dû « couvrir 130 kilomètres avec leurs enfants pour arriver à Berlin ». Les mères juives, survivantes de l'holocauste, n'ont pas droit à la moindre pitié. Pour les empêcher de monter à bord de bateaux clandestins, tous les arguments sont bons, même les pires.

« Cet afflux [de Juifs polonais] fait sans nul doute partie d'un plan sioniste visant à mettre dans l'embarras les autorités militaires en Allemagne », signale dans son rapport Ian Hendersen, attaché au service des réfugiés au *Foreign Office,* qui ajoute : « Il tend à répandre l'idée que l'Europe ne convient plus aux Juifs et que le plus grand nombre possible doit pouvoir émigrer en Plalestine[2]. »

Les Juifs partant de Pologne, de là où se poursuivent les massacres qui, à cette date, ont déjà fait plusieurs centaines de morts officiellement recensés, c'est donc de Varsovie que le chargé d'affaires à l'ambassade britannique câble à l'un des représentants anglais à la commission de contrôle alliée à Berlin, William Young[3] :

« Si la quantité de Juifs polonais s'avère par trop intolérable à Berlin, je ne vois pas pourquoi vous ne pourriez pas les

1. Très peu d'Allemands de Pologne où des Sudètes choisiront de se réfugier en zone française pour des motifs autant psychologiques que matériels, la France n'étant pas disposée au moindre geste humanitaire à leur égard.

2. Document *Foreign Office* 371/511 28 WR 3648/4/48, du 6 décembre 1945.

3. Chargée de gérer l'Allemagne occupée, elle est composée de représentants américains, anglais, français et russes.

renvoyer ici. Après tout c'est de là qu'ils viennent et ce pays a besoin de bras.

« D'un autre côté, les Juifs ne courent pas un réel danger physique ici (bien qu'il y ait eu des assassinats) et la Pologne est désormais un pays où ils peuvent facilement gagner leur vie[1]. »

Ils ne sont qu'une vingtaine de milliers — sur douze millions de réfugiés — les Juifs qui transitent par Berlin[2], et pourtant, ils dérangent.

Ancien officier de l'armée polonaise dont le frère fut blessé au cours d'un attentat terroriste près de Lodz, Avriel Carmel a vécu cette longue marche, au milieu des Allemands, de Poméranie jusqu'à Berlin.

« Nous en étions arrivés à nous faire passer pour des Allemands expulsés alors que, officiellement, la Pologne nous protégeait, ce qui ne s'était jamais vu. Arrivés en zone occidentale nous avons tout de suite compris que la pitié des gens ne s'exprimait que pour les Juifs morts. Vivants, nous étions des témoins encombrants d'une tragédie dont la découverte était déjà suffisamment traumatisante pour le monde civilisé. On ne comprenait pas pourquoi nous ne restions pas en Pologne alors que les Polonais nous ouvraient les bras. [...].

« Nous étions des exilés consentants alors que les expulsés allemands s'entassaient dans les centres d'accueil contre leur gré.

« Le monde, par notre faute, se mettait à tourner à l'envers. Psychologiquement, les organismes chargés des réfugiés ne pouvaient admettre que ceux qui pouvaient rester chez eux — en l'occurrence les Juifs — choisissent de partir alors que ceux qui auraient voulu rester — les Polono-Allemands — étaient obligés de s'en aller.

« Des Juifs chassés de quelque part, cela avait toujours existé. Les clichés ont la vie dure. Mais des Juifs traînant, sans raison apparente, sur les routes... constituait une anomalie[3]. »

1. Document *Foreign Office* 371/57684 WR 29/3/48 du 18 décembre 1945
2. D'autres rejoignaient l'Autriche via la Tchécoslovaquie.
3. Entretien avec l'auteur.

Nonobstant les insurmontables problèmes que pose à l'Organisation des Réfugiés, le transfert de millions d'Allemands vers les zones d'occupation occidentales, le lieutenant sir Frédérik E. Morgan, responsable des activités de l'UNRRA pour l'Europe[1], convoque, le 2 janvier 1946, une conférence de presse « afin d'attirer l'attention du monde sur les difficultés créées par les " Personnes déplacées " se trouvant encore en Allemagne à ce moment-là[2] ».

La conférence, qui se tient à Francfort, provoque aussitôt un extraordinaire tollé à travers le monde juif aussi bien en Europe qu'aux Etats-Unis.

Sujet britannique, très au fait des problèmes que son pays risque de rencontrer dans un avenir proche s'il persiste dans son refus de permettre aux survivants du génocide de s'installer sur la terre de leurs ancêtres, le général veut frapper un grand coup.

« Un exode des Juifs à partir de la Pologne et avec pour destination l'Allemagne se développe actuellement », dit-il, en guise de prologue, face à une nuée de journalistes, en majorité américains, qui, connaissant le personnage, s'attendent à des déclarations fracassantes. Ils ne vont pas être déçus.

« Ces Juifs, poursuit en effet sir Frédérik, sont très bien habillés, bien nourris et ont les poches bourrées d'argent. [...]. Les raisons qu'ils invoquent pour justifier leur départ, à savoir le danger de pogromes et d'atrocités, n'ont pu être vérifiées par les représentants de l'UNRRA en Pologne, qui n'ont pas trouvé la moindre trace d'un pogrome dans ce pays. »

Sur sa lancée, le général parle même d'une « mystérieuse organisation juive, qui aurait en vue un exode massif à partir de l'Europe et principalement vers la Palestine ».

Inaugurée par la fâcheuse prestation d'un personnage dont le rôle consiste en principe à faire passer les intérêts des réfugiés — Juifs ou non — avant ceux de l'Empire

1. Ancien chef des services de logistique dans l'état-major du général Eisenhower, il occupe ce poste depuis le 22 septembre 1945.

2. L'appellation ne concerne pas les Allemands expulsés des pays de l'Est.

britannique, l'année 1946 s'annonce mal pour les survivants[1]. Au mois de janvier, la situation est si dramatique en Pologne que les autorités de Varsovie se voient contraintes et forcées de prendre des mesures draconiennes pour endiguer la violence antisémite qui va croissant.

De son côté, le Comité central des Juifs lance, le 7 janvier, un appel pressant pour demander à chacun de « rester dans sa patrie ».

Véritable cri d'alarme, le communiqué dit textuellement : « Parmi les Juifs de Pologne, une tendance à un exode massif se développe rapidement. Nous savons que cette attitude de panique est, dans une large mesure, le résultat d'attaques criminelles contre les Juifs dans plusieurs villes et villages. Nous ne devons cependant pas oublier que les mêmes mains criminelles s'en prennent également aux leaders de la Pologne démocratique et que le gouvernement polonais ne manque jamais l'occasion de faire connaître sa détermination de punir les assassins[2]. »

Avant même que ne fût signé l'acte de capitulation du IIIe Reich, le 8 mai 1945, les Alliés avaient entrepris de rapatrier dans leur pays d'origine ou de résidence les étrangers libérés par leurs troupes au fur et à mesure de leur progression.

Dix millions, sinon plus, d'étrangers — prisonniers de guerre, déportés politiques, raciaux, travailleurs forcés ou volontaires, collaborateurs de tout poil et de toute l'Europe — se sont trouvés en territoire allemand au moment de l'invasion alliée. Pris en charge par les vainqueurs dans leur zone respective, la plupart d'entre eux sont rentrés dans leur pays dans les deux mois qui ont suivi la fin des hostilités. Il ne reste dans les camps dits de « Personnes déplacées » que les apatrides qui ne savent où aller et les nationaux de

1. Menacé de destitution, Morgan sera, provisoirement, maintenu à son poste jusqu'au mois d'août où il rentrera à Londres à la suite de la réorganisation des services de l'UNRRA (*United Nations Relief and Rehabilitation Administration*) Il insistera sur le fait qu'il n'est pas antisémite.

2. Quelques jours auparavant, l'ambassadeur polonais à Washington, M. Lange, avait publiquement admis que « des activités antisémites », dont il ne fallait pas exagérer l'importance, « étaient menées en Pologne » mais « qu'un seul pogrome avait eu lieu à Cracovie ». Déclaration du 3 janvier 1946.

provenances diverses, mais en majorité des pays de l'Europe centrale et orientale, qui fuient la justice de leur pays et espèrent, dans un avenir plus ou moins proche, pouvoir se faire oublier soit en restant en Allemagne soit en s'exilant définitivement ailleurs.

Très nombreux sont les Polonais, les Ukrainiens, les Lituaniens, les Estoniens mais aussi les Russes, les Roumains, les Hongrois, les Tchèques, les Yougoslaves qui entrent dans cette dernière catégorie. Volontaires pour le travail dans les usines du Grand Reich, engagés dans la Wehrmacht ou la SS, anciens Kapos des camps de concentration ou ex-membres des polices auxiliaires, ils préfèrent jouir du statut de *DP* qui leur assure l'impunité, le gîte et le couvert[1]. Dans les premiers mois de l'occupation le chaos est tel qu'il est difficile aux fonctionnaires de l'UNRRA de repérer les anciens bourreaux qui se cachent au milieu de leurs propres victimes.

Les apatrides sont, en majorité, des Juifs sortis des camps de concentration allemands.

Trop faibles pour entreprendre un nouveau voyage ou trop effrayés à l'idée de retourner sur les lieux du génocide de leur peuple, ils sont quelques milliers à avoir trouvé refuge dans les camps ouverts en toute hâte par les Nations unies, souvent à l'endroit même où avaient fonctionné les camps de concentration. Beaucoup de ces déportés sont demeurés sur place, dans le même décor concentrationnaire où les ont trouvés les soldats alliés. Déracinés, marqués pour la vie, malades, la victoire n'a pour eux de sens que dans la mesure où ils mangent à leur faim et bénéficient de soins médicaux[2].

Sur le plan moral leur situation est encore plus insupportable. Les SS ont, certes, disparu des miradors et les barbelés ne sont plus électrifiés mais à l'intérieur des camps règne la terreur. Les *DP* ex-collaborateurs, qu'ils soient polonais, ukrainiens ou hongrois, continuent à imposer aux

1. *DP : Displaced Persons.* Chaque personne non allemande pouvait jouir de ce statut et obtenir la carte « *DP 2* » délivrée par l'UNRRA.

2. Le 26 juillet 1945, le correspondant du *Monde* note cependant : « On déplore que les libérés de Dachau et de Buchenwald se trouvent en loques, alors que de nombreux nazis vivent toujours dans l'opulence. »

Juifs la loi de leurs anciens seigneurs nazis[1]. L'antisémitisme a survécu à la défaite et s'exerce maintenant sous la protection des nations libres. Il ne se passe guère de jours sans que n'éclatent des bagarres sanglantes provoquées par les fascistes de l'Est. Des Juifs sont tués, blessés, chassés de leurs baraquements par des gangs organisés, notamment dans les camps autour de Munich, en zone américaine.

En reportage dans la région, le correspondant du *Jewish Chronicle* notera, début septembre :

« L'horrible spectre de l'antisémitisme refait ouvertement son apparition dans l'Allemagne " libérée ", portant à son paroxysme la tragique situation des Juifs dans les camps de " Personnes déplacées ".

« Loin de contrôler cette dangereuse manifestation de la résurgence du nazisme, certains commandants militaires locaux, de même que leurs troupes, se montrent complètement indifférents à la menace quand ils ne l'encouragent pas comme cela semble être souvent le cas[2]. »

Responsables — extérieurs — des camps, les soldats alliés ne peuvent et ne veulent guère faire plus que la tâche qui leur a été confiée : monter la garde autour des camps, nourrir et soigner les libérés. Juifs polonais échappés à l'extermination ou Waffen SS redevenus subitement civils ont droit au même traitement, au même regard de commisération ou d'indifférence.

Les Juifs, eux, n'ont rien à se faire pardonner si ce n'est que d'exister et de n'avoir, pour seule patrie, que ces camps provisoires.

Ceux qui, venant de Pologne via Berlin ou Vienne, les rejoignent à partir du mois de septembre ont cru fuir la peste. Ils vont être frappés, en Allemagne, par le choléra.

Rescapée de Lodz où elle a échappé à l'extermination finale du ghetto, cachée par une famille polonaise dans une remise désaffectée jusqu'à la libération, Elsa Hirchfeld échoue à Bad Tolz, près de Munich, vers la mi-septembre. Elle aussi, comme tous ceux qui arrivent de l'Est, croit trouver en Allemagne de meilleures conditions d'existence,

1. A moins d'être une figure connue d'un parti ou d'un mouvement de résistance et d'avoir été, comme telle, déporté, la plupart des Polonais rentrés des camps ont dû prouver les raisons de leur arrestation. Ce fut leur seul moyen de vivre en paix après la guerre.

2. *Jewish Chronicle*, 14 septembre 1945.

ne serait-ce qu'à cause de la présence des Américains. Elle n'imagine surtout pas un instant rencontrer, à l'Ouest, l'antisémitisme qu'elle pense être alors l'apanage de la seule Pologne !

« La survie de chacun d'entre nous pouvait être considérée comme un véritable miracle. Miracle aussi de ne pas avoir sombré dans la folie quand, après des péripéties sans nombre, certains d'entre nous qui avaient connu Auschwitz se retrouvaient, libres, à Bergen-Belsen ou à Dachau, à la merci de ces voyous ukrainiens ou polonais qui nous avaient déjà tant fait souffrir. Nous pensions, parfois, être victimes d'une hallucination. Naïfs, en sortant des camps de la mort, nous imaginions que les gens épargnés par cette horreur allaient se couper en quatre pour nous recevoir et nous faire oublier. Au lieu de cela, nous avons retrouvé des barbelés, des Kapos et des soldats complètement indifférents à notre sort. Et sans aucun moyen de nous en sortir que d'attendre un visa problématique ou l'arrivée d'un parent éloigné qui aurait appris par hasard que vous étiez le seul survivant de toute sa famille[1]. »

Attaqués, les Juifs se défendent. Insultés, ils attaquent. Les heurts se font de plus en plus fréquents, les bagarres plus sanglantes, les morts et les blessés plus nombreux mais cette fois dans les deux camps. Il n'est plus possible aux Ukrainiens ou aux Polonais de torturer un Juif sans encourir des représailles.

« Nous nous conduisions comme des bêtes sauvages, se souvient Max Sch., aujourd'hui paisible rentier dans les environs de Jérusalem. Nous rendions coup pour coup, la plupart du temps avec intérêts. Qu'avions-nous à perdre ? Rien. Pour la simple raison que nous avions déjà tout perdu. C'était plutôt une façon de prendre une revanche sur le sort qui nous avait été, qui nous était encore, réservé. A l'intérieur des camps, on risquait notre peau, comme en Pologne.

« Ce fut une époque terrible, plus terrible encore quand on pense qu'à ce moment-là les autres gens avaient droit à la paix.

« Nous n'acceptions plus aucun geste déplacé, pas la moindre allusion désagréable, la plus petite réflexion, d'au-

1. Entretien avec l'auteur.

tant plus que nous comprenions tous l'allemand. Une parole de travers et c'était la bagarre. Un tel besoin, à fleur de peau, de défendre l'honneur juif, nous ne l'avions jamais eu auparavant et nous ne l'aurons jamais plus par la suite, du moins avec une telle hargne. Nous étions, en permanence, plongés dans une hystérie collective due aussi bien à la promiscuité qui régnait dans ces camps qu'au désir de la grande majorité de ne plus vivre au milieu de non-Juifs. Une idée fixe. Tout ce qu'on nous proposait en dehors de la réalisation de cette idée nous le refusions, en créant le plus d'ennuis possible à nos gardiens. J'ai vu des types déchirer leurs papiers d'immigration pour les Etats-Unis et jeter les morceaux au visage du fonctionnaire de l'UNRRA qui, tout joyeux, venait de lui apporter la bonne nouvelle. Des rabbins américains étaient mis à la porte de certaines baraques dès qu'ils parlaient d'emmener quelques rescapés avec eux. Nous étions méconnaissables.

« Sur le plan psychologique, notre évolution a réservé la plus grande surprise aux fonctionnaires civils et militaires des armées alliées. Nous semblions avoir oublié jusqu'à l'aimable civilisation de nos pères, la soumission avec laquelle ceux-ci avaient accepté, des siècles durant, les persécutions. Ce " nouveau Juif " indiscipliné, râleur, méchant, leur donnait l'impression d'avoir oublié son âme de Juif fataliste au seuil des chambres à gaz. Il osait exprimer sa haine, à voix haute. Allemands, Polonais, Russes, Tchèques, Hongrois, Roumains, Autrichiens ne faisaient plus qu'un. Sa haine ne connaissait plus de bornes et s'exprimait même à l'encontre de celui qui essayait de lui venir en aide. Cette haine du non-Juif devenait une passion, une maladie[1]. »

Figure légendaire, héros parmi les héros, brillant stratège, mais piètre administrateur et encore pire politicien, le général George Smith Patton, nommé gouverneur militaire de la Bavière par Eisenhower, se distinguait déjà par une attitude par trop favorable aux vaincus allemands.

Curieusement, le général allait mettre à combattre les Juifs rescapés autant de fougue que lors des attaques foudroyantes de ses blindés contre la Wehrmacht.

1. Max Sch., entretien avec l'auteur.

Patton ne peut comprendre la politique officielle des Alliés qui fait de l'Allemagne un pays sous tutelle, tutelle alors prévue pour durer 40 ans. Il ne montre que peu d'intérêt pour les camps de la mort et leur cortège de souffrances. La dénazification des Allemands, même s'ils ont, comme un seul homme, soutenu Hitler et sa politique, lui semble une absurdité et il ne se prive pas de le faire savoir. Il considère la défaite comme un fardeau suffisamment lourd à porter. Vaincus par les armes, occupés par les Alliés, les Allemands doivent être traités en bons soldats qu'ils ont été et non en ennemis.

Patton veut bien admettre que les « Personnes déplacées » « aient été victimes d'une erreur politique », mais il reste convaincu qu'il n'y a pas lieu d'en faire une affaire d'État.

Quant aux personnes elles-mêmes, la seule solution possible consiste « à les renvoyer chez elles, de là où elles sont venues jusqu'en Allemagne, afin qu'elles puissent oublier cet univers déplaisant des camps et cesser ainsi leurs critiques à l'égard des Allemands ».

Ce qui rend furieux le général, c'est la vue de ces êtres faméliques, errant dans sa zone, refusant de manger les rations US — non *kasher* — dont se contentent les autres, exigeant des livres, des châles de prière, et tout un matériel bizarre introuvable dans les cantines de l'armée américaine. Cette présence, défavorable aux yeux du monde extérieur, doit disparaître si l'on veut faire oublier aux Allemands leurs erreurs passées.

En dépit des ordres du général Eisenhower, son supérieur hiérarchique dans l'armée comme dans la zone, de créer des camps séparés pour les victimes apatrides du nazisme, Patton insiste pour traiter les Juifs en tant que « résidents des pays où ils ont vécu avant la guerre ». Devant le refus de ces derniers de quitter les camps autrement que pour se rendre en Palestine, le général perd finalement patience et décrète que « toutes les personnes libérées et se trouvant dans la région de Munich seront transférées, dans les plus brefs délais, dans des centres de rapatriement ».

L'ordre, demeuré tristement célèbre dans la mémoire des témoins rencontrés 40 ans plus tard, fut promulgué le 10 juillet 1945 alors que les 9/10$^{e}$ des rapatriables étaient déjà rentrés chez eux.

Sa mise en application aurait ainsi permis au fougueux

général de se décharger des « indésirables » — autrement dit les Juifs — dont ses services ne pouvaient venir à bout.

Les déportations annoncées par Patton n'ont finalement pas lieu. Au début du mois d'octobre et après une nouvelle initiative rocambolesque du général contre la dénazification des Allemands de sa zone, Eisenhower le relève de son commandement et le nomme à la tête de la XV^e^ armée qui, en réalité, n'existera jamais que sur le papier[1].

En novembre, le général McNarney succède à Eisenhower et prend la tête d'une armée en pleine désintégration par le fait même du comportement très relâché des GI's qui fraternisent outrageusement avec les Allemands et, surtout, les Allemandes, attitude que supportent mal les rescapés qui la considèrent comme une insulte à la mémoire des morts[2].

McNarney annule les ordres de Patton. Le « Comité des Juifs libres » créé en Allemagne peut alors reprendre ses activités à l'intérieur des camps où la situation va empirant. L'afflux constant des « Polonais » crée des problèmes quasiment insurmontables. Le logement, les vivres, les médicaments font défaut, l'UNRRA considérant les « clandestins » non pas comme des « Personnes déplacées » mais comme des étrangers entrés illégalement en Allemagne.

Dans la zone anglaise voisine, la situation dans les camps de *DP* laisse également beaucoup à désirer. Au point qu'au mois d'août, Menahem Lipshitz, porte-parole des 20 000 survivants placés sous contrôle britannique et membre du Comité des Juifs libres d'Allemagne, est venu à Paris dans le but d'obtenir des organisations juives une aide plus substantielle par rapport aux énormes besoins des réfugiés.

Lipshitz convoque, à la hâte, une conférence de presse et déclenche aussitôt la stupeur parmi les journalistes en révélant que les « rescapés de l'holocauste ont été maintenus dans l'ancien camp de concentration de Bergen-Bel-

1. Blessé dans un accident de la route, le général mourut le 21 décembre 1945 à l'hôpital de Heidelberg. Il est enterré dans le cimetière américain du Luxembourg, aucun soldat allié ne pouvant l'être en territoire allemand.

2. En France, en Grande-Bretagne, l'opinion publique partageait largement cet avis.

sen[1] » et que « leurs conditions de vie actuelles les mènent tout droit à la famine et à la mort ».

« L'UNRRA, précise Lipshitz, refuse d'accorder le statut de " Personnes déplacées " à ceux qui fuient les pogromes en Pologne, les privant ainsi des rations de nourriture auxquelles elles ont parfaitement droit. A Belsen, nous partageons notre soupe et notre tranche de pain quotidiennes avec ceux qui arrivent, nous contentant ainsi de la moitié des 1 200 calories qui nous permettaient tout juste de survivre. »

Menahem Lipshitz ne s'est pas déplacé jusqu'à Paris pour satisfaire à la seule curiosité des journalistes français que les camps de réfugiés n'intéressent pas outre mesure. Il a choisi Paris dans un but qui dépasse largement le cadre d'une simple collecte de fonds parmi la communauté française, elle-même éprouvée par la guerre. Face à la misère de ces 20 000 hommes, femmes, enfants, croupissant dans des camps de fortune, il a demandé à la France de remplir, pour certains d'entre eux, son rôle traditionnel de terre d'asile.

Depuis la fin des hostilités, la France, sur le plan national, contribue pour une large part à l'allègement des souffrances des survivants juifs qui franchissent, officiellement ou non, sa frontière. Les autorités ne sont pas dupes. Elles savent que plusieurs milliers de clandestins ont trouvé refuge, qui chez un parent, qui chez un ami et notamment à Paris où une estimation approximative évalue leur nombre entre 5 000 et 10 000 au printemps de l'année 1946. Pris en charge par diverses organisations d'entraide, rarement inquiétés pour défaut de permis de séjour, les Juifs ayant trouvé asile en France soit pour s'y établir soit en attendant « d'aller ailleurs » ont dû, au préalable, transiter par la zone d'occupation française en Allemagne qui présente l'avantage d'avoir une frontière commune avec ce pays.

1. Bergen-Belsen, à 70 km au sud de Hambourg. Ce camp ne fut jamais inclus dans le cycle du travail concentrationnaire, pas plus que dans le plan d'extermination par les chambres à gaz. Il comptera jusqu'à 75 000 détenus, hommes et femmes, dans les dernières années de la guerre. En le libérant, le 15 avril 1945, les Anglais découvriront 13 000 cadavres non inhumés et 60 000 détenus squelettiques, atteints du typhus, dont beaucoup vont mourir par la suite.

Aussi, malgré ou à cause de cette quantité impressionnante de clandestins, le gouvernement français a-t-il pris, très rapidement, la décision humanitaire « d'accepter dans sa zone un certain nombre de réfugiés israélites venant de l'Est ».

Le quota n'est pas fixé mais deux camps d'accueil spéciaux, l'un à Niederlahnsteim, près de Coblence, l'autre à Calw, dans le Wurtemberg, ont été aussitôt installés de manière à pouvoir recevoir chacun 2 500 personnes.

A Calw, les premiers hébergés seront « des Israélites faisant partie d'un convoi qui, venant de Lindau, tentait de passer en zone française à l'aide de faux papiers obtenus frauduleusement [1] ».

Les difficultés, concevables, que rencontraient les réfugiés désireux de s'installer en France — laissez-passer délivré après enquête, demande d'entrée adressée à la direction des *DP*, laquelle devait la transmettre au consulat le plus proche qui la transmettait à son tour au ministère des Affaires étrangères de qui dépendait la décision — ces difficultés bien françaises n'affectaient nullement les Juifs venus du froid. Le gouvernement français n'a promulgué aucun décret spécifique à leur sujet, mais les trains ne sont jamais renvoyés à leur destination d'origine, les clandestins jamais refoulés [2].

En zone française les faux papiers ont autant de valeur que les vrais. Les *DP* nouveaux ou anciens, réguliers ou illégaux, sont aussitôt pris en charge par l'administration. Ils sont logés, nourris, habillés par des fonds spéciaux prélevés sur l'économie allemande, principe que les Français sont seuls à considérer comme allant de soi.

Ainsi, à l'inverse de ce qui se passe dans les deux autres zones occidentales, les camps français ne seront jamais le théâtre d'incidents provoqués par les ressortissants des pays de l'Est demeurés en Allemagne.

Il est vrai que les militaires français avaient connu l'occupation, d'où une inclination moins prompte à voir dans n'importe quel étranger trouvé sur le territoire du

1. *La France en Allemagne, Journal des troupes d'occupation*, n° 3, octobre-novembre-décembre 1946.
2. La France avait accepté l'entrée de 16 000 Juifs sur son territoire au cours du deuxième semestre de 1945.

Reich une victime du nazisme. Des contrôles sévères et réguliers avaient permis, bien avant l'arrivée des Israélites dans la zone, de procéder à un tri sévère entre vrais et faux déportés.

CHAPITRE VIII

# DES JUIFS... ENCORE DES JUIFS !

*Pris séparément, chaque Juif est un homme épatant ; tous les Juifs ensemble ne valent rien.*

Joseph Staline

Au début de l'année 1946, une rumeur parvient aux oreilles des correspondants de presse étrangers en poste à Varsovie, rumeur qui veut que, selon certaines estimations, 20 000 Juifs au moins, effrayés à l'idée de révéler leur véritable identité, se cacheraient sous des noms polonais.

« On rencontre partout, écrit l'envoyé du *Jewish Chronicle* de Londres, des Rozensweig devenus Rosanski, des Steinberg alias Iskrzynska, des Perelman et autres qui ont adopté des patronymes chrétiens pendant la guerre et les ont gardés après la libération.

« On estime à 5 000 le nombre de ces Juifs déguisés qui vivent à Varsovie, à 4 000 à Lodz, à 3 000 à Cracovie, le reste étant éparpillé à travers tout le pays [1]. »

De simple écho dans la presse juive d'Occident, laquelle, on le conçoit, suit de très près la situation faite aux survivants, la rumeur devient bientôt, pour l'ensemble des journalistes, matière à enquête sans qu'on puisse, pour autant, en discerner la source. En effet qui, précisément, des milieux antisémites clandestins alors très actifs auprès des correspondants étrangers ou des cercles officiels, a intérêt, dans un tel climat, à étaler au grand jour l'existence précaire de cette catégorie très spéciale de citoyens ? Qui, de surcroît,

1. *Jewish Chronicle,* du 15 janvier 1946.

tente de prouver que beaucoup plus de Juifs qu'on ne veut bien le dire ont survécu en Pologne ? Ces 20 000 personnes ont-elles été comptabilisées dans les statistiques du Comité central ou s'agit-il d'une estimation approximative prenant en compte l'ensemble des Juifs assimilés, vivant à l'écart de la communauté comme il en a toujours existé dans ce pays ?

« La plupart de ces *Marrannes*[1], poursuit le journaliste anglais, vivent dans le Nord et dans l'Ouest où ils tentent, à l'instar des Juifs déclarés, de reconstruire leur existence déchirée par la guerre. Les mêmes " avantages " qui leur ont permis de survivre au génocide leur offrent encore la possibilité de passer inaperçus. Hier ils étaient des Juifs " de surface ", aujourd'hui ils sont des Juifs " souterrains " pour s'éviter des ennuis dans la Pologne libérée[2]. »

Le Juif dit « de surface » est né sous l'occupation au temps où se maintenir à l'air libre exigeait non seulement des faux papiers qui faisaient de lui un bon catholique, baptisé de préférence dans un village d'une lointaine province de l'Est détruite par la guerre, mais surtout un faciès adéquat, un « bon visage » par opposition au « mauvais » trop facilement repérable.

A son propos, Emmanuel Ringelblum a noté :

« Seuls les Juifs ayant " bon air ", c'est-à-dire l'air aryen, peuvent se maintenir à " la surface ". Des études scientifiques ont montré qu'une partie seulement du peuple juif possède des traits sémitiques caractéristiques. Selon le professeur Czekanowski[3] au moins 20 % des Juifs polonais appartiennent à la race nordique, d'autres font partie des groupes méditerranéens, le reste formant la famille sémitique proprement dite. Dans l'enceinte du ghetto, on se livrait à toutes sortes " d'études " ayant pour but de déterminer la manière de reconnaître un Juif. Résultat : trois parties de son physique sont déterminantes : le nez, les cheveux, les yeux. En ce qui concerne le nez, certains avaient recours à la

1. *Marrannes :* Juifs qui, sous l'Inquisition espagnole, furent forcés de renier leur foi. Ils se firent chrétiens non pas par amour pour le Christ mais pour survivre. Certains continuèrent cependant à pratiquer en secret la religion de leurs pères.

2. *Jewish Chronicle*, op. cité.

3. Jan Czekanowski (né en 1882), éminent anthropologue et ethnologue polonais, professeur à l'université de Poznan (1946-1960), auteur de nombreux ouvrages, *l'Homme dans le temps et l'espace*, etc.

chirurgie esthétique. Mais cela revenait très cher et, de plus, les conditions dans le ghetto ne s'y prêtaient guère ; un nez juif, une fois opéré, devenait bien plus juif qu'avant, du fait de la sous-alimentation chronique de son propriétaire. La teinture des cheveux s'avérait également inopérante, des agents spéciaux se livrant à un examen minutieux de leurs racines. Au demeurant, les blondes platinées paraissaient plus suspectes que les brunes. Les yeux juifs — affirmaient les " savants " — se reconnaissent à leur langueur, à leur tristesse. Il s'y lit toute la douleur du ghetto, toute la souffrance d'un peuple, le deuil de tous les proches assassinés. On m'a raconté qu'un Aryen aurait réussi à identifier un Juif rien que d'après la tristesse de son regard. Pour que cela ne puisse se renouveler, le Juif en question se mit, en pénétrant en zone aryenne, à arborer un air martial, ses yeux lançant de méchantes lueurs. [...]

« Les femmes juives essaient de masquer leur visage avec un voile noir de deuil, se décolorent les cheveux tout en les défrisant. Nous avons des personnes juives ayant le " bon air " aryen, mais qui soit connaissent mal le polonais, soit le parlent avec un accent qui ne trompe pas, jusqu'à ne pas savoir prononcer leur nom aryen. A cela aussi on trouve un remède : on feindra d'être des sourds-muets, infirmité que signale un brassard approprié[1]. »

A l'époque, le Juif à même de mener une existence de chrétien n'en était pas, pour autant, quitte avec la peur d'être démasqué par le propriétaire de l'immeuble ou le concierge à moins que ce ne fût par un *Schmaltzovnik* ou un maître chanteur, intrigués par ce nouveau venu qui doit avoir de bonnes raisons de changer de domicile[2].

A partir de 1945, le Juif libre, mais qui décide pour des raisons personnelles, familiales, professionnelles, de rester « souterrain » afin de vivre plus facilement en surface, ne réagit plus au moindre bruit dans l'escalier, au premier regard soupçonneux ou à l'apparition d'un petit voyou polonais sur le trottoir. Il ne craint plus d'être dénoncé — la

1. E. Ringelblum, *les Rapports polono-juifs pendant la Seconde Guerre mondiale, op. cit.*

2. Le chantage au locataire discret s'exerça parfois sur d'importants membres de la Résistance polonaise. Contrairement aux Juifs ceux-ci disposaient des moyens de faire rapidement cesser le manège.

« police bleue » a disparu — par un voisin de palier. Citoyen protégé par la loi, il peut sortir en ville, prendre le tramway ou entrer dans n'importe quel restaurant sans crainte d'en être chassé. Malade, le « souterrain » de la Pologne socialiste peut également appeler un médecin à son chevet sans risquer de voir celui-ci le dénoncer à la Gestapo comme cela avait été souvent le cas du temps de l'occupation. Mort, les pompes funèbres ne le conduiront plus en fraude — et à prix d'or — au cimetière ainsi que l'exigeait la coutume chrétienne avant que ne commence le génocide organisé qui avait réduit les pompes funèbres polonaises au chômage partiel.

Le *Marranne* dans la Pologne libérée n'a plus peur, mais il ressent une certaine gêne à être considéré comme un étranger dans son propre pays. La violence antijuive qui, début 1946, a déjà vidé la Pologne de près de la moitié des survivants, s'ajoutant au phénomène de rejet quasi général de la population le pousse donc à accepter toutes sortes d'humiliations plutôt que de partager le destin de ses semblables. Ces hommes et ces femmes ont pourtant échappé à toutes les ruses de l'Allemand, à toutes les manigances des chasseurs de Juifs polonais ainsi que l'a observé E. Ringelblum dans ses chroniques :

« Agents et policiers n'avaient aucune peine à confondre les Juifs mâles : on leur faisait baisser le pantalon, et le tour était joué. Certains Aryens suspects étaient contrôlés de la sorte. On chercha à parer ce genre de coups. Certains prétendaient que l'on pouvait, par une intervention chirurgicale, rendre le prépuce d'un Juif pareil à celui d'un non-circoncis. On évitait d'y recourir à cause des perturbations sexuelles qui en résultaient. Dans certains cas, les autorités invitent les médecins à examiner le membre viril d'individus dont l'origine semble douteuse. Un médecin compréhensif à l'égard des Juifs fera état du phénomène de phimosis, c'est-à-dire étroitesse anormale de l'anneau du prépuce, ayant nécessité une intervention chirurgicale. Plus d'un "Aryen" juif se promène, un certificat de phimosis en poche.

« L'identification de femmes juives est beaucoup moins aisée, encore qu'une rumeur populaire prétende qu'on les reconnaît facilement d'après leurs jambes torses ou leurs oreilles décollées. [...] Cela rappelle singulièrement une légende du XVIIIe siècle, selon laquelle les femmes juives ne pouvaient accoucher que mortes. [...] Mais les investigateurs zélés ne se découragent pas. Ils connaissent parfaitement les points faibles des Juives soi-disant aryennes. Une Juive, même si elle a " bon air ", peut rarement se recommander de parents chrétiens, et ne connaît que superficiellement les rites et pratiques religieux les plus courants. Rares sont les Juives qui, à la question " que fait le curé après avoir confessé ? " sauraient répondre qu'il tape quelques coups sur le confessionnal. Parfois, c'est une question des plus banales qui confond une Juive, comme par exemple : « Et votre jour de fête, c'est quand ? » Les Juifs ne célèbrent que leur anniversaire de naissance, et la fraîchement baptisée Maria ou Stéphanie n'a pas encore eu le loisir de vérifier quelle était sa sainte patronne [1] »

A partir de la rumeur, les correspondants parvinrent rapidement à élucider le mystère. Ils écartèrent d'emblée l'hypothèse selon laquelle des Juifs se cachaient sous une fausse identité afin de faciliter leur entrée dans les rouages de l'administration tentaculaire que le régime socialiste mettait en place. Des Juifs, « déclarés » et en grand nombre, en faisaient déjà partie.

Par l'entremise de la charitable organisation américaine *Joint,* ils découvrirent que beaucoup de « souterrains » se trouvaient dans le plus total dénuement, au même titre que les autres pour qui manger, dormir, se vêtir présentaient autant d'obstacles en 1946 que sous l'occupation.

« Les *Marrannes* refusent catégoriquement de faire appel au Comité juif de leur résidence, avoua le responsable du *Joint* à Varsovie. Pour ne pas se trahir aux yeux de leurs amis ou voisins polonais, ils viennent chez nous, étant donné que nos bureaux sont situés dans une petite rue, très éloignée du centre de la ville. Nous les aidons de notre mieux [2]. »

L'anomalie typiquement polonaise, qui voulait que des Juifs, au sortir de l'holocauste, puissent encore éprouver le besoin de vivre une nouvelle clandestinité à laquelle, offi-

1. E. Ringelblum, *op. cit.*
2. Déclaration à la presse, début février 1946. Les Comités juifs recevaient quelques subsides de l'Etat mais l'argent provenait principalement de l'étranger, essentiellement des USA qui couvrirent jusqu'à 95 % des besoins.

ciellement du moins, rien ne les obligeait, intriguait les journalistes. Il leur était difficile d'admettre que des gens qui avaient réussi la prouesse de passer à travers les mailles du filet soient contraints de raser les murs d'une ruelle d'un quartier de la ville pour se procurer les moyens de prolonger un subterfuge illusoire autant que déprimant.

Se permettant, pour sa part, de comparer ce qui, à l'époque, restait comparable, un reporter français du journal *Combat* en tira cette conclusion :

« En France aussi, bon nombre de gens se sont cachés sous de fausses identités pour échapper aux Allemands. A la libération, d'anciens résistants ont même rajouté, à leur patronyme, leur nom de guerre, en souvenir de cette époque. Mais à moins d'avoir quelque chose à se reprocher — ce qui n'est pas le cas, naturellement, des Juifs en Pologne — personne n'éprouve le besoin de passer pour quelqu'un d'autre...[1] »

En réalité, ces nouveaux *Marrannes* représentaient une catégorie bien distincte de citoyens que les observateurs, alertés par la rumeur, anonyme comme il se doit, ne tardèrent pas à découvrir. Si les uns et les autres avaient été sauvés par leur apparence physique, il n'en restait pas moins vrai que la grande majorité d'entre eux n'avaient pas attendu l'occupation pour user du stratagème du Juif se faisant passer pour un Aryen. Les conditions psychologiques dans lesquelles ils vivaient depuis la libération ne constituaient, en quelque sorte, que le prolongement d'une décision prise bien avant la guerre, par leurs parents ou par eux-mêmes.

Cette catégorie, proportionnellement très importante par rapport au nombre des survivants, de Juifs invisibles, ou prétendant l'être, provenait des restes de la masse des Juifs plus ou moins assimilés qui s'étaient toujours considérés comme des Polonais d'origine juive. Citoyens à part entière de la nouvelle Pologne, ils n'étaient pas intéressés à bénéficier du statut de minorité nationale et s'efforçaient de supprimer tout ce qui pouvait les distinguer des gentils, parfois à cause, mais souvent en dépit, du caractère du nouveau régime.

Juifs souterrains mais patriotes convaincus, ils n'ont

1. *Combat*, du 21 février 1946.

d'autre but, à cette époque précise de l'après-guerre, que de travailler de concert avec leurs concitoyens à condition toutefois que ceux-ci veuillent bien les accepter en tant que vrais Polonais, vœu qui, en réalité, ne sera jamais pleinement exaucé.

Restaient les autres, ceux qui n'étaient devenus aryens que par nécessité, pour sauver leur peau. Ceux-là, autant qu'on puisse en juger par les documents, mais surtout par les témoignages, n'eurent pas, à la libération, une attitude aussi tranchée que les assimilés, communistes convaincus ou apolitiques pragmatiques.

Il semblerait qu'une partie des Juifs « de surface » nés sous l'occupation aient préféré garder leur nouvelle identité alors que d'autres ont aussitôt assumé leur statut de Juifs déclarés, en dépit des obstacles qu'une telle décision plaçait sur leur chemin.

Pawel Degensheim est de ceux qui ont refusé d'abonder dans le sens des antisémites assimilationistes ou des camarades juifs, les uns et les autres partisans, à partir de méthodes bien différentes naturellement, d'une « solution finale » appliquée à toute spécificité juive en Pologne.

« Les nazis disaient : " C'est nous qui décidons qui est juif et qui ne l'est pas. " Je ne tenais pas à voir les Polonais procéder de la sorte pour désigner qui avait le droit de vivre dans ce pays et qui ne l'avait pas.

« Regardez-moi... Je ne risquais rien. J'ai une tête de " goy "... J'avais un faux nom polonais authentique. Je suis quand même parti parce que j'ai refusé une " inquisition " en pays communiste. »

Grand, à peine voûté malgré ses 84 ans, Pawel Degensheim tient effectivement plus du colonel polonais de carrière que du « souterrain » pourchassé par les maîtres chanteurs.

Sauvé, une première fois, de la déportation par un officier *Volksdeutsche* avec qui il avait entretenu des relations d'affaires avant la guerre, possesseur d'une authentique *kenkarte*[1] qui faisait de lui un obscur ouvrier polonais d'une entreprise travaillant pour la Werhmacht, servi par un « bon visage » et une stature impressionnante, Pawel

1. Carte d'identification délivrée par les Allemands aux seuls Aryens polonais.

Degensheim a bien voulu nous retracer son itinéraire de « Juif aryen ».

« Vers la fin de 1939, au mois de décembre, un grand incendie s'était déclaré autour d'un gazomètre à Varsovie. Aussitôt les Allemands et la police polonaise ont arrêté tous les Juifs qui leur tombaient sous la main et les ont forcés à éteindre le feu. Je me trouvais dans le quartier ce jour-là, en compagnie d'un ami polonais. Un soldat a foncé sur nous ; il a poussé rudement mon ami — un chrétien — en direction du sinistre cependant qu'il m'a ordonné de poursuivre mon chemin. A partir de ce moment précis je cessai d'être un Juif. Il en a été ainsi durant toute l'occupation. Une question de vie ou de mort. Chacun de nous a dû improviser, selon ses moyens, ses possibilités, sans attendre de l'aide de l'extérieur qu'on nous refusait de toute manière.

« La guerre transformait tous les gens de notre peuple en petits enfants pris en défaut. Chirurgiens de renommée mondiale, avocats, hommes d'affaires, rabbins, tailleurs, ouvriers, juifs riches ou pauvres, jeunes ou vieux devenaient, du jour au lendemain, des criminels en cavale, des bandits de grands chemins perpétuellement à la recherche d'un trou pour disparaître.

« Cependant, ce que la formidable machine de mort nazie nous avait obligés de supporter n'était plus admissible en 1945. Nous aussi, et peut-être beaucoup plus que d'autres, nous avions le droit à un retour à une vie normale. Ce droit nous fut refusé, dès la libération. Et pendant que les autres peuples du monde dansaient dans les rues pour célébrer la victoire, les Juifs, en Pologne, étaient battus, pillés, massacrés.

« Il m'eût été facile de continuer à jouer la comédie. Beaucoup d'autres l'ont fait et le font peut-être encore. Pour qui ? Pour quoi ? Pour les Polonais ? Pour le paradis de misère qu'est devenue la Pologne ? Il n'en était pas question.

« A la libération, un officier russe m'a demandé :

« — Comment se fait-il ? Il n'y a plus de Juifs et toi tu es encore là ? Comment as-tu survécu ?

« Je lui ai raconté mon histoire. Quand j'eus terminé, il m'a dit sur un ton amical :

« — Si j'ai un conseil à te donner, c'est de partir. Les Juifs n'auront plus leur place en Pologne, les Allemands ont semé trop de haine qui va repousser.

« A Varsovie, nous avons fait de notre mieux pour aider les plus nécessiteux. Mais dans la rue, je me sentais gêné, à cause de mon physique, de ne pas subir, comme les autres Juifs, l'animosité des gens. Je trouvais franchement insupportable ce rôle de Juif invisible, de faux Polonais.

« Le jour où une de mes amies les plus proches a été assassinée dans un autobus, j'ai décidé de suivre le conseil de l'officier russe. Je suis parti en 1948, sans autre regret que de laisser derrière moi des Juifs communistes aveugles et des Juifs « aryens » honteux. La plupart d'entre eux ont été, depuis, chassés de Pologne. Il ne reste plus assez de Juifs pour organiser un pogrome. C'est au tour des curés, des opposants politiques de subir notre sort. Ce n'est plus notre affaire[1]. »

En janvier 1946, les journaux de Varsovie annoncèrent, avec beaucoup de discrétion, la mort du docteur X., un botaniste polonais, honoré de tous, qui vivait à Zakopane depuis plus de 40 ans. Homme modeste, bon mari et bon père de famille, le docteur X. avait même obtenu des Allemands l'autorisation de poursuivre ses travaux durant toute l'occupation.

Personne n'aurait pu se douter que le gentil botaniste de Zakopane était juif, personne si ce n'est ceux qui reconnurent en lui un « souterrain » volontaire et le signalèrent à la bande d'hommes armés venus l'abattre chez lui, dans son sommeil, par une nuit sans lune. Un bout de papier, épinglé à sa chemise de nuit, indiquait qu'il avait été condamné à mort parce que d'origine juive.

Ce que les Juifs de la région eux-mêmes avaient toujours ignoré...

Le cas le plus connu, le plus tragique aussi, de ces *Marrannes* volontaires, reste celui de ce garçon d'une trentaine d'années que nous appellerons Stefan et qui succomba, sous les coups d'une bande de paysans, quelques semaines à peine après être revenu au village, dans la région de Wroclawek.

Moshé Lisiak qui rentrait alors d'Auschwitz, a vécu de très près le drame de Stefan et de sa famille :

« On n'est pas prêt d'oublier un garçon comme lui, à cause

1. Entretien avec l'auteur.

de sa gentillesse mais, surtout, de son physique. Imaginez un colosse, aux épaules larges, blond aux yeux bleus, un pur " Aryen nordique " selon les critères des nazis à l'époque. Il habitait un tout petit hameau dans les environs de Wroclawek et avait épousé, juste avant la guerre, une chrétienne, une fille de la communauté polonaise d'origine allemande. Parmi tous les Juifs de la région, je dis bien tous, il avait été le seul à échapper à la déportation dont une poignée seulement est revenue. Il s'était fait passer pour un *Volksdeutsche,* un Allemand de souche — il y en avait beaucoup alors en Pologne — et son histoire paraissait si vraie que les Allemands l'ont enrôlé dans la Wehrmacht, sort qu'ont connu beaucoup de Polonais, non juifs évidemment.

« Démobilisé, il rentre au village et trouve un emploi comme collecteur d'impôts pour la municipalité. Un soir, il n'est pas revenu de sa tournée. Sa femme a averti la police — peut-être avait-il reçu des lettres de menaces ? — qui a fait des recherches dès le lendemain matin. Ils ont trouvé son grand corps dans un état épouvantable. Des paysans lui avaient tendu une embuscade. Ils l'ont tué à coups de faux comme il était d'usage d'assassiner des Juifs en cavale dans les campagnes sous l'occupation. Ils l'ont tué parce qu'ils avaient entendu dire qu'il n'était pas un vrai Polonais mais un Juif. Ses assassins n'étaient pas des gars de la NSZ mais de simples paysans, des rustres qui ne devaient pas en être à leur coup d'essai. La police les a arrêtés. Ils étaient cinq. Au procès, aucun d'entre eux n'a regretté son geste. J'ignore ce qu'ils sont devenus par la suite mais je ne pense pas qu'ils aient été pendus. Vous savez, dans ce temps-là, on ne condamnait pas encore à mort les meurtriers de Juifs. La décision est venue bien après [1]. »

L'invention russe capable, du moins en théorie, de rendre les Juifs invisibles et utilisée en Pologne tant par les dirigeants du Parti que par les « souterrains » dut être améliorée, au printemps de 1946, quand il fallut faire face à une nouvelle arrivée « massive » de Juifs polonais en provenance d'URSS cette fois. Etant donné que la liste des

1. Moshé Lisiak, entretien avec l'auteur. Les premières sentences de mort par pendaison furent prononcées à Lodz, le 9 mai 1946, soit plus d'un an après la mort de Stefan dont parle le témoin.

victimes de la terreur ne cessait de s'allonger — près d'un millier de morts depuis la libération — des discussions très vives avaient eu lieu au sein du gouvernement à leur sujet avant même que Moscou ne prenne la décision unilatérale de les rapatrier.

« Gomulka [1] avait fait part, en détail, à Staline du premier pogrome après la libération à Cracovie en 1945. Gomulka s'en servait comme argument contre le retour des Juifs en Pologne car il prétendait que ce retour intensifierait la lutte des éléments nationalistes contre le nouveau gouvernement. Staline ne répondit pas tout de suite à Gomulka. Il fit seulement, d'après le rapport, une réflexion d'ordre général sur les Juifs : " Pris séparément, chaque Juif est un homme épatant ; tous les Juifs, ensemble, ne valent rien. " Et il ignora le conseil de Gomulka de garder les Juifs polonais en Union soviétique. Il se peut qu'il ait tenu compte, à l'époque, des répercussions possibles dans le monde occidental qu'aurait eues le maintien en URSS de ces citoyens polonais [2]. »

Devant l'incapacité de s'opposer à une décision prise par Staline lui-même, le gouvernement de Varsovie se doit de trouver une parade à cette nouvelle invasion de rescapés s'il veut limiter les dégâts et préserver la renommée de la Pologne. Il n'est naturellement pas question d'obliger des dizaines de milliers de personnes à changer de nom et encore moins d'apparence. En URSS, les Juifs sont restés... Juifs en dépit d'innombrables vicissitudes et il est à prévoir qu'ils vont débarquer avec leurs barbes et leurs papillottes, leurs longs caftans noirs et leurs courtes bottes de cuir, leurs rabbins et leurs marchands ambulants, autant d'images d'une époque révolue auxquelles la population ne semble plus vouloir se réhabituer.

Pas question, non plus, de créer de nouveaux ghettos pour y parquer les Juifs. Après l'holocauste, c'est le monde entier qui se révolterait.

Reste donc à trouver la solution miracle, le moyen de satisfaire à la fois les Juifs rapatriés et ceux qui s'opposent à leur retour.

Les rares documents à la disposition du chercheur ne

1. Wladimir Gomulka, alors vice-Premier ministre, accédera au pouvoir en octobre 1956.
2. Hershl Smolar, *op. cit.*

précisent pas lequel d'entre les ministres a eu l'idée de faire d'une pierre deux coups, à partir de la méthode soviétique mise au point pendant la guerre. Un camarade juif? Gomulka? Le secret qui entourait alors les réunions du Comité central du Parti, du Politburo, du Conseil des ministres était tel que personne ne savait qui était au sommet de la pyramide. Mais il est certain que la décision a été prise avant même l'arrivée du premier convoi de rapatriés.

Ainsi, il est prévu que dans la mesure du possible, la majorité des nouveaux Juifs vont être dirigés vers les provinces de l'Ouest (récupérées sur l'Allemagne) en échange de celles de l'Est (annexées par l'URSS) d'où proviennent justement beaucoup des rapatriés. Invisibles, ceux-ci le seront — ou presque — en Silésie, en Poméranie pour la simple raison que la « polonisation » de ces territoires ne fait que commencer.

Autre avantage de taille, les rapatriés, originaires de la Pologne d'avant 1939 seront censés se trouver dans l'impossibilité matérielle de revenir sur les lieux de leur ancien domicile et n'auront, de ce fait, aucune velléité de récupérer leurs biens distribués entre-temps aux Polonais. Etant donné l'effusion de sang que provoque généralement une telle démarche, l'éloignement géographique des candidats à la récupération va donc permettre de réduire les risques au minimum à un moment où le monde extérieur commence à s'inquiéter des violences antisémites dont les journaux se font l'écho. L'image de marque de la Pologne, pays martyr et qui, pour les besoins de sa cause, comptabilise les Juifs exterminés dans le bilan de ses victimes, nécessite d'être préservée[1].

A la question « qui sont ces milliers de Juifs en instance de rapatriement ? » les autorités de Varsovie ne peuvent apporter de réponse précise. Le Comité central des Juifs de Pologne, intéressé au premier chef, ne possède pas non plus

1. Les Guides des « Lieux de lutte et de martyre », régulièrement publiés en Pologne, insistent sur le fait que « plus de six millions d'êtres humains ont payé de leur vie leur amour de la patrie et de la liberté » mais se gardent bien d'accorder aux Juifs le statut de Polonais. Les victimes sont des « Polonais et des Juifs », à la rigueur des « personnes », rarement des Juifs polonais. Quant aux partisans juifs, ils semblent n'avoir jamais existé.

les éléments susceptibles de donner une idée d'ensemble de ces hommes, femmes et enfants sauvés de l'hécatombe dans des conditions certes dramatiques mais souvent par le plus grand des hasards. Grâce aux témoignages recueillis auprès de quelques rescapés revenus avec l'armée polono-russe ou ayant traversé clandestinement la frontière depuis la libération, on sait qu'ils ne forment pas un groupe homogène et qu'ils sont originaires de l'ensemble des provinces polonaises d'avant 1939. Léon Abramowicz en faisait partie :

« La plupart des Juifs qui ont traversé le fleuve *Bug* au moment de l'invasion allemande se sont retrouvés dans la région de Bialystok. Il s'agissait surtout d'hommes adultes, car on pensait alors que les Allemands allaient employer, avec les Juifs polonais, les mêmes méthodes que chez eux : travaux pénibles, nettoyage des rues, des trottoirs, vexations de toutes sortes, etc. On en avait une certaine idée, notamment à travers les journaux antisémites polonais, lesquels ne s'étaient pas fait faute de montrer, bien avant la guerre, ce qu'on pouvait se permettre, impunément, à l'égard des Juifs. Ainsi les hommes sont partis, très nombreux, laissant derrière eux la famille avec l'intention de venir la chercher par la suite ou de rentrer en Pologne au premier signe de détente.

« Nous nous sommes alors retrouvés, après de multiples pérégrinations, en territoire soviétique où nous étions des *Biejency*, des réfugiés. Le choix était simple : il fallait opter soit pour la nationalité soviétique soit retraverser le *Bug* et rentrer en Pologne “ allemande ”, ce que des milliers de Juifs ont fait. Aujourd'hui cela paraît incroyable que des gens aient pu, volontairement, se jeter dans la gueule du loup. A l'époque, l'extermination était une chose à laquelle personne ne pouvait penser. On imaginait, à l'extrême limite, que nous serions employés à des travaux pénibles comme en Allemagne. On savait que dans la partie occupée par les Allemands des mesures discriminatoires s'appliquaient aux Juifs mais les persécutions systématiques de masse n'avaient pas encore commencé.

« Nous n'ignorions pas que les Polonais avaient organisé des pogromes antijuifs à Varsovie, en pleine occupation nazie, mais le fait n'était pas nouveau, nous y étions habitués. Nous pensions cependant qu'ils se reprendraient, qu'ayant à souffrir de l'occupation, ils se placeraient du côté des victimes.

« En 1939-40, les gens retournaient en Pologne parce que la misère dans la partie occupée par les Russes était trop grande, parce que les Russes se conduisaient trop durement avec eux. En fait, ceux-ci savaient parfaitement ce qui se passait à l'ouest du *Bug*, mais ils ne nous ont pas empêchés de partir. Eux aussi tenaient à se débarrasser des Juifs. La chose la plus extraordinaire reste que les Allemands ont bien accueilli ceux qui revenaient, je m'en souviens. C'était le printemps, le dégel des fleuves et des rivières et nous étions trempés. Les Allemands nous ont gardés une nuit, bien au chaud dans des baraques. Le lendemain ils nous ont dit gentiment : " Allez, les Juifs, vous pouvez rentrer chez vous[1]. " »

Le journaliste K. S. Karol fait, lui, partie de ceux qui restent de l'autre côté du fleuve. Témoin de ces « tragiques événements », il a noté dans ses mémoires :

« Au début de juin 1940, les provinces de l'ancienne Pologne orientale, avec leurs quinze millions d'habitants (ou plus), furent soudain coupées du reste du monde, tous les transports et communications bloqués, vers l'ouest comme vers l'est. On aurait dit que l'état de siège venait d'être proclamé, mais, dans la journée, il ne se passait rien ; c'est seulement au milieu de la nuit que les hommes aux casquettes bleues du NKVD, les tchekistes, entraient en action. Maison après maison, dans les grandes villes comme Lvov, mais aussi dans les bourgs et les villages, ils tiraient les gens du sommeil, exigeant qu'ils leur montrassent leur passeport soviétique.

« Qui cherchaient-ils ? Avaient-ils des listes de suspects qui auraient tenté d'organiser une résistance armée polonaise ou ukrainienne ? Rien de cela, apparemment : ils appréhendaient tous ceux qui n'avaient pas de passeport, à qui on l'avait refusé parce qu'ils n'étaient pas originaires de la région. Pour ceux-là, aucune instance n'avait été prévue : des convois les attendaient déjà à la gare la plus proche.

« Parmi les appréhendés, les Juifs venus de la zone allemande formaient une nette majorité. Persécutés par les

1. Léon Abramowicz, entretien avec l'auteur.

nazis et obligés de fuir, ils avaient cru trouver le bon refuge dans la zone contrôlée par l'URSS[1]. »

Cependant que les uns disparaissent pour — parfois — ne plus jamais revenir, la grande masse des *Biejency* et notamment les intellectuels et les membres des professions libérales, considérés comme trop... polonais, sont déplacés vers l'intérieur, Ouzbekistan, Oural, Grand Nord[2]. Tous ont été fichés, répertoriés, de façon à identifier, en cas de besoin, les ennemis de l'Union soviétique. Pour leur part les militants de gauche et d'extrême gauche ont, très rapidement, rejoint le parti communiste soviétique. Ce sont eux qu'on retrouve après la guerre dans l'ensemble des rouages de la nouvelle République, eux par qui le malheur arrivera parce que doublement rejetés par la masse en tant que Juifs et communistes.

La grande majorité de ceux qui rentrent dans ces mois de printemps et d'été 1946 sont donc ces Juifs triés, fichés, mais parfaitement inoffensifs sur le plan strictement idéologique. On pense donc, en haut lieu, pouvoir facilement gagner leur soutien à la révolution socialiste. Les responsables du Comité central juif, qui partagent cette opinion, n'ignorent cependant pas qu'un certain nombre de rapatriés, qu'un trop long séjour en URSS a éloignés de l'idéologie marxiste, profiteront de la première occasion pour traverser la frontière, légalement ou non. Aussi décident-ils de tout mettre en œuvre pour parer à une telle éventualité. La section « Propagande », calquée sur le modèle russe, redouble, à l'intention des nouveaux venus, d'une activité qui, jusqu'à présent, ne s'est pas révélée des plus efficaces. Menacés d'extermination par les Allemands, spoliés par les Polonais mais libérés par les Russes, les survivants juifs ne font pas, dans l'ensemble, preuve d'une ardeur débordante pour le collectivisme. Mis à part les camarades communistes assimilationistes cantonnés dans le fonctionnariat à tous les niveaux même les plus élevés, les autres, pour qui la souffrance passée permet

1. K. S. Karol, *Solik*, Editions Fayard, 1983.
2. Les mêmes méthodes furent employées par les Russes à l'encontre des Polonais chrétiens, sur une échelle beaucoup plus grande puisque un million et demi de déportés polonais furent concernés. Une grande partie n'est jamais rentrée en Pologne.

d'attendre une certaine compensation, ont plutôt tendance à reprendre leur ancien métier traditionnel — tailleur, artisan, commerçant, intellectuel — autant de professions libérales qui ne cadrent plus avec la nouvelle réalité polonaise.

La campagne de propagande, lancée à ce moment-là à l'intention des rapatriés qu'on veut transformer en pionniers, se déchaîne parallèlement « contre ceux qui traînent à Varsovie alors que la Silésie les attend ».

Dans le journal juif *Vie nouvelle* comme dans les émissions de radio diffusées quatre fois par semaine en yiddish, il n'est plus question que « des bonnes conditions de travail offertes à ceux qui préfèrent dormir dans une belle maison que sous la tente », que « des ateliers juifs qui poussent en Silésie comme des champignons », que des « esclaves devenus leur propre patron pour le grand bien de la nation tout entière ».

Les événements vont se charger, très rapidement, de réduire à néant tant d'efforts mis à transformer des hommes et des femmes qui eussent préféré qu'on les laissât vivre en paix.

Depuis le mois de février 1946 et au terme de l'accord conclu en septembre de l'année précédente entre Varsovie et les gouvernements des trois républiques soviétiques (Ukraine, Biélorussie et Lituanie), les Juifs résidant dans ces territoires ont officiellement le droit de rentrer en Pologne comme l'ont ceux que le hasard des pérégrinations ont amenés plus à l'intérieur de l'URSS.

En juin, et à la cadence de 600 passages par convoi, ils sont déjà 120 579 à être revenus, auxquels il faut ajouter quelque 16 000 autres, rapatriés individuellement jusqu'à la fin du mois de juillet.

L'anarchie administrative, qui règne dans les centres de départ, permet à beaucoup de Juifs soviétiques de se mêler aux Polonais. Ayant choisi, par ce moyen, la liberté, ceux-là ne feront de la Pologne qu'une étape de transit avant la Palestine, l'Europe ou l'Amérique.

Les statistiques sont difficiles à établir. Des gens se font enregistrer — comme l'ont fait avant eux les rescapés — dans différentes villes alors que d'autres, et notamment les « souterrains », évitent tout contact avec le monde juif représenté par les comités. Il n'en reste pas moins qu'en l'espace de quelques mois, la communauté voit ses effectifs quadrupler pour atteindre un total variant entre 200 000 et 250 000 personnes se trouvant en territoire polonais en juillet 1946.

A Lodz fonctionne un grand centre de rapatriement. Dans la grande cité industrielle qui n'a pas beaucoup souffert de la guerre, une importante communauté s'est organisée en dépit de difficultés innombrables. En dehors de la Silésie où, bientôt, vont arriver les premiers convois, et plus que Varsovie, en ruine, ou Cracovie, trop exposée au terrorisme, Lodz est devenue un pôle d'attraction ne serait-ce que par les débouchés qu'y offre l'industrie[1]. Mais le retour en Pologne des rapatriés ne se déroule pas exactement comme ils l'avaient prévu.

Sauvé par sa fuite à l'Est en 1939, Sholem Rosenberg, militant socialiste de la première heure, fut de ceux pour qui Lodz était devenue la ville où il semblait le moins « difficile d'être un Juif[2] ».

« Nous nous étions fait une joie de revoir notre pays après tant d'années. La joie, hélas, fut de courte durée. Nos gens religieux débarquaient avec leur barbe et leur costume traditionnel que la Russie athée ne leur avait jamais interdit de porter. Dès que nous sommes arrivés à Lodz, le fait d'avoir une barbe juive ou de parler yiddish dans la rue nous a tout de suite attiré des réflexions désagréables du genre : " Mais d'où sortent donc tous ces Juifs ? " Ou encore : " Comment se fait-il qu'il en reste autant ? " Quand ce n'était pas : " Des Juifs... encore des Juifs... ! "

« Cet accueil nous déprimait. Pourtant la plupart de nous en avaient eu un avant-goût dans le train.

« C'était, je m'en souviens, le jour de *Rosh Ha Shana*[3]. Le train s'est arrêté, une bande de Polaks est aussitôt montée à bord et l'un d'eux a crié :

« — Les Juifs, descendez, vite !

« Quelques vieilles gens ont pris peur et se sont mis à prier et à pleurer. Ils en ont fait d'abord descendre deux et les ont

1. L'industrie textile et la confection qui font la richesse de cette région appartenaient autrefois en partie à des familles juives dont les membres en avaient été les premiers fondateurs.
2. Du vieux proverbe yiddish : « Il est bien difficile d'être un Juif. »
3. Premier jour de l'année juive.

fusillés sur-le-champ. A ce moment-là les autres, les jeunes surtout — nous avions à peine vingt ans — ont refusé d'obéir. La bagarre a duré un bon moment, à mains nues pour les Juifs qui n'avaient pas d'armes. A la fin les Polonais sont repartis et le train a redémarré comme si rien ne s'était passé.

« Par la suite, nous avons compris que les Polonais trouvaient normal de nous tuer, comme les Allemands. Psychologiquement, c'était devenu une sorte de crime admis que de nous faire disparaître complètement.

« L'anticommunisme, une excuse trop facile !

« Il y avait aussi des Polonais parmi les communistes, par conviction ou par intérêt. Ceux-là on ne les forçait pas à descendre du train, on ne venait pas les tuer à domicile. Toute la différence est là. Nous avions échappé à mille périls et tout recommençait. Ce fut insupportable [1]. »

Le journaliste Léon Leneman confirme :

« J'ai fait moi aussi partie des premières vagues de rapatriés d'Union soviétique. Nous étions heureux de rentrer et n'imaginions pas un seul instant que les Polonais étaient restés antisémites après tout ce qui venait de se passer sous leurs yeux. Il a vite fallu abandonner nos espoirs.

« J'ai vu des trains arrêtés en rase campagne puis attaqués par les bandes de la NSZ. Ils volaient les bagages, battaient et tuaient les Juifs qui étaient descendus des wagons après que les Polonais eurent crié : " Officiers soviétiques et Juifs sortez, quittez le train. " Il faut rappeler que ces fascistes polonais " résistaient " contre la présence de l'armée soviétique et la prise de pouvoir par les staliniens locaux rentrés de Moscou. L'animosité envers les Russes était très forte à ce moment-là.

« Les Juifs étaient fusillés sur place. Les Russes on les emmenait ailleurs. Pour en faire quoi ? Nous ne l'avons jamais su, mais je ne pense pas qu'il y ait eu des représailles de la part de l'Armée rouge, du moins pas à ma connaissance.

« La première réaction de ceux qui, comme moi, avaient échappé aux attaques de trains, ces massacres de la liberté, consistait à retourner dans leur ville ou dans leur village à la

1. Sholem Rosenberg, entretien avec l'auteur.

recherche des membres de la famille dont ils avaient été séparés. Ils ne retrouvaient personne. Tous avaient été exterminés.

« Alors commençait la quête pour un détail, un renseignement, un souvenir. Un nouveau drame se greffait sur le premier : ici ou là, les gens retrouvaient leurs meubles, un objet ayant appartenu aux parents, une voiture d'enfant... chez le voisin d'à côté ou d'en face.

« La tragédie prenait alors des proportions inhumaines pour ces rescapés qui se rendaient peu à peu compte que les familles avaient été exterminées avec l'aide de ces nouveaux " propriétaires " de biens juifs, les voisins polonais[1]. »

Réfugiés depuis 1939 pour avoir fui la première attaque allemande contre la Pologne ou repliés avec l'Armée rouge après la rupture du pacte de non-agression germano-soviétique[2] et l'invasion des provinces de l'Est qui s'ensuivit, les Juifs qui rentrent en 1946 n'ont qu'une idée très vague de la situation faite aux survivants demeurés sur place depuis la libération.

Mais ils gardent tous de leur arrivée en territoire polonais un souvenir pour le moins pénible :

« Quiconque a fait partie de ces convois vous dira que, même de nuit, les yeux fermés, il pouvait reconnaître, à la seconde près, l'instant où le train était entré en territoire polonais. Lorsqu'il ne s'agissait pas d'une attaque en règle, avec exécution de quelques gens pris au hasard pour nous faire passer l'envie de rester en Pologne, les pierres lancées contre nos wagons nous servaient de message d'avertissement. Le jour nous étendions des couvertures aux fenêtres afin de nous dissimuler au regard des paysans et aussi de nous protéger des jets de pierres. Nos convoyeurs, venus de Varsovie afin d'organiser les départs, pour nous mettre en garde, nous avaient parlé des assassinats et des attaques de trains. Nous ne voulions pas les croire. Des meurtres de Juifs après l'holocauste, cela nous semblait inimaginable. Au bout de quelques heures de voyage, nous étions fixés. Rien

1. Léon Leneman, entretien avec l'auteur.

2. Signé par Von Ribbentrop et Molotov, le 23 août 1939, et aux termes duquel l'Allemagne n'occupa que la moitié environ du territoire polonais, l'autre partie revenant à l'Union soviétique (Ukraine, Biélorussie...), le pacte fut rompu le 21 juin 1941 par Hitler.

n'avait changé dans ce pays. Ce qui explique qu'un certain nombre de rapatriés ne sont descendus du train qui venait de l'Est que pour monter dans un autre, en partance pour l'Ouest celui-là.

« Nous allions trouver sur place quelques milliers de survivants des camps. Ils nous racontèrent que les Polonais ne voulaient plus d'eux et qu'ils avaient déjà tué plusieurs centaines de Juifs avant notre arrivée. Leur peur aurait fini par être contagieuse si nous n'avions pas été dirigés à l'autre bout de la Pologne, là où l'antisémitisme — faute de Juifs — n'avait pas encore fait de victimes[1]. »

Attirés par la région de Lodz où se rassemblent de plus en plus de rescapés originaires de toute la Pologne, les rapatriés de Russie, outre le choc psychologique provoqué par le climat ambiant, doivent faire face à des conditions matérielles extrêmement pénibles auxquelles ils ne s'attendent pas le moins du monde.

Le centre d'accueil du 16 de la rue Jakoba, aux fenêtres protégées par de solides barreaux de fer, ne désemplit pas depuis le début des opérations de rapatriement. Une foule, perpétuellement en mouvement, se déplace constamment en direction des grandes tables d'approvisionnement qui restent vides. Pas de pain, pas de pommes de terre, même pas le moindre verre de thé. En marchant, la foule butte sur des corps allongés à même le sol. Interrogé par un journaliste américain, le responsable du centre, M. Feldhorn, un Juif viennois sorti vivant du ghetto de Lodz, dira : « Que puis-je faire ? J'ai plusieurs milliers de pensionnaires officiellement enregistrés mais je n'ai de la place que pour quelques centaines. Du pain... nous en avons tout juste pour les enfants. Personne ne nous aide et surtout pas les Polonais. »

Nonobstant les difficultés qui président à leur réinstallation, les rapatriés qui débarquent à Lodz sont nombreux à interrompre leur voyage. Sous l'impulsion des autochtones rescapés, la ville devient très vite le plus grand centre spirituel juif de Pologne avec ses écoles, son association d'écrivains et d'artistes, ses journaux, son théâtre yiddish, ses salles de lecture et ses rabbins.

Ils sont bientôt 38 000 dûment enregistrés dans la ville et

1. M^me^ Lichtenstein, entretien avec l'auteur.

sa région. 17 300 ont survécu aux camps de concentration, 1 500 sont d'anciens partisans, 2 000 rescapés des forêts ou du ghetto de Lodz, quelques centaines de démobilisés de l'armée russe ou polonaise et un peu plus de 10 000 réfugiés d'URSS[1].

Cette renaissance d'une vie juive n'est pas du goût de tout le monde. Si elle comble de joie ceux qui, parmi les membres de la communauté, pensent que leur installation est définitive, il n'en est pas de même pour les Polonais, tant du côté des « gars dans la forêt » que des autorités officielles, les uns et les autres ayant pour les Juifs qui arrivent un projet bien précis.

1. Avant la guerre, Lodz comptait 233 000 Juifs, soit un tiers de la population d'alors.

CHAPITRE IX

# ENTRE L'ESPOIR ET LES LARMES

A Varsovie, les différentes sections du Comité central des Juifs de Pologne, calqué sur celui du Parti communiste au pouvoir, sont désormais à même de s'occuper des problèmes posés par l'ensemble de la communauté. Avec le retour des réfugiés, 200 sous-comités ont pu être créés, répartis à travers tout le territoire. Une quantité impressionnante de fonctionnaires travaillent au Comité central, employés par l'Etat au même titre que la pléthore d'administratifs au service d'un pays en voie de soviétisation.

La section dite de « Témoignages et de Statistiques » a été la première mise sur pied afin de poursuivre la recherche des rescapés, en Pologne et à l'étranger (Allemagne, Autriche, autres pays de l'Est, etc.) dans un souci légitime de rassembler les restes de la communauté épargnés par l'holocauste, de dresser également, autant que faire se peut à partir de documents et de témoignages, un bilan approximatif des pertes subies par le peuple juif entre 1939 et 1945.

Il arrive parfois que ce travail de titan donne des résultats inespérés. Telle personne, présumée morte dans un camp, rentre d'Allemagne après un séjour prolongé dans un sanatorium ; telle autre, qui se trouvait hors des frontières au moment de la liquidation du ghetto, fait savoir qu'elle est saine et sauve, par l'entremise des commissions d'enquête qui fonctionnent dans le monde entier. Les mouvements de ceux qui partent sans laisser d'adresse ou qui jugent inutile d'avertir un comité de leur survie rendent les opérations difficiles. Et l'on sait déjà que jamais ne pourra être établi un bilan définitif, pour les morts comme pour les survivants.

La section de l'Aide juridique est également assaillie de demandes, de conseils, de plaintes qui vont toutes, plus ou moins, dans le même sens, à savoir : la possibilité pour ceux qui sont revenus des camps ou d'Union soviétique de rentrer en possession de leurs biens, de réintégrer un appartement, de rouvrir un atelier. Déchirés entre le pouvoir qui, tout en voulant aider les Juifs, se doit de ménager les autres, locataires ou propriétaires visés par la loi sur les restitutions, et ceux qui ont le droit pour eux, les fonctionnaires de ce service, dont quelques-uns seulement ont une formation juridique, n'ont pas la tâche facile. Les litiges sont nombreux mais, dans un tel contexte, les solutions font défaut. Dans bien des cas, seul le départ des requérants permet de classer un dossier.

Les services de l'Aide sociale, compte tenu de l'état physique ou moral de ceux dont ils ont la charge, sont naturellement soumis à la plus importante contribution. Ils s'occupent, à la fois, des produits alimentaires distribués aux plus nécessiteux, de l'habillement, des cantines populaires, des logements, des asiles pour les personnes âgées, des homes d'enfants pour orphelins. Ils doivent aussi veiller à ce que les invalides et les malades, dont le pourcentage est très élevé parmi ceux qui ont connu l'occupation allemande, reçoivent l'aide médicale et sociale dont ils ont un urgent besoin.

Grâce au *Joint* et à différentes organisations juives de charité d'Europe et des Etats-Unis qui assurent plus des 9/10e du budget, valides dans le besoin, malades et invalides parviennent, tant bien que mal, à subsister en attendant des jours meilleurs.

25 millions de Polonais sont d'ailleurs dans leur cas, les prélèvements de l'Armée rouge ajoutant encore à la misère chronique de la Pologne, misère que la guerre et l'occupation ont encore aggravée.

Il n'en reste pas moins qu'à l'échelle nationale et malgré l'insuffisance des moyens, priorité est accordée aux victimes du nazisme, lesquelles se chiffrent par millions.

« Privilégiés » grâce à l'argent de leurs frères de l'étranger par rapport au reste de la population, les Juifs s'abstiennent souvent de faire appel à l'Etat quand il s'agit des cantines populaires, des centres de distribution de vêtements, des soins médicaux. Le régime y trouve son compte et accorde, de ce fait, une certaine liberté aux comités non sans prélever au passage une partie de cette manne de provenance capitaliste.

En revanche, la culture pour les masses, soutenue par une intense propagande dans le plus pur style communiste et stalinien, est distribuée à profusion à tous les Polonais sans distinction de race ou de religion. La grande majorité de la population, en ces temps de liberté provisoire, s'y montre allergique, rejetant encore la perspective de voir la Pologne entrer définitivement dans le giron de Moscou. Même si l'intérêt dicte à de nombreux citoyens d'adhérer au Parti, et même si le gouvernement de Londres est déjà tombé dans les oubliettes de l'histoire, les « gens de Lublin » sont loin de faire l'unanimité.

Les mêmes problèmes se posent aux Juifs « déclarés ». Certes, ceux qui le désirent ont droit provisoirement il est vrai — à des activités culturelles spécifiques dans quelque domaine que ce soit. Un nombre considérable de journaux, hebdomadaires ou bihebdomadaires, sont publiés en yiddish, représentant toutes les tendances politiques, littéraires, artistiques, spirituelles[1]. A la radio, des émissions sont diffusées plusieurs fois par semaine en yiddish à l'intention des Juifs, en polonais à l'intention des chrétiens, à qui il est demandé de considérer cette minorité comme partie intégrante de la nouvelle Pologne. Dans chaque communauté renaît un semblant de vie religieuse quand bien même il ne reste plus que quelques douzaines de rabbins qui se dépensent sans compter. Alors qu'avant la guerre, la communauté des Juifs de Pologne pouvait s'enorgueillir de ses 2000 rabbins, de ses milliers d'enseignants religieux, de ses 10000 étudiants des écoles talmudiques, ceux qui sont encore vivants ne dépassent pas les 200 — étudiants, rabbins, enseignants — dont la plupart d'ailleurs ont survécu grâce à leur fuite en Union soviétique. Mais le besoin d'un retour aux sources se fait sentir à un tel point que tout est mis en œuvre, toujours avec l'aide de l'étranger naturellement, pour y répondre.

1. Journal d'inspiration communiste, l'hebdomadaire du Comité central *Dos Naye Lebn* (Vie nouvelle), d'un optimisme à toute épreuve même dans les pires moments, était boycotté par la grande majorité. A tel point qu'il fallut imposer, aux comités locaux, un « abonnement volontaire » à raison d'un numéro pour trois Juifs enregistrés auprès desdits comités.

La culture polonaise et la propagande communiste tiennent, cela va de soi, une place prépondérante dans la vie des citoyens. Au même titre que les chrétiens subissent la pression de la minorité guidée par Moscou, les Juifs, qu'ils soient de gauche, du centre, de droite, croyants ou agnostiques, restent soumis à celle de leurs coreligionnaires, les camarades assimilationistes toujours ancrés dans leur projet de transformer les Juifs... en Polonais bon teint.

Les difficultés ne se cantonnent d'ailleurs pas au domaine idéologique, l'adaptation pratique des théories prenant bien souvent le pas sur tout le reste.

La section « Productivisation » du Comité central est, de ce fait, celle qui rencontre le plus de difficultés dans la charge qui lui a été confiée et qui consiste à faire de chaque Juif un ouvrier lancé à corps perdu dans la préparation des lendemains qui chantent.

Certes, avec l'aide de cette section, ont été créées des coopératives ouvrières et même des ateliers individuels. Mais tous les Juifs ne font pas montre d'un enthousiasme débordant pour le système de productivisation prôné par le régime socialiste. Dans l'état psychologique et physique qui est celui de bon nombre d'entre eux, une adaptation aux nouvelles normes imposées par l'Etat ne va pas de soi. Difficile aussi de demander à des gens à peine sortis du cauchemar de renoncer, même au prix de la liberté, à être ce qu'ils avaient toujours été pour la plupart, des Juifs exerçant des métiers de Juifs imposés, eux, par l'Histoire.

Sans pour autant envisager un retour dans les affaires, le négoce, le commerce intermédiaire, et conscients des besoins du pays, les Juifs entendent, au moins, rentrer en possession de leurs ateliers de confection, de leurs échoppes de cordonniers, de coiffeurs, de leurs fermes, afin d'exercer des professions permises aux autres Polonais. Admettant parfaitement que, dans l'économie socialiste et étatique qui se met en place, aucune spécificité ne puisse être prise en considération, ils jugent le refus de leur restituer leurs outils de travail comme une autre forme de discrimination aussi inacceptable que la violence physique.

La propagande, qui vante les mérites des pionniers de l'Ouest (où le « départ » des Allemands a créé d'immenses possibilités) n'a donc que peu de répercussion sur ceux que les trains, en provenance d'Union soviétique, n'ont pas déversés sur les quais des gares de ce nouvel Eldorado. Ils sont ainsi des milliers et des milliers ceux qui s'installent à Varsovie, Cracovie, Lodz, habités par l'espoir de pouvoir, un jour, donner un sens à leur survie. Imaginer une renaissance de vie juive ailleurs que là où elle s'était autrefois épanouie leur paraît sacrilège. Contre vents et marées ils s'accrochent à leurs souvenirs, là où précisément on ne veut plus d'eux. Aussi, et craignant que ne se propage, à d'autres villes, l'exemple de Lodz, où la présence de 40 000 Juifs risque, à tout moment, de déclencher une réaction violente de la population autochtone, les autorités de Varsovie décident-elles d'accorder une attention particulière à la solution silésienne. Dans la mesure du possible, les convois sont donc directement dirigés vers les provinces de l'Ouest — Basse et Haute-Silésie, Poméranie — dont on veut faire des provinces modèles, tant sur le plan économique que sur celui des relations entre les communautés chrétienne et juive dans une Pologne démocratique et égalitaire.

L'enjeu du pari est triple :

— rendre les Juifs moins voyants, plus discrets, donc moins exposés à la vindicte populaire ;

— leur offrir, en compensation, toute latitude pour s'organiser à leur guise dans une région où tout reste à faire ;

— priver, dans la mesure du possible, ceux qui en auraient l'intention, de la possibilité de réclamer leurs biens passés entre les mains de Polonais durant leur absence.

Il y a d'autant plus urgence que des rapatriés, non avertis du danger qu'ils encourent en se rendant seuls dans leur ancien village, ont déjà payé de leur vie cette démarche qui, pour eux, allait de soi.

A la suite des meurtres dans les trains en provenance de Russie, quelques mesures de précaution ont été prises mais elles se sont très vite révélées de peu d'efficacité. De connivence avec les terroristes, les machinistes, quand ce ne sont pas des villageois habitant sur le parcours des convois, signalent aux « gars dans la forêt » lequel des trains est, ou non, surveillé. L'armée, lancée dans de vastes opérations de ratissage, obtient de temps à autre quelques résultats mais les assassinats n'en continuent pas moins pour autant. Au début de mai 1946, alors que les rapatriements s'accélèrent, le Comité central de Varsovie a déjà établi une liste de près d'un millier de morts, officiellement recensés.

La situation se complique aussi sur le plan des restitutions. Bon nombre de rapatriés, tout en acceptant d'être transplantés — une fois de plus — en terre ex-allemande, n'ont aucune intention de laisser les gentils garder par-devers eux les biens hérités de l'holocauste. Mis au courant de l'attitude des nouveaux propriétaires par la lecture des journaux ou le bouche-à-oreille, les requérants s'abstiennent d'entreprendre des démarches individuelles et se font accompagner par un ou plusieurs hommes armés.

Dès le début de l'opération « Silésie » et en dépit des tracasseries administratives auxquelles se heurtent certains, l'enthousiasme est réel parmi les rapatriés. Après des années d'exil et d'inactivité intellectuelle forcée, beaucoup d'entre eux, sans être pour autant des communistes convaincus, accordent une entière confiance à la révolution socialiste, démocratique et égalitaire où vient de s'engager la Pologne. Ils sont fermement décidés à reconstruire ce pays qui les a vus naître. Les jeunes, surtout, semblent prêts à accepter les risques d'un aussi profond bouleversement, seul capable, selon eux, de mettre un terme à la discrimination dont les Juifs ont fait l'objet dans le passé. Tous sont persuadés qu'aussi longtemps que la Pologne serait dirigée par des communistes, ils n'auraient plus à craindre le retour d'un antisémitisme d'Etat.

Dans le combat politique qui, depuis la fin de l'occupation, maintient le pays au bord de la guerre civile, seuls, en effet, les hommes de gauche ont le courage de s'élever contre les actions criminelles des terroristes[1]. L'attitude des « Russes » comme d'ailleurs celle d'une majorité de survivants, est donc une attitude de loyauté envers un régime qui lutte contre l'antisémitisme et pour l'égalité des droits.

Matériellement, les rapatriés se retrouvent, sans transition, dans de riches provinces vidées de leurs habitants allemands et offrant d'immenses possibilités de développement, dans tous les domaines. Ils y arrivent à un moment où une importante réforme économique se propose de

1. Pendant la guerre, les différentes tendances conservatrices de la Résistance, perpétuellement en désaccord sur tous les points, se rejoignaient cependant sur l'idée que la future Pologne devrait être « racialement » homogène, sans autre ethnie que l'ethnie purement polonaise.

modifier de fond en comble les anciennes structures de la société polonaise.

Premiers arrivés, premiers servis, les nouveaux pionniers de l'Ouest — juifs ou chrétiens — bénéficient d'avantages considérables. Les uns deviennent, du jour au lendemain, propriétaires de terres et de fermes confisquées aux Allemands [1]. D'autres héritent de magasins, d'ateliers, de logements d'un standing nettement plus élevé que dans le reste de la Pologne. Ces provinces possèdent également des mines de charbon, des usines importantes, des ports sur la Baltique.

La propagande, diffusée par la radio ou les journaux d'obédience exclusivement communiste, en faveur d'un volontariat pour s'installer à l'Ouest, prêche à des convertis. En URSS, les réfugiés ont appris des métiers auxquels, jusque-là, les Juifs étaient peu habitués ou peu admis, comme le travail dans les mines, la grande industrie, les ports, les chemins de fer, la construction.

La bonne volonté est si grande que beaucoup participent, en dehors de leurs heures de travail, aux opérations de nettoiement et de remise en état des villes abîmées par la guerre.

Baignant dans un optimisme que d'aucuns ne vont pas tarder à lui reprocher [2], la population juive des provinces de l'Ouest atteint, très vite, le chiffre de 100 000 âmes puis, vers la fin du mois de mai, celui de 150 000.

Privilégiés, tenus à l'écart des tensions de tous ordres qui agitent les régions du Centre et de l'Est, les nouveaux pionniers n'éprouvent pas le besoin, dans un premier temps tout au moins, de mener l'existence discrète qu'on attend d'eux.

Ils tiennent si peu compte de l'avis des autres qu'ils sont les premiers, mais sans faire la moindre concession sur le plan spirituel, à abonder dans le sens des directives gouver-

1. 5 millions d'hectares furent répartis entre une centaine de milliers de familles, avec priorité aux résistants et aux victimes de la guerre et de l'occupation.

2. Les reproches vinrent surtout des milieux qui ne se faisaient déjà aucune illusion sur l'évolution future de la Pologne quant à la question d'une vie juive pleine et entière dans ce pays. Pour ces milieux, la Silésie n'était qu'une étape de transit en attendant que s'ouvrent les portes de la Palestine.

nementales : création de coopératives, d'ateliers de confection collectifs, de fabriques de chaussures, de fermes, collectives elles aussi. Les premiers aussi, en dehors de Lodz mais sur une échelle quatre fois plus vaste, à reconstituer une vie juive, culturelle, religieuse, une communauté grouillante et affairée, toujours en mouvement, comme au temps jadis. Les nouveaux commerçants trouvent normal d'installer, au fronton de leurs échoppes, des enseignes en yiddish. Des patronymes juifs s'étalent en toutes lettres sur les vitrines, les portes des magasins, les boîtes aux lettres. Comble de liberté, les affiches qui annoncent les pièces de théâtre ou les concerts sont, elles aussi, rédigées en yiddish, langue qui devient prédominante dans les rues de la capitale provinciale, Szczecin (Stettin), où l'on compte déjà, fin mai 1946, un habitant sur deux qui est juif.

L'illusion d'une communauté florissante, libre, est complétée par la création d'une société d'écrivains, journalistes et acteurs juifs ainsi que par l'ouverture, très officielle, d'un théâtre [1] à Wroclaw (Breslau). Dans les écoles, on apprend le yiddish, l'hébreu et, naturellement, le polonais, mais dans l'esprit des éducateurs l'enseignement de la culture juive, dont les enfants ont été longtemps privés, prime avant tout.

Rescapé de Maïdanek, établi à Lublin où il s'occupe d'orphelins handicapés, Yaacov Lustig arrive, vers la mi-mai, en Silésie avec pour mission de trouver un établissement susceptible d'accueillir une douzaine d'adolescents dont la réadaptation s'avère difficile.

« Venant de la Pologne... polonaise où nous avions pris l'habitude de ne pas trop nous faire remarquer, j'ai eu l'impression d'atterrir sur une autre planète. Partout, dans les rues de Wroclaw ou de Szczecin, dans les cafés, sur les places publiques, des Juifs courant dans tous les sens, affairés, bruyants, gais, les premiers que je voyais vivre de cette manière depuis des années. Nous, à la libération, nous nous étions retrouvés seuls, absolument seuls, sans parents, sans enfants alors que les " Russes " avaient eu la chance de conserver plusieurs membres de leur famille, parfois même la famille au grand complet. Leur comportement était donc

1. Le premier théâtre juif a été créé à Lodz. Les deux fusionneront en 1950 pour donner le Théâtre juif d'Etat qui, de nos jours et faute de pouvoir recruter parmi les quelques milliers de vieillards qui restent, emploie un certain nombre d'acteurs non juifs.

différent du nôtre. L'holocauste, pour eux, était, si je puis dire, un fait accompli, terrible mais accompli, alors que nous l'avions vécu quotidiennement, jour après jour, pendant cinq ans. Nos attitudes de gens traqués, diminués, anormaux même, dont il était difficile de se débarrasser, s'adaptaient mal à leur entrain, à leur vitalité.

« On m'a fait visiter des écoles, des coopératives, des ateliers, des fermes, où tout le monde était juif. Les enfants orphelins, les malades, les vieux, tous étaient pris en charge par les services sociaux. Celui qui venait de l'extérieur découvrait là tout un pan intact d'un monde enseveli.

« Le plus extraordinaire est que les Juifs, en Silésie, vivaient dans la plus parfaite tranquillité comparé à ce qui se passait dans le reste de la Pologne. Certes les journaux les tenaient au courant des meurtres perpétrés par les terroristes. Ils se sentaient concernés mais pas directement. Quand nous leur expliquions que nous nous barricadions, la nuit, par crainte d'une attaque, c'est tout juste s'ils acceptaient de nous croire. Pour eux, l'occupation était terminée et la confiance qu'ils mettaient dans un gouvernement socialiste les poussait à envisager l'avenir des Juifs en Pologne avec sérénité. D'ailleurs, ils adhéraient nombreux au Parti et entretenaient avec la population locale d'excellentes relations. Le miracle tenait au fait que Juifs et chrétiens étaient logés à la même enseigne, c'est-à-dire qu'ils se partageaient un butin pris aux Allemands. Les Polonais, transplantés eux aussi, n'avaient donc aucune raison de massacrer les Juifs[1]. »

La situation est sensiblement différente en Haute-Silésie, province voisine où survivants et rapatriés ont également entrepris de recréer une communauté. Dans cette région industrielle du Sud, proche de la Tchécoslovaquie, la présence d'une forte population autochtone et purement polonaise rend la réinstallation des Juifs nettement plus délicate.

A la différence de la Basse-Silésie et de la Poméranie, demeurées territoires allemands jusqu'en 1945, la Haute-Silésie est devenue polonaise en 1922, à la suite d'une série de plébiscites organisés, au lendemain de la Première

1. Yaacov Lustig, entretien avec l'auteur.

Guerre mondiale, dans certains districts de Prusse occidentale et orientale ainsi que de Silésie, plébiscites dont la Pologne n'est pas sortie vainqueur puisque seule la Haute-Silésie a accepté de passer dans son giron [1]. Mais dans ce territoire a été menée depuis une campagne de « polonisation » à outrance, au détriment des « Polonais de souche allemande » et, naturellement, des Juifs, lesquels furent, là comme ailleurs, les premiers affectés par la discrimination ethnique imposée par les « vrais » Polonais dans le commerce et l'industrie.

En 1945, les *Volksdeutsche* ont été chassés au même titre que les Allemands des provinces héritées à Potsdam grâce à la victoire des Alliés.

Les Juifs de Haute-Silésie, quant à eux, ont disparu sans laisser d'adresse. Sur les 93 628 hommes, femmes, enfants recensés en mars 1941 par le comité des sages de la région sur ordre des Allemands, moins de 2 000 ont réussi à échapper à l'extermination.

De par la situation géographique de leur province, ces malheureux avaient été, là encore, parmi les tout premiers à tomber entre les mains de la Wehrmacht au début de l'invasion de la Pologne [2]. Peu d'entre eux avaient eu le temps ou le réflexe de s'enfuir vers l'est. Pris en tenaille entre les SS et les *Volksdeutsche* locaux, les Juifs silésiens avaient ainsi écrit les premières pages de ce qui allait devenir le dernier chapitre de la tragédie de leur peuple en Pologne.

La grande synagogue de Bendzin eut d'ailleurs le triste privilège d'inaugurer le processus de destruction de centaines de synagogues, saccagées, ravagées par le feu sur l'ensemble du territoire polonais.

Abraham Fingerhut avait 15 ans à l'époque :

« Elle se trouvait sur la place du marché et fut incendiée le 9 septembre, soit une semaine après l'arrivée des Allemands. Les flammes se sont répandues jusqu'aux maisons juives

1. Avec l'aide des troupes françaises qui se trouvaient sur place à l'époque.

2. A quelques kilomètres de là se trouve la ville de Gliwice, située alors sur la frontière polono-allemande où se déroula l'incident créé par les services spéciaux nazis pour servir de prétexte à l'attaque de la Wehrmacht le 1er septembre 1939. Ce fut le commencement de la Seconde Guerre mondiale.

voisines si bien que tout le quartier, bouclé par les soldats de l'armée et de la SS qui interdisaient à quiconque de sortir ou de combattre l'incendie, fut très rapidement transformé en un gigantesque brasier. Beaucoup de maisons ont brûlé ce jour-là avec, à l'intérieur, des centaines de personnes qui ont dû mourir asphyxiées ou brûlées vives. On savait aussi que des gens avaient péri à l'intérieur même de la synagogue où un certain nombre d'habitants du quartier avaient été enfermés. Ce fut une journée terrible qui en annonçait beaucoup d'autres mais, à ce moment-là, personne ne pensait au lendemain. On essayait de sauver sa peau, en obéissant aux ordres, en se cachant dans son appartement ou dans les caves.

« Le cauchemar ne faisait que commencer. Le lendemain ils ont organisé leur sinistre comédie du " tribunal militaire " — souvent reprise par la suite — qui condamnait les responsables... juifs des incendies. 30 personnes furent arrêtées — dont un de mes oncles — et aussitôt fusillées en public, devant l'immeuble de la rue Lipca sous prétexte qu'elles avaient mis elles-mêmes le feu à la synagogue[1].

« A cette époque la guerre se poursuivait encore[2], mais en Haute-Silésie ainsi que dans toutes les régions de l'Ouest, les opérations de " traitement spécial " avaient déjà commencé. C'est dans les rues de Bendzin que j'ai vu pour la première fois des soldats arracher la barbe des Juifs religieux ou même y mettre le feu avec une allumette.

« Après... mieux vaut ne pas en parler[3]. »

Libérée, après de très durs combats, par les soldats du 4$^{e}$ corps blindé de la Garde et de la LIX$^{e}$ armée du 1$^{er}$ front d'Ukraine à la fin du mois de janvier 1945, la région est aussitôt le théâtre d'un mouvement massif de population. Transplantés à l'Est par les Allemands, des dizaines de milliers de Silésiens ont, dès que faire se pouvait, emboîté le pas de l'Armée rouge afin de rentrer au plus vite chez eux. Sur place, leur premier geste est de chasser les *Volksdeutsche* autochtones ou amenés là au temps de l'occupation pour repeupler ces régions en qualité de colons de souche germa-

1. Une plaque commémorative a été aposée au n° 22 de la rue en hommage aux victimes.
2. La campagne de Pologne durera trois semaines.
3. Entretien avec l'auteur.

nique. En l'espace de quelques semaines, des villages entiers se vident et se remplissent, des villes sont l'objet d'un changement quasi général de population. Les Polonais, qui arrivent en masse, ne sont pas tous originaires de la région. Les uns sont échangés contre des Ukrainiens ou des Biélorusses aux termes des accords passés avec Moscou; d'autres proviennent de régions sinistrées où il est pratiquement impossible de trouver un logement; d'autres enfin, réfugiés des grandes villes du Centre, trouvent plus commode de rester sur place compte tenu des possibilités de travail et d'habitat.

Les survivants juifs, dont le transfert ne s'est fait qu'exclusivement en direction d'Auschwitz, de Maïdanek ou de Treblinka, partagent, avec les autochtones arrivés sur les traces des libérateurs russes, le légitime désir de retrouver leur univers saccagé par la guerre. Citoyens de Silésie depuis les temps anciens, ils quittent, qui les camps, qui les forêts, pour rentrer chez eux.

Abraham Fingerhut est de ceux-là. Il vient de traverser la Pologne à bord d'un véhicule sanitaire russe et arrive à Bendzin au début de février.

« Nous étions trois qu'un médecin juif de l'Armée rouge avait pris sous sa protection personnelle. Le premier réflexe de n'importe quel Juif sorti vivant de l'hécatombe consistait à rechercher d'autres rescapés. Ceux qui, comme moi, savaient ce qu'il était advenu de leurs proches, ressentaient un immense besoin de retrouver des Juifs, même inconnus, mais des Juifs, pour se sentir moins seuls. Tout le reste était secondaire, ce qui explique pourquoi les problèmes de logement se sont posés avec tant d'acuité par la suite. Les Polonais de Silésie transférés à l'Est revenaient sains et saufs, par familles entières. Pendant que les Juifs cherchaient des survivants, eux s'installaient tranquillement. Ce que les Allemands nous avaient pris, ils le récupéraient sans aucune hésitation. Pour eux, nous étions partis pour ne plus revenir[1]. »

Les semaines passant, ils sont bientôt 500 à Bendzin, 600 à Sosnowiec, près de 1 000 à Katowice les Juifs qui, d'une manière ou d'une autre, ont réussi à échapper à l'extermina-

1. Entretien avec l'auteur.

tion. L'instant de surprise passé et contrairement à ce qui se produit dans les districts de Kielce, de Lublin, de Lodz ou de Cracovie où se sont manifestés les premiers excès de la libération, les populations environnantes donnent aux survivants l'impression qu'ils sont sinon acceptés du moins tolérés [1]. Après des années passées dans cette région Léopold Gertner peut en témoigner. .

« Vous devez savoir que les Polonais de Haute-Silésie, très marqués par des siècles d'influence germanique, n'avaient pas fait preuve d'un patriotisme démesuré sous l'occupation. Dans ces territoires annexés par Hitler, les spécialistes nazis de la race avaient estimé à 300 000 le nombre de Polonais de souche allemande et à 2 millions celui des « germanisables ». Jusqu'à la défaite de Stalingrad, c'est-à-dire jusqu'à la fin de 1942, ces gens-là ont cru que la victoire de Hitler était définitive. Ce qui explique peut-être pourquoi l'aide apportée aux Juifs persécutés a été plus faible là que partout ailleurs, la résistance peu active.

« Il est vrai qu'après la guerre nous nous sommes sentis plus libres de nos mouvements en Silésie qu'à Cracovie par exemple. Pour les raisons que je viens d'indiquer, les Silésiens ne tenaient pas à aggraver leur cas face au nouveau régime.

« Nous nous trouvions devant un paradoxe qui en dit long sur ce qui s'est passé en Pologne à cette époque. D'un côté, des gens au comportement plus germanique que polonais prenaient conscience qu'il fallait se montrer plus tolérants envers les victimes du nazisme, de l'autre des " purs " Polonais persistant dans leur antisémitisme viscéral alors qu'eux-mêmes avaient beaucoup souffert de l'occupation.

« Ce paradoxe fait que bon nombre de rescapés, dont je suis, gardent dans leur cœur, et ce jusqu'à aujourd'hui, plus de haine envers les Polonais antisémites qu'envers les Allemands. Les nazis étaient nos ennemis déclarés, nous savions que nous devions nous méfier d'eux, nous battre contre eux. L'Allemand nous le reconnaissions de loin tandis que le Polonais, croisé dans la rue, pouvait représenter l'ennemi caché, d'autant plus dangereux qu'il paraissait

1. Quelques incidents sans gravité avaient marqué le retour d'un groupe d'anciens déportés en gare de Sosnowiec mais tout était rapidement rentré dans l'ordre après intervention de la police militaire.

inoffensif et, à la limite, victime en puissance, comme le Juif. Au début de l'occupation surtout, la confiance que nous mettions en nos voisins nous a coûté très cher. Par suite, nous avons compris que nous avions deux ennemis et que l'un et l'autre voulaient notre mort.

« Mais c'est en Pologne, notre pays natal, qu'on a continué à massacrer les Juifs après le génocide. En Pologne et pas en Allemagne. Et c'est en Allemagne qu'on se réfugiait quand on fuyait la Pologne. L'Allemagne représentait l'espoir, le premier pas vers la liberté. En Pologne nous versions des larmes. Entre les larmes et l'espoir il a fallu faire un choix[1]. »

Dès le mois de février les convois en provenance d'Union soviétique sont donc dirigés, en priorité, sur les ex-provinces allemandes « où tout est à prendre ».

Moins privilégiés que les pionniers de Basse-Silésie ou de Poméranie qui ne rencontrent que des Polonais transplantés comme ils le sont eux-mêmes, ceux que le destin a conduits dans cette région désormais polonaise à 100 % sont donc contraints de se greffer sur une majorité de Silésiens autochtones.

Supportés par commisération rétroactive lorsqu'ils rentrent des camps, respectés lorsque, anciens partisans, ils utilisent la manière forte pour faire valoir leurs droits de spoliés prioritaires[2], les Juifs « étrangers », arrivant de Russie, ne bénéficient d'aucune considération car ils représentent à la fois des activistes du bolchevisme et des candidats à la distribution de logements, à la répartition du travail et de l'aide sociale de l'Etat, laquelle n'est fournie qu'avec parcimonie à l'ensemble des citoyens.

A Katowice et dans les villes de moindre importance les rescapés se sont organisés en comités locaux dont les membres font de leur mieux pour secourir ceux qui sont dans le besoin. Ici comme ailleurs les grands malades, les infirmes, les blessés de guerre, les orphelins, les vieux représentent une part importante de ce qu'il reste de la

1. Entretien avec l'auteur.

2. Il semblerait que la méthode qui consistait à se présenter, armé ou accompagné d'un homme possédant une arme, pour appuyer certaines opérations de récupération ait très souvent porté ses fruits, notamment dans les tout débuts, quand régnait une anarchie administrative générale.

communauté. Avec les « Russes », en pleine santé et souvent très jeunes, celle-ci retrouve aussitôt un nouveau souffle auquel l'exemple des régions voisines n'est pas étranger.

Il est vrai qu'au moment où ils débarquent on ne déplore que trois morts dans toute la région, trois Juifs rescapés, dont on ne connaissait même pas l'identité, assassinés en décembre de l'année précédente en dehors de la ville, dans des conditions demeurées obscures. Leurs corps, découverts nus en rase campagne, avaient seuls permis, à défaut de documents, d'affirmer qu'il s'agissait bien de Juifs.

Les auteurs de ce triple crime n'ayant pas été retrouvés et aucun meurtre n'ayant été signalé depuis, on avait jugé préférable, dans les milieux concernés, d'éviter de prononcer les trois lettres fatidiques[1].

Trois meurtres, auxquels il faut, certes, ajouter çà et là quelques tentatives d'intimidation avec violence de la part de « propriétaires » de biens juifs récalcitrants, alors qu'ailleurs la mort est quotidienne, cela suffit pour renforcer l'inébranlable optimisme de ceux qui ont survécu, responsables des comités en tête.

Qui pourrait le leur reprocher ? Au même titre que la Basse-Silésie et la Poméranie, leur province sert de vitrine de propagande à une Pologne miraculeusement favorable aux Juifs. Elle est constamment visitée par des journalistes occidentaux — la plupart du temps américains ou anglais d'origine juive et... polonaise — tout émus de retrouver, même à une échelle réduite, les traces de leur passé, récent ou lointain. Témoins enthousiastes de cette renaissance inespérée et, semble-t-il, définitive leur insistance à décrire les avantages du « paradis » silésien — qu'ils comparent avec « l'enfer » antisémite des autres provinces — fait d'eux des propagandistes du régime mais leur bonne foi ne peut être mise en cause.

« Actuellement, les Juifs installés dans l'Ouest de la Pologne ont l'air heureux quand bien même une grande majorité d'entre eux a tenu compte, dans son choix, de la proximité de la frontière avec l'Allemagne ou la Tchécoslo-

1. NSZ — Organisation terroriste sous le couvert de laquelle agissaient les « gars dans la forêt ».

vaquie », écrit le correspondant du *Jewish Chronicle*, de retour d'un voyage en Silésie. Mais il ajoute : « Qui peut dire combien de temps cela va durer ? »

Dans ce climat de quiétude un peu forcée, c'est tout juste si la rumeur qui circule depuis peu en ville inquiète les responsables des comités locaux. Il est pourtant question de la création d'une branche de la nouvelle organisation terroriste, la *WIN* [1], qui aurait établi son quartier général précisément en Silésie.

Des tracts ramassés dans les rues de Katowice ou de Sosnowiec ne laissent planer aucun doute sur les intentions de leurs auteurs.

« Nous voulons faire de l'antisémitisme notre credo, annoncent les rectangles de papier, et de la chasse aux Juifs, partout où ils se trouvent, l'un de nos buts principaux, l'autre étant la lutte contre l'occupant soviétique. »

Des rumeurs, des tracts, il en circule énormément en cette période de troubles. Entre le pouvoir qui, difficilement, se met en place et le refus de la majorité de céder à l'emprise communiste imposée par Moscou, la minorité juive reste toute désignée pour faire les frais de l'agitation antigouvernementale.

« Le Juif bouc émissaire en Pologne, cela n'était pas nouveau », constate A. Fingerhut qui alors s'occupait de l'aide sociale à Sosnowiec. « Nous avions toujours fait les frais des luttes sanglantes entre Ukrainiens et Polonais, entre Russes et Polonais pour des questions de frontières, de tendances séparatistes ou de difficultés internationales ; les Polonais s'étaient battus, dans le passé, les uns contre les autres, dans les armées autrichiennes, russes, allemandes avant de retrouver, en 1918, leur indépendance. Aujourd'hui, la lutte reprenait entre Polonais fascistes et Polonais communistes mais la situation était différente. Nous étions égaux devant la loi, protégés par elle. Nous espérions que, sitôt le calme rétabli, nous n'aurions plus jamais à subir l'ostracisme d'antan. En Silésie, nous nous trouvions loin de Varsovie et des intrigues politiques. Ce qui explique que nous n'avons attaché qu'une importance secondaire à ces

1. *Wolnos i Niepoleglosc* (Liberté et Indépendance). On dit aussi la *NIE*. (Chapitre III — Les « gars dans la forêt ».)

rumeurs. On aurait pourtant pu s'en douter après l'arrivée des gens d'Union soviétique. Trop c'est trop ! Les terroristes ont apparemment mis un certain temps à s'organiser dans notre région. Il leur a fallu créer une infrastructure ne serait-ce que pour obtenir l'aide des populations locales, ou, plus simplement, pour amener celles-ci à s'opposer, par la force, au retour de tant de Juifs [1]. »

Trop c'est trop ! Au matin du 3 juin, des habitants de Katowice, apparemment excédés par ce surcroît de Juifs qui débarquent à la gare, se lancent à l'assaut d'un convoi de réfugiés en provenance d'Union soviétique. Le train vient à peine de s'arrêter sur la voie n° 2 que déjà une foule, au comble de l'excitation, se rue sur les wagons, ouvre les portières, frappe aveuglément les femmes et les enfants, les premiers à s'apprêter à descendre. Les hommes essaient de faire face ; ils sont jetés à terre et cèdent sous le nombre. Avisant un vieux Juif orthodoxe tombé sans connaissance sur le quai, une jeune Polonaise sort des ciseaux de son sac à provisions et lui coupe la barbe et les papillotes avant de les montrer, en riant, à ceux qui l'entourent. Un enfant, arraché des bras de sa mère, tombe sur le sol où il est aussitôt piétiné par les assaillants, qui hurlent des injures et crachent sur les voyageurs paralysés par le spectacle. L'attaque, dirigée par une bande de jeunes meneurs, probablement des étudiants, menace de dégénérer en émeute. Dans les rangs des Juifs qui essaient de traverser la voie pour se mettre à l'abri, on entend, à plusieurs reprises, hurler le mot de « pogrome ».

Initiative inhabituelle en la matière, la police intervient moins d'une demi-heure après le début des désordres et ramène rapidement le calme, démarche qui confirme le comité local dans sa conviction que les Juifs, en Silésie, sont plus en sécurité qu'ailleurs.

Le nombre des blessés, graves et légers, est très élevé, notamment parmi les femmes, les enfants et les personnes âgées. On ne déplore cependant aucune victime mortellement atteinte parmi ceux qui baignent dans une impressionnante mare de sang sur le ballast du quai. Ce détail est d'importance car il épargne, au comité, le souci d'organiser des funérailles toujours éprouvantes pour les communautés,

1. Entretien avec l'auteur.

aux partis politiques de condamner les responsables de la terreur.

Une dizaine de meneurs avaient pu être appréhendés par la police en sortant de la gare. La foule menaçante, désapprouvant l'action des policiers, avait failli déclencher une nouvelle émeute, à l'extérieur, mais l'avantage était resté aux forces de l'ordre. Les blessés furent aussitôt évacués vers les hôpitaux cependant que les autres rapatriés étaient dirigés vers le grand centre d'hébergement récemment inauguré en ville. Certains n'y séjournèrent que le temps de se remettre de leur frayeur avant de repartir en direction de l'Allemagne via la Tchécoslovaquie. Maria Kupermann a vécu de très près ce nouveau drame des rapatriés :

« Après cet affreux drame de la gare d'où je suis sortie indemne — membre du comité d'accueil je me trouvais sur le quai et j'ai pu me réfugier dans une salle d'attente dès que j'ai compris ce qui allait se produire — nos gens, en Silésie, ont commencé à partager la peur des autres. Dans la journée, ils étaient des Polonais qui participaient à la reconstruction de leur pays, la nuit, ils redevenaient des Juifs qui se barricadaient à l'intérieur des maisons, de préférence à plusieurs familles dans une pièce et sous la protection de quelques hommes armés. Des anciens partisans de Wroclaw étaient arrivés dans ce but, tout spécialement, et cela nous soulageait de les sentir aussi déterminés à nous défendre. D'ailleurs plusieurs " visiteurs " d'appartements juifs en ont fait l'expérience. Mais nous avions très peur malgré tout. Les femmes surtout, qui tremblaient pour leurs enfants, dont beaucoup étaient encore des bébés nés des nombreux mariages entre rescapés enregistrés après la libération, car nous étions pris d'une véritable frénésie de recréer le peuple juif.

« Dès la tombée de la nuit, nous appréhendions le pire. A la moindre alerte, quelques familles pliaient bagage et s'en allaient, à pied, en direction de la frontière. Ceux qui, comme moi, sortaient de l'occupation n'avaient pas toujours la force physique et morale de les imiter. Engoncés dans notre atavique inquiétude, nous trouvions presque logique cette attitude des Polonais fascistes à notre égard. Ce n'était pas nouveau pour nous. Au point que lorsqu'un ami âgé mourait de mort naturelle, dans son lit, nous considérions cette mort comme un événement, presque une fête. Voir

Les « bleus » (policiers polonais) ont déployé beaucoup de zèle dans la chasse aux Juifs. *(Doc. allemand)*

« Un policier polonais de la police « bleue » tire sur un Juif sans défense. » (Légende extraite de *L'Extermination des Juifs en Pologne,* publié en 1945 à Varsovie, Editions Polonia)

Polonais, Ukrainiens, Lituaniens organisèrent des pogromes sous l'occupation, notamment à Varsovie, à Lwow, etc. Ici, à Kaunas (Lituanie), des forçats tuent des Juifs à coups de barre de fer. *(Doc. allemand)*

La brigade polonaise des Monts de la Sainte-Croix (région de Kielce). Spécialisée dans le massacre des Juifs et des partisans communistes, elle suivit la Wehrmacht dans sa retraite. *(Doc. polonais)*

Le défilé de la victoire à Lublin. La présence des soldats polonais aux côtés des soldats russes constituait une nécessité psychologique.

Un certain nombre d'enfants furent cachés dans des institutions religieuses. L'enfant à la droite du prêtre, Szlama Grywaz, fut l'un d'eux. *(Doc. polonais)*

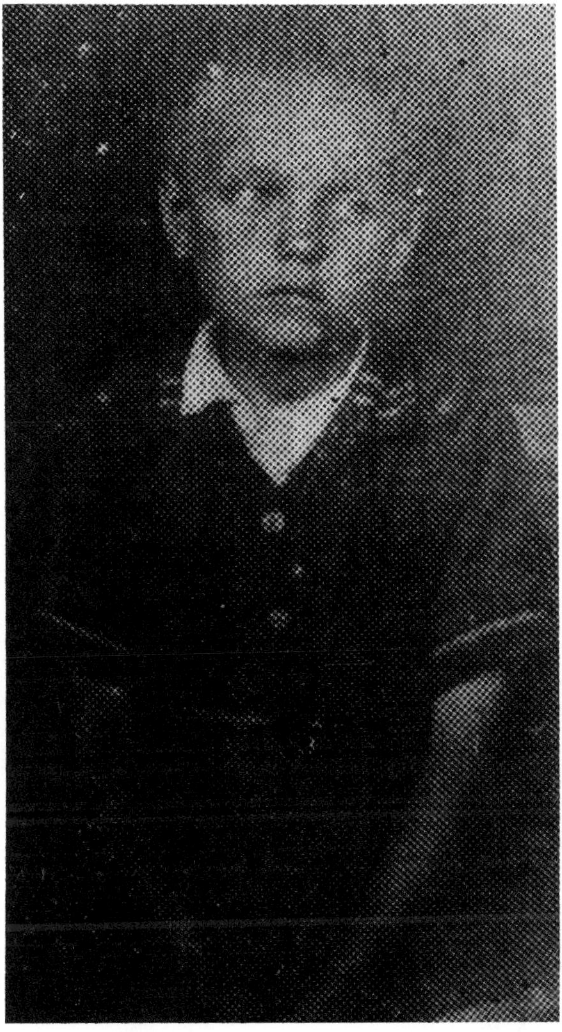

Henryk Blaszczyk (neuf ans en 1946), l'enfant polonais par qui arrivera le malheur.

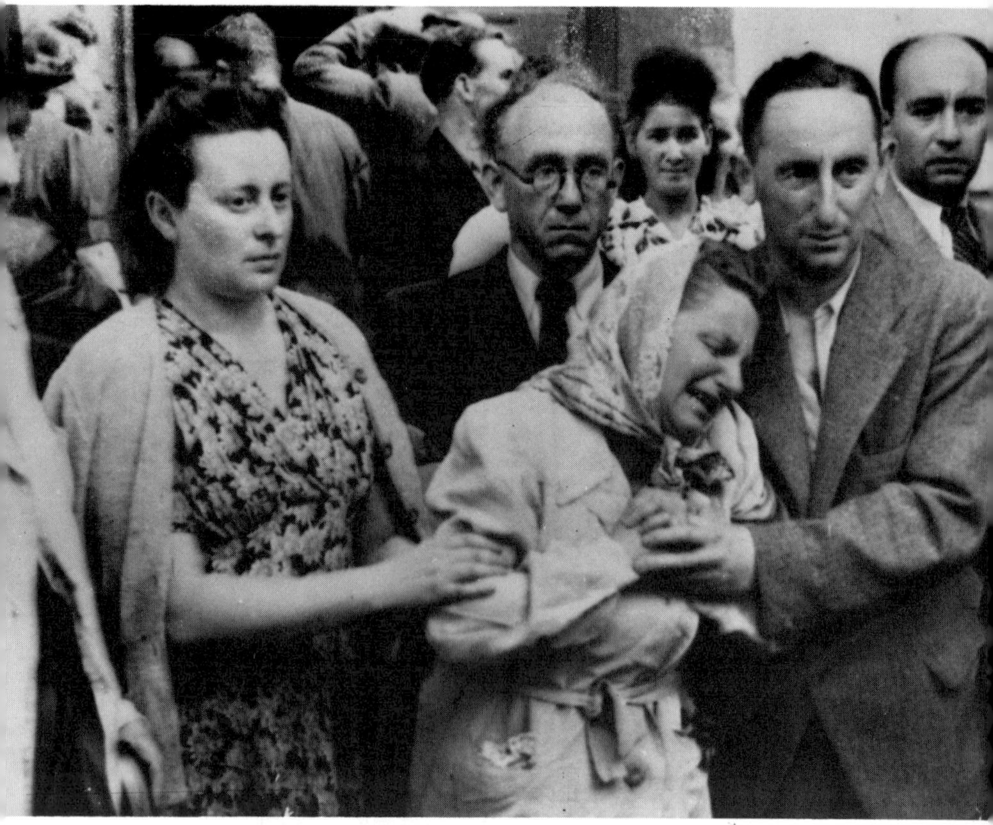

Sonia Zoberman pleure son mari assassiné rue Planty. Elle est entourée de l'ingénieur Israël Rosenkranz et de sa femme Miriam. *(Doc. Yad Vashem)*

La maison communautaire de la rue Planty, à Kielce, après le pogrome.

Les badauds polonais sont venus se rendre compte du désastre.

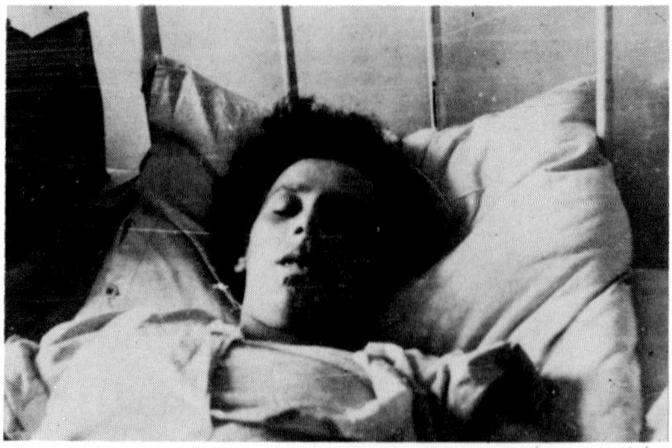

Golda Plotno était enceinte de sept mois. Le ventre transpercé d'un coup de baïonnette, elle survivra mais perdra son enfant.

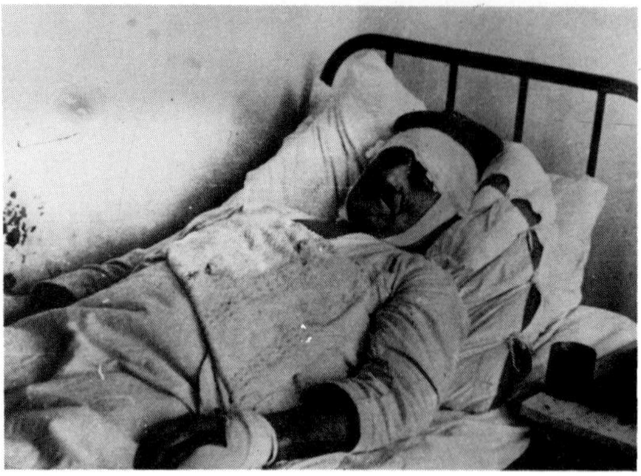

Pinkus Binsztok, 70 ans, grièvement blessé au cours de la première vague d'assaut de la foule. Rescapé de Buchenwald, il avait perdu sa femme et ses six enfants à Maïdanek.

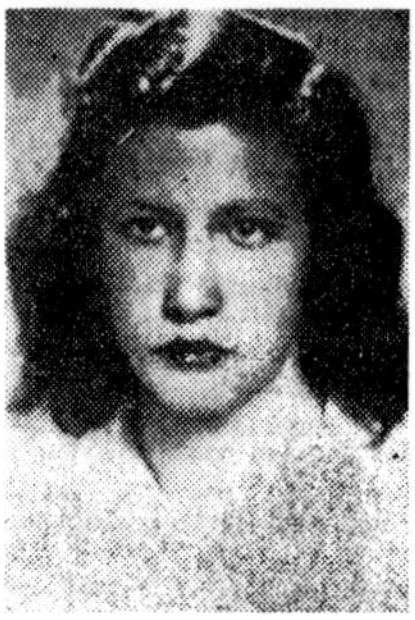

Le Dr Severyn Kahane, Belka Gertner, 17 ans, Rachel Sonberg, 14 ans, trois des victimes.

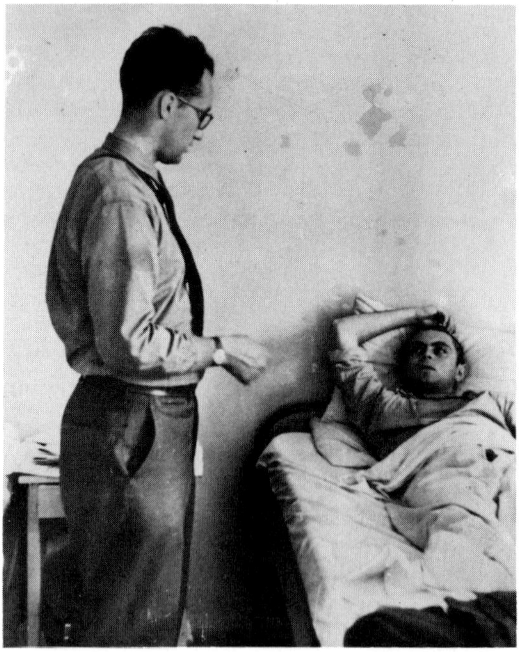

Craignant d'être achevés par les infirmières de l'hôpital municipal, les blessés durent être placés sous la protection de la police à la polyclinique de la Sûreté. Un journaliste américain interroge l'un d'eux.

Adam Fisz avait trois semaines. Dans la fosse commune son cercueil reposera sur celui de sa mère.

Huit des quarante-deux victimes ne purent être identifiées.

Un convoi de quarante camions militaires conduit les morts au cimetière.

Les Juifs, civils et militaires, se retrouvent seuls...

Antek Cukierman, le héros de la révolte du ghetto de Varsovie (premier plan, au centre), marche en tête du cortège. A sa gauche, le Dr Adolf Berman, président du Comité central des Juifs de Pologne.

… pour accompagner leurs morts jusqu'à leur dernière demeure.

Une grande fosse commune, en terre polonaise, après la libération.

Les rescapés du pogrome ont tenu à former un groupe à part.

Le lieutenant-colonel David Kahane, aumônier israélite de l'armée polonaise, dira dans son éloge funèbre : « Il appartient au clergé polonais de mettre un terme à l'agitation antisémite dans ce pays. »

Pleurer… encore pleurer.

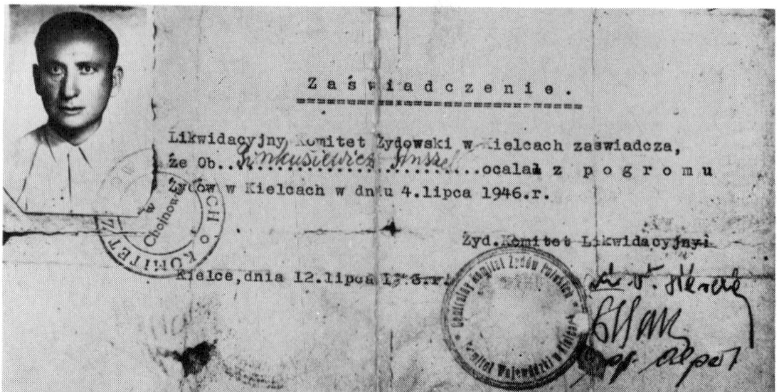

Zaświadczenie.

Likwidacyjny Komitet Żydowski w Kielcach zaswiadcza, że Ob. [illegible] ocalał z pogromu Żydów w Kielcach w dniu 4.lipca 1946.r.

Żyd.Komitet Likwidacyjny

Kielce,dnia 12.lipca [illegible]

Attestation délivrée par le « Comité juif chargé de la fermeture du centre communautaire de Kielce » à tous ceux qui échappèrent au massacre.

Fuir… toujours fuir.

Plus de 100 000 Juifs quitteront la Pologne dans les semaines qui suivirent le pogrome du 4 juillet 1946.

Médaille de la reconnaissance décernée par Yad Vashem (Archives de l'Holocauste à Jérusalem) à ceux qui portèrent secours aux victimes du nazisme en Europe. De nombreux Polonais l'ont reçue. *(Doc. Yad Vashem)*

arriver les gens du " Comité de deuil " chargés de la toilette du défunt, pouvoir réunir dix Juifs pour réciter la prière, suivre le cortège jusqu'au cimetière juif, en un mot procéder à un enterrement en paix et selon nos règles nous donnait l'illusion d'une vie normale.

« Hélas, en Silésie le calme n'a pas éternellement duré. L'hostilité envers nous augmentait sans cesse. D'abord à cause de l'arrivée des rapatriés d'URSS, ensuite de l'oppression policière qui s'abattait sur les Polonais. Les gens arrêtés n'étaient pas forcément d'anciens collaborateurs ou des traîtres mais plutôt des personnalités de droite, officiers, politiciens, militants de l'opposition anticommuniste. Les Polonais savaient qu'un certain nombre de Juifs contribuaient à cette oppression, à tous les échelons de la hiérarchie policière. Les chrétiens — souvent à juste titre — étaient convaincus que ces gens se livraient à des règlements de comptes expéditifs. Que des Juifs puissent, en Pologne, décider du sort de vrais Polonais, cela leur était insupportable[1]. »

L'infatigable docteur Michaël Szczglowski-Meher, principal responsable, en Silésie, de l'organisation de santé et d'entraide juive *OSE*, n'offrit pas à son entourage la joie de s'éteindre dans le calme. Trois jours après l'émeute en gare de Katowice, on le retrouva mort, assassiné en plein après-midi dans son appartement pourtant situé dans l'une des rues les plus animées du centre de la ville. Depuis l'émeute antijuive en gare de Katowice, la police avait pourtant reçu des ordres très stricts quant à la sécurité des Juifs dans les provinces héritées, en totalité ou en partie, de l'Allemagne vaincue. Selon les accords passés entre les trois Grands à la conférence de Potsdam, ces provinces n'avaient été cédées à la Pologne que pour « une durée provisoire[2] » ; la détermination des autorités, soucieuses des répercussions possibles en cas d'incidents plus graves, de faire desdites provinces un

1. Entretien avec l'auteur.
2. La Pologne a hérité de 103 000 kilomètres carrés de terres, allemandes depuis six siècles. Longue de 450 km, la nouvelle frontière dite « ligne Oder-Neisse » va de la Baltique, au nord, à la frontière Tchécoslovaque, au sud. L'expansion du territoire polonais à l'ouest fut d'ailleurs le seul point d'accord entre le gouvernement polonais en exil à Londres et le gouvernement provisoire de Varsovie.

exemple de cohabitation entre les deux communautés était donc légitime.

L'animosité des Silésiens, plus proches des Allemands expulsés que des Polonais venus les remplacer[1], ajoutait encore à la hantise du pouvoir de voir remettre en question l'avenir de ces provinces — obtenues sur l'insistance de Staline à Potsdam — dont la colonisation avait commencé bien avant qu'un accord ne soit trouvé avec les Occidentaux. Dix millions de personnes étaient concernées par ces transferts sauvages et désordonnés de populations. Et on n'avait demandé leur avis ni aux Allemands chassés de leurs terres et de leurs maisons ni aux Polonais transférés de façon autoritaire dans l'unique souci de mettre le monde devant un fait politique accompli.

Les Juifs ne représentent guère plus du centième de cette masse humaine bouleversée par les hasards de la guerre, mais ils constituent la seule minorité ethnique existante depuis qu'Ukrainiens et Biélorusses ont été renvoyés de l'autre côté de la ligne Curzon. Cette minorité, hautement exemplaire, doit donc, par la force des choses et du poids de l'Histoire, faire l'objet d'une attention particulière si l'on veut éviter d'ajouter à sa tragédie un nouvel exode.

L'enquête sur l'assassinat d'une personnalité en vue, respectée de tous, comme l'était le docteur Szczglowski-Meher entra logiquement dans ce contexte. Elle fut menée avec diligence mais s'avéra, comme toujours en pareil cas, extrêmement difficile. Il est vrai que la police ne disposait que d'un seul et unique indice, au demeurant classique, en l'occurrence une petite feuille de papier rectangulaire, accrochée aux vêtements de la victime et signalant que « le responsable de cette action de nettoyage était membre de l'armée intérieure polonaise ».

Mort de mort violente parce que Juif et indésirable, l'éminent président de l'organisation d'entraide, ancien héros de la Résistance, eut droit à des funérailles grandioses, les premières de cette importance dans la région. On remarqua surtout, parmi l'assistance, la présence de représentants du gouvernement et de l'Association médicale

1. De multiples incidents opposeront, et pendant longtemps, les Silésiens et les Polonais transplantés pour des raisons qui dépassent le cadre de notre propos.

polonaise qui avaient fait le déplacement jusqu'à Katowice afin « d'exprimer l'indignation de tout le peuple polonais devant ce crime odieux ».

Pleinement rassurés par cette manifestation de solidarité officielle qui associe l'ensemble du peuple polonais au deuil de la communauté juive, les responsables des comités croient pouvoir définitivement conjurer le sort en obtenant, de la police, que soient protégés tous les bâtiments abritant des organisations juives et notamment dans le centre des villes où elles sont plus vulnérables. Image de marque oblige, satisfaction leur est aussitôt donnée.

L'espoir mis en la renaissance d'une vie juive dans ces provinces privilégiées, un instant bousculé par l'assassinat du médecin, reprend alors ses droits.

Qu'ils aient quitté la Silésie après les événements de l'été 1946 — dont il sera bientôt question — ou qu'ils s'y soient accrochés quelques années encore, la plupart des témoins rencontrés ont conservé, en commun, le souvenir d'une tragédie, au demeurant banale pour cette époque, mais qui, selon eux, a mis définitivement un terme à l'euphorie ayant présidé à l'installation des Juifs dans cette région.

Ils ont souvenir d'une communauté tout entière bouleversée par l'horreur d'un crime qui faucha, en pleine jeunesse, une grande et belle fille juive, Bluma Wajn.

Maria Kuperman fut l'amie de Bluma.

« On allait nombreux, le shabbat et le dimanche visiter le kibboutz que les sionistes avaient créé juste après notre retour des camps, près de Zabrze, une grande ville du bassin minier à une vingtaine de kilomètres de Katowice [1]. Là, une poignée de jeunes gens, filles et garçons, tous rescapés des camps de concentration, s'entraînaient à des travaux d'agriculture en prévision d'un prochain départ en Palestine. Leur campement, au grand air, attirait la foule des Juifs de toute la région qui étaient pleins d'admiration pour le courage et la ténacité dont ces jeunes gens faisaient montre. Cela peut paraître puéril aujourd'hui mais, à l'époque, le moindre petit détail qui prouvait que tout n'était pas définitivement mort en nous, nous comblait de joie.

« Dans les camps, Bluma et moi avions trimé comme des

1. Zabrze avait été rattachée à l'Allemagne après le plébiscite de 1921.

esclaves. De la voir évoluer libre, porter à manger aux oies ou traire les vaches me donnait parfois les larmes aux yeux. Elle était douce, consciencieuse, infatigable. Aînée des autres filles, elle s'occupait de tous et de tout avec une patience et une persévérance peu commune chez une fille de cet âge. Il est vrai que Bluma avait été formée à la dure école des ghettos et des camps allemands où elle avait passé le quart de sa vie. Elle était orpheline comme l'étaient les autres.

« Le jour de son vingtième anniversaire, ses camarades avaient eu l'idée d'organiser une petite fête en son honneur, suivie d'un bal dans la grande salle du réfectoire. Ce jour-là coïncidait d'ailleurs avec le premier anniversaire de notre sortie du camp.

« Bluma dansait au centre de la pièce avec son fiancé quand une balle de revolver, tirée de l'extérieur à travers une fenêtre ouverte, l'atteignit dans le dos, la blessant mortellement. On n'a même pas eu le temps de la transporter à l'infirmerie. Elle s'était vidée de son sang d'un coup.

« Je ne sais pas pourquoi mais la mort de Bluma a provoqué un terrible choc parmi les Juifs. Peut-être parce qu'ils se croyaient tellement en sécurité en Silésie. Peut-être, aussi, à cause de la personnalité de Bluma, de son passé. Nous étions jeunes, nous avions résisté à tout. Sa mère, son père, ses frères et sœurs, elle les avait vus mourir dans le ghetto, de faim et de la dysenterie. Et Bluma avait retrouvé le courage de recommencer une vie difficile de paysanne.

« Je la revois encore... grande, mince, avec ses cheveux châtains, presque noirs, qui recommençaient à pousser. Sa mort fut tellement injuste...[1] »

Aux obsèques de Bluma Wajn — une cérémonie discrète à la demande de ses amis du kibboutz — une partie de la population chrétienne, sincèrement touchée par cet acte criminel, accompagna la dépouille mortelle jusqu'au cimetière, en signe de désapprobation.

Morte, Bluma, l'enfant du pays, servait soudain de trait d'union.

Les discours de circonstance n'eurent lieu que le soir, dans le hall de la mairie, où les leaders politiques condamnèrent publiquement le crime.

1. Entretien avec l'auteur.

Les assassins de Bluma Wajn, venue mourir à Zabrze après avoir survécu à l'extermination, n'ont jamais été retrouvés.

Fin mai, un groupe de dirigeants politiques juifs, toutes tendances confondues, prend sur lui d'amener les ministres responsables à lancer une campagne d'envergure sous forme de conférences en public et à la radio afin de mettre en garde la population polonaise contre la violence antisémite qui s'accroît. Ils demandent que soit annoncé — toujours à la radio et dans la presse — que les terroristes arrêtés pour meurtres de Juifs seront jugés en public et pendus.

Les ministres obtempèrent. Les journaux polonais qui, jusqu'ici, rechignaient à publier les listes des Juifs assassinés, abondent subitement dans le sens contraire. Pratiquement tous les quotidiens de Varsovie entreprennent d'offrir à ces événements une place considérable, souvent en première page et en gros caractères. Certains journaux, jusqu'ici très discrets, n'hésitent plus à dénoncer les meurtres de Juifs comme « portant atteinte à la dignité de l'Etat polonais » et demandent à leurs lecteurs « de prendre position contre les meurtriers et de lutter en faveur d'une moralité polonaise [1] ».

Parallèlement aux efforts visant à mettre un terme à la violence, les autorités lancent dans le cadre de l'évolution politique générale, une violente campagne contre le Parti des paysans. Début juin, le ministère de la Sécurité publique accuse ouvertement ce parti de « maintenir un contact étroit avec les terroristes [2] ».

Dans un tel contexte et dans la perspective du référendum sur les institutions qui approche, la lutte entre tendances communistes et anticommunistes pour le pouvoir fait passer au second plan l'espoir mis par les Juifs dans une transformation en profondeur de la mentalité polonaise à leur égard.

Pourtant, ils ne sont plus seuls. Des hommes et des femmes de bonne volonté viennent de faire savoir qu'ils s'insurgent, au nom de la morale chrétienne, contre le sort qui leur est réservé dans la Pologne nouvelle. Dans la

1. C'est le cas notamment du journal *Rzeczpospolita*, en février 1946.

2. Le Parti paysan, dirigé par Stanislaw Mikolajczyk, ancien Premier ministre du gouvernement en exil à Londres, compte alors 400 000 membres.

seconde quinzaine du mois de mai, un groupe de Polonais chrétiens, appartenant pratiquement à tous les partis politiques autorisés, décide de se réunir afin de lutter activement contre l'antisémitisme. La réunion, qui se tient dans une salle du Parti socialiste à Varsovie, débouche, séance tenante, sur la création de la « Ligue polonaise pour la lutte contre le racisme et l'antisémitisme ».

Beaucoup d'intellectuels en vue assistent à la séance d'inauguration mais parmi les humbles, les sans-titre, une poignée d'hommes et de femmes simples, discrets, dont la seule référence est d'avoir, au péril de leur vie, sauvé des Juifs pendant la guerre. Présents également, quelques anciens membres du Comité d'assistance aux Juifs, créé en 1942 avec la participation de divers partis politiques.

La Ligue met sur pied un programme prévoyant là encore d'utiliser la radio pour amener les populations à plus de compréhension à l'égard des Juifs et de leurs problèmes spécifiques. Elle crée dès le lendemain un réseau de correspondants bénévoles en province capables de traiter des dangers liés à un mal qui n'a cessé de ravager la communauté juive au cours des siècles.

L'idée est généreuse mais les moyens manquent. Disposant à peine de quoi manger et se vêtir, l'énorme majorité des Polonais ne possèdent pas la radio, ce qui réduit considérablement l'impact des conférences. D'autre part, certains correspondants hésitent à tenir un meeting pour parler des Juifs là où s'exercent ouvertement les activités des terroristes.

Pourtant et malgré la situation précaire qui prévaut à tous les niveaux et dans tous les domaines, la Ligue s'attelle courageusement à sa tâche. Présidée par l'éminent professeur Julius Gorecki, elle bénéficie, dès sa création, de l'appui total du gouvernement trop heureux de la voir prendre le relais.

La presse, dûment mise au pas, ne tarit pas d'éloges pour cette initiative aussi peu conforme aux traditions.

« Je dois insister sur le fait, explique le professeur Gorecki dans l'une de ses toutes premières interventions face à des journalistes, que 450 assassinats de Juifs au moins ont été officiellement dénombrés au cours des dix mois écoulés. Les meurtres sont l'œuvre de la NSZ, autrefois connue sous le nom de " Forces armées nationales ", formées, à l'origine, pour combattre le nazisme mais qui dirigent maintenant leurs activités criminelles à l'encontre des Juifs, des politiciens polonais, des soldats russes et des communistes. Nous connaissons personnellement des cas où les Juifs ont été traqués comme des animaux avant d'être abattus. »

D'autres membres de la Ligue révèlent que la NSZ est responsable du meurtre de 7 000 membres des partis politiques autorisés, depuis la libération de Varsovie en janvier 1945.

« Leurs crimes, précisent-ils, se perpétuent à la cadence de 500 victimes par mois. La nouvelle Pologne doit mobiliser l'ensemble de ses forces pour chasser ces gangs d'assassins de son corps et de son âme[1]. »

Peu à peu, et en dépit des honorables intentions d'une minorité de chrétiens que leur démarche place au premier rang des « ennemis du peuple » visés par les terroristes[2], le rêve d'une communauté juive stable et prospère semble de plus en plus compromis.

Au printemps de 1946 et avec l'arrivée des réfugiés d'Union soviétique, les attentats se sont multipliés. A Varsovie, le correspondant du journal *le Monde* rectifie sans le vouloir les chiffres avancés par le professeur Gorecki quant au nombre des victimes pour la période citée.

« Des milliers de Juifs — premières victimes désignées de la fameuse NSZ et des autres bandes de terroristes polonais — s'enfuient vers l'ouest et vers le sud, afin d'échapper aux vagues sporadiques d'antisémitisme qui submergent la Pologne.

« AU COURS DES DIX DERNIERS MOIS, MILLE ASSASSINATS DE JUIFS[3]— et ce chiffre a été vérifié — ont été commis, et les attaques continuelles effectuées par les bandits contre les rapatriés d'Union soviétique, aussi bien sur les chemins de fer que sur les routes, sont de nature à allonger considérablement cette sombre liste[4]. »

1. Les journaux, fin mai 1946.
2. Les « défenseurs des Juifs » furent, très souvent, nommément désignés dans les tracts antisémites répandus dans les rues avant les attentats. Ce fut notamment le cas pour M. Zechenter et A. Wlodek à la veille du pogrome de Cracovie.
3. C'est nous qui soulignons.
4. *Le Monde*, du 20 juin 1946.

## CHAPITRE X

# LE DRAME DES ENFANTS RESCAPÉS

A peine sortis de leur cachette, les survivants parmi les plus valides se sont lancés à la recherche de ceux qui, comme eux, ont pu échapper à l'extermination. Dans cette quête, tragique s'il en fut, la récupération des enfants abandonnés à leur sort ou confiés à des chrétiens dans des conditions extrêmement difficiles reste la tâche prioritaire.

A Varsovie, dans le quartier de Praga où siège maintenant le Comité central des Juifs libérés, un « service de recherches » est chargé de coordonner l'ensemble des démarches entreprises par des équipes de volontaires qui passent littéralement le territoire polonais au peigne fin. La moindre information, si mince soit-elle, est signalée au service qui prend soin de l'enregistrer, de la traduire en plusieurs langues, de la vérifier avant de la transmettre aux comités locaux mais aussi à diverses communautés juives d'Europe.

Des avis de recherche sont expédiés d'une ville à l'autre à partir d'un premier recensement établi selon les lieux d'origine de ceux qui se présentent. Vers l'étranger, d'autres avis partent, à l'intention de ceux qui auraient pu quitter la Pologne dans les semaines ayant précédé ou suivi la déclaration de guerre alors que le pays se trouvait coupé du reste du monde.

Des Etats-Unis et de Palestine, mais également de Grande-Bretagne, de France, de Belgique, où nombreux sont les Juifs arrivés entre les deux guerres, parviennent quotidiennement des lettres et des télégrammes qui témoignent de l'affolement auquel sont en proie les communautés depuis la découverte de l'ampleur réelle du génocide.

Léopold Gertner, membre du service de Recherches, reste très marqué par cette période hallucinante où il était humainement impossible d'accepter la réalité.

« On ne peut imaginer, aujourd'hui, la somme de misère humaine que représentait l'audition de tous ceux, sans exception, qui venaient nous voir. Les lettres et les télégrammes qui nous passaient entre les mains étaient aussi marqués du sceau de l'épouvante. A l'époque, les communications avec la Pologne et même à l'intérieur du pays étaient terriblement compliquées et pourtant il fallait répondre le plus rapidement possible à chaque demande.

« L'atmosphère dans les bureaux de la rue Twarda est difficile à décrire. Pensez, la plupart des victimes ont disparu sans laisser la moindre trace. Les Polonais retrouvaient, par-ci par-là, une croix plantée par des mains anonymes sur un lieu d'exécution. Pour nous, il ne restait rien. Même les cimetières avaient été exterminés.

« Dans le malheur, on devient égoïste, c'est humain. Chaque personne qui s'adressait à nous, de vive voix ou par courrier, était convaincue que sa famille ou tout au moins une partie des siens, avait pu être sauvée même au détriment des autres. Comment le lui reprocher ? Nous nous mettions à sa place puisque chacun de nous se trouvait dans ce cas.

« La tâche était aussi pénible que gigantesque. Heureusement, nous étions aidés par l'UNRRA, la Croix-Rouge internationale, les commissions alliées de recherches [...]. Les derniers jours de l'occupation en Pologne avaient été terribles. Sur 6 000 partisans juifs ayant pris part à l'insurrection de Varsovie, il n'en restait que 200... le reste... on ne retrouva même pas leurs corps, ensevelis sous les décombres après que les Allemands eurent décidé de raser la ville, de la rayer de la carte.

« Les Polonais aussi cherchaient les leurs parmi les ruines. La guerre ne les avait pas non plus épargnés. La méthode consistait à travailler chacun pour soi. L'Europe entière, à la fin de cette guerre, s'est livrée à une démarche identique. Des Français, des Belges, des Italiens, déportés en Allemagne, ne revenaient pas. Ceux qui les cherchaient étaient soutenus par une infrastructure nationale, puissante, organisée. Nous ne pouvions compter que sur nous-mêmes et sur l'aide de quelques volontaires juifs de l'extérieur. Pourtant, proportionnellement, notre tâche était la plus considérable. Elle s'est d'ailleurs poursuivie bien après la guerre, durant des années [1]... »

De passage à Varsovie ou à Lodz, des soldats de l'Armée rouge profitent d'une permission pour signaler aux fonctionnaires « qu'ils sont toujours vivants ». Ils apportent souvent des nouvelles de Moïche ou de Yankel rencontrés à Pinsk ou à Minsk mais dont le régiment lutte dans un autre secteur. Méconnaissant l'ampleur du désastre, les soldats pressent leurs interlocuteurs d'annoncer la bonne nouvelle à leur famille. Les employés savent que dans la plupart des cas ce sera peine perdue. Mais ils se gardent d'en faire part aux combattants qui l'apprendront toujours trop tôt.

A Lodz, à Cracovie, à Varsovie surtout, les bureaux sont perpétuellement assaillis par des foules de gens en pleurs, au bord de l'hystérie. Des scènes poignantes se déroulent dans chaque pièce et jusque dans les escaliers lorsqu'une mère retrouve sa fille venue elle-même à sa recherche. Il arrive parfois que, mis par hasard en présence, deux membres d'une même famille ne se reconnaissent pas tout de suite, tant la guerre et ses malheurs ont laissé des traces sur les visages et sur les corps.

Dans les bureaux du quartier Praga, les employés suivent à la trace la progression des troupes alliées, russes et anglo-américaines, en territoire allemand.

De temps à autre, l'un d'eux se lève, fixe une grande feuille de papier à un mur à l'aide d'une punaise.

« Buchenwald... 32 survivants viennent d'arriver à l'hôpital de... Il s'agit de...

« Bergen-Belsen... 25 retours attendus pour demain après-midi à Varsovie. La liste est établie par ordre alphabétique...

« Ravensbrück... 5 femmes rapatriées dans un convoi de déportées polonaises. Arrivée prévue le... »

Pour chaque liste, c'est la ruée. Ces noms allemands qu'ils d'écouvrent pour la première fois ce matin de printemps

1. Léopold Gertner, entretien avec l'auteur. La radio israélienne a diffusé régulièrement et ce jusqu'à la fin des années 50 des messages de recherche. Aujourd'hui encore, fonctionne à Arolsen (Allemagne fédérale) un service de recherches sous l'égide du Comité international de la Croix-Rouge.

1945 n'ont pas encore de signification particulière si ce n'est qu'ils sont précédés des lettres *KZ*[1]. Un Juif, à peine sorti d'un égout de Varsovie ou fraîchement rentré d'une forêt des Carpates, ne connaît alors de l'holocauste que ce qu'il en a vu lui-même, en Pologne.

Genia Zonenfeld passa de longs jours rue Twarda :

« Auschwitz, Maïdanek, Treblinka... pour la majeure partie d'entre nous nous savions à quoi nous en tenir. Mais de Dachau, de Bergen-Belsen ou de Buchenwald, personne n'en avait réellement entendu parler, pas plus les employés que nous-mêmes. Certes, nous nous doutions bien que les nazis avaient construit des usines de la mort ailleurs qu'en Pologne mais les détails manquaient. Comment savoir par exemple que les Juifs évacués d'Auschwitz avaient traversé toute l'Allemagne pour se retrouver près de Munich, à Dachau ? Les évacuations s'étaient faites à la dernière minute, en pleine débâcle. Aujourd'hui encore, peu de gens savent exactement où les leurs ont disparu. Ces noms de villes allemandes entraient dans la mémoire de notre peuple en même temps que nous les découvrions.

« D'ailleurs, je me souviens, les employés, à Varsovie, avaient beaucoup de mal à écrire ces noms sans faute d'orthographe. Je me souviens aussi qu'à la fermeture des bureaux, les gens venus aux nouvelles repartaient les mâchoires serrées, soudain silencieux. La plupart revenaient le lendemain et les jours suivants. Ils arrivaient avant l'ouverture des portes, muets, hagards et se tenaient tranquilles jusqu'à l'apparition des listes accrochées à un mur.

« Le geste de l'employé déclenchait la ruée dans l'escalier et les couloirs.

« De la catastrophe juive, ce moment de chaleur humaine prolongeait dans notre esprit l'illusion que nous étions encore très nombreux[2]. »

Lorsqu'il s'agit des enfants, les drames prennent des proportions démesurées de par la nature même des circonstances. Les survivants qui se présentent dans les bureaux d'accueil, principalement à Varsovie (ce peut être un père,

1. Initiales de *Konzentrationslager* communément employées pour désigner les camps de concentration.
2. Genia Zonenfeld, entretien avec l'auteur.

une mère, un oncle), ont parfois conservé, par miracle, une photo jaunie par le temps, effacée par des doigts qui n'ont cessé de la caresser, de la montrer. Un pan de mur est recouvert de ces rares vestiges d'antan, nés dans l'appareil archaïque d'un photographe ambulant, personnage pittoresque et astucieux, seul capable, en échange de quelques zlotys, de faire sortir un petit oiseau de sa boîte magique.

Ce mur blanchi à la chaux du service de Recherches n'est plus maintenant qu'un immense sourire figé. Sous chacune des images dont la plus récente remonte à cinq ou six années en arrière, quelques mots, griffonnés à la hâte et ponctués de points d'interrogation.

« Qui a vu Moïche L... ? Il est né en 1933. Parti du côté aryen pour acheter des pommes de terre, il n'est jamais revenu...

« Qui connaît Shloïmélé B... sorti du ghetto le... dans un camion de détritus ?

« Qui a des nouvelles de ma petite Sarah, disparue près de la porte d'entrée pendant qu'elle essayait de retrouver son chien parti en quête de nourriture chez les Polonais vers la fin du mois de...?

« Qui connaît la famille chrétienne X qui habitait à... en... Je lui ai confié mes deux enfants au mois de... ? »

Aux documents, dont une cruelle évidence rend la présence inutile, succèdent d'autres portraits, modernes ceux-là, qu'un employé apporte de la pièce voisine.

— Au suivant !

Un gosse est sorti de la pièce, les yeux toujours aussi tristes, le sourire toujours absent.

— Comment t'appelles-tu ?

— Janek.

— Janek comment ?

— Je ne sais pas. Ce sont les copains qui mont donné ce nom quand je les ai rencontrés dans la forêt. Ils m'ont dit qu'avec ce nom polonais je n'aurais plus rien à craindre.

L'Américain, juif bénévole, pose ses questions dans un yiddish approximatif lorsque l'enfant parle encore cette langue. Sinon il fait appel à un employé qui traduit du polonais. Photographe improvisé, il est arrivé à Varsovie par l'un des tout premiers avions civils autorisés à atterrir. Il n'est pas seul. Les docteurs en blouse blanche, les infirmières, tous sont américains.

— Tu ne te souviens pas de ton nom de famille ?

L'enfant secoue la tête.

— Quel âge as-tu ?

— Je n'en sais rien.

A la question « âge », l'Américain hésite. Huit ans ? Douze ? Ce sera aux médecins de décider.

— D'où viens-tu ?

— Les soldats m'ont retrouvé à Lubartow quand les Russes sont arrivés.

Un coup d'œil sur la carte permet au photographe de situer le bourg dans les environs de Lublin. Lublin... C'est aussi Maïdanek, Sobibor, les ghettos et les camps autour de Chelm, de Belzec... L'enfant ne se souvenant de rien, il appartiendra aux spécialistes d'essayer de retracer son itinéraire.

— Au suivant !

Janek fait partie de ces hordes de gamins et de filles découverts dans les provinces orientales, les premières libérées par l'Armée rouge. A Lublin, il a déjà été recensé, questionné, mais sans plus de succès. En première page de son dossier, un employé a écrit : « Découvert par les partisans, été 1944. »

Ancien responsable d'un petit groupe de partisans juifs de la région de Lublin, Sam Gold, aujourd'hui retiré chez sa fille adoptive aux Etats-Unis, s'est occupé de la récupération des enfants errants dont fourmillait l'Europe de l'Est à cette époque.

« Comment, par quel miracle, ces gosses juifs avaient-ils survécu d'abord à l'extermination, ensuite aux attaques des paysans polonais, des combattants de l'*Armia Krajowa* (AK), des bandes fascistes ukrainiennes, des déserteurs polonais de la Wehrmacht, aux rafles de la Gestapo, aux battues de la SS et j'en passe, cela restera toujours pour moi un mystère. Nous qui étions armés et bien décidés à ne pas nous laisser faire, nous avons eu toutes les peines du monde à échapper à toutes ces bandes d'assassins.

« Quand les Russes sont arrivés nous leur avons demandé l'autorisation de chercher les rescapés là où ils se trouvaient, et surtout les jeunes, ce qui nous fut accordé après de longs palabres heureusement facilités par la présence de quelques officiers supérieurs juifs. Nous nous sommes aussitôt mis à parcourir la région, à la fouiller de fond en comble. Les

Polonais agissaient de même. A cause de la présence des Russes, ils n'osaient plus nous attaquer ce qui facilitait les opérations.

« C'est triste à dire aujourd'hui mais nous procédions un peu comme les nazis quand ils volaient les gosses polonais pour les envoyer en Allemagne[1]. La méthode restait la même bien que le but fût diamétralement opposé. Dès que nous repérions une bande d'enfants dans un village ou sur une route, nous nous approchions d'eux et nous nous mettions à scruter leur visage pour essayer de deviner lesquels d'entre eux pouvaient être juifs. Nous pratiquions, par la force des choses, la sélection mais à l'envers. Avec les grands, pas de difficultés, ils venaient à nous spontanément puis se joignaient à nos équipes. Mais on tombait parfois sur des gamins de 7 ou 8 ans, qui ignoraient le nom de leur village natal et jusqu'à leur nom de famille.

« Au début, la présence de ces tout jeunes nous a beaucoup intrigués. L'explication est venue par la suite. Dans la plupart des cas leurs parents avaient réussi à les soustraire à la déportation en les confiant à des Polonais en échange d'argent, de bijoux, de tout ce qui, en un mot, avait quelque valeur. Les familles parties vers les camps d'extermination, les Polonais s'étaient empressés de jeter les enfants à la rue. L'instinct de survie les a poussés vers les forêts où ils ont rencontré d'autres petits fuyards, juifs ou chrétiens, et formé des bandes. Il en existait des milliers de ces groupes d'orphelins sauvages, en Pologne mais aussi en Hongrie, en Tchécoslovaquie et même en Allemagne à la libération. On a beaucoup écrit à leur sujet[2].

« Les plus difficiles à identifier étaient de deux sortes : les trop jeunes pour avoir quelques souvenirs et ceux qui, ayant un " bon " visage de *goy*, n'osaient pas avouer qu'ils étaient juifs devant leurs camarades polonais. Nous n'étions pas des spécialistes de l'identification; nous procédions par ruse, avec comme seul bagage notre volonté de sauver ce qui

1. Plus de 250 000 enfants polonais considérés comme « racialement valables » parce que blonds aux yeux bleus furent ainsi emmenés dans le Grand Reich. Environ 10 % d'entre eux ont pu être retrouvés après la guerre par les enquêteurs polonais.

2. Le metteur en scène Geza Radvanyi a réalisé sur ce thème l'un des plus beaux films de l'après-guerre, *Quelque part en Europe.* Quelques-uns des enfants rescapés y tenaient leur propre rôle.

pouvait encore l'être. Quels drames n'avons-nous pas déclenchés en emmenant aux gens de la communauté des enfants qu'on croyait juifs et qui, vérification faite par un médecin, ne l'étaient pas. Nous les remettions aux autorités locales des régions libérées, chacun s'occupant de " ses " gosses perdus, errant au milieu de cette jungle qu'était devenue la Pologne après cinq années d'une guerre terrible où les civils, femmes et enfants compris, avaient beaucoup plus souffert que les militaires.

« On ne récupérait que très peu de petites filles, toujours d'après le visage. C'était le seul moyen, mais elles réagissaient beaucoup plus violemment que les garçons à notre approche. Par où étaient-elles passées ? Mieux vaut ne pas se poser la question [1]. »

Un million et demi d'enfants juifs avaient été assassinés pendant l'occupation. Au moment d'établir le bilan des rescapés, on se rendit rapidement compte que sur tous les enfants passés par le ghetto de Varsovie, un seul sur 8 000 avait survécu.

Comment, à la suite de quel concours de circonstances, de quel geste vénal ou désintéressé, quelques milliers d'entre eux purent être retrouvés vivants après la guerre ?

Afin d'apporter une réponse, la plus approximative possible à cette question, force nous est de puiser dans les témoignages irréfutables du chroniqueur du ghetto Emmanuel Ringelblum [2].

« L'entretien d'un enfant, en 1942, année de leur plus grande affluence en zone aryenne, coûtait assez cher, jusqu'à 100 zlotys par jour ; on exigeait six mois et même une année payés d'avance, devant l'incertitude du sort prochain des parents. Ainsi l'installation d'un seul enfant nécessitait-elle le débours de dizaines de milliers de zlotys, que seules les familles très riches pouvaient se permettre de payer. Les familles plus pauvres, et en particulier l'intelligentsia, ne pouvaient qu'assister, impuissantes, au triste sort des premières victimes des sélections et des actions [de déportation].

1. Entretien avec l'auteur.
2. Les documents écrits par Emmanuel Ringelblum et ses collaborateurs ont été en partie retrouvés après la guerre.

« Il y a cependant des parents, même riches, qui hésitent à envoyer leurs petits de l'autre côté du ghetto. D'autres se demandent s'il est bon de préserver les enfants, surtout les très jeunes, quand le sort de leurs parents est incertain. Il y a des parents qui pensent qu'un enfant dépourvu de la protection du père et de la mère est voué à un dépérissement comme une fleur sans rayons de soleil. Il y a des enfants qui refusent absolument de se séparer de leurs parents et d'aller de " l'autre côté ", préférant périr avec eux. J'ai dû moi-même expliquer longuement à mon fils que la survie des enfants juifs était la première condition de celle de notre peuple tout entier[1]. [...].

« Moins enviable est le sort des enfants dont les parents sont morts ou ont été déportés à Treblinka[2]. Certains de leurs " tuteurs " aryens, pour la plupart peu fortunés, les adoptent et pourvoient gratuitement à leur entretien. Pourtant ils constituent un faible pourcentage parmi les " tuteurs ". Ce sont surtout des gens chez qui l'argent n'a pas tué les sentiments humains. C'est une lourde charge mais ils tiennent bon et n'abandonnent pas les petits pour autant. Certains ont su trouver les chemins des organisations sociales adéquates et ont obtenu des subventions. Nous connaissons d'anciennes gouvernantes de familles aisées qui ont pris en charge des enfants après la déportation de leurs parents à Treblinka. Avec leur maigre salaire, elles nourrissent les enfants et ne les abandonnent pas... [...]

« Il y a cependant des cas, hélas assez fréquents, où les " tuteurs " d'enfants juifs recueillis jettent ceux-ci à la rue, après avoir touché une forte somme d'argent de leurs parents. Pis encore, il y en a aussi qui les remettent directement entre les mains de la police " bleue " ou des Allemands, qui, avant la liquidation du ghetto, les y renvoient.

« Il convient d'ajouter ici que plus d'une famille chrétienne sans enfants, ou tout simplement généreuse, a adopté des enfants juifs en bas âge, affirmant ainsi leur attitude

1. Uri Ringelblum sera fusillé en même temps que ses parents dans les ruines du ghetto de Varsovie, le 10 mars 1944. Il avait alors 12 ans.

2. Camp d'extermination des Juifs, Treblinka II. Ce camp fonctionna à partir du mois de juillet 1942 jusqu'au mois de septembre 1943. Environ 800 000 personnes (dont 300 000 du ghetto de Varsovie) y furent assassinées. Le 2 août 1943 eut lieu la révolte des derniers détenus du camp.

envers la tragédie du peuple juif. Une poignée d'enfants sont placés en tant qu'enfants chrétiens dans des maisons de l'Assistance où les amènent les policiers polonais, qui prétendent les avoir trouvés dans des escaliers, sous des porches, etc. Il va sans dire que ces policiers se font payer en proportion.

« Cette action a été interrompue devant la crainte d'une dénonciation par le personnel de ces institutions. On y place tout de même un certain nombre de fillettes. Le clergé place également dans ses maisons des enfants, surtout de très jeunes. Pourtant cette action a de maigres résultats. Les fascistes polonais et les antisémites en portent la responsabilité de l'échec. Ils ont en effet créé une atmosphère hostile à l'action de sauvetage des enfants juifs. La crainte de la population devant cette pression antisémite dépasse la peur des Allemands, et ceci détermine les faibles résultats de l'action pour sauver les enfants. Nous rendons responsables les antisémites et les fascistes polonais de la mort d'êtres innocents qui auraient pu être arrachés des griffes des Huns modernes[1]. [...].

« Enfin, il y a également de nombreux cas de kidnapping d'enfants juifs par d'ignobles individus sans scrupule qui ne les rendent à leur famille que contre une rançon élevée[2]. »

Témoin de cette tragédie, le metteur en scène Roman Polanski, l'un des rares enfants juifs à être sortis indemnes de l'occupation dans la région de Cracovie où, dans des conditions identiques à celles du ghetto de Varsovie, quelques dizaines d'enfants juifs avaient pu être envoyés dans le secteur aryen. Le témoignage de Roman Polanski est d'autant plus précieux que la plupart de ces enfants cachés ont été découverts et exterminés.

« Mon père avait pris des décisions pour ma survie au cas où ma mère et lui seraient tous deux emmenés. Parmi ses nombreux amis et connaissances en ville, il avait déniché un

1. Le Conseil pour l'Aide aux Juifs avait demandé au représentant du gouvernement polonais (en exil) de faire sortir un millier d'enfants du ghetto de Varsovie « pendant qu'il était encore temps ». Aucune suite ne fut donnée à cette requête d'où la conclusion de Ringelblum sur la responsabilité des antisémites.

2. Emmanuel Ringelblum, *les Rapports polono-juifs durant la Seconde Guerre mondiale, op. cit.*

couple, M. et M$^{me}$ Wilk, qui étaient prêts à me venir en aide. Je ne devais pas m'installer chez eux mais ils s'étaient engagés à trouver une famille qui m'accueillerait. J'avais la chance de ne pas avoir le type juif et c'était l'un des facteurs qui avaient contribué à convaincre les Wilk de s'occuper de moi. L'autre était l'argent. Mon père avait pris ses précautions dans les premiers temps du ghetto, quand les déplacements étaient encore libres, et elles lui avaient coûté cher — tous les bijoux de famille et les économies d'une vie. [...].

« Le ghetto était toujours parcouru d'innombrables rumeurs et le bruit avait couru que les Allemands étaient sur le point de lancer une rafle massive pour envoyer tout le monde en déportation. Les Wilk trouvèrent une famille qui accepta de me prendre pour deux cents zlotys par mois. Ces gens habitaient les faubourgs de la ville, presque la campagne. Je n'ai jamais connu leur nom, mais l'homme était tonnelier et martelait ses cerceaux dans une tour. Les nuits que j'ai passées sous son toit furent cauchemardesques non seulement parce que j'étais chez des inconnus mais encore parce que j'avais peur de faire pipi au lit si je m'endormais. [...].

« Heureusement, cela n'a pas duré longtemps. Au bout de quelques jours M. Wilk revint me chercher. La femme du boisselier avait déclaré que je ne pouvais pas demeurer là plus longtemps — les voisins se doutaient de quelque chose[1]. »

Avec la liquidation des ghettos, le sauvetage d'un enfant ne peut plus se faire à partir d'une pension allouée à des tuteurs ou d'une rançon versée aux kidnappeurs mettant à profit la misère humaine. Il n'y a plus que le hasard... Stella Gertner :

« Espérant leur éviter le pire, des parents se sont séparés de leurs enfants en les poussant dans une autre file que la leur au moment de la sélection ou d'un départ vers les camps d'extermination. Ils pensaient avoir choisi la bonne file, celle des inaptes au travail forcé auquel, pensait-on alors, les adultes allaient être astreints dans ces camps. Dans les tout débuts, quand on ignorait que le destin des Juifs serait le même pour tous, chacun cherchait à sauver au

1. *Roman*, par Polanski, Editions Robert Laffont, 1984.

moins un membre de sa famille. Avant la déportation, nous avions tenté de confier les enfants aux Polonais. Après, quand nous quittions le ghetto pour une destination inconnue, nous n'avons plus agi que par réflexe : droite, gauche, où était la mort ? Le drame, c'est que des parents ont survécu à ce choix et qu'ils se sentent maintenant responsables. Pour les enfants cachés du côté aryen le contraire se produisait la plupart du temps. Les parents avaient disparu et les enfants se demandaient parfois s'ils n'auraient pas dû rester avec eux jusqu'au bout. En réalité nous n'avons retrouvé pour ainsi dire que des orphelins, de parents ou d'enfants. »

Aussitôt libérée des camps où elle a passé plusieurs années, Stella Gertner a recherché son petit frère, séparé de la famille au moment de la sélection. Par le Comité, elle va très vite apprendre que l'enfant a été fusillé au moment de la liquidation du ghetto. Surmontant sa douleur, la jeune femme, courageusement, se porte volontaire pour la recherche des jeunes rescapés.

« A la tragédie de la guerre a succédé la tragédie de la libération. Pour nous, chaque vie sauvée représentait un miracle. Nous tenions donc à retrouver les enfants coûte que coûte. Au début, lorsque nous nous présentions quelque part, les Polonais poussaient les pauvres gosses sur le pas de la porte, comme des paquets de linge sale, et disparaissaient à l'intérieur de leur logement sans nous adresser la parole. Peut-être que, effrayés à l'idée d'un retour possible des Allemands, ils profitaient de la première occasion pour se débarrasser de ce fardeau[1]. Nos équipes de recherches retrouvaient des enfants souvent par hasard, dans les fermes, sur les routes, à l'entrée d'un village où ils vivaient de rapine ou de mendicité. Ils étaient sales, maigres, malades, effarouchés et tentaient de se sauver à la vue de n'importe quel uniforme. Ils étaient voleurs, menteurs, sauvages, brutaux mais c'était des enfants juifs, tout ce qui nous restait[2]. »

1. Devant l'attitude hostile de certains « tuteurs » les employés revenaient accompagnés d'un policier ou d'un soldat juif en permission mais en général armé.
2. Stella Gertner, entretien avec l'auteur.

La Pologne entièrement libérée, ceux que les enquêteurs récupérèrent maintenant ont subi un sort totalement différent. Ceux-là sont restés la plupart du temps à l'endroit où le hasard les a conduits au sortir du ghetto.

Un travail gigantesque, plein de risques doit alors être accompli par les équipes qui opèrent systématiquement région par région. Il s'agit d'abord de repérer les lieux, de situer le milieu environnant avant de passer aux actes. Autant de démarches, autant de drames humains : là l'enfant, baptisé et catholique, refuse de quitter sa nouvelle famille ; là encore, une fillette ne reconnaît pas sa mère dans cette malheureuse qui rentre d'Auschwitz ; un autre mène une vie d'esclave chez des paysans qui disposent ainsi d'une main-d'œuvre à bon compte. Il faut parfois se battre, menacer mais surtout payer, offrir des zlotys, des cigarettes, de l'alcool si l'on tient à mener l'opération à son terme [1]. Heureusement le *Joint American Committee* est là, avec ses dollars et ses bénévoles, Juifs américains, qui font du sauvetage de leurs frères polonais leur combat personnel.

Responsable d'un orphelinat créé de sa propre initiative dans la région de Zakopane, Léna Kuchler-Silberman a résumé en quelques phrases, dans son livre-témoignage, ce prolongement de la tragédie des enfants au lendemain de la libération en Pologne.

« Immédiatement après la capitulation allemande, les Polonais, ou les œuvres d'assistance polonaises, qui avaient recueilli des enfants juifs pendant l'occupation nazie, s'empressèrent de s'en débarrasser. Certains attendirent pourtant que les parents revinssent pour leur donner l'argent qu'ils leur avaient promis en contrepartie de la garde des enfants. Mais, à mesure que les camps de concentration se vidaient sans que les familles réapparussent pour réclamer leur progéniture, les Polonais renvoyèrent les petits de chez eux sans autre forme de procès. Au Comité, nous étions encore heureux quand on nous les amenait ou qu'on les déposait à la porte, même s'ils n'avaient ni vêtements ni chaussures, mais, bien souvent, leurs protec-

1. Nous nous garderons bien de généraliser compte tenu des exemples innombrables de tuteurs parfaitement désintéressés qui risquèrent leur vie pour sauver ne serait-ce qu'un seul enfant juif.

teurs ne prenaient même pas la peine de s'assurer que nous allions les prendre en charge.

« Cela changea pourtant bientôt. Malgré les longues files de Juifs attendant encore, chaque jour, de la soupe, des vêtements, ou quelques zlotys, pour pouvoir poursuivre leur route jusque chez eux, le bruit commença à se répandre parmi les *goym* de Cracovie que les Juifs avaient maintenant " de l'argent ". Par conséquent, pensa-t-on, les Juifs paieraient largement pour les enfants qui leur seraient ramenés vivants. Nous apprîmes notamment, en parlant avec les paysans, que, tout en sachant bien que la plupart des parents des enfants survivants ne reviendraient pas des chambres à gaz et des crématoires, ils étaient persuadés qu'il existait, " en Amérique et en Palestine, des oncles ou des cousins riches qui ne demanderaient pas mieux que de s'occuper de ces enfants ". Et c'est ainsi qu'il se créa une sorte de nouvelle bourse : les enfants juifs encore vivants — et il y en avait, malheureusement, bien peu ! — seraient remis aux Juifs en échange d'une somme aussi élevée que le permettrait l'état du " marché " [1]. »

A Auschwitz sont morts des milliers et des milliers d'enfants, le camp a été évacué dès la libération et pourtant une équipe de volontaires sillonne inlassablement ses environs depuis le début des opérations de récupération. Ils cherchent aux alentours du camp des gosses de tous âges qui n'y ont jamais mis les pieds. A Varsovie, d'après divers recoupements, on estime à une centaine le nombre de ces survivants à avoir été recueillis par des paysans de la région.

Ce peut être des enfants juifs grecs que leurs parents ont jetés hors du train au moment où le conducteur de la locomotive ralentissait l'allure avant de pénétrer à l'intérieur du camp. Ils ne parlaient évidemment pas le polonais. Les paysans, n'ayant pu les questionner, les ont peut-être pris pour des petits Français, enfants de résistants déportés avec eux et les ont gardés sans savoir de quoi demain serait fait.

Ce peut être des Hongrois, des Tchèques sauvés par miracle et recueillis par les fermiers ou les villageois.

Une quarantaine d'entre eux ont pu être retrouvés dans les

1. Léna Kuchler-Silberman, *Mes cent enfants — Du ghetto à Tel-Aviv*, Editions France-Empire, 1962.

premières semaines de l'action et « rachetés » à des prix raisonnables. Mais au vu de l'intérêt dont font montre les Juifs venus de Varsovie la vente atteint vite 100 et même 200 dollars par tête.

A Auschwitz comme partout, il est des gens qui évitent de se manifester pour des raisons qui leur sont propres.

Les anciens enquêteurs du bureau de Varsovie restent convaincus qu'un certain nombre d'enfants juifs grecs, hongrois, tchèques... sont aujourd'hui bons catholiques et polonais.

« Pour ce qui est du nombre réel d'enfants qui ont échappé à l'extermination d'une manière ou d'une autre, personne n'est en mesure d'avancer un chiffre. La plupart du temps les parents ont profité d'une demi-seconde d'inattention des gardiens pour pousser leur gosse hors du convoi ou pour le balancer dans un camion de détritus. Quoi qu'il en soit et même s'ils sont devenus des *goym*, le principal reste qu'ils ont été sauvés[1]. »

Plus aisée, plus humaine surtout, la manière dont s'effectue le retour des enfants juifs — en majorité des filles — qui viennent de passer une partie de la guerre cachés sous de fausses identités dans des institutions catholiques, couvents et orphelinats.

Une somme inestimable de courage, d'abnégation et de ruse aura été dépensée par les religieuses et les prêtres, lesquels n'ignoraient pas à quels dangers le sauvetage d'un seul enfant juif les exposait. Des centaines d'enfants, aujourd'hui adultes et éparpillés aux quatre coins du monde, doivent leur existence à ces femmes, à ces hommes exceptionnels pour qui les principes de la charité chrétienne ne furent pas un vain mot. Justes parmi les justes, d'autant plus méritants que leur action se déroula dans un contexte doublement hostile, leur nom se perpétue à travers les arbres de l'allée qui mène à l'Institut Yad Vashem et que les survivants ont plantés en leur honneur sur une colline de Jérusalem.

Dans les grands centres urbains où fonctionnent des comités, les responsables font le maximum afin d'accélérer

1. F. Lustig, entretien avec l'auteur.

la réadaptation des enfants arrachés à leur milieu naturel depuis plusieurs années. Pour la première fois dans l'histoire du Peuple du Livre, les éducateurs ont à faire face à une génération de jeunes illettrés, totalement étrangers à tout ce qui touche à l'instruction, au civisme le plus élémentaire.

Dans un premier temps, les problèmes de santé, physique et morale, ont pris le pas sur tout le reste du fait que la plupart de ceux que les enquêteurs ramènent dans leur voiture sont dans un état de délabrement tel qu'il risque de compromettre leur avenir.

« Les plaies, les furoncles, les cicatrices étaient nombreux. Beaucoup avaient eu les doigts des pieds et des mains gelés. Certains boitaient, à la suite de jambes cassées mal remises. Sans cesser de travailler, mes deux petites aides me racontèrent l'histoire de certains de leurs camarades : celui-ci avait été caché dans une cave, ce garçon-là avait sauté en marche d'un train qui transportait des Juifs en déportation, et cette petite fille, qui avait de profondes blessures au cuir chevelu, avait été battue par des Ukrainiens. [...].

« Comment était-il possible que de pareilles choses eussent lieu ? Comment des êtres humains, des créatures de Dieu, pouvaient-ils se faire les suppliciers et les assassins de petits enfants comme ceux-ci ? Un petit Juif était-il à ce point méprisable ? Quelle différence y avait-il entre lui et un petit chrétien [1] ? »

Traumatisés par la mort de 6 millions de leurs frères en Europe, les Juifs américains décuplent leurs efforts depuis la fin des hostilités. Dans tous les pays ravagés par le génocide, ils envoient argent, nourriture, médicaments, vêtements, médecins, infirmières et autres bénévoles, par l'entremise de nombreuses associations d'entraide dont l'*American Joint Committee*, la plus importante, la mieux organisée, la plus riche, reste le chef de file.

Cet organisme a à sa disposition des sommes considérables d'argent, pour l'aide et la réhabilitation des rescapés mais — et c'est là où la mainmise du pouvoir communiste se fait le plus sentir — il lui est interdit de disposer de ces sommes librement. En voie de socialisation, la Pologne veut bien accepter l'argent en provenance des pays capitalistes à

1. Léna Kuchler-Silberman, *Mes cent enfants..., op. cit.*

condition toutefois qu'il soit utilisé selon son bon vouloir, soit par ses propres entreprises, soit par celles qu'elle patronne.

Le *Joint*, aussi inimaginable que cela puisse paraître aujourd'hui si l'on replace la situation dans son contexte réel, aura donc continuellement à se battre pour mener à bien son action strictement humanitaire[1].

La décision de la majorité des survivants — à l'exception des communistes assimilationistes naturellement — de donner aux enfants de tous âges la possibilité de réintégrer une identité juive pleine et entière se heurte dès la première rentrée des classes d'après-guerre à des difficultés quasiment insurmontables. L'attitude du pouvoir central, lequel fait montre d'une réelle souplesse à cet égard, n'est pas en cause. Le Parti communiste polonais, en effet, favorise un renouveau juif pour des raisons de politique intérieure de même qu'il soutient l'immigration vers la Palestine pour des raisons de politique internationale.

Le « laxisme » du pouvoir en matière d'éducation est donc, dès le début, combattu de manière officieuse mais radicale par une certaine catégorie de Polonais notamment dans les milieux scolaires. Aussi, la plupart des enfants scolarisables vont-ils se retrouver sur les bancs des écoles publiques polonaises où sévit, plus que partout ailleurs — mais c'est une tradition — l'antisémitisme le plus virulent.

Après une longue enquête dans les écoles qui accueillent des élèves juifs, le très sobre journal britannique *Jewish Chronicle* publie une série d'articles sous un titre qui se passe de commentaires : « Le martyre des enfants juifs en Pologne. » Il est daté du mois de juin 1946.

« La misère des enfants juifs obligés de fréquenter les écoles polonaises est d'autant plus grande qu'ils n'ont pas d'autre solution s'ils ne tiennent pas à rester illettrés en demeurant à la maison. Cette triste constatation s'applique pour Varsovie comme pour Cracovie et toutes les autres villes. Ces enfants ont peur de révéler leur identité véritable et même ceux qui n'ont pas l'air juif souffrent des sévices de

1. Le *Joint* investira des millions et des millions de dollars en Pologne dans ces années d'après-guerre dont une partie seulement ira aux œuvres juives. Par la suite cet organisme connaîtra des difficultés sans nombre qui iront jusqu'à l'expulsion de ses représentants et la confiscation pure et simple de tous ses biens d'une valeur inestimable pour l'époque.

leurs camarades chrétiens. Ils sont boycottés, quotidiennement persécutés, fréquemment battus. Il existe aujourd'hui en Pologne des centaines d'enfants juifs forcés de réapprendre l'art et la manière de cacher leur origine afin d'éviter la haine des écoliers chrétiens. [...].

« Dans certaines écoles se sont formées des organisations secrètes de jeunes Polonais dont le but est de propager l'antisémitisme et de persécuter les enfants juifs. [...].

« Et les maîtres ? Dans la plupart des cas, non seulement ils ne s'opposent pas aux activités antisémites, non seulement ils ne protègent pas physiquement les enfants juifs comme l'implique leur tâche mais, souvent, ils sont eux-mêmes responsables de la propagation de propos racistes.

« Et les prêtres, les curés ? Leur attitude n'a pas changé. Certains rappellent à leurs élèves " la sagesse des rois de l'ancienne Egypte pour avoir chassé tous les Juifs de leur pays "; d'autres mentionnant les crimes horribles commis par les nazis en Pologne accordent à ces derniers une seule et unique action compréhensible, à savoir le fait d'avoir débarrassé le pays de ses Juifs [1]. »

A Zakopane, où l'infatigable Léna Kuchler-Silberman veille sur ses cent orphelins de guerre, l'illusion d'une école ouverte à tous dans la Pologne nouvelle ne dure que quelques semaines. L'incident qu'elle décrit illustre, on ne peut mieux, les observations du journaliste anglais.

« L'hiver vient vite dans les monts Tatra. En novembre, nous eûmes la première chute de neige. Les enfants s'étaient habitués à aller chaque jour à l'école, et malgré quelques anicroches, tout semblait aller normalement. Les grands élèves polonais des classes supérieures constituaient un groupe indépendant et fermé, et il me revint qu'il y avait parfois des échanges de coups de poing. Les Juifs rendirent coup pour coup, et les heurts disparurent. Mais les injures continuèrent, et nos garçons, en nous le racontant, haussaient les épaules, comme pour dire : " Et puis après ? "

« Un beau jour, tout changea. Ainsi que je parvins plus tard à le reconstituer, tout commença à l'une des classes du matin. Il y avait là plus de douze de nos enfants. Chaque fois

1. *Jewish Chronicle*, juin 1946. A cette époque, la plupart des enfants rentrés au printemps d'Union soviétique ne sont pas encore admis dans les écoles. Il s'agit donc uniquement des enfants rescapés de l'holocauste.

que le professeur tournait le dos pour écrire au tableau, les Polonais chuchotaient tous ensemble ce seul mot : *Zyd!* A la fin, Reuven se leva et demanda au professeur de faire cesser ces insultes.

« Le professeur répondit :

« — De quelles insultes parlez-vous ? Où y a-t-il insulte ? Vous êtes juif, n'est-ce pas ? Si quelqu'un me traitait de chrétien, cela ne me dérangerait pas, je ne dirais pas que c'est une insulte.

« Reuven se rassit. Les murmures continuèrent. A la récréation, les professeurs s'éclipsèrent, et cinquante Polonais entourèrent les douze Juifs dans la cour. Il s'agissait probablement d'un coup prémédité, car nos garçons furent débordés par le nombre et menacés avec des pierres et des bâtons. Un combat en règle eut alors lieu dans la neige. Les élèves *goym* firent cercle autour des Juifs et les frappèrent sauvagement, si bien que la neige fut teintée de sang. [...].

« Je donnai ordre aux enfants de ne plus aller aux écoles de Zakopane. Nous continuerions leur instruction dans notre maison, à l'abri de nos quatre murs[1]. »

Dans la Pologne qui se construit sur des principes socialistes et en dépit de la séparation presque consommée de l'Eglise et de l'Etat[2], maîtres d'antan et prêtres viscéralement conservateurs et antisémites sont toujours responsables, à l'époque qui retient notre attention, de l'éducation des jeunes générations.

Les autorités, qui se débattent dans des problèmes quasiment insurmontables, à tous les niveaux et dans tous les domaines, n'ignorent nullement la misérable situation faite aux enfants juifs dans les écoles d'Etat. Lors d'une conférence de presse à Varsovie, le Dr Tenenbaum, l'avait d'ailleurs confirmé :

« J'ai rencontré, avait-il dit en substance, le président de la République, Boleslaw Bierut, ainsi que le Premier ministre Osobka-Morawski et je leur ai fait part de mes inquiétudes au sujet de l'antisémitisme en Pologne, inquiétudes qu'eux-mêmes partagent pleinement. Mais j'ai tout particu-

1. Léna Kuchler-Silberman, *Mes cent enfants..., op. cit.*

2. Le Concordat de 1925, qui accordait de nombreux privilèges à l'Eglise, a été dénoncé le 12 septembre 1945.

lièrement insisté auprès du Premier ministre sur le douloureux problème de l'agitation antisémite dans les écoles. Cette agitation a atteint un tel degré que la petite fille d'un ami rabbin a demandé à ses parents de lui apprendre le " Notre Père " parce que ses camarades de classe la soupçonnent d'être juive et veulent la chasser de l'école. Le Premier ministre a convenu qu'il s'agit d'une des questions les plus délicates posées à son gouvernement. [...]. La question est de savoir si ce gouvernement disposera, un jour, des moyens suffisants pour mettre ses réformes en pratique [1]. »

Instituteurs et professeurs, dont la formation remonte à l'époque de la Pologne fascisante d'avant-guerre, continuent donc à faire la loi dans les écoles et les universités. Ces maîtres refusent — avant d'y être, un jour, contraints ou de perdre leur poste — de coopérer avec les nouveaux gouvernants [2]. Profitant du manque d'autorité véritable qui marque ces années 1945 et 1946, ils s'évertuent à répandre leurs vieilles théories nationalistes et racistes au détriment des thèmes progressistes du nouvel Etat. Les livres de classe fraîchement imprimés, qui prônent la tolérance et l'égalité entre tous les citoyens, sont souvent détruits ou mis de côté. Les écoliers juifs ne possédant pas un « bon » visage ou qui refusent de renier leurs origines sont constamment insultés, molestés, tenus à l'écart. Leur situation se complique encore au moment de réciter les prières, coutume très répandue dans une Pologne profondément attachée aux traditions religieuses.

Aujourd'hui ingénieur et citoyen israélien, adopté en 1948 — il avait alors 16 ans — par une famille aisée de Haïfa, Yoël S. a fréquenté, à Varsovie, une classe réservée à des enfants polonais d'âges divers, intellectuellement handicapés par un manque prolongé de scolarité.

« Le paysan chez qui j'avais été placé par le Conseil [3] s'est

1. Joseph Tenenbaum, *In search of a lost People, op. cit.*

2. En avril 1946, le ministre de l'Education, interrogé à ce propos, se déclarera « incapable d'intervenir ».

3. Il s'agit, en réalité, du département « Enfants » du Conseil pour l'aide aux Juifs. Il était dirigé par une femme de grande valeur, Irena Sendlerowa, et travaillait en collaboration étroite avec le service d'Aide sociale placé sous la direction de l'écrivain Jan Dobraczynski. La communauté juive leur est redevable du sauvetage d'un nombre appréciable d'enfants.

contenté de me faire travailler et de me nourrir sans se préoccuper de religion. Au début de mon séjour j'avais dû apprendre, par cœur, une prière que les enfants polonais récitent dès leur plus jeune âge. Pour le cas où un voisin, un policier se serait avisé de me poser des questions. La prière disait, je m'en souviens parfaitement : " Ange de Dieu, mon gardien, sois toujours à mon côté ; au petit matin, dans la journée, comme dans la nuit, viens-moi toujours en aide. Amen."

« En février 1945, des enquêteurs sont venus me chercher et le fermier m'a laissé partir. J'ignore ce qui s'est passé quand j'attendais dans la voiture. Peut-être lui ont-ils donné quelque argent ? C'est probable.

« A cette époque, il n'existait que deux écoles juives, l'une à Lodz, l'autre à Rychbach, me semble-t-il. Les rabbins américains s'occupaient des enfants pratiquants. Pour les autres, dont je faisais partie, il ne restait que l'école publique polonaise la plus proche. L'instituteur était un type plutôt sympathique, foncièrement anticommuniste mais pas réellement antisémite. Il lui arrivait de parler des gens de Moscou et des Juifs qui les soutenaient. Cela le mettait en colère mais sans plus.

« Un prêtre, très jeune et très excité, venait de temps à autre nous faire l'instruction religieuse que nous, les élèves juifs, suivions en silence, sans jamais prendre part à la discussion. Nous étions frappés par la dévotion de nos camarades chrétiens, des voyous sans foi ni loi que la guerre avait complètement pourris. Dès qu'il était question de Dieu, hop, ils devenaient des agneaux bien sages.

« Je ne suis resté dans cette école que quelques semaines, jusqu'au jour où ils ont essayé de faire de moi un vrai Polonais, comme ils disaient. Je n'acceptais pas leur chantage. Alors j'ai demandé aux gens du Comité de m'envoyer dans un orphelinat juif[1]. »

Avec l'aide — contrôlée — du *Joint* et celle, plus réduite, de l'Etat, la communauté juive, profitant du retour des enfants d'Union soviétique, tente de remédier à cet état de choses. Onze pensionnats accueillent, dans un premier temps, 1 135 orphelins de tous âges. Puis des écoles et des

1. Entretien avec l'auteur.

garderies pour 20000 autres sont ouvertes dans les grandes villes, sous les auspices des comités et notamment du Comité central de Varsovie dont le rôle est d'assurer la liaison entre le pouvoir et les communautés juives. Les conditions matérielles, nonobstant le climat d'insécurité qui ne cesse de s'aggraver, sont satisfaisantes cependant que l'éducation est de plus en plus orientée vers l'assimilation, ce que n'apprécient guère les responsables juifs qui entendent ne pas renoncer à leur identité spécifique.

De leur côté, les congrégations religieuses, renforcées par un apport appréciable de rabbins rentrés d'URSS, s'occupent des enfants élevés selon la tradition. La demande dépasse le plus souvent les possibilités car nombreux sont les survivants que l'holocauste a ramenés à la foi.

Enfin, les mouvements sionistes, regroupés dans un organisme dit de « coordination », établissent des homes d'enfants voire des *kibbutzim* dans l'intention connue et admise du prochain départ de ces orphelins pour la Palestine[1].

Rapatrié d'Union soviétique, Sholem Rosenberg, aujourd'hui citoyen français, rentra à Lodz au début de 1946 et décida, lui aussi, de se consacrer à la difficile réadaptation des enfants.

« Des soldats juifs de l'Armée rouge en avaient récupéré quelques dizaines, par hasard, dans les rues de Lodz et les avaient confiés au premier civil juif rencontré. Avec l'aide du Comité et de quelques volontaires nous avons donc créé une colonie d'enfants à Kolumnà-Las, à une trentaine de kilomètres de la ville. »

Avec ses plages au bord de la rivière, ses forêts et son infrastructure de village de repos, Kolumnà, lieu de villégiature par excellence, présente tous les avantages requis pour permettre aux enfants de se refaire une santé. Le Comité y a loué une grande maison, retirée dans les bois.

« Une partie de nos pensionnaires avait des parents, rentrés de Russie, les autres, la majorité, étaient des orphelins. Les premiers mois nous avions vécu en paix. Mais un jour, un Polonais de mes connaissances d'avant-

1. Dont beaucoup seront adoptés par des familles dès leur arrivée.

guerre est venu me trouver. Il était dans tous ses états. Je me souviens de la scène comme si c'était hier.

« — Sholem... le bruit court qu'on a découvert le corps d'un enfant chrétien mort dans la forêt, tué par les Juifs pour lui prendre son sang. Méfiez-vous.

« — Qui te l'a dit ?

« — Untel...

« Je suis allé trouver ce type dans l'après-midi. Un rustre.

« — As-tu vu l'enfant mort de tes propres yeux ?

« — Non... mais on me l'a raconté ce matin.

« — Qui ?

« — Untel...

« La rumeur menaçait de s'amplifier rapidement comme toujours en Pologne. C'est souvent à partir d'une telle accusation que commençait un pogrome.

« Les enfants de la colonie étaient très jeunes, donc pas question de les évacuer. Par quel moyen, d'ailleurs ? Nous ne disposions même pas d'une automobile. Restait la police. J'y suis allé et ils m'ont ri au nez. Alors j'ai fait savoir à mes amis polonais que nous étions armés, bien armés et nombreux, tous décidés à défendre les gamins dont nous avions la charge. Et effectivement on se serait fait tuer pour eux.

« Il ne s'est rien passé ce jour-là, ni les jours suivants. Ces types étaient des lâches. Mais nous avions compris que les enfants n'étaient plus en sécurité. Il a fallu aviser pour éviter le pire[1]. »

« A 2 km sur la gauche, indique le guide touristique, voici la station climatique de Rabka (470-560 m), station de cure pour enfants très réputée [...] climat très doux de grande valeur thérapeutique [...][2]. »

Le *Guide des lieux de lutte et de martyre 1939-1945* rappelle, quant à lui, que de 1940 à 1943, la SS et la Gestapo exterminèrent à cet endroit plusieurs centaines de Juifs, habitants de Rabka, Nowy Sacz, Mszana Dolna et Jordanow[3].

Estimant rendre ainsi hommage à leurs morts, enterrés dans des fosses communes au cimetière de Rabka où un

1. Sholem Rosenberg, entretien avec l'auteur.
2. *Guide touristique de la Pologne*, Editions Interpress, 1971.
3. *Guide des lieux de lutte et de martyre 1939-1945*, Varsovie, 1965.

monument a été érigé en leur mémoire, deux rescapés des massacres ont décidé d'ouvrir dans la petite cité un centre pour enfants, centre qui doit servir de symbole à la survie du peuple détruit. Enfants malades, tuberculeux, mentalement atteints ou physiquement diminués, sont dirigés sur Rabka qui s'est transformé, au fil des besoins, en un grand sanatorium réputé pour ses soins et sa tranquillité.

L'attaque eut lieu au début de décembre, en pleine nuit.

Dès les premières explosions de grenades qui butent contre les volets clos et font tomber les vitres dans un épouvantable vacarme, les enfants se sont cachés sous les lits, réflexe qui leur a bien souvent sauvé la vie. Quelques volets cèdent et s'éparpillent en éclats dans les dortoirs subitement plongés dans l'obscurité. Soudain, un pan de mur s'effondre et blesse sérieusement une petite fille surprise dans son sommeil. Elle ne pousse pas un cri, ne verse pas une larme. Les autres non plus ne bougent pas, ne pleurent pas.

« Ces enfants, dira la monitrice en chef aux enquêteurs, ont appris à se dominer, à maîtriser leur peur, le plus souvent mieux que certains adultes. Ils ont appris à garder le silence, à retenir leur respiration, pendant des heures entières. Hier, l'ennemi était allemand, aujourd'hui il est polonais. Le sang juif coule toujours. »

Alertés par la directrice dès la première accalmie, les policiers sont arrivés très rapidement sur les lieux. Leur chef a haussé les épaules, dans un geste d'impuissance éloquent :

« Ce sont sûrement les " gars " de la forêt ; ils sont très puissants et très nombreux dans la région. On ne peut rien faire, même pas vous donner un garde, cela ne servirait à rien. »

Le lendemain matin, Edna, la secrétaire du Comité des Juifs, téléphone au ministère de l'Intérieur afin de demander de l'aide. Transportée à l'hôpital, l'enfant blessée doit être amputée d'un bras, les autres sont plongés dans un climat de panique indescriptible.

— Allô, hurle la secrétaire, passez-moi le responsable du service sécurité.

— A l'appareil !

Edna essaie de retrouver son calme pour lui expliquer, dans leurs moindres détails, les événements de la nuit.

Lorsqu'elle a terminé, la réponse vient, qu'elle jugerait du plus haut comique en d'autres circonstances.

— Allô ! Camarade ! dit l'homme au bout du fil. Ne bougez pas ! Restez sur vos positions ! Surtout ne vous laissez pas terroriser par ces ennemis de l'Etat !

Quelques jours plus tard, une rumeur circule. Des mains inconnues ont peint de grandes croix noires sur les portes d'appartements juifs à Nowy Sacz où plusieurs meurtres ont déjà eu lieu. Les croix noires, de sinistre mémoire, annonçaient les pogromes dans la Pologne d'avant-guerre. Il n'en fallut pas plus pour amener les responsables de Rabka à envisager l'évacuation du sanatorium dans les plus brefs délais.

« Après cette attaque, la vie a complètement changé à Rabka. Les gens qui s'occupaient de nous étaient très nerveux et faisaient montre de beaucoup moins de patience qu'avant. Nous n'avions même plus le droit de jouer dans le jardin. De temps à autre des policiers venaient demander à la directrice si tout allait bien mais ils repartaient aussitôt. Nous avions organisé un tour de garde entre les camarades les plus âgés. Mais rien ne s'est passé jusqu'à notre départ. Certains sont partis en Amérique, d'autres, comme moi, en Palestine, d'autres en Australie. Nous étions des cas difficiles, comme on disait à l'époque. Notre séjour à Rabka aurait pu nous aider à devenir des êtres humains. Nous y sommes parvenus... ailleurs[1]. »

Quelques semaines plus tard ce fut au tour de l'orphelinat de Zakopane sur lequel veillait Léna Kuchler-Silberman de subir une attaque des « ennemis de l'Etat », très actifs dans cette région montagneuse. Des lettres de menaces, anonymes et confectionnées à l'aide de coupures de journaux, en avaient averti Léna, presque chaque matin, depuis des semaines.

« Juifs ! Vous empestez l'atmosphère de Zakopane ! Allez-vous-en ! Vite ! Sinon nous mettrons le feu chez vous ! »

L'idée de fuir, d'emmener ses enfants de l'autre côté de la frontière naquit cette nuit-là dans l'esprit de la responsable de l'orphelinat de Zakopane. Il ne servait à rien de prolonger le drame.

1. Yoël S., entretien avec l'auteur.

« A ce moment de sa longue histoire, la Pologne était au bord du chaos. Une nouvelle fois, les Juifs jouaient le rôle qui leur avait été traditionnellement assigné depuis l'exil, près de deux mille ans plus tôt : celui de boucs émissaires et d'otages entre les mains des lâches et des cyniques. Et nos enfants malades étaient prisonniers du pourrissement de la situation [1]. »

L'attaque eut lieu un peu avant minuit, par une nuit sans lune. Sagement, sans bruit, les tout-petits étaient descendus dans la cave cependant que les grands assuraient leur défense, groupés autour de la directrice.

« En vue de quoi luttions-nous ? Pourquoi étions-nous condamnés à vivre comme des êtres inférieurs, dans la terreur et l'emprisonnement ? Comment tout cela finirait-il ? Je me posais ces questions de plus en plus fréquemment, tandis que je montais la garde à la grande porte de notre maison, le pistolet dans ma poche. Depuis quelques semaines, j'étais devenue très nerveuse, et me sentais près de m'effondrer. J'avais par moments l'impression que la responsabilité des enfants allait m'écraser [2]. »

A l'époque des attaques tout spécialement dirigées contre les enfants, le flot des rescapés qui fuient la Pologne via les camps de « Personnes déplacées » d'Allemagne s'est provisoirement ralenti. Soucieuses d'enrayer l'hémorragie, les autorités de Varsovie ont brusquement changé d'attitude et il devient très difficile, aux Juifs comme aux chrétiens, d'obtenir l'autorisation d'émigrer. Le rideau de fer s'abaisse lentement sur l'Europe de l'Est.

Mais les passages se poursuivent clandestinement. Il suffit d'un peu de courage et de beaucoup d'argent pour acheter les gardes-frontières polonais qui s'enrichissent tout en... rendant service à leur pays.

Les enfants de Zakopane, et beaucoup d'autres, que le sort avait une première fois épargnés, ont eux aussi quitté la Pologne, par une nuit sans lune, comme des voleurs.

1. Léna Kuchler-Silberman, *Mes cent enfants... —, op. cit.*
2. *Idem.*

# TROISIÈME PARTIE

CHAPITRE XI

# D'UN POGROME À L'AUTRE

Au moment où il s'apprête à prendre la parole devant le Conseil national qui tient, début avril 1946, ses assises à Varsovie, le Dr Adolf Berman, l'éminent président du Comité central, est inquiet. Devant lui s'étalent plusieurs journaux polonais qui annoncent, à la une et en gros caractères, les derniers assassinats en date.

« A Janow Podlaski dans la région de Siedlce [1], les corps de six personnes, dont un bébé de six mois, viennent d'être découverts, affreusement mutilés. Ce crime dépasse en horreur tous les crimes enregistrés jusqu'ici. »

« Les terroristes se sont introduits dans un appartement, en plein jour, et ont abattu Perec Rydlewicz, 26 ans, Mayer Bluzstaïn, 24 ans, Szloma Rozal, 38 ans, ainsi qu'un soldat récemment libéré de l'armée polonaise, Hersh Goldberg, sa femme — non juive — et leur bébé de six mois dont le petit corps est couvert de blessures atroces. Toutes les victimes ont été torturées avant de mourir. »

Visiblement gêné par ce qu'il va annoncer, en préambule à son auditoire, le Dr Berman ajuste ses lunettes et promène un long regard sur l'assistance. Puis il entame, lentement, la lecture de la première page de son rapport sur la situation de la communauté en ce début de printemps marqué par un décuplement de la violence.

« Camarades, dit-il, au cours des dernières semaines, deux Juifs ont été assassinés à Jendrzejow, cinq à Starachowice, deux à Lodz, deux à Siedlce, deux à Radom, un à Broszkow

1. Près de la frontière avec l'Union soviétique.

et dix, c'est-à-dire toute la population juive de l'endroit, à Bolslawiec.

« Entre février et septembre 1945 — soit aussitôt après le passage de l'Armée rouge — 85 des nôtres ont trouvé la mort dans le district de Kielce, 75 dans celui de Varsovie, 165 autour de Lublin, 41 à Bialystok, 37 à Rzeszow, 29 à Lodz, 14 à Cracovie. [...].

« Les localités, une première fois ravagées par les SS, une seconde fois par les terroristes, sont au nombre de 18 dans la région de Varsovie, de 24 pour celle de Kielce, de 29 pour celle de Lublin. Je pourrais hélas, continuer longtemps... »

La discussion qui fait suite à la brève intervention du président se transforme rapidement en une longue énumération des événements tragiques enregistrés entre la libération et ce mois d'avril 1946.

La liste du Dr Berman, transmise à tous les délégués, en début de séance, a été établie par des personnes compétentes et certes peu intéressées à donner de la situation une image plus dramatique qu'elle ne l'est déjà.

En liaison permanente avec les services de sécurité, le Comité central reçoit immédiatement des organes du Parti (communiste) et des divers ministères concernés toutes les informations se rapportant aux attaques de Juifs, à la préparation des pogromes et à la propagande antisémite. De temps en temps, le Comité obtient des assurances apaisantes indiquant que des mesures adéquates ont été prises mais rien n'y fait.

« A Czestochowa, poursuit d'ailleurs le rapport, un pogrome a été évité de justesse à la suite de l'intervention des dignitaires de l'Eglise déclarant infondées les accusations de " crime rituel ".

« Dans la ville sainte, où plusieurs " disparitions " d'enfants chrétiens ont été signalées à quelques semaines d'intervalle, les enfants ont été retrouvés mais la rumeur n'en continue pas moins de persister, obligeant peu à peu les Juifs à abandonner leur projet d'installation. »

Czestochowa, dans l'esprit des délégués au Conseil national, occupe une place à part tant par son passé de fief de l'antisémitisme avant la guerre que par l'attitude de sa population sous l'occupation allemande. A propos de cette ville, principal centre du culte religieux en Pologne, Emmanuel Ringelblum n'a-t-il pas écrit ? :

« A Czestochowa, la police polonaise, aidée des Ukrainiens, garde, lors de chaque action de déportation, toutes les sorties. Elle escorte les déportés jusqu'à la gare, et, une fois l'action terminée, fait la chasse aux Juifs, les dépiste et, sans pots-de-vin, les amène aux Allemands. [...].

« Dans cette forteresse de l'antisémitisme polonais, la population locale se mobilise pour livrer les Juifs aux Allemands. Des 40 000 Juifs qui vivaient là avant la guerre, il n'en reste plus un seul aujourd'hui...

« La Pologne effacera-t-elle jamais l'opprobre que jette sur elle le fait de Czestochowa où, pratiquement, pas un seul Juif n'a été sauvé pour la simple raison que déjà, avant la guerre, les sentiments antisémites prédominaient dans cette ville essentiellement religieuse [1]. »

Le cri lancé par Ringelblum lui avait été inspiré à la suite d'une démarche, sans précédent en Pologne, de la population de Czestochowa. Alors que les massacres avaient déjà commencé, les habitants de la ville avaient adressé une pétition au gouverneur nazi Hans Frank pour lui demander « d'installer un ghetto afin d'y parquer tous les Juifs ».

Ce qui avait été fait dès le mois de mars 1941.

Puis, les Juifs avaient été déportés et exterminés à Treblinka entre septembre et octobre 1942. Après la liquidation du ghetto, les prêtres, ajoutant à l'horreur, avaient cru bon de fermer les portes des églises à clé, la nuit, pour empêcher les rescapés juifs d'y trouver refuge.

La fameuse Vierge noire, mère de tous les Polonais, n'avait pas accordé aux fuyards sa sainte protection.

Reprenant la parole, l'honorable Dr Berman qui, d'une main tremblante a écarté plusieurs des feuillets de son intervention, croit pouvoir dire en manière de conclusion :

« Je suis convaincu que dans le combat contre la réaction et le fascisme va se lever sur la Pologne une ère de fraternité entre Juifs et Polonais et que dans notre acharne-

1. E. Ringelblum, *les Rapports polono-juifs pendant la Seconde Guerre mondiale, op. cit.*

ment à reconstruire le socialisme démocratique, ouvriers juifs et ouvriers polonais œuvreront main dans la main. »

Témoin de tout premier plan, Hershl Smolar, communiste de longue date, partisan courageux sous l'occupation et organisateur hors pair au sein du Comité, a décrit l'atmosphère tendue dans laquelle se déroulait ce genre de discussion entre les responsables de la communauté :

« Chaque matin, avant de nous séparer pour aller chacun son chemin, chacun vers son travail, nous, les membres du présidium du Comité central des Juifs de Pologne, nous réunissons dans le bureau du secrétaire Zelicki. Il nous transmet les dernières nouvelles reçues par téléphone ou par télégramme durant la nuit. Souvent, des envoyés spéciaux de villes ou de villages viennent jusqu'à nous, porteurs eux aussi des dernières nouvelles. Il s'agit surtout de rapports faisant état d'attaques de bandits, de vies juives sacrifiées. Dans la majorité des cas, les victimes sont des gens qui ont réussi à échapper aux massacres hitlériens. Ces sanglantes nouvelles proviennent de tous les coins de Pologne, de Lublin et de Cracovie, de Lodz et de Gdansk, de Bialystok, de Biala Podlaska, de Bytom...

« Nous sommes là, autour du secrétaire, le cœur serré. Chacun de nous sent son sang se figer dans ses veines : à Novy Targ, des bandits " patriotes " ont tiré d'une voiture cinq Juifs, tous rescapés des camps de la mort, et les ont bestialement assassinés. Les Juifs rescapés avaient créé un Comité dans cette ville. On l'a décapité en assassinant son président, David Grosgrinen. [...]

« Les nouvelles de ce jour me coupent les jambes. Je suis incapable d'entreprendre le moindre travail. J'apprends que des assassins polonais ont fait descendre du train, entre Miedzyrzecz et Biala Podlaska, mon camarade de combat, le partisan Israël Zilberstein et Génia Adelstein, rescapée d'un camp hitlérien et les ont abattus. Les trains partant ou en provenance de Bialystok sont quotidiennement attaqués et une sauvage chasse aux Juifs y est organisée. [...].

« Pour piller les malheureux restes sauvés de biens juifs, des foules de plus en plus importantes, parmi lesquelles des étudiants et des scouts en uniforme, se transforment en pogromistes sauvages... Le cimetière de Bialystok se couvre de nouvelles tombes de Juifs qui croyaient, espéraient que la sanglante époque hitlérienne était révolue[1]. »

Quand ils ne les tuent pas au cours d'un attentat en règle, les hommes de la NSZ se permettent le luxe d'avertir leurs prochaines victimes, soit... de vive voix, soit par tracts, soit, plus simplement, par inscriptions sur la porte de demeures juives, invitant les habitants à « vider les lieux »... avant telle date... « sous peine de mort ».

L'exemple le plus frappant, cité à l'époque par la presse polonaise qui soudain fait du zèle, reste celui de la petite communauté de Bialobrzegi dont Mayer Hajdera était le responsable.

Le 12 septembre 1945, un groupe de Polonais armés avait fait irruption dans l'appartement de Mayer Hajdera et lui avait intimé l'ordre d'avertir tous les Juifs de la région qu'il leur faudrait s'en aller dans les trois jours. Les Polonais exigèrent également une rançon de 20 000 zlotys à verser au fonds de leur organisation. En partant, ils firent main basse sur 4 000 zlotys, l'argent de la communauté, trouvé dans l'appartement.

Bien avant la date fixée, les 34 Juifs de la localité, tous rescapés des ghettos et des camps, avaient pris la fuite[2].

En guise d'avertissement, ce même gang avait abattu le propre cousin du président du Comité, quelques jours avant la visite au domicile de ce dernier.

Originaire de Bialobrzegi, où il est rentré à son retour du camp, Jack Sten, aujourd'hui citoyen américain résidant en Israël, n'a pas oublié ce 12 septembre 1945.

« Dire qu'on ne s'y attendait pas serait mentir, car nous étions plus ou moins informés de ce qui se passait ailleurs. On pensait que le gouvernement, qui disposait déjà d'une importante force de police, allait rapidement mettre un terme aux agissements des bandes fascistes. D'avoir survécu nous rendait plus optimistes que nature. Vous savez, monsieur, à cette époque, le moindre geste de sympathie de la part d'un Polonais prenait à nos yeux des proportions démesurées. Il suffisait d'un sourire, d'une poignée de main

1. Hershl Smolar, *Oïf der Letzter Pozitie mit der Letzter Ofenung, op. cit.*
2. Il semble que toutes les personnes ainsi visées aient fait place nette bien avant l'expiration de l'ultimatum.

pour imaginer qu'ils regrettaient leur attitude sous l'occupation. Quelques amis avaient pu récupérer leur appartement, d'autres pas mais nous nous étions arrangés pour éviter les heurts avec les *goym*. Que faire d'autre ? Nous n'envisagions pas de quitter la Pologne, c'était notre patrie, nos parents y avaient vécu, nos grands-parents... Je crois que si on ne les en avait pas chassés, la plupart des survivants y seraient encore. La preuve, nous sommes restés très polonais, jusqu'à aujourd'hui. Nous parlons polonais entre nous, nous sommes imprégnés de culture polonaise même si nous ne nous intéressons plus à la Pologne [1]. »

Les soldats soviétiques avaient libéré la petite ville de Polaniec en août 1944 après des combats qui avaient coûté la vie à beaucoup de leurs camarades. Les Allemands partis, une quarantaine de Juifs, abandonnant les forêts avoisinantes où ils avaient réussi à se cacher durant toute l'occupation, étaient aussitôt revenus à Polaniec où, selon un recensement d'avant-guerre, 1025 Juifs vivaient autrefois. Fraîchement accueillis par la population du village, ils avaient décidé de ne pas tenir compte du milieu ambiant dans leur acharnement à vouloir jeter les bases d'une nouvelle existence. Au bout de quelques mois, les 40 Juifs de Polaniec — en majorité des femmes et des enfants — se prirent à penser qu'ils étaient en passe de réussir. Deux bébés étaient nés, l'un en janvier, l'autre en mars, et un rabbin était venu spécialement de la ville pour célébrer le premier mariage.

Le 10 avril, une bande d'hommes armés fit irruption dans le village vers quatre heures de l'après-midi. Guidés par une main mystérieuse, ils se dirigèrent vers les fermes et les ateliers où ils savaient trouver des Juifs.

Sept hommes furent amenés sur la place de l'église. Les terroristes en tuèrent cinq [2] au vu et au su de la population.

Le lendemain, il n'y avait plus de Juifs à Polaniec.

Abraham Berkowicz avait refusé de suivre les conseils d'un haut fonctionnaire juif de ses connaissances de ne pas retourner dans son village natal. Abraham, devenu orphelin, s'était juré, dans le camp de Theresienstadt, qu'il repren-

1. Entretien avec l'auteur.
2. Les deux autres ne furent que légèrement blessés.

drait, après la guerre, la ferme paternelle pour honorer la mémoire de ses parents, morts devant ses yeux.

Et il était revenu à Bolkow, gros bourg au passé chargé d'histoire polonaise sur la rivière Nysa Szalona, et s'était aussitôt remis à la tâche. La Pologne avait besoin d'hommes courageux, capables de la reconstruire. C'est le discours qu'il avait tenu au Polonais qui occupait sa ferme. Celui-ci n'avait pas bronché. Il était même parti sans prendre la peine d'emporter ses affaires.

Un matin, Abraham Berkowicz fut tué sur le seuil de sa porte. Par un inconnu.

A Chelm, des vétérans de l'armée polonaise avaient attaqué des Juifs dans les rues ; ils les avaient battus, puis s'étaient rués à l'assaut des locaux du Comité, maltraitant tous ceux qui se trouvaient sur place.

Le pogrome, « petit » par rapport à ceux que les Polonais organisaient avant guerre, s'était poursuivi six heures durant.

Aucune arrestation n'avait eu lieu, eu égard à la présence des anciens combattants.

Un peu plus loin, mais le même jour, à Jodlowca, près de Debica, les Juifs s'étaient enfuis précipitamment et sans le moindre bagage après que des propos antisémites d'une extrême violence eurent été tenus à une réunion de paysans. La réunion terminée, les paysans, « saouls comme des Polonais » selon l'expression consacrée, se répandirent à travers les rues du bourg en expliquant aux passants hilares « qu'ils faisaient la chasse aux Juifs ».

Vers minuit, ils se dispersèrent, bredouilles.

Funérailles officielles ou enterrements à la sauvette, dans un village infesté de terroristes, faisaient désormais partie des préoccupations quotidiennes des survivants qui, ironie tragique du sort, comptaient le plus grand nombre de morts sans sépulture que l'histoire ait jamais enregistré.

Depuis la libération, les corps des Juifs assassinés par les Polonais avaient, si l'on peut s'exprimer ainsi, la consolation de ne plus être jetés dans un four crématoire ou dans une fosse commune. On les enterrait normalement, dans un cimetière juif remis en état pour l'occasion.

La terre polonaise, vidée de ses sépultures anciennes, pouvait donc, à nouveau, porter dans son sein ceux que la solution finale avait épargnés.

C'est ainsi que fut porté en terre, avec tous les honneurs dus à sa personnalité, Jozef Oppenheimer, assassiné en plein jour par des membres de l'AK, le 16 février 1946, dans son modeste appartement des environs de Zakopane.

Skieur émérite de classe internationale, guide de montagne professionnel, organisateur des secours, avant la guerre, dans une région qui attirait bon nombre de grimpeurs amateurs lancés à l'assaut des monts du Tatra, Oppenheimer avait la réputation d'un homme tranquille, toujours prêt à prendre des risques dès qu'on faisait appel à lui.

A son enterrement, ses amis polonais, ceux-là mêmes qui lui avaient permis de survivre en le cachant d'abord à Varsovie puis à Cracovie durant toutes les années d'occupation, étaient atterrés.

A sa femme, blessée lors de l'attentat, ils ne purent qu'exprimer la honte ressentie devant ce crime odieux perpétré par d'autres Polonais.

Insigne honneur, Jozef Oppenheimer repose au pied de ces montagnes des Carpates qu'il affectionnait tant.

Pour accompagner Abraham Perl, Samuel Rychbart, Chaïm Frydman et Zipora Starvinska jusqu'à leur dernière demeure en terre polonaise, 7 000 personnes s'étaient donné rendez-vous au cimetière juif de Lodz à la fin du mois de mars. Funérailles grandioses, émouvantes, les premières de cette ampleur dans la nouvelle « capitale » des Juifs en Pologne, organisées en l'honneur de quatre malheureux Juifs inconnus, morts simplement pour avoir commis le crime d'avoir survécu.

Ils avaient quitté Cracovie dans la matinée du 22 pour se rendre à Lodz à bord d'un autobus. Avant de les achever, les « gars dans la forêt » les avaient torturés au point de les avoir rendus, tous quatre, pratiquement méconnaissables.

Heureusement, la police avait retrouvé sur les corps mutilés des papiers indiquant que trois d'entre eux avaient été libérés de divers camps de concentration d'Allemagne l'année précédente.

Quant à la femme, Zipora Starwinska, personne ne put établir de quelle manière elle avait survécu à l'occupation allemande.

Dans ce climat de haine sans autre fondement que la fureur de voir tant de Juifs revenir en Pologne, il arriva souvent que des actes de banditisme fussent commis par des chrétiens à seule fin d'en rendre les Juifs responsables.

Ainsi, au mois de juillet et alors que la vague de violence approchait de son sommet, un prêtre, le Dr Bobinski, fut attaqué et sérieusement malmené dans une rue d'Ostrowiec [1]. Aussitôt se répandit en ville la rumeur que l'attaque dont venait d'être victime l'homme d'Eglise était l'œuvre de voyous juifs. Se basant sur le qu'en-dira-t-on, la police entreprit une enquête dans les milieux concernés. Mais le Dr Bobinski, que personne ne s'avisait d'interroger, publia, de son lit d'hôpital, un démenti formel à ces accusations. Il déclarait avoir reconnu ses assaillants.

Effectivement, ceux-ci furent arrêtés quelques jours plus tard. Ils étaient tous Polonais et fréquentaient régulièrement l'église de sa paroisse.

Malheureusement pour les 300 survivants de Krasnik [2] près de Lublin, le Dr S. Zielinski, vicaire de l'église du Saint-Esprit, victime d'un attentat terroriste, avait succombé à ses blessures dans l'ambulance qui le conduisait à l'hôpital. Accusés, là aussi, d'en être les auteurs, les Juifs de Krasnik eurent aussitôt droit à un « petit » pogrome, modèle d'après-guerre qui déjà faisait largement ses preuves.

Classiques furent à Krasnik les attaques de passants au « mauvais visage », le saccage des boutiques et des appartements, la réaction des badauds qui, de spectateurs hilares, devinrent très vite acteurs, l'intervention sans grande conviction des forces de l'ordre, comme celle, d'ailleurs, des pompiers pour éteindre les incendies dans les maisons de prières.

Le « pogrome » dura près de six heures et l'on releva un grand nombre de blessés, la plupart grièvement.

Le maire de Krasnik, voulant épargner à sa ville la répétition de tels incidents, promulgua le lendemain un ordre officiel ainsi conçu : « Prière à tous les Juifs de quitter la ville dans les 24 heures sous peine d'être expulsés par la force. »

Et, de fait, il n'y eut plus jamais de sévices à l'encontre des Juifs à Krasnik. En partant, ces derniers avaient même

1. Ostrowiec-Swietokrzyski, à mi-chemin entre Radom et Rzeszow où l'agitation antisémite était la plus forte.
2. Sur une communauté de 5 000 âmes.

poussé l'obligeance jusqu'à tout abandonner sur place. Un témoin, Michel Pelle, nous a dit :

« La situation devenait intenable dans les villages autour de Lublin où rescapés et réfugiés, rentrés d'Union soviétique au printemps, faisaient de leur mieux pour reprendre une existence interrompue par la guerre. En Russie, nous n'avions jamais craint pour notre vie, ce qui explique pourquoi nous supportions beaucoup plus difficilement que ceux qui n'avaient pas quitté la Pologne la situation qui nous était faite.

« Là-bas, beaucoup de Juifs avaient occupé des postes importants — j'étais moi-même directeur d'un hôpital — alors que dans notre propre pays on nous refusait jusqu'au droit de vivre en paix.

« Ceux qui habitaient dans les villages autour de Lublin ne dormaient pas chez eux. Ils rentraient chaque soir en ville de peur d'être assassinés. Mais les attentats se déroulaient aussi en plein jour. Le 1er mai 1946, une jeune fille de la famille est revenue de la gare, tremblante de peur. Les types de l'AK avaient fusillé, dans le train, devant ses yeux, deux Juifs français qui revenaient à Lublin dans l'espoir de retrouver des parents parmi les rescapés [1].

« Personne ne peut imaginer ce qui s'est réellement passé après l'holocauste en Pologne. On tuait des gens pour obliger les autres à s'en aller et quand ceux-ci partaient on les tuait aussi quand ils traversaient la frontière. A Lublin on avait même tué des Juifs juste avant l'arrivée de l'Armée rouge, alors que les Allemands venaient à peine de tourner le dos.

« La plupart d'entre nous ont amèrement regretté, à l'époque, d'avoir quitté l'Union soviétique [2]. »

Léopold Gertner a eu, lui, l'honneur de se trouver dans le premier train arrêté par des membres de l'AK entre Chelm et Lublin que les cheminots polonais venaient de remettre sur les rails.

« C'était effectivement le premier train qui reprenait du service dans la région depuis le départ des Allemands. Il s'est arrêté en pleine campagne. Des types de l'AK sont montés. Ils ont dit : les Juifs, debout !

1. Il nous a été impossible de retrouver la trace de ces deux victimes.
2. Michel Pelle (Pelzman), entretien avec l'auteur.

« Je suis resté assis. Je n'ai pas l'air juif et, en plus, je possédais des papiers " aryens ". Mais avec les Polonais on ne pouvait pas tricher comme avec les Allemands.

« Le chef me dit : Baisse ton pantalon !

« Je m'exécute. Alors un autre soldat s'approche et me demande :

« — Comment as-tu échappé à l'extermination ?

« Je le regarde droit dans les yeux avant de répondre :

« — Heureusement que tous les Polonais ne sont pas comme vous !

« Ils n'ont pas osé appuyer sur la détente et ils sont repartis.

« Je ne suis rentré à Lublin que le lendemain, dans la journée. Dès la tombée de la nuit, il fallait éviter de sortir. Surtout ne plus bouger, dormir sur place, par terre, n'importe où mais rester à l'intérieur. A cette époque, on craignait aussi les soldats russes qui se conduisaient très mal. Ils prenaient des civils en stop pour les dévaliser. Les femmes, mieux vaut ne pas en parler[1].

« Nous, les Juifs, nous étions continuellement en déplacement, à la recherche de quelqu'un, de quelque chose, d'une trace, même la plus infime. On avait besoin de s'accrocher à un souvenir. Dans la mesure du possible, nous avertissions les gens de ne pas aller seuls dans un village et, surtout, de ne pas y passer la nuit. Mais on ne retrouvait pas tout de suite les survivants. L'homme, la femme, en sortant d'un abri après tant d'années n'avait qu'une hâte, revoir son village, sa maison, savoir si d'autres avaient réussi à s'en tirer.

« Ce n'est qu'après que nous apprenions leur mort. Deux par-ci, trois par-là... Même nos partisans en sortant des forêts devaient se méfier !

« La libération... c'était la fin de la guerre pour tout le monde. On y croyait. Les Polonais aussi étaient heureux que

1. A la suite des vols, pillages, viols commis par les soldats russes, le maréchal Rukossovsky — commandant en chef — décréta que toute atteinte à la vie ou à la propriété privée des Polonais serait sévèrement punie. Bien qu'aucune étude n'ait pu être menée sur ce sujet précis dans les pays de l'Est et en Allemagne communiste, on sait que plusieurs milliers de membres de l'Armée rouge ont été passés par les armes ou condamnés à de lourdes peines de prison, notamment en Pologne, dans les tout débuts de la campagne.

ce cauchemar se termine. Ils avaient beaucoup souffert. Pourquoi ont-ils recommencé à nous massacrer[1] ? »

A Wroclawek, au fur et à mesure que passent les semaines, Moshé Lisiak a la joie d'accueillir d'autres rescapés de sa ville natale. Il a quitté son ami d'enfance polonais qui l'a hébergé à son retour et s'est installé avec les nouveaux venus dans une grande salle du bâtiment autrefois réservé aux bains rituels et miraculeusement demeuré intact.

Afin de défendre leurs droits, ne serait-ce que pour récupérer quelques logements et quelques ateliers, les Juifs de Wroclawek, à l'instar de leurs coreligionnaires de toute la Pologne, ont créé un comité local sous l'égide du Comité central de Varsovie. Puis ils se sont adressés à la mairie, convaincus de leur bon droit de victimes de la guerre.

Au courant de leurs démarches, des Polonais ont aussitôt répandu le bruit que les Juifs avaient l'intention de tuer des enfants chrétiens dont le sang devait servir à confectionner les galettes de pain azyme que les Juifs mangent à la fête de la Pâque[2].

« C'était naturellement un prétexte pour nous obliger à quitter la ville, autrement dit pour nous priver de la possibilité de reprendre nos biens. A Wroclawek, avant la guerre et comme un peu partout en Pologne, les gens vivaient dans la misère la plus totale. Certains logeaient dans des caves, des greniers, des cabanes de jardin. Nous partis, ils ont trouvé de quoi se loger à bon compte. D'où leur détermination de s'opposer à notre retour. Et à Wroclawek, nous étions déjà plus d'une centaine qui essayaient, tant bien que mal, de repartir de zéro. Moi-même, j'avais eu la chance de reprendre mon métier de tailleur et tout s'était à peu près bien passé jusqu'au jour où nous sommes allés à la mairie[3]. »

Ce jour-là, on ne déplora que quelques blessés après qu'une foule de paysans excités eut attaqué l'étal du boucher juif qui vendait de la viande *kasher*. Aux cris de : « Les Juifs volent nos femmes et nos enfants pour les manger », les paysans, armés de faux, de pioches et de gourdins, avaient mis à sac tout ce qui leur tombait sous la main.

1. Entretien avec l'auteur.
2. En souvenir du pain non levé que les Hébreux emportèrent avec eux au moment de quitter, dans la précipitation, le pays des Pharaons.
3. Entretien avec l'auteur.

Alertée par Moshé Lisiak, la police n'avait pas réagi.

« On ne peut pas s'opposer à une telle masse de gens, nous ne sommes pas assez nombreux, avait répondu le chef de la Milice à Moshé. Essayez de trouver les meneurs. Après, nous aviserons. »

Mettant un terme à l'entretien, un autre policier avait cru bon d'ajouter :

« Ne vous plaignez pas trop, les Juifs. Après tout, ce n'est qu'un petit pogrome et rien de plus. »

Quand Moshé Lisiak était revenu près de la boucherie en rasant les murs comme un voleur de crainte d'être reconnu, une surprise l'attendait : un détachement de soldats polonais en armes occupait la rue dans toute sa longueur. Les paysans s'étaient volatilisés.

Vaguement rassuré, Moshé mit un certain temps à réaliser à qui les Juifs de Wroclawek devaient, ce jour-là, d'avoir la vie sauve. Le commandant militaire de la place s'appelait Michaël Weinstein.

Aujourd'hui encore, Moshé Lisiak s'en veut de ne pas y avoir pensé plus tôt [1].

Rapatrié d'Union soviétique où le hasard des ordres d'évacuation successifs l'avait jeté aux fins fonds de l'Ouzbékistan, Ysak Sternberg arrive à Lublin le 1er janvier 1946 pour trouver une communauté de 4 000 âmes dont une trentaine seulement natives, comme lui, de la ville.

Ce qui frappe le plus le jeune homme, c'est la peur, la peur qui accompagne chaque instant de la vie des rescapés. Lui-même, et sur les conseils d'un responsable du comité local, va passer sa première nuit un revolver glissé sous l'oreiller, geste qu'il n'avait jamais fait même dans les pires moments d'exil en Russie.

Le surlendemain de son arrivée, Ysak Sternberg, marchand de fruits et légumes de père en fils, a soudoyé deux policiers — polonais — dans l'intention de jeter un simple coup d'œil sur la ferme de ses parents occupée par des chrétiens pour « cause d'absence prolongée des propriétaires ».

Il n'a pas cru devoir insister.

En janvier 1946, entreprendre une vie nouvelle à Lublin

1. Les Juifs de Wroclawek ont tous, depuis, quitté la Pologne.

comme ailleurs n'est pas chose aisée. Là où il existait des milliers de boutiques juives avant la guerre, une seule a pu être ouverte, par un réfugié d'URSS, comme lui. Une douzaine de tailleurs, deux ou trois fourreurs, quelques ouvriers travaillant à la remise en état des bâtiments, et beaucoup de fonctionnaires forment l'ensemble de la communauté capable de gagner son pain. Le reste, soit 95 % des survivants, vit de l'aide de l'Etat, de la commune, du *Joint* ou de parents résidant à l'étranger.

« Malgré la précarité de notre situation, peu d'entre nous envisageaient d'émigrer. Partir, quitter la Pologne ne représentait pas pour nous une solution d'avenir. Naturellement, il était très pénible de se promener en ville en compagnie de nos souvenirs. Mais l'exil nous semblait plus pénible encore. Les problèmes ne nous faisaient pas peur, nous les partagions avec l'ensemble de la nation, rien de plus normal[1]. »

A Lublin comme ailleurs, les Juifs connaissent d'autres problèmes que celui de la recherche d'un travail ou d'un logement. Fin janvier 1945, en pleine offensive russe pour libérer le reste de la Pologne, les trois seuls Juifs en traitement à l'hôpital *Sharitki* ont été abattus à coups de revolver, dans leur lit, par des gens de la NSZ qui ont forcé les portes de l'hôpital. Deux des trois victimes devaient succomber à leurs blessures mais aucun des patients chrétiens n'avait été la cible des terroristes.

Quelques jours plus tard, dans la petite ville de Belzyce, où, sur les 5 000 Juifs qui vivaient là autrefois, deux seuls avaient survécu, un incident d'une extrême gravité se produisit. Les deux rescapés, sans prendre la précaution de se faire accompagner par des gardes armés, eurent l'idée saugrenue de vouloir réintégrer leur appartement.

Ils furent attaqués par tout le village. L'un d'eux fut tué sur le coup, l'autre réussit à s'enfuir. Il s'est réfugié... en Allemagne.

Ysak Sternberg a lui-même échappé de peu à la mort.

« Je m'étais rendu, en autobus, à Piaski. Nous étions une trentaine de passagers. Quelques kilomètres après Lublin, le bus fut stoppé par une bande dont le chef portait l'uniforme d'un lieutenant de l'armée polonaise. Ils ont repéré deux

1. Entretien avec l'auteur.

Juifs, les ont obligés à descendre et les ont fusillés à bout portant, sous les yeux des passagers. Sortir mon revolver n'aurait servi à rien. Je portais des habits russes, une *chapka* [toque de fourrure] et une pelisse grossièrement taillée dans une peau de mouton. Ils ont dû me prendre pour un Ukrainien.

« Ce n'est pas la mort qui nous faisait peur. C'était plutôt de voir mourir en nous l'espoir que nous avions mis dans une vie nouvelle qui nous faisait souffrir, plus que les balles[1]. »

Installé dans cette région pendant la guerre, un témoin polonais, le Dr Zygmunt Klukowski, avait noté dans son journal le 26 novembre 1942 :

« Parmi les " bandits " [les partisans] se trouvent beaucoup de Juifs. Les paysans, craignant des mesures de répression, attaquent les Juifs ou, parfois, les tuent sur place. En général, une brutalité étrange s'abat sur les Juifs. Les gens sont tombés dans une véritable psychose : suivant l'exemple allemand, ils ne voient pas dans le Juif un être humain mais le considèrent plutôt comme un animal malfaisant qui doit être détruit de toutes les manières possibles, au même titre que les chiens enragés, les rats, etc.[2] »

A la fin du mois de juin, la nouvelle de la mort de Félix Najman, assassiné dans des conditions atroces dans son appartement de Lodz, s'inscrivant dans ce climat de tension extrême, fut perçue comme un signe annonciateur d'événements beaucoup plus graves. En s'en prenant, pour la première fois, à une personnalité importante de la communauté, connue et estimée de tous, l'opposition antisémite avait fait comprendre aux Juifs que leurs jours étaient comptés en Pologne, quelle que soit l'issue de la bataille politique engagée depuis la libération. Car, et c'est là où

1. Entretien avec l'auteur.

2. Témoin gênant pour avoir osé dire les choses telles qu'il les a vécues, le Dr Klukowski est traité par les historiens polonais d'aujourd'hui de « médecin et historien amateur qui décrit d'une façon pénétrante, mais non sans une étroitesse de vues et une certaine subjectivité, la vie quotidienne d'une petite localité dans le cauchemar du système installé par l'occupant ». (*Histoire de la Seconde Guerre mondiale,* Zyg. Mankowski, L'Historiographie polonaise.)

l'avertissement prenait ses véritables proportions, Félix Najman n'avait pas été assassiné par des terroristes de l'AK, pas plus qu'il n'avait succombé sous les coups d'une populace en délire. Le meurtre était l'œuvre d'étudiants d'extrême droite bien décidés à s'opposer au retour d'étudiants juifs dans les universités.

Félix Najman, que ses intimes appelaient affectueusement « Fishké » était, selon les témoins qui l'ont bien connu, « un garçon promis à un grand avenir ». Leader du parti socialiste juif *Bund*[1] il avait servi comme officier dans la division polonaise *Kosciuszko* avec laquelle il avait fait campagne jusqu'à l'entrée de celle-ci à Berlin aux côtés de l'Armée rouge. Démobilisé, il était revenu à Lodz afin d'y reprendre ses études de médecine tout en travaillant pour l'Organisation des ouvriers juifs.

Sholem Rosenberg, aujourd'hui installé à Paris, se souvient de ce drame :

« Quelques minutes après le meurtre on a sonné à ma porte. Avec toutes les précautions d'usage je suis allé ouvrir. C'était un ami. Il tremblait et était très pâle. Quand il se fut calmé il m'a dit que, demeurant juste en face de l'appartement de Fishké, il avait vu les Polonais se ruer sur lui, le frapper sauvagement avant de lui couper littéralement la tête.

« Mon ami n'était pas armé et n'a donc pu intervenir de là où il se trouvait, c'est-à-dire dans l'immeuble voisin.

« Nous nous sommes alors rués à la station de police la plus proche. Cela n'a servi à rien. Comme d'habitude l'enquête n'a abouti à aucun résultat.

« Fishké avait 29 ans. Nous lui avons fait de grandes funérailles. Des milliers de personnes l'ont accompagné au cimetière en pleurant et en se lamentant. Cela aussi ne servait à rien. Nous vivions perpétuellement dans une peur panique, sans protection aucune. Tant des nôtres étaient morts et voilà que cela continuait, comme avant. Les Polaks nous avaient tout pris, tout. Restait notre vie. Pour la sauver, le seul moyen fut de partir[2]. »

Ils sont une poignée, au printemps de 1945, à être revenus

1. Le *Bund* fut créé à Vilna (Lituanie) en 1897. Il était, à la fois, partisan de l'autonomie de la culture juive en Europe et de son maintien sur place.
2. Sholem Rosenberg, entretien avec l'auteur.

à Kielce dans les Monts de la Sainte-Croix, à mi-chemin entre Varsovie et Cracovie. Regroupés, pour la plupart, dans les bâtiments communautaires de la rue Planty, leur situation ressemble à celle de tous les Juifs après la libération en Pologne : ils sont seuls, sans famille, pauvres, dénués de tout, malades ou bien portants, rescapés des camps ou partisans sortis des forêts. Un comité local s'est créé, pour venir en aide à ceux qui échouent là, à la recherche d'un peu de chaleur juive.

Les responsables qui s'affairent autour des épaves de tous âges qui peuplent les couloirs sont au nombre de trois : le Dr Bronislav Mandel, Yehiel Halpert et le Dr Kahana qui s'appelle encore « Boutchek » de son nom de Polonais aryen de la Résistance.

Des Juifs arrivent, d'autres repartent, incapables de surmonter la douleur que peut ressentir un être humain qui ne retrouve aucune trace de sa famille.

La petite communauté reçoit des colis de vêtements, de l'argent, surtout des Etats-Unis, que les responsables distribuent au fur et à mesure des arrivées.

Rapatrié en Pologne, Mordekhaï Gertler — il a survécu au typhus, aux sélections, au camp de travaux forcés, à la chasse aux Juifs dans les forêts, à Auschwitz, à la marche de la mort et à Bergen-Belsen — a, lui aussi, pris le chemin de Kielce. Miracle, son appartement est vide. Sa première visite est pour la rue Planty.

« Par rapport à nous, fantômes décharnés, les seuls à avoir le moral étaient les anciens partisans. Leur volonté de décision, leur manque de complexes face aux chrétiens nous surprenaient. Ils avaient défendu leur vie une arme à la main, qu'ils conservaient sur eux, et restaient prêts à continuer à le faire. Grâce à eux nous nous sentions en sécurité. Si, avant guerre, on pouvait établir une distinction entre Juifs pieux, athées, de droite, de gauche, cela n'était désormais plus possible. Aux survivants on avait arraché le cœur, l'âme. Ils étaient soit peureux, soit assommés, soit prêts à tout pour que cela ne se reproduise pas. Les Juifs, en fait, étaient tous morts, même ceux qui avaient survécu. Et pourtant tous tenaient à recommencer une nouvelle vie, en Pologne ou ailleurs [1]. »

1. Entretien avec l'auteur.

Au fur et à mesure que sont signalés des actes de violence dans une région qui fut et reste la plus hostile aux Juifs, des gens, originaires des villages voisins, se présentent au Comité. Chassés une première fois par la Gestapo, la SS, la « police bleue » et les « Résistants nationalistes », ils le sont désormais par la populace qui leur interdit de se réinstaller. Sans famille, sans logement, sans rien pour subsister, ils viennent se mettre à l'abri là où un semblant de vie commence à renaître. Faire partie d'un groupe, d'une communauté représente la seule planche de salut.

L'immeuble du 7 de la rue Planty, une maison d'habitation classique, est vaste. Récupérée par les premiers arrivés elle sert de siège au Comité, de dortoirs, de bureau social et culturel, de centre religieux et même de kibboutz que les sionistes ont organisé à l'intention de quelques garçons et filles dans l'espoir de les faire partir, un jour, en Palestine.

A Kielce comme ailleurs, ceux qui reviennent l'ont fait avec l'idée de récupérer leurs biens ; une maison, un appartement, un magasin, un atelier. Mais tout est occupé, légalement ou illégalement. Dans un cas comme dans l'autre, la récupération s'avère impossible. En partant pour Auschwitz ou pour Treblinka, les Juifs n'ont guère eu le loisir d'emporter avec eux des documents, pas même une photographie. Seuls quelques partisans armés et décidés ont pu chasser les Polonais. Ils habitent en ville.

L'explosion de la grenade dans la grande salle du rez-de-chaussée de la rue Planty, si elle éteint les bougies de la fête de *Khanouka*[1], ne s'est soldée que par trois blessés légers et quelques dégâts matériels de peu d'importance. Mais depuis ce jour de décembre un vent de panique souffle sur la communauté. Craignant que des incidents plus sérieux ne se produisent, Yehiel Halpert décide, en sa qualité de membre du Comité, de s'adresser à la police. Lui-même est très éprouvé par l'attentat. Il est reçu par un officier.

— On ne peut rien pour vous. Allez plutôt voir Monsei-

1. Fête des Lumières, célébrée en automne.

gneur Kaczmarek, l'évêque du diocèse. Il a de l'influence sur la population. Demandez-lui d'ordonner à ses prêtres de prier leurs fidèles de laisser les Juifs tranquilles.

L'évêque n'a pas la réputation d'aimer les Juifs mais Halpert veut suivre le conseil du policier. Il en fait part à son ami Eisenberg, homme pieux qui dirige la petite congrégation de Juifs religieux réfugiés rue Planty.

Une première tentative auprès du secrétaire de l'évêque se heurte à une fin de non-recevoir polie mais ferme. On conseille à Halpert de s'adresser à quelqu'un d'autre. Il insiste, sachant parfaitement qu'en Pologne, hier comme aujourd'hui, l'Eglise a son mot à dire. Finalement, un prêtre se présente rue Planty. Il est porteur d'un message verbal : « Monseigneur recevra les Juifs le... »

Halpert, l'ancien déporté, et Eisenberg, l'homme de foi, qui ont la charge de quelques dizaines d'âmes d'autant plus précieuses qu'elles représentent tout ce que Kielce et sa région comptent de survivants, se rendent, gênés mais décidés, au rendez-vous fixé.

L'attente dans une salle de l'archevêché que la guerre a épargné, est longue. Au bout d'une heure, les Juifs sont introduits dans le grand bureau du prélat.

— Monseigneur, dit Halpert après une certaine hésitation, nous venons vous demander l'aide du clergé polonais afin qu'il use de son influence sur la population de Kielce. Celle-ci doit prendre conscience que la petite poignée de Juifs qui ont survécu ne veut plus être persécutée.

L'évêque sourit avant de répondre :

— Je trouve votre démarche pour le moins surprenante. Vous lisez pourtant les journaux et vous savez, comme moi, que l'Eglise n'a plus aucune influence sur les gens aujourd'hui.

Il joint les mains et lève les yeux vers le ciel :

— Comment pourrais-je agir sur mes modestes âmes si je n'ai plus aucun pouvoir ?

D'ironique, l'intonation devient sarcastique :

— Je vais vous expliquer. Je suis originaire de Kielce, et je sais parfaitement qui vous êtes. Vous savez...

Son regard, lentement, revient vers ses visiteurs :

— Vous savez... les Juifs sont de bons commerçants, des médecins doués, des avocats de talent. La Pologne a besoin de tels cerveaux. Alors ? Pourquoi les Juifs s'occupent-ils de politique ? Vous vous imaginez la situation lorsqu'un prêtre se rend dans un ministère et qu'il y trouve, assise derrière un bureau, une Juive, une Juive qui n'est même pas une Polonaise ! Dieu sait avec quel mépris elle traite ce prêtre ! Quelle impression peut-on avoir d'un aussi navrant spectacle ?

L'entretien se prolonge, réduit en réalité à une longue diatribe contre les Juifs et les communistes.

Halpert et Eisenberg savent déjà que leur démarche n'aboutira à aucun résultat. Ils se lèvent et prennent congé. « Gentiment, dira Halpert plus tard, l'archevêque s'est débarrassé de nous. Mais nous avions compris une chose : les Juifs, en se réinstallant dans le pays, représentaient une offense au sentiment national des Polonais et la manière de les traiter, à Kielce ou ailleurs, ne constituait pas une réelle anomalie[1]. »

Dès qu'il a pu quitter les forêts de Bialystok où il a lutté, pendant deux ans, aux côtés de prisonniers russes évadés, Samuel Cantor est revenu à Kielce, sa ville natale. Vieux militant communiste qui a connu, avant guerre, les prisons et la clandestinité, Cantor n'est pas homme à se laisser facilement impressionner. Cependant, pour éviter les ennuis, il se contente d'engager une procédure légale qui lui permettra, peut-être, de reprendre possession de la propriété de ses parents. Il s'installe rue Planty où les effectifs augmentent régulièrement.

L'incident de la grenade n'a pas surpris l'ancien maquisard. Dans cette région du Centre, autrefois peuplée de villages à majorité juive, le district de Kielce a toujours fait exception à la règle qui voulait que la Pologne pauvre ait plutôt des traditions de gauche. Vieux centre industriel, le district de Kielce était donc resté sous l'influence de l'Eglise rétrograde et des partis d'extrême droite. Et ce n'est pas par hasard si la brigade des Monts de la Sainte-Croix, partie en Allemagne dans les camions de la Wehrmacht, avait pu, en toute tranquillité, s'en prendre aux résistants polonais de gauche et aux Juifs pendant l'occupation.

1. Propos recueillis à Yad Vashem (Archives de l'Holocauste), Jérusalem.

Estimant qu'il est de son devoir d'éviter une aggravation de la situation, Cantor intervient auprès du premier secrétaire du Parti communiste de la Woïvodie[1].

— Les bruits courent qu'il se prépare quelque chose, lui dit-il. Je compte sur le Parti pour faire le nécessaire.

Le camarade ne semble nullement surpris.

— Nous savons qu'il y a de l'agitation mais nous sommes impuissants.

Cantor persiste. Démarche auprès du chef de la police politique. En sa qualité de communiste actif et fort de son ancienneté il peut s'adresser aux plus hautes instances censées gouverner la Pologne.

Là encore, la réponse est évasive.

— On va faire le nécessaire, bien sûr. Mais tu sais parfaitement que nous n'avons pas les moyens d'agir. Et puis, Samuel, il ne faut rien exagérer.

En sortant du bureau, Cantor a décidé de « prendre le pouls » de la ville. Il essaie de lire sur les visages des passants qui, eux aussi, le suivent du regard. Homme formé à la rude école du Parti, de la clandestinité, des prisons et du maquis, l'animosité que lui vaut son « mauvais » faciès de Juif le laisse complètement indifférent.

Vers le milieu de l'après-midi, Samuel Cantor revient lentement sur ses pas et reprend le chemin de la maison communautaire. A la hauteur du numéro 7, pour frapper avec force à la porte, maintenant que les Juifs se barricadent de jour comme de nuit, il utilise sa main gauche : ce qu'il a pu observer en ville ne l'incite guère à lâcher son arme.

La famille d'Ysok Preis avait quitté Kielce au lendemain de la Première Guerre mondiale pour se réfugier en France. Fuyant les pogromes qui marquaient l'indépendance de la Pologne[2] — le plus terrible s'était déroulé à Lwow et avait fait des centaines de victimes — beaucoup de Juifs polonais avaient préféré tout abandonner et partir en exil.

Le jeune Ysok s'est arrêté en cours de route à Berlin. Là commence sa véritable vie de Juif errant. Fuyant la montée du nazisme, il rejoint Paris, sa famille, mais la France

1. District.

2. Voir à ce sujet l'extraordinaire récit de Moshé Zalcman, *Histoire véridique de Moshé*, Editions Encres, 1977.

pousse hors de ses frontières ce garçon entré en fraude et venant... d'Allemagne. L'Italie fasciste où le hasard l'a fait échouer, voyageur sans argent et sans bagage, le rejette à son tour. Il regagnera à pied, et clandestinement, la Pologne.

Son arrivée à Kielce coïncide, à quelques jours près, avec l'invasion allemande. Après Berlin, Paris, Rome, le ghetto est au bout de la route. Jeune, solide, il passe au travers des sélections, des séances de massacres dans le cimetière, du typhus. En 1943, il est de ceux qui réussissent à s'échapper pour rejoindre les partisans.

D'importantes unités de maquisards juifs opèrent dans la région. Dans les forêts de Pinczow, le détachement *Zygmunt* commandé par Zalman Fajnsztadt donne du fil à retordre aux SS et aux Polonais de l'extrême droite. Ailleurs, aux environs d'Opoczno, Julian Ajzenman, qui dirige le groupe *LWY*, et Yehiel Brawerman à Cmillow ont aussi pour tâche d'assurer la protection des fugitifs échappés comme lui d'un ghetto ou d'un convoi.

Ysok Preis est finalement récupéré, par hasard, par le groupe de Ben Akerman qui lutte dans les forêts de Szydlowiec.

« Ce groupe avait la réputation d'être insaisissable, racontera Ysok à son ami Gertler, au cours d'une garde de nuit rue Planty. De temps à autre nous placions des fugitifs chez des paysans de la région, en échange d'argent mais aussi, souvent, gratuitement. Parmi ces paysans, certains étaient braves, courageux, humains. D'autres, en revanche, se conduisaient très mal envers les Juifs. Nous nous transformions alors en justiciers. Un Polonais reconnu coupable d'avoir livré des Juifs aux Allemands voyait, en général, sa ferme dévastée par un incendie. Dans le pire des cas, il était passé par les armes. »

Depuis son retour à la vie civile, Ysok Preis partage son temps entre la maison communautaire de la rue Planty et l'appartement qu'il a pu récupérer, en sa qualité de « patriote résistant », dans le centre de la ville. De son séjour dans les forêts, il a conservé quelques amis polonais, membres des maquis de gauche. Chaque rencontre se termine par les mêmes mots, les mêmes recommandations.

« Prends garde à toi, camarade Preis, la réaction n'a pas désarmé. Il peut encore se passer des tas de choses désagréables pour les Juifs dans ce pays. On ne veut plus d'eux.

Le jeune homme n'y avait pas attaché une grande importance. Mais après l'attentat à la grenade, il venait se joindre, de temps à autre, aux anciens partisans qui montaient la garde. Grâce à eux, la communauté se croyait à l'abri.

Au début de l'été, le Comité central des Juifs de Pologne aborde la question qui lui paraît primordiale : l'exode des Juifs de Pologne. Foncièrement opposés aux départs vers la Palestine ou les pays occidentaux via les camps de *DP* d'Allemagne et d'Autriche, les membres du Comité ne cachent pas leur satisfaction : le combat qu'ils mènent inlassablement commence à porter ses fruits. Aussi tiennent-ils à le faire savoir. C'est pourquoi cette semaine-là, en gros caractères et à la première page, le journal du Comité *Dos Naye Lebn* (Vie nouvelle) annonça :

« Le flot des Juifs qui quittent le pays est sur le point de se tarir. »

Une semaine plus tard, jour pour jour, la communauté des survivants allait connaître le plus grand massacre de Juifs de toute l'histoire de la Pologne.

CHAPITRE XII

# CE JOUR-LÀ À KIELCE

8 HEURES DU MATIN

Avec le soleil, vissé très haut dans un ciel extraordinairement bleu entre le Palais des évêques et la grande cathédrale, la journée s'annonce belle. Il fait même déjà très chaud quand le cordonnier Blaszczyk, traînant son jeune fils Henryk par la main, s'engage dans la rue Sienkiewicza. Antoni Pasowski, un ami du père, les accompagne. Ils marchent lentement de manière à pouvoir interpeller les passants qui se rendent à leur travail. Pasowski dirige les opérations. C'est lui qui incite Henryk à raconter aux gens sa mésaventure. De temps à autre le cordonnier ajoute un détail, fait un geste, mime une scène, pousse un juron.

La veille au soir, vers 23 heures, il s'est rendu au commissariat mais le lieutenant Zakorski l'a éconduit sous prétexte qu'il était encore ivre.

— Revenez demain matin, avait dit le lieutenant sans prêter la moindre attention aux dires du cordonnier qui voulait pourtant lui annoncer que Henryk, disparu depuis trois jours, venait de rentrer chez lui. Le lieutenant ne s'était même pas étonné que l'homme ait attendu le retour d'un enfant de 9 ans pour signaler sa disparition.

Le cordonnier, séparé de sa femme réduite à la mendicité dans les rues de Kielce, avait très mal pris la chose. Et ce matin il avait décidé, sur les conseils de Pasowski, de porter l'affaire à la connaissance du public avant même d'arriver au commissariat.

Au bout de la rue Sienkiewicza, Blaszczyk se rend compte qu'il a eu raison d'accepter le projet de son ami. Un petit groupe de badauds, attirés par les dires de l'enfant, entoure déjà le trio, le suit pas à pas dans sa progression. Quelques commères, au comble de l'excitation, prennent le relais, servent en quelque sorte de porte-voix au petit Henryk qui, tel un perroquet bien dressé, répète inlassablement les mêmes phrases.

Ils sont déjà plusieurs dizaines de Polonais à former le cortège quand on s'engage dans la rue Planty. Sur le square la troupe s'arrête sur un geste de Pasowski.

— Henryk, dit l'homme en désignant le grand bâtiment du nº 7, cette maison, tu la reconnais ?

— Oui, oui, hurle le gosse, c'est là... c'est bien là.

La foule, déjà nombreuse, décide de demeurer sur place en attendant que le cordonnier, son fils et Pasowski reviennent du commissariat avec la police.

8 HEURES 30

Etke Ajzenman fait partie de ce groupe de rescapés que Moshé Lisiak a rencontrés à Czestochowa alors qu'il se rendait, à pied, d'Auschwitz à Wroclawek en janvier 1945. Employée dans les usines d'armement de la Wehrmacht jusqu'aux derniers jours de la guerre, sauvée in extremis de la mort par la poussée irrésistible de l'Armée rouge, Etke est retournée, à la libération, dans son village natal. Il n'y avait plus âme qui vive. Alors, Etke est venue à Kielce, la grande ville, pour chercher du travail. Responsable du secrétariat de la UB (service de Sécurité) elle se rend, comme chaque matin à la même heure, à son bureau.

Il est huit heures trente. L'attroupement dans le voisinage des Planty ne lui dit rien qui vaille. Une femme crie : « L'enfant était encore tout chaud quand ils l'ont retrouvé dans cette cave. »

Elle aussi, du doigt, montre l'immeuble qui abrite la communauté juive.

Etke a compris. Elle presse le pas, bien décidée à faire le nécessaire avant que les choses ne s'aggravent. Arrivée à hauteur du commissariat de la police urbaine elle rencontre un lieutenant de ses connaissances.

— Tu dois faire partir cette foule avant qu'il ne soit trop tart.

— Ne te tracasse pas pour si peu, répond l'officier. J'ai

déjà fait le nécessaire. Mes hommes sont en route pour Planty.

Etke repart en courant en direction de la rue Forszaj, à une dizaine de minutes de marche du commissariat où elle vient de rencontrer le lieutenant. Peu rassurée, elle ne prend pas la peine de déposer ses affaires dans son bureau et se dirige vers celui du major Mucha, son supérieur, chef adjoint des services de Sécurité pour le district. Elle lui expose, en détail, la situation.

— Nous sommes au courant, Etke. Tu peux être tranquille. Va travailler, maintenant.

De par ses fonctions dans les services de Sécurité, Etke Ajzenman n'ignore rien de ce qui s'est passé à Cracovie, à Czestochowa ou ailleurs. Aussi les recommandations amicales des deux officiers polonais ne l'ont-elles guère rassurée.

Une heure plus tard, elle entendra les premiers coups de feu.

9 HEURES

— Tiens, voilà un Juif, crie Pasowski. Henryku, est-ce que tu le reconnais ?

— Oui, oui, répond l'enfant, c'est lui ! C'est lui qui m'a demandé l'autre jour d'apporter un paquet chez les Juifs de la rue Planty.

Le milicien traverse la rue et empoigne l'homme que l'enfant vient de désigner.

— Allez, ouste, au commissariat !

L'homme sourit et fait une révérence maladroite au policier.

— Suis-moi, sinon...

Et cependant que ses collègues accompagnent le cordonnier, l'enfant et Pasowski jusqu'à la maison communautaire, le policier, chemin faisant, interroge son prisonnier.

— Comment t'appelles-tu, Juif ?

— Il fait beau, répond ce dernier, il fait beau.

— Ton nom !

— Il fait beau !

D'une bourrade le policier oblige l'homme à marcher en direction du commissariat. Celui-ci, sans cesser de sourire, salue les passants et répète, à qui veut l'entendre, qu'il fait beau.

— Qu'a donc fait ce Juif ? demande, de temps à autre, un passant.

Nouvelle bourrade.

— Allez, Juif, parle ! Dis-leur que tu as kidnappé des enfants polonais pour leur voler leur sang. Dis-leur !

L'homme sourit et répond aux badauds...

— Il fait beau...

— Des enfants chrétiens ! Mon Dieu ! Nous allons leur donner une leçon, une bonne fois pour toutes ! On va te faire voir s'il fait beau !

Les badauds se signent et prennent aussitôt la direction de la maison communautaire.

La scène se répète, inlassablement, tout au long du chemin. Puis, l'un suivant l'autre, le policier et le Juif, qui n'a cessé de sourire, pénètrent à l'intérieur du commissariat. A l'autre bout de la rue, Blaszczyk, Pasowski, l'enfant et les miliciens sont accueillis par des cris et des vociférations. Ils sont déjà plusieurs centaines, rassemblés sur le square, les Polonais qui menacent de venger le sang des enfants chrétiens.

9 HEURES 15

Attiré par les bruits venus de l'extérieur, Yehiel Halpert quitte la chambre du deuxième étage qu'il occupe avec sa femme, descend au premier et entre dans le bureau du Comité où se trouve le président, le Dr Kahané.

— Que se passe-t-il ?

Kahané, le partisan des forêts de Kielce, n'est pas homme à perdre facilement son calme.

— Ils ont arrêté un Juif en ville, qui serait soupçonné d'avoir pris un enfant polonais et de l'avoir enfermé dans une cave.

— Qui est ce Juif ? Dans quelle cave ?

Kahané hausse les épaules.

— Je n'en sais trop rien mais...

Halpert n'a nullement besoin d'explications. Il s'approche de son ami :

— Va tout de suite à la Milice et dis-leur qu'ils libèrent ce Juif sinon nous courons à la catastrophe. Il s'agit peut-être d'une provocation. En tout cas, cette histoire est très, très désagréable.

Le Dr Kahané quitte la pièce mais revient au bout de quelques minutes.

— Tout est arrangé, Yehiel. Ils vont le libérer.

— De qui s'agit-il ?

— De Singer.

— Singer... le simple d'esprit. Mais toute la ville sait qu'il n'a pas toute sa raison [1].

S'étant approché de la fenêtre, Halpert se rend compte que la foule est de plus en plus nombreuse. Déjà la Milice entoure le bâtiment.

— Qu'as-tu arrangé, au fait ? Nous sommes assiégés. Et la présence de la Milice n'annonce rien de bon. D'ailleurs je vois des miliciens qui se dirigent vers l'entrée... Des Polonais les suivent.

Halpert hésite, espérant se tromper. Puis il se retourne lentement.

— Je crois que les policiers excitent la foule au lieu de la calmer. Mais... de quoi nous accuse-t-on ?

— D'avoir volé une douzaine d'enfants chrétiens, depuis plusieurs jours, et de les avoir enfermés dans une cave.

— Encore leur histoire de crime rituel ? En 1946 ! Décidément ces gens sont aussi fous que Singer.

— J'ai parlé avec le capitaine Moreh qui est en bas. Il m'a assuré que tout n'était que mensonge et que tout allait, comme je te l'ai dit, s'arranger.

— Mais... Moreh est juif. Il devrait savoir qu'avec ces gens-là...

Les coups frappés à la porte mettent fin à l'entretien. Quelqu'un du rez-de-chaussée crie :

— Les policiers veulent entrer pour inspecter la cave.

— Mais tu sais bien qu'il n'y a pas de cave dans l'immeuble puisqu'il est construit sur la berge de la rivière, hurle quelqu'un d'autre du premier étage. Dis-le-leur.

Les coups redoublent d'intensité. Ce sont des coups de crosse de fusil.

1. Aucun des témoins interrogés n'a pu répondre à la question de savoir si Singer était malade de naissance ou par suite d'une détention dans les camps. On ne sait pas non plus comment il avait survécu et ce qu'il est devenu par la suite.

9 HEURES 30

Mordekhaï Gertler a passé la nuit dans un petit appartement prêté par un ami en attendant que soit réglé le litige avec les nouveaux propriétaires qui occupent la maison de ses parents. Le téléphone sonne. Mordekhaï prend le récepteur.

— Motké !

— Oui, c'est moi.

— Ici Yaacov. Viens vite... Il se passe quelque chose rue Planty.

Le téléphone n'arrête plus de sonner. Entre-temps deux amis sont venus rejoindre Gertler. A trois il leur sera plus facile de traverser la ville. D'instinct, les jeunes gens choisissent un itinéraire qui évite le centre.

Le square Planty est noir de monde. Des hommes, des femmes, des enfants courent autour de la maison en hurlant. Impossible de se frayer un chemin jusqu'au foyer communautaire. Gertler et ses camarades reviennent sur leurs pas. Le premier téléphone qu'ils trouvent est celui d'un épicier.

— Allô, Kahané ! Ici Mordekhaï ! Que se passe-t-il ?

— J'ai peur, Motké, j'ai très peur.

— Appelle à l'aide.

— C'est déjà fait. J'ai appelé l'évêque mais je n'ai eu que son secrétaire à qui j'ai raconté ce qui se passe ici.

— Que vous a répondu le secrétaire ?

— *Joz Teraz wolna Polska*[1] !

— Pauvres de nous ! Appelle la Sécurité !

— C'est fait. L'officier m'a répondu que les forces spéciales d'intervention sont exténuées après avoir lutté toute la nuit contre les bandes dans la forêt.

— Tu y crois ?

— Non ! Mais la préfecture a demandé à l'armée d'intervenir. Je pense que c'est une erreur mais il n'y a pas d'autre solution.

— Alors appelle les Russes !

— Nous y avons également pensé et nous avons eu le commandant de la place. Il n'a que des unités russes à sa disposition et il ne veut pas qu'il soit dit que les Russes tirent sur des Polonais.

— Allô... Dr Kahané...

1. La Pologne est maintenant un pays libre.

Gertler veut poser une nouvelle question mais le téléphone est soudain muet. Il tente, à plusieurs reprises, de refaire le numéro. Occupé.

— J'ai l'impression que les fils ont été coupés, dit-il en reposant le récepteur.

En sortant, ils ont la désagréable surprise de voir l'épicier se frotter les mains.

9 HEURES 45

Samuel Cantor est au premier étage quand les premières pierres lancées de l'extérieur font voler en éclats les vitres des fenêtres. Il se précipite dans le couloir suivi de quelques hommes, tous revolver au poing.

— Arrêtez, hurle soudain Cantor qui a atteint la rampe de l'escalier. Un officier de l'armée est en bas. Nous sommes sauvés.

Israël Terkieltaub s'est arrêté lui aussi. Du haut des marches, il s'adresse à l'officier, en qui il a reconnu Albert. un garçon de Chmielnik comme lui. Albert est en fait agent de la sécurité mais il porte l'uniforme de l'armée. Il vient certainement en tant que Juif, tenter de prêter assistance à ceux de Planty.

— Alertez les secours, dit-il en effet.

— Impossible, le téléphone est en dérangement.

— Dans ce cas, je reste avec vous.

— Même si tu voulais sortir, soupire Terkieltaub, tu ne le pourrais plus.

A peine a-t-il achevé sa phrase que des policiers suivis de civils font irruption au rez-de-chaussée.

— Où est la cave ? Où sont les enfants chrétiens ?

— Cette maison n'a pas de cave. Voyez vous-mêmes.

Les vérifications ne durent que quelques minutes. Il n'y a ni cave ni enfant chrétien mort ou vif. La porte, à peine refermée sur les miliciens et sur les civils qui les accompagnent, s'ouvre à nouveau. Trois officiers de l'armée régulière, eux aussi suivis de Polonais en colère, se précipitent dans l'escalier et entrent directement dans le bureau du Comité. Halpert, Kahané et quelques autres sont là.

— Messieurs, dit Halpert au capitaine, vous devez agir. Regardez ce qui se passe... Cela peut devenir très dangereux pour les Juifs.

A l'extérieur la foule est de plus en plus dense. Elle entoure maintenant l'immeuble. D'un coup d'œil, Kahané l'évalue à cinq mille personnes, peut-être plus.

— Tout est en ordre, dit le capitaine.

— Comment en ordre ? Vous ne voyez pas ce qui se passe dehors ? Laissez-nous une garde par mesure de précaution.

Sans répondre les officiers sortent du bureau, descendent au rez-de-chaussée et quittent la maison.

Halpert est retourné à la fenêtre. Il lui semble, à première vue, que les hommes de la Milice ont quitté les lieux, mais c'est une fausse impression. Les policiers se sont mêlés, par petits groupes, aux gens avec lesquels ils tiennent une conversation animée.

— Au lieu de leur dire la vérité, ils les montent contre les Juifs, dit quelqu'un dans la pièce.

A l'intérieur la peur s'installe au fur et à mesure que s'accroît, à l'extérieur, l'agitation. Parmi les survivants pris au piège certains se souviennent d'avoir vécu les mêmes scènes, avant guerre, en Pologne. La situation ce matin à Kielce porte un nom que personne n'ose encore prononcer.

10 HEURES

Des coups de feu sont tirés à bout portant contre la grosse porte d'entrée puis une voix se fait entendre, entre deux rafales.

— Armée polonaise, ouvrez !

Un commandant apparaît et, d'autorité, monte à l'étage. Il s'adresse à Halpert.

— Etes-vous armés ?

— Oui, mais nous le sommes légalement. Nous avons une autorisation de port d'arme.

— Rendez-les-nous !

— Il n'en est pas question, c'est le seul moyen de tenir la foule en respect.

Le commandant, furieux, quitte précipitamment la pièce. Les Juifs, qui montent la garde derrière la lourde porte, ont toutes les peines du monde à la refermer tant la pression des Polonais est forte pour s'introduire à l'intérieur.

De la fenêtre, Halpert se rend compte qu'un détachement de l'armée régulière prend position autour de la maison. Il en fait part à ses collègues qui se sentent aussitôt soulagés. Tranquillisé, il descend au rez-de-chaussée et entrouvre la porte. Une Polonaise lui lance au visage :

— Juifs ! Vous avez bu notre sang ! Nous allons vous montrer de quoi nous sommes capables.

D'une bourrade, Halpert la repousse. Un soldat intervient.

— Fais attention, sinon...

La porte refermée, le responsable du Comité remonte au bureau et veut jeter un coup d'œil à la fenêtre. Impossible. Les premiers coups de feu claquent. Les soldats tirent, en direction de la maison. Halpert, Kahané, Terkieltaub plongent sur le parquet. L'officier qui fait irruption dans le bureau les trouve dans cette position. Kahané lève la tête.

— Monsieur le commandant, on tire. De quoi s'agit-il maintenant ?

Le commandant se contente de ricaner à la vue de ces Juifs allongés par terre et disparaît.

Les coups de feu redoublent d'intensité. D'autres projectiles pleuvent dans les pièces, de grosses pierres surtout qui s'abattent sur les meubles dans un fracas épouvantable.

— Ils sont dans la maison, souffle Terkieltaub.

Et il ajoute :

— Pogrome. C'est un pogrome ! Dieu protège Israël !

Il a parlé à voix basse afin de ne pas semer la panique. Mais il est déjà trop tard.

10 HEURES 30

Berel Frydman se tient près de l'entrée quand les assaillants investissent la maison communautaire. Un policier, en uniforme de la Milice, s'empare de Berel et le projette dans la foule. L'homme est aussitôt frappé, assommé, lardé de coups de couteau. Tombé à terre, il est piétiné aux cris de « Mort aux Juifs ». Les coups de feu, les projectiles, les hurlements couvrent les râles de son agonie.

Berel Frydman, un jeune rescapé des camps de la mort, est la première victime du pogrome.

Ceux qui se trouvent au premier, dans le bureau, n'ont rien vu. Cantor et quelques anciens partisans, décidés à risquer le tout pour le tout, se sont collés aux murs, près des fenêtres.

Un coup de feu claque de temps à autre mais les Juifs tirent en l'air, essayant désespérément de calmer les émeutiers.

Au second, les garçons et les filles du kibboutz tentent de voir ce qui se passe aux étages inférieurs. Ils n'en ont guère le temps. Des soldats, mitraillette au poing, envahissent déjà les couloirs, les escaliers. Les portes des chambres sautent les unes après les autres sous la poussée des militaires et des civils, hommes et femmes. Ceux-ci sont armés de haches, de couteaux de cuisine, de barres de fer. Halpert comprend qu'il doit porter secours aux jeunes gens. Il essaie de les rejoindre mais les soldats le repoussent brutalement. Ils veulent l'obliger à descendre sur la place mais il réussit à réintégrer le bureau.

Au deuxième étage, les soldats font feu à l'aveuglette. Pris de panique, les jeunes courent se mettre à l'abri. Abraham Veinrib, 17 ans, tombe le premier, atteint d'une balle en plein cœur. Son camarade Sokolowski s'écroule à ses côtés, grièvement blessé.

Halpert fixe dans sa mémoire les visages des soldats et des officiers qui se livrent ainsi au carnage[1]. Il essaie aussi de reconnaître, parmi les émeutiers, les hommes de la Milice qui se distinguent par leur sauvagerie. Ces policiers se mettent à deux ou à trois pour empoigner un Juif, homme ou femme, et le jeter par la fenêtre, en pâture à la foule. A la réception de chaque corps celle-ci crie :

— Hourrah ! L'armée est avec nous.

— Lances n° 1 et n° 2, en action ! Prêts ?

Le capitaine des pompiers a baissé le bras d'un geste habituel.

— Allez-y ! Mais allez-y, Nom de D...

Juchés sur les camions, les hommes redoublent d'efforts en appuyant de tout leur poids sur les leviers qui actionnent les pompes. Les pompiers affectés aux lances les regardent s'escrimer en vain et ne semblent pas comprendre.

— Chef, Chef ! crie un jeune pompier à la cantonade. Inutile de continuer, ils ont coupé les tuyaux. On ne peut rien faire.

De ses yeux exorbités par l'horreur du spectacle, Cécilia Dubish, agenouillée près d'une fenêtre, suit l'arrivée de chaque corps qui tombe sur la place. Telles les vagues de l'océan qui s'ouvrent et se referment, la foule engloutit sa proie qui est aussitôt happée, frappée, piétinée. De temps à

1. Il démentira la présence, parmi les pogromistes, de « gars dans la forêt », partisans du général Anders.

autre une lame de baïonnette brille dans le soleil avant de plonger vers le sol.

Impuissante, incapable de faire le moindre geste depuis que les policiers l'ont enfermée dans l'arrière-cuisine après avoir fait main basse sur les couteaux et les hachoirs, Cécilia prie à haute voix :

— Notre Père qui êtes aux cieux...

Cécilia a le sentiment d'être, ce matin, la seule chrétienne à pleurer les Juifs qu'on assassine. Responsable avec elle de l'intendance et des cuisines, son mari, juif, qu'elle a sauvé du génocide, est à l'extérieur. Cécilia prie pour qu'il ne revienne pas avant que cesse le massacre. Elle prie pour lui et pour cette Juive, enceinte, qui vient de tomber du deuxième étage. Elle l'a reconnue. C'est Genia Samborska qui devait accoucher le mois prochain.

Le cri de douleur que pousse la femme a couvert les clameurs. Cécilia veut faire un nouveau signe de croix mais elle s'écroule, sans connaissance, sur le carrelage. Il va être 11 heures.

Dans les camps de concentration en Pologne puis en Allemagne où elle a passé près de quatre années, Esther Proszkowa a appris à maîtriser sa peur. Aux premiers cris des blessés, elle a pris sa trousse de premiers secours et s'est précipitée dans le couloir. Une large flaque de sang recouvre déjà le linoléum. Adossé à la rampe d'escalier, un homme râle faiblement. Esther se penche et reconnaît son camarade Boris Dorfman. Le côté droit de son visage est terriblement tuméfié. Arraché de son orbite, l'œil pend à un nerf le long de la joue.

— Boris, dit doucement la jeune infirmière, ne bouge pas. Je vais essayer de désinfecter la plaie. Surtout ne bouge pas.

Le jeune homme n'a pas réagi.

— Mon Dieu, murmure Esther... il va mourir.

Elle n'a pas vu venir les quatre Polonais armés de barres de fer qui déjà l'entourent. Ils l'obligent brutalement à se relever.

— Que fais-tu là au milieu des Juifs ? Tu es blonde... ta place n'est pas ici. Va-t'en !

Esther regarde l'homme qui a parlé.

— Si, ma place est ici. Je suis infirmière et je dois aider mes frères que vous faites souffrir. Laissez-moi tranquille.

— Ah, ah ! ricane le Polonais, ta place est parmi les Juifs. Très bien, tu vas y rester...

Les beaux cheveux blonds se teintent soudain de rouge. Esther, le crâne fendu d'un coup de barre de fer, s'écroule sur le corps de Boris Dorfman.

Un Polonais se penche, arrache sa montre-bracelet et prend aussi la trousse blanche, frappée d'une étoile de David rouge, que la jeune fille n'a pas eu le temps d'ouvrir.

Boris a refermé son œil valide. Il ne faut à aucun prix que les Polonais s'aperçoivent qu'il n'est pas mort.

Samuel Cantor a glissé son revolver dans la ceinture de son pantalon. Replié dans le fond d'un couloir, en compagnie de plusieurs autres garçons, il surveille les chambres voisines où s'est enfermé un groupe de femmes et de jeunes filles.

Les bruits de pas se rapprochent. Le lieutenant polonais est entouré de plusieurs soldats. Samuel garde son calme.

— Nous sommes en mission. Vous avez tiré sur la foule ! Rendez-moi vos armes et je me charge de ramener le calme.

— Nous n'avons pas tiré sur la foule mais en l'air, réplique Cantor. D'ailleurs allez voir vous-même s'il y a d'autres morts que des Juifs sur le square.

— Rendez vos armes !

L'ancien maquisard sort un papier de sa poche et le tend au lieutenant.

— Voici mon autorisation.

— Rendez vos armes, cochons de youpins ! hurle un soldat.

Derrière Samuel une voix dit :

— Nous ne les rendrons pas. Nous...

Cantor n'a pas le temps de voir qui a prononcé cette phrase. L'homme s'écrase sur la barrière de l'escalier de service avant de rebondir sur le sol. Le lieutenant polonais a tiré à bout portant.

Cantor sait qu'en d'autres temps la vie du petit lieutenant polonais, fringant dans son uniforme tout neuf, n'aurait pas tenu à grand-chose. Mais il y a 150 Juifs dans la maison, peut-être plus depuis qu'il en arrive de partout, de Cracovie, de Lwow et même de la lointaine Lituanie. Il ne connaît presque personne mais ce sont des rescapés, des Juifs précieux à qui il faut éviter les risques de représailles.

Les garçons jettent leurs armes et lèvent ostensiblement les bras.

— Pourquoi souris-tu ? demande le lieutenant qui braque son revolver dans sa direction.

— Je souris, répond toujours aussi calmement Cantor, parce que les Juifs sont encore les seuls, en 1946, à devoir lever les bras.

— On ne vous fera pas de mal.

Les coups de crosse se mettent à pleuvoir sur les têtes, les dos, les visages.

— Dehors, vermine, dehors !

Ceux qui ont le malheur d'obéir disparaissent aussitôt, aspirés par la marée humaine. Cantor et quelques autres forcent le barrage des soldats et grimpent à toutes jambes au grenier.

— Les femmes, souffle quelqu'un.

Trop tard ! On entend déjà des hurlements qui montent du fond du couloir. Une voix de femme crie : Au secours, on nous assassine !

— Arrêtez ! Je vous donne l'ordre d'arrêter de tirer !

Le major Konieczny est sur le point de perdre sa voix. Depuis que l'unité, dont il a la charge, est arrivée rue Planty, avec pour mission de rétablir l'ordre, les soldats échappent à son contrôle. Il peut commander, implorer, injurier, menacer, rien n'y fait. Les militaires, devant qui, un instant, la foule s'est écartée, se sont aussitôt déchaînés à l'idée de pouvoir s'en prendre aux Juifs. Les premiers, ils ont tiré sur le bâtiment, encourageant les émeutiers à passer aux actes.

Depuis près d'une heure, le major Konieczny court d'un point à un autre de la place, le sifflet aux lèvres, essayant de retenir ses troupes lancées à l'assaut du siège du Comité. Il sait que le préfet du district a commis une grave erreur en envoyant sur place l'armée régulière. Mais il n'y peut rien. Les ordres sont les ordres. Et c'était le seul moyen de porter secours aux assiégés.

— Arrêtez ! Je vous l'ordonne !

— Ta gueule, sale Juif !

De guerre lasse le major s'assied à même le sol. Les larmes coulent le long de son « mauvais » visage. Pour la première fois de sa vie de soldat, il assiste, impuissant, au massacre de ses frères.

11 HEURES 30

Les coups de feu persistent, parfois nourris parfois sporadiques. Allongés à même le plancher, Halpert, Kahané et Terkieltaub n'osent plus s'approcher de la fenêtre.

Soudain, c'est le calme. La foule s'est tue, la fusillade aussi. Halpert va se lever quand un jeune lieutenant, entouré de quelques soldats entre dans le bureau.

— Grâce à Dieu, dit-il en souriant, tout est terminé.

Kahané, Halpert et Terkieltaub se remettent sur leurs pieds.

— J'ai l'ordre de prendre vos armes.

— Nous avons une autorisation.

— Je vous le conseille. Rendez vos armes, sinon... Si c'est une provocation, à quoi bon vous exposer davantage ? Tout est rentré dans l'ordre, je vous l'assure. Avez-vous tiré ?

— Tirer ? Trois ou quatre malheureux revolvers contre l'armée polonaise ! Vous n'y pensez pas.

Kahané et Halpert se consultent. Ils obéissent aux mêmes motifs qui ont poussé Cantor et ses camarades à obtempérer.

— Où sont les balles ?

— Chez moi, au deuxième.

— Je les veux également.

Halpert, sur le moment, ne réalise pas pourquoi les soldats tiennent à tout prix à laisser les Juifs sans défense. Il monte au deuxième, suivi du lieutenant et de deux de ses hommes. La chambre ressemble à un champ de bataille. Tout a été brisé, fouillé, volé. Il ne reste plus rien, ni vêtements, ni linge, ni argent. Rien. Les soldats ont tout emporté selon les règles immuables du pogrome antijuif.

Israël Terkieltaub est resté allongé près du Dr Kahané qui s'acharne sur le téléphone toujours muet. Avant même que Halpert ne soit de retour, trois officiers entrent dans la pièce. Ils semblent obéir aux mêmes ordres mystérieux que le jeune lieutenant qui a désarmé Samuel Cantor et ses camarades.

— Rendez vos armes.

— Nous venons de les remettre à l'un de vos collègues, commence le président du Comité. Nous...

Un des officiers lui coupe la parole.

— Allons, allons, du calme...

Puis il s'approche, sort son revolver de l'étui et tue le Dr Kahané d'une balle en pleine tête. A bout portant. Terkieltaub veut se pencher vers le corps inerte. L'arme crache à nouveau. A plusieurs reprises[1].

— Haut les mains !

Les soldats ont enfoncé la porte de la pièce à coups de crosse. Halpert réussit à leur fausser compagnie et fonce dans la cage d'escalier. Sur le perron du premier étage, il tombe nez à nez avec un Polonais qui brandit un tuyau arraché à un radiateur. Halpert le reconnaît. C'est un boucher du centre de la ville.

— C'est lui ! hurle le boucher. C'est lui qui a voulu me tirer dessus.

Le tuyau s'abat sur l'épaule du Juif. Halpert, rescapé des camps de Gusen et de Mauthausen, sait éviter les coups. Il se laisse débouler au bas de l'escalier. Légèrement blessé il se relève. La porte d'entrée est grande ouverte. Il veut sortir mais se ravise. La foule, hystérique, brandit des couteaux, des manches de pelles, des tuyaux. Des soldats forment un cercle entre la porte et les émeutiers. Dès qu'un Juif sort dans l'espoir de prendre la fuite, il est empoigné par les soldats qui le livrent à la vindicte populaire. Il disparaît aussitôt dans la masse humaine.

Accroché à la rampe, Halpert voit son propre beau-frère sortir, poussé par des Polonais. Il veut le retenir mais il est trop tard. Le jeune homme est happé par les militaires qui le frappent dans les reins avant de le projeter vers la foule.

— Tuons les Juifs, tuons les Juifs !

— Il faut achever l'œuvre de Hitler.

Halpert ne peut plus supporter les cris, les bruits, le spectacle de ces hommes et de ces femmes qu'on tue impunément depuis bientôt trois heures. A coups de poing, de pied, il parvient à atteindre les étages supérieurs.

Nela Fishel a, elle aussi, trouvé le moyen d'échapper au massacre. Cachée derrière une caisse, au grenier, elle se rend compte de la présence de Halpert. Elle s'approche de lui :

1. Laissé pour mort et sur le point d'être enterré avec les autres victimes, ce témoin sera sauvé in extremis, quelqu'un s'étant aperçu qu'un de ses bras remuait sous le tas de cadavres.

— C'est pire qu'à Auschwitz, Yehiel, pire. Cette masse de gens assoiffés de sang, ces cris, ces hurlements d'animaux...

La jeune fille tremble de tout son corps. Elle est maigre et ses yeux lui mangent tout le visage. C'est lui, Halpert, qui l'a enregistrée à son retour du camp. Elle porte, tatoué sur l'avant-bras, le numéro 53625.

— C'est pire qu'à Auschwitz, Yehiel, c'est pire parce que, aujourd'hui, c'est la paix.

Dans sa cellule de la prison municipale Singer sourit béatement et regarde dans le vide. Il ignore que le petit Henryk, en le désignant au hasard, lui a sauvé la vie.

A plusieurs reprises des miliciens sont venus lui demander à quoi allait servir le sang des enfants polonais enfermés dans la cave de la rue Planty. Pour toute réponse Singer leur a serré les mains en répétant qu'il faisait beau.

Vers midi, le policier Sliwa s'est concerté avec quelques amis. Tuer Singer, dans sa cellule, serait trop risqué. Et puis l'homme est fou. Vivant, il ne sera jamais un Juif gênant. Les bruits du pogrome sont parvenus jusqu'au siège de la Milice. Vers midi, Sliwa et ses compagnons décident qu'ils doivent eux aussi accomplir leur devoir de patriotes. Ils sortent du commissariat sous prétexte d'aller déjeuner et partent tranquillement en direction de la rue Leonarda. Sliwa, Nowakowski et Pruszkowski travaillent à Kielce. Le quatrième, Stanislaw Mazur, d'un commissariat des environs, est de passage.

C'est Sliwa qui frappe à la porte de l'appartement. Mme Fisz se lève, dépose son bébé de trois semaines dans le berceau et va ouvrir. En visite chez les Fisz, M. Moszkowicz, un ami de la famille, reste tranquillement assis sur sa chaise. La porte s'ouvre brusquement. Mme Fisz essaie de comprendre ce qui se passe mais les policiers ne lui en laissent pas le loisir.

— Venez, suivez-nous ! Avec votre enfant !

Moszkowicz s'est levé. Lui non plus ne comprend pas.

— Mais...

— Silence ! Suivez-nous vous aussi.

Dehors une troupe de curieux, parmi lesquels se trouvent ceux qui ont « alerté » la police, suit la scène avec intérêt.

— En avant.

Ils ont pris la direction de la rue Hipoteczna quand l'un des miliciens arrête un camion. Le chauffeur, de bon gré, obtempère.

— Montez !

Moszkowicz réalise soudain que la situation est sérieuse. Il a le réflexe du Juif tombé dans les griffes de la « police bleue » pendant l'occupation.

— Epargnez au moins la mère et l'enfant.

— Adresse-toi à Sliwa, répond Pruszkowski.

Mais Sliwa refuse de prêter la moindre attention aux implorations du Juif.

Le camion s'arrête près d'un village. Il a parcouru environ cinq kilomètres.

Moszkowicz revient à la charge. Un vieux réflexe le pousse à offrir de l'argent en échange de leur vie.

— D'accord, dit Sliwa après s'être consulté avec les autres.

Mme Fisz met la main à sa poche. Elle en sort dix-sept dollars auxquels elle ajoute une broche et trois bagues en or qu'elle a prises en partant. Toujours le réflexe de la survie, l'atavisme.

— Marchez !

Ils sont poussés vers un petit bois en bordure de la route. Des coups de feu crépitent. Mme Fisz, touchée à la tête, essaie, en tombant, de protéger son enfant. Distraits par le spectacle, les Polonais ne se rendent pas compte que Moszkowicz leur a échappé. Caché derrière un arbre, indemne, il entend le coup de feu qui achève le nourrisson. Paralysé par la peur qui lui coupe les jambes, il s'accroche à l'arbre sans se rendre compte du temps qui s'écoule. Des bruits de voix le font revenir à lui. Des paysans portant des pioches et des pelles commencent à creuser un trou pour y enterrer la mère et l'enfant.

Lentement, très lentement, Moszkowicz glisse le long de l'arbre. Il a soudain très froid.

En ville, des groupes de Polonais fouillent les maisons susceptibles de cacher des Juifs. Ysok Preis ne les a pas entendus venir. Comme Mme Fisz, comme beaucoup d'autres, il a ouvert sa porte, sans méfiance.

Il restera plusieurs heures, baignant dans son sang, sur le

palier avant qu'on ne retrouve son corps affreusement mutilé[1].

VARSOVIE, LE MÊME JOUR

Tout ce que la Pologne compte de personnalités civiles ou militaires, locales ou étrangères, s'est donné rendez-vous dans les salons de l'hôtel Polonia. Officiers et diplomates, politiciens et journalistes, russes, polonais, français, anglais et, naturellement américains ont répondu à l'invitation de l'ambassadeur des Etats-Unis qui tient à célébrer dans le faste le 170$^{e}$ anniversaire de la Déclaration d'indépendance américaine[2]. Seul bâtiment demeuré debout au milieu des ruines d'une ville entièrement détruite, l'hôtel Polonia sert aussi, depuis le retour de la paix, de quartier général aux correspondants de presse étrangers.

Très vite une rumeur s'est mise à circuler parmi les invités : des Juifs auraient été massacrés par des Polonais à Kielce, petite ville industrielle à 176 km au sud de Varsovie.

Inquiets, les correspondants de presse se sont adressés à Victor Grosz, chef du département « Presse » du ministère des Affaires étrangères. Grosz a confirmé la rumeur tout en s'efforçant de minimiser l'incident. Il a parlé de deux morts et de quelques blessés. Délaissant la réception, les journalistes se sont rués sur les rares téléphones fonctionnant dans l'hôtel, mais les communications sont difficiles. Impossible d'obtenir Kielce.

De leur côté, les journaux polonais du soir, vendus dans les rues par les enfants, ne soufflent pas un mot de l'affaire. De la première à la dernière page, les articles célèbrent l'amitié polono-américaine, la signification de cette journée de l'indépendance, la victoire commune sur le nazisme.

Pourtant, la rumeur persiste et le nombre des victimes augmente au fur et à mesure que passent les heures. Particulièrement sensibilisé à cette question du massacre des Juifs après la guerre en Pologne, un journaliste américain, L. S. Shneiderman, lui même d'origine juive et polo-

1. Son frère, Eliezer, professeur de littérature française à Jérusalem, ne connaîtra les circonstances de sa mort qu'après avoir pris connaissance de la présente enquête.

2. Les Etats-Unis avaient reconnu le gouvernement de Varsovie l'année précédente, précisément le 4 juillet 1945, et suspendu toute relation avec le gouvernement en exil à Londres.

naise, décide de se rendre sur place avec quelques confrères. Mais la police, craignant les attaques toujours possibles des « gars dans la forêt » interdit toute circulation de nuit.

La première voiture, bourrée de correspondants étrangers, ne pourra prendre la route que vers trois heures du matin.

16 HEURES 30, À KIELCE

Les renforts envoyés de Varsovie prennent aussitôt position autour du bâtiment. Halpert, profitant du calme relatif qui règne à l'extérieur, dévale les escaliers et se porte au-devant de l'officier commandant l'unité. La foule est encore très dense mais la présence des soldats a mis subitement un terme à son excitation. La dernière vague d'assaut s'est produite vers 15 heures avec l'arrivée des ouvriers des usines Ludwikow, qui ont cessé le travail pour participer au pogrome. Elle a été, de loin, la plus terrible. Après la mort de Kahané et les blessures infligées à Eisenberg, le responsable des affaires religieuses qui l'avait accompagné chez l'évêque, Halpert sait qu'il lui incombe de veiller au destin de la communauté. Il n'a guère le temps de s'occuper des morts que les Juifs valides installent un peu partout dans la maison et qui semblent être très nombreux. Il faut que les blessés soient pris en charge et les rescapés mis à l'abri.

L'officier a un fort accent russe et parle assez mal le Polonais.

— Où sont les gens que vous avez trouvés jusqu'ici ?

— En prison.

— En prison ! sursaute Halpert.

— Pour les mettre à l'abri. Nous attendons les camions qui doivent revenir d'un instant à l'autre pour emmener le reste des gens valides et des blessés. Les ambulances de l'hôpital sont déjà parties avec quelques personnes.

— Bien, dit enfin Halpert vaguement rassuré.

— Combien de Juifs habitaient ici ?

Halpert lève les bras au ciel.

— Cent cinquante, peut-être plus. Ceux qui n'étaient que de passage ne se sont pas fait inscrire. Nous ne les connaissons même pas.

Le temps s'écoule, lentement, mais les camions ne reviennent toujours pas alors que la prison est toute proche. Halpert craint que les « gars dans la forêt » ne soient responsables de cette soi-disant action de sauvetage. A cet instant précis, un soldat, debout sur le pas de la porte, l'interpelle.

— Alors ? C'est bon le sang polonais ? Vous êtes content ?

Le soldat fait main basse sur tout ce qui se trouve dans les poches des Juifs qui attendent, tremblant de peur, paralysés au point qu'ils se laissent faire.

Le doute fait place à la certitude. A l'heure qu'il est, les premiers partis doivent être déjà morts, assassinés dans la forêt la plus proche.

C'est alors qu'un officier, un lieutenant, s'approche de lui. Halpert le reconnaît. C'est un ami qui appartient au service de Sécurité de Kielce.

— Zygmunt, lui demande-t-il, mais que s'est-il donc passé ?

— Tout va bien, répond Zygmunt. Cette unité vient d'arriver de Varsovie. Vous n'avez plus rien à craindre, nous avons repris les choses en main. D'ailleurs je vais t'emmener chez moi, tu pourras te reposer. Tu en as bien besoin !

L'officier « russe » intervient d'autorité :

— Dans votre voiture découverte ! Vous n'y pensez pas ! La foule est encore très nombreuse et vous risqueriez votre vie.

Un premier camion fait son entrée sur la place.

De sa fenêtre, Miriam Rosenkranz, attirée par le bruit, voit la foule de gens qui se dirigent vers la rue Leonarda aux cris de : « Morts aux Juifs... On va achever le travail de Hitler. » Elle descend précipitamment chez la concierge polonaise de l'immeuble.

— Je vous en prie. Envoyez votre fille porter ce mot à mon mari. Il ne faut pas qu'il quitte l'usine. Quelque chose se prépare contre nous. Je vous en prie.

La concierge la toise d'un air condescendant.

— Non madame. Je ne vois aucune raison pour que mon enfant fasse ce que vous me demandez. Ce n'est pas mon affaire.

Miriam Rosenkranz vient à peine de rentrer de Suède où elle a passé plusieurs mois dans un hôpital après sa sortie du camp. En proie à la panique, elle remonte en toute hâte jusqu'à son appartement. Puis elle ouvre une boîte, en tire quelques billets sans prendre la peine de les compter et redescend chez la concierge.

— Tenez ! Je vous en supplie, il ne faut pas que mon mari revienne en ville sinon ils vont le tuer.

Elle tend l'argent et le mot qu'elle a griffonné, en yiddish, à l'intention de son époux. Membre du Comité des Juifs de Kielce, elle sait que sa première réaction sera de se rendre au centre communautaire de la rue Planty où d'autres Polonais doivent déjà se trouver avec les mêmes cris, la même intention de tuer.

— Bien, dit la concierge en comptant les billets. Mais c'est vraiment pour vous rendre service.

Le premier réflexe de l'ingénieur Israël Rosenkranz a été, en effet, de quitter l'usine située dans la périphérie de la ville. Les rumeurs du pogrome sont déjà parvenues jusqu'à lui mais le directeur de la fabrique *Valado* l'a retenu, d'autorité, dans son bureau. Alertées par la nouvelle, la femme et les deux filles du directeur sont arrivées précipitamment. L'une des deux filles, celle qui a épousé le comte Zamoski, essaie de tranquilliser l'ingénieur.

— N'allez pas en ville, monsieur l'ingénieur, vous n'y seriez pas en sécurité. Il paraît que la foule a attaqué votre maison de la rue Planty après que la police eut arrêté un Juif soupçonné de meurtre. Une amie vient de me l'apprendre au téléphone.

— Mais... pourquoi... pourquoi, madame la comtesse, pourquoi s'attaquer encore aux Juifs ? En quoi sommes-nous différents des Polonais ?

— Vous, vous n'êtes pas différent de nous, monsieur l'ingénieur. Mais tous les Juifs ne sont pas comme vous.

Israël Rosenkranz regarde la jeune femme sans comprendre.

— Vous êtes un homme bon et généreux, vous. Mais les Juifs de la rue Planty ont tué des enfants polonais après les avoir enfermés dans la cave.

L'ingénieur est atterré par tant d'aveuglement chez une personne cultivée. Son regard cherche celui du père de la comtesse qui semble très gêné mais sans pour autant intervenir dans la conversation.

— La cave ? Quelle cave ?

— De la rue Planty.

Rosenkranz, effaré, regarde son directeur :

— Mais enfin, monsieur, vous êtes bien placé pour savoir que cette maison ne comporte pas de cave puisque c'est nous-mêmes qui y avons installé le chauffage central l'hiver dernier.

Le directeur reste muet.

— Pauvres de nous ! soupire l'ingénieur, prenant soudain conscience du fossé qui le sépare de cette famille qu'il connaît pourtant depuis toujours.

— Cave ou pas, renchérit la comtesse d'un air entendu, des enfants polonais sont morts et c'est très grave.

L'arrivée de la petite fille de la concierge met fin à la discussion. L'ingénieur Rosenkranz lit le mot et sort du bureau, oubliant pour la première fois de sa vie de Polonais éduqué de se livrer à la cérémonie rituelle du baisemain.

Mordekhaï Gertler et plusieurs autres jeunes Juifs qui ont assisté, impuissants, au pogrome peuvent enfin porter secours aux rescapés.

Dans la rue flotte une odeur qu'ils connaissent bien, l'odeur du sang. La foule a changé de visage. Tenus en respect par les soldats de Varsovie, les Polonais essaient de se donner l'allure de curieux venus assister à un spectacle sur la place.

— Des Juifs, encore des Juifs ! crie pourtant une voix de femme.

Les garçons, la main crispée sur leur revolver, ne prêtent pas attention aux injures. A la moindre alerte, même s'ils doivent mourir, des Polonais paieront de leur vie en échange. La décision qu'ils ont prise comporte des risques mais elle est sans appel.

La foule s'écarte sur leur passage. Les visages ont tous la même expression, identique à celle des SS après une fusillade. Ils sont impassibles.

Les premiers corps gisent au rez-de-chaussée. Les Juifs ont été tués à coups de hache, de couteau de cuisine. Une femme, le ventre fendu à partir de la poitrine, a gardé les yeux ouverts. Quand il se penche pour les lui fermer, Gertler découvre l'embryon d'enfant suspendu aux entrailles de sa mère. Un policier polonais semble veiller sur les cadavres.

— Nous avons essayé de les calmer, dit-il avec une

certaine gêne, mais ils étaient trop nombreux. Ils nous ont bloqué le chemin jusqu'à la porte.

Gertler ne répond pas. Il a vu, de ses propres yeux, les miliciens à l'œuvre.

— Montons.

Les jeunes gens ont beaucoup de peine à atteindre le premier étage. Il leur faut enjamber les cadavres qui encombrent l'escalier. Les murs sont rouges, sur toute leur surface et jusqu'au plafond. Le sang recouvre la peinture défraîchie et commence lentement à coaguler.

Dans les pièces dévastées, quelques personnes s'affairent, venues, comme eux, de l'extérieur, à la première accalmie ou rescapées du massacre par miracle. Pas un seul chrétien, en dehors des policiers qui traînent dans les couloirs, n'est là pour porter secours aux victimes. Il n'y a que des Juifs, hébétés ou excités, au bord de la crise de nerfs.

— Mordekhaï, va à l'hôpital avec les garçons, hurle une femme qui l'a reconnu. Les blessés sont en danger de mort.

Il se retourne. Elle a le visage tuméfié.

— Que dis-tu ?

— Allez, courez ! Il paraît que les infirmières nettoient les blessures des Juifs avec de l'eau bouillante. Partez ! Ici, il n'y a que des morts.

— Comment sais-tu ce qui se passe à l'hôpital ?

— Un camion m'y a déposée mais je suis revenue vous avertir.

L'hôpital municipal n'est pas très loin de la rue Planty. Le groupe de jeunes gens, dirigés par Gertler, est sur les lieux en quelques minutes.

— On ne passe pas !

— Ta gueule, crie un garçon à l'adresse du policier.

Dans la salle commune règne une véritable atmosphère de démence. Gertler ne se souvient pas avoir vécu pareille scène même dans les pires moments de la liquidation du ghetto[1]. L'hôpital est trop petit pour contenir autant de blessés. Ils sont parfois trois dans un même lit.

Les morts, décédés durant le transport ou à l'hôpital, gisent à même le sol recouvert de ciment brut. Ils ont, pour la plupart, la tête fracassée et des morceaux de bois, de manches de pioches, sont restés plantés dans leur visage. La

1. Lui aussi nous dira que ce fut pire qu'à Auschwitz.

plupart des bras qui se tendent, raides, immobiles, portent un numéro d'Auschwitz. Les bouches des victimes sont closes mais leurs yeux sont restés ouverts. Instinctivement, Gertler et ses camarades se penchent sur les cadavres et font le geste qui convient.

Sur un lit, seule, sans vie, il croit reconnaître une jeune fille du kibboutz, Rachela Zander. Elle n'avait pas encore dix-sept ans.

Le jeune homme se relève, les mâchoires serrées. Il suit des yeux une infirmière qui traverse la salle d'un air parfaitement indifférent.

— Les Juifs, qu'ils crèvent rue Planty ou ici, quelle différence ? dit un blessé.

Gertler approuve, la mort dans l'âme. Fils d'un riche industriel de Kielce, seul survivant de sa famille, il est connu de la plupart des pensionnaires de la rue Planty pour lesquels il se dépense sans compter depuis son retour des camps.

— Motké !

Il reconnaît à peine l'homme couvert de blessures qui l'a appelé par le diminutif que les Juifs donnent familièrement à tous les Mordekhaï.

— Des Juifs sont déjà morts, Motké, là, sous nos yeux, à cause des infirmières. Prends-moi avec toi, sors-moi d'ici, ils vont nous achever. On va tous crever, Motké ! Tous.

Dans le lit voisin une vieille femme s'est assise sur son séant. Elle parvient à saisir Gertler par la manche.

— Pogrome ! Pogrome ! hurle la vieille.

Gertler et ses camarades ne savent quelle contenance adopter. Les cris, les hurlements, la course des infirmières dans les couloirs, la fuite de certains blessés jusqu'à la porte barrée par des policiers, mitraillette au poing, donnent à l'hôpital l'allure d'un asile d'aliénés où des fous se seraient livrés à un carnage parmi leurs compagnons de misère. Une jeune femme éventrée a conservé sur les lèvres le rictus de la peur. Un garçon s'approche, veut recouvrir ce corps nu, affreusement mutilé, mais il ne trouve pas de drap, pas de couverture, pas même un bout de chiffon.

— On va passer la nuit ici, dit le garçon en se relevant.

Gertler sait qu'il peut faire confiance à cet ancien sergent de l'Armée rouge, le seul à posséder, glissée dans une jambe de son pantalon, une mitraillette.

17 HEURES 30

Etke Ajzenman a passé sa journée partagée entre l'angoisse et les coups de téléphone. Vers 10 heures du matin elle a appelé la mairie de Chmielnik, un village situé à 32 kilomètres de Kielce. Au maire et au commandant de la police municipale elle a donné l'ordre, avec l'autorisation de ses supérieurs, « d'arrêter » tous les Juifs et de les mettre à l'abri en attendant qu'elle puisse venir les prendre en charge. Elle a même exigé que cet ordre soit exécuté sous la responsabilité personnelle de ses interlocuteurs.

Vers 17 heures 30, elle quitte Kielce à bord d'un camion, en compagnie de dix soldats armés jusqu'aux dents.

A Chmielnik, Etke arrive juste à temps pour disperser une foule de 250 personnes qui, comme par hasard, s'étaient rassemblées sur la place du village.

Les Juifs de Chmielnik auront plus de chance que ceux d'autres villages autour de Kielce. Avant de partir, Etke a appris que des « petits » pogromes se sont déroulés à Ostrowice, Czestochowa, Lublin, mais elle ignore le nombre de victimes.

Elle ignore aussi que depuis le début de l'après-midi, les trains en provenance de Wroclaw sont systématiquement attaqués par des individus vêtus d'uniformes de l'armée Anders. En rase campagne les trains s'arrêtent, avec la complicité des mécaniciens. Tout ce qui ressemble de près ou de loin à un Juif est poussé à l'extérieur des wagons et fusillé sur-le-champ.

Des corps gisent sur la voie ferrée. Les convois repartent, entraînant ces obstacles inertes. A la station de Piekuszkow, ils sont sept à lever les bras en l'air, dont une vieille femme de soixante-dix ans, rentrée récemment de Russie. Les pierres volent, s'écrasent contre les parois des wagons mais elles sont si nombreuses qu'elles atteignent aussi les Juifs, à la tête, aux jambes.

Ces sept là mourront, lapidés.

En gare de Kielce, dans la soirée, un officier russe a tenu, pendant plusieurs heures, une troupe d'émeutiers en respect, menaçant de tuer quiconque s'approcherait des Juifs cachés derrière lui. Il a tenu jusqu'à l'arrivée d'autres soldats... russes.

A la tombée de la nuit un semblant de calme règne dans le

centre de la petite ville. Chassés par les soldats de Varsovie, les émeutiers sont rentrés chez eux, furieux de voir le service d'ordre procéder à quelques arrestations.

Mordekhaï Gertler a quitté l'hôpital pour revenir rue Planty. Des soldats, mitraillette au poing, montent la garde autour du bâtiment.

— Avez-vous une idée du nombre de personnes qui ont participé au pogrome ? demande Gertler à l'officier installé au premier.

— Avec les femmes et les enfants... une bonne vingtaine de milliers.

L'homme a un accent russe très prononcé. Mordekhaï Gertler se sent plus rassuré. C'est aussi l'avis de Samuel Cantor et de quelques autres qui veillent sur les chambres vides, aux murs tachés de sang.

CHAPITRE XIII

# DES MORTS... ENCORE DES MORTS

A Kielce, la nuit a été longue pour la quarantaine de Juifs sortis physiquement indemnes de l'émeute. Epargnés pour s'être trouvés, par hasard, à l'extérieur du bâtiment de la rue Planty ou échappés, par miracle, aux trois attaques successives de la foule, les uns ont passé cette nuit dans les locaux de la police, d'autres ont été parqués dans un stade sous la protection de l'armée. Mordekhaï Gertler, qui a pris sur lui la responsabilité de transférer les blessés dans un lieu plus sûr, s'est refusé, malgré les risques et les conseils des policiers, « de se retrouver derrière les barreaux d'une prison pour avoir la vie sauve ».

Il est 9 heures du matin lorsqu'il quitte son appartement. En l'apercevant, une voisine s'exclame : « Quoi, tu es encore en vie ? » La journée s'annonce chaude mais le ciel se couvre de nuages. La ville est déserte et d'un calme surprenant. En route vers l'hôpital il fait une rencontre inattendue.

— Vous... vous êtes Antek, Antek Cukierman !

Il s'est adressé en yiddish à l'homme dont tous les Juifs et tous les Polonais connaissent les exploits. Le héros de la révolte du ghetto de Varsovie [1] correspond parfaitement au portrait que tracent régulièrement de lui les journaux. Il est grand, large d'épaules et son jeune visage buriné est barré d'une fine moustache blonde.

1. Membre de l'organisation juive de combat, Itzhak Cukierman était l'adjoint du commandant Mordekhaï Anielewicz durant la révolte du ghetto, la première en date des insurrections dans toute l'Europe occupée.

— Je m'appelle Mordekhaï Gertler et je me rends à l'hôpital pour m'occuper des blessés.

Il est passablement ému de se trouver face à face avec un tel personnage de légende.

— J'ai amené des vivres et des médicaments dans un camion, répond calmement Antek en lui serrant la main. Je viens tout juste d'arriver de Varsovie et je me rends, moi aussi, à l'hôpital.

Cukierman est le premier des membres du Comité central des Juifs de Pologne à avoir réagi, de son propre chef, à la nouvelle du pogrome. Il ne semble pas décidé à faire la moindre concession aux Polonais.

— Combien de victimes ?

Gertler observe le visage de l'ancien partisan. Rien ne trahit son émotion. Il est évident que pour lui la question est déjà réglée : il n'y a plus de place pour les Juifs en Pologne.

— Je ne peux pas le dire. Plusieurs dizaines, certainement et encore plus de blessés. Les autres sont à l'abri, en prison C'est horrible, n'est-ce pas ?

— Allons !

Antek a haussé les épaules avant d'ajouter :

— Il ne sert plus à rien de se lamenter.

Le policier, de faction devant la porte d'entrée, veut faire un geste que Gertler prévient par un seul mot, crié en polonais :

— Juifs !

Sur le perron, un journaliste, caméra en bandoulière, leur emboîte le pas.

— Je suis suédois, leur dit-il pour expliquer sa présence. Je...

— Très bien, répond Antek passablement excédé. Faites votre travail.

Puis se tournant vers Gertler :

— Tu me donneras le nom de chacune des victimes. Nous devons les enterrer au grand jour. Ce sera le dernier pogrome de l'histoire juive, crois-moi.

La porte de la morgue est demeurée ouverte mais aucun policier n'est en vue. Suivis du Suédois, les deux hommes commencent leur lente progression à travers les cadavres étendus à même le sol.

— Donne-moi leur nom.

Gertler se penche, se relève, hésite. Il lui est difficile de mettre un nom sur ces visages fendus à la hache, écrasés par mille chaussures, aplatis à coups de marteau.

— Celui-là c'est... attends... Ysok Preis, un Juif de Kielce. Celui-là... non... je ne le connais pas.

Antek, à son tour, penche son grand corps. Le visage de la victime est recouvert de gros crachats qui n'ont pas encore eu le temps de sécher.

— Cet homme n'était pas mort quand on l'a déposé ici, dit-il en se relevant. On l'a laissé crever dans cette cave.

Effectivement, l'homme ne porte aucun pansement, pas la moindre trace de teinture d'iode.

— Celle-là... inconnue. Celle-ci... faisait partie du kibboutz. C'est Tania Szumacher. Elle était avec nous depuis deux semaines, arrivée d'Union soviétique. Seule, sans famille. Elle avait quatorze ans.

Antek note sur une feuille de papier les détails que lui fournit Gertler. Pas un muscle de son visage aux traits fins, réguliers, ne bouge. Il ne fait pas la moindre réflexion. Gertler se demande si dans le camion, le combattant n'a pas amené autre chose, en plus des vivres et des médicaments. Le calme de l'ancien commandant adjoint des héros du ghetto le surprend.

— Et lui, qui est-ce ?

— Naftali Teitelbaum. Il se préparait à travailler la terre en Palestine. 16 ans.

Machinalement Gertler compte les cadavres. Déjà 27.

— Avec eux, dit Antek qui semble lire dans les pensées de son accompagnateur, c'est plus de 1 500 Juifs que nous aurons perdus depuis la libération. C'est 1 500 de trop.

— Celui-là... c'est Samuel Karp, un militant communiste de longue date. Il est arrivé il y a deux jours pour reprendre du service dans le Parti.

La macabre cérémonie se prolonge. Depuis un moment, le Suédois ne fait plus crépiter son flash. Il s'est arrêté devant le corps d'un petit enfant, affreusement mutilé. Du minuscule cadavre déjà raide s'échappent les dernières gouttes de sang.

Antek reste de marbre. Lentement il redresse son immense stature dans la demi-pénombre qui règne dans la morgue.

— Excusez-moi, dit en allemand le journaliste suédois. Excusez-moi parce que je suis chrétien.

Antek semble ne pas l'avoir entendu. Sans un mot, il

quitte la morgue et se dirige vers l'escalier de pierre qui mène aux salles du rez-de-chaussée.

— Nos gens ne peuvent rester ici, ils sont en danger, dit-il à Gertler qui lui a emboîté le pas. Il faut les mettre en sécurité.

— Je suis venu dans cette intention, Antek, répond ce dernier.

Il a dénombré 42 cadavres.

— Yehiel, on te demande.

— Qui ?

— Des journalistes américains. Les gens de la commission d'enquête sont arrivés de Varsovie. Eux aussi veulent te voir. Tu dois aller à la morgue identifier les victimes.

La nuit, dans l'appartement de son ami Zygmunt, l'homme des services de Sécurité venu le chercher la veille rue Planty, a été pénible. Mais Halpert se sent d'attaque pour crier au monde la vérité. Les années dans le ghetto puis dans les camps ont fait de lui un homme capable de résister au pire. Non pas qu'il soit devenu insensible au malheur mais il sait qu'en toute circonstance se laisser abattre ne sert à rien.

— Ça va mieux ?

Zygmunt est visiblement satisfait d'avoir pu lui rendre ce service. Pourtant, Halpert le sent terriblement gêné.

— Que se passe-t-il ? Ce n'est pas fini ?

— Si, bien sûr ! Mais... justement... à ce propos... on m'a fait savoir que... enfin... quand tu rencontreras les journalistes étrangers, ne leur dis surtout pas que l'armée polonaise a participé au pogrome. Tu peux parler des soldats d'Anders mais pas de l'armée. Notre gouvernement ne peut pas prendre la responsabilité de ces incidents. Tu me comprends[1] ?

— Nous verrons ! Mais je ne me déplacerai pas sans escorte.

Les journalistes sont déjà là, occupés à prendre des photos. Halpert en repère un, petit, brun, qui a l'air d'un Juif et qui lui semble terriblement affecté. Ignorant que l'homme est d'origine polonaise, il s'adresse à lui en allemand :

1. Quelques instants plus tard, Albert, lui aussi membre des services de Sécurité, lui fera les mêmes recommandations.

— Le pogrome a été déclenché par la Milice et s'est achevé avec l'armée. Je crois pouvoir vous faire confiance.

— Je m'appelle Shneiderman. Je suis juif et d'origine polonaise.

Halpert essaie de se souvenir du moindre détail, convaincu que la version officielle, comme toujours en Pologne dès qu'il s'agit des Juifs et des souffrances que les Polonais leur font subir, ne sera qu'un tissu de mensonges .

— Veillez à dire la vérité, surtout la vérité.

Vieux reporter chevronné, Shneiderman, qui a « couvert » la guerre d'Espagne et les révolutions sud-américaines avant de suivre l'armée US en Europe, ne cache pas sa peine. Il est profondément choqué. Il pleure.

— Faites-moi confiance, monsieur, pour ce qui est de la vérité. D'ailleurs avec mes collègues nous allons mener notre propre enquête. Mais je peux d'ores et déjà vous dire ce que je ressens. A mes yeux, ce massacre de Kielce dépasse en horreur tous les pogromes qui se sont abattus sur notre peuple dans ce pays. Il est plus terrible que tous les autres parce que le monde sort d'une immense tragédie, parce que les Polonais ont assisté au massacre de trois millions des nôtres par les nazis. Cela devrait leur suffire.

— Il est plus terrible, ajoute Halpert, parce qu'il a frappé des gens qui, en dépit de tout, avaient retrouvé la force de revivre. Je compte sur vous pour écrire tout cela.

— Merci, répond Shneiderman.

La ville ressemble maintenant à une cité assiégée. A chaque coin de rue des soldats montent la garde ou font les cent pas devant les bâtiments publics.

Gertler s'approche de l'un d'eux.

— Qu'est-ce qui s'est donc passé ? dit-il en s'efforçant d'avoir l'air de quelqu'un qui vient tout juste d'arriver.

— Un pogrome, contre les Juifs.

— Ah bon ! Et pour quelle raison ?

— Les Juifs ont kidnappé des enfants chrétiens et les ont enfermés dans la cave d'une maison. Les Polonais ont voulu les délivrer, c'est normal.

La rumeur persistait donc jusque dans les rangs des soldats envoyés de Varsovie.

— Allons-y avant qu'il ne soit trop tard.

De son pas allongé, Antek marche en direction des

bureaux de la Sécurité, précédé de Gertler qui, lui, avance au pas de course. La présence de Cukierman, héros de la Pologne, en impose à l'officier qui les reçoit.

— Que puis-je faire pour vous ?

— Nous donner la possibilité de transférer nos blessés en lieu sûr. Ils craignent pour leur vie.

— Je veux bien mais où ?

Gertler connaît sa ville et les piètres possibilités qu'elle offre dans ce domaine particulier des soins hospitaliers.

— A la polyclinique des services de Sécurité.

L'officier sursaute, puis réfléchit. Il ne tient visiblement pas à ce que de nouveaux incidents viennent aggraver une situation politique qui se complique d'heure en heure. L'idée que des journalistes étrangers pourraient reprocher à la Pologne et aux Polonais de ne pas faire un geste en faveur des Juifs achève de le convaincre.

— Vous avez mon accord mais nous ne disposons pas de médecins. Il vous faudra trouver des médecins juifs.

— Nous essaierons. Je vais en parler aux gens du Comité.

L'officier les regarde. Il est certainement au courant de la fin tragique du président Kahané mais ne fait pas la moindre réflexion.

— Connaissez-vous, au moins, le nombre des victimes ? lui demande Gertler.

— D'après nos renseignements... 42 Juifs sont morts et environ 80 ont été blessés [1].

— Et que va faire la police ? J'ose croire...

L'homme des services de Sécurité a changé d'attitude. Il veut se montrer coopérant.

— Une centaine de personnes ont d'ores et déjà été arrêtées. La justice polonaise va se montrer impitoyable.

Antek ne bronche pas. Il donne à Gertler, qui mène la conversation, l'impression que la suite des événements ne concerne déjà plus les Juifs. L'idée de faire confiance à la justice polonaise le rend visiblement sceptique. Elle le pousse même à adopter une attitude ostensiblement hostile.

1. En réalité le nombre des victimes sera beaucoup plus élevé quand seront retrouvés les corps des Juifs assassinés ce jour-là dans les trains, les autobus, sur les routes menant à Kielce et dans certains villages des environs. On estime que 80 Juifs au moins trouvèrent la mort ce 4 juillet 1946 et que plus de cent furent blessés, la plupart grièvement.

— J'ose croire que certains miliciens font partie des personnes arrêtées...

— Oui, bien sûr.

— Et les militaires ?

L'officier fait un geste d'impuissance.

— Cela n'est pas de notre ressort mais de celui de l'armée. S'il y a eu des erreurs, les responsables paieront, je vous le garantis.

— Et l'enfant ? Savez-vous qui l'a poussé à raconter cette fable ?

— Nous le savons.

Le Polonais s'est levé, agacé par les questions.

— Bien ! Alors, trouvez quelques médecins juifs pour s'occuper de vos gens et nous les transférerons à la clinique. Et, surtout, faites confiance à notre justice.

— Ce devrait être aussi la nôtre, répond froidement Antek.

Avantagé par sa connaissance de la langue polonaise, Shneiderman enfouit sa peine au plus profond de lui-même et retrouve ses réflexes de vieux reporter. En compagnie de quelques confrères dont Joël Cang, du *Times* de Londres[1], il multiplie les démarches auprès des autorités responsables de la sécurité à Kielce. En l'absence du préfet du district, qui s'est cassé une jambe, ils sont reçus par son adjoint, Henryk Urbanowicz, un leader du parti socialiste.

— Nous avons entrepris tout ce qu'il était possible d'entreprendre pour calmer la foule, leur dit, d'emblée, Urbanowicz.

— Pourquoi, alors, ne pas avoir donné l'ordre de tirer ?

— Il y aurait eu beaucoup de victimes.

Il n'a pas ajouté « parmi les Polonais » mais les journalistes ne jugent pas utile de lui faire remarquer que les seules victimes ont été, de ce fait, les Juifs.

— Le Dr Kahané, poursuit le jeune fonctionnaire, m'avait averti, vers 10 heures, qu'une foule de 5 000 personnes était déjà massée sur la place. Je me suis moi-même aussitôt rendu sur les lieux, accompagné de miliciens, mais il était trop tard. Les gens déjà sortis du bâtiment avaient été

1. Le journaliste britannique, comme Shneiderman, fera un récit bouleversant des événements de Kielce dès son retour à Varsovie, le 5 juillet.

assassinés sur-le-champ. Puis les militaires sont arrivés. Ils ont demandé aux Juifs de quitter les lieux sous leur protection mais là encore ceux qui sortaient de la maison étaient aussitôt massacrés.

A ce point de leur enquête, les correspondants étrangers, et surtout Shneiderman qui tient de la bouche de Yehiel Halpert la version oculaire des victimes, commencent à se montrer sceptiques. Ils ne sont pas au bout de leurs surprises :

— Des gens armés, se qualifiant eux-mêmes de « patriotes » et appuyés par des pays occidentaux, sont responsables de ce pogrome. Ils sont la honte de la Pologne.

— *OK, let's go !* dit Joël Cang.

Et ils ne laissent pas au sous-préfet, qui en exprime l'intention, le temps d'insister sur ce détail de la culpabilité des hommes du général Anders.

Arrivé de Varsovie par avion spécial, le général Stanislaw Steca, chargé de mener les investigations préliminaires, a pris le temps de se concerter avec les autorités locales avant de recevoir les journalistes étrangers qui se montrent de plus en plus pressants dans la recherche des circonstances ayant mené au pogrome.

— Au nom du ministre de la Guerre, déclare le général qu'un civil discret interrompt de temps à autre, je tiens à vous rappeler que la police et l'armée ont fait tout ce qui était en leur pouvoir pour stopper l'émeute et sauver les rescapés juifs de Kielce. Toute cette affaire est le résultat d'une provocation. Mais nous sommes sur les traces des coupables qui seront éliminés.

Le général s'apprête à poursuivre son discours lorsqu'il s'aperçoit que les correspondants, les uns après les autres, se sont levés et se dirigent vers la sortie.

Yehiel Halpert, Mordekhaï Gertler et Antek Cukierman sont atterrés. Malgré leurs démarches incessantes et leurs appels à l'aide, aucun médecin juif ne s'est manifesté. Pourtant, Halpert et Gertler, qui connaissent bien la situation, savent que deux médecins juifs au moins ont survécu à l'extermination de la communauté. Mais la peur est si grande, au lendemain du pogrome, que les deux hommes, qui vivent sous une fausse identité aryenne, préfèrent plutôt faillir à leur devoir de médecins et de Juifs que de se découvrir au vu et au su de la population chrétienne[1].

Antek, qui se renferme de plus en plus sur lui-même, a pris les opérations en main. Avec son accord, il a été décidé que les blessés les plus atteints seraient transférés dans un hôpital de Lodz, à bord d'un train sanitaire, cependant que les autres, dont la présence à Kielce serait nécessaire aux enquêteurs, partiraient pour la polyclinique de la Sécurité. Restait la question des médecins.

— D'après mes derniers renseignements, avait dit Gertler à la réunion improvisée qu'ils venaient tous trois de tenir, nos blessés craignent d'être empoisonnés par les infirmières. Ils ont même l'intention d'entreprendre une grève de la faim pour obtenir leur départ de l'hôpital municipal. La garde militaire ne les rassure pas, c'est le moins qu'on puisse dire.

— Dans ce cas, il faut nous rendre à Czestochowa, avait répondu Antek. C'est bien le diable si cette importante communauté ne peut pas mettre un docteur à notre disposition.

Chargé de faire le nécessaire auprès de la police afin d'obtenir une voiture et une garde armée, Halpert avait facilement obtenu gain de cause.

Et le véhicule, armé d'une mitrailleuse lourde, s'était aussitôt engagé dans la forêt inamicale.

Dans un bureau du troisième étage de la prison municipale, Henryk Blaszczyk est sagement assis entre deux soldats quand une première fournée de journalistes, munis d'une autorisation spéciale, se présente pour l'interroger. Un policier en civil les reçoit et distribue des sièges. L'enfant est vêtu d'un de ces costumes marins bleu foncé que les Américains envoient par chargements entiers aux institutions de charité catholiques de l'Europe ravagée par la guerre. Il ne porte pas de chaussures et ses pieds nus se balancent à quelques centimètres du sol.

D'origine polonaise, le correspondant du *Jewish Chronicle* de Londres parle le premier, de manière à traduire la conversation en anglais pour ses confrères.

— Raconte-nous, Henryku, ce qui t'est arrivé.

1. Dans son témoignage, Yehiel Halpert donnera à deux médecins leur nom d'origine.

— L'autre jour, j'ai rencontré un ami de mes parents dans la rue et il m'a emmené dans son village.

— Comment s'appelle ce village ?

— Bielaki.

— C'est à 28 km de Kielce, commente le policier.

— Et qu'as-tu fait à Bielaki ?

— J'ai cueilli des cerises. Elles sont très bonnes.

— Comment êtes-vous allés jusqu'au village et comment en es-tu revenu ?

— Je ne sais pas, j'ai oublié.

— Tes parents étaient au courant de ton absence ?

— Non.

— Tu ne nous a pas dit le nom de cet ami.

— Tadeusz Bartoszynski.

Le policier a sursauté.

— Mais ! Tu ne m'as jamais donné ce nom, Henryku !

L'enfant se trouble, hésite, ouvre la bouche, la referme.

— Que voulez-vous dire ? demande un journaliste à l'homme de la police secrète.

— Jusqu'ici, il ne m'a parlé que d'un certain Antoni Pasowski en compagnie duquel lui et son père ont passé la journée d'hier.

— Des... des gens, beaucoup de gens sont venus un soir chez M. Bartoszynski, reprend l'enfant sans y avoir été invité. C'est après qu'il m'a donné l'ordre de raconter que j'avais été pris par les Juifs et enfermé dans une cave jusqu'à ce que je m'échappe.

Il hésite souvent mais ses réponses restent cohérentes pour un enfant de cet âge. Seules les versions de sa disparition diffèrent légèrement. Il parle parfois d'un certain Pacek, un voisin du fermier, chez qui il aurait passé la dernière nuit, puis s'embrouille.

Le journaliste lui vient en aide.

— C'est tout ce qu'il a dit, M. Bartoszynski ?

— Non. Il a dit qu'il me battrait si je racontais autre chose.

Le premier groupe de correspondants quitte le bureau, accompagné par l'agent de la police secrète.

— Le père a également été arrêté, leur dit ce dernier. Ses déclarations vont certainement nous permettre de découvrir les vrais responsables de cette machination.

Chemin faisant il pousse la porte d'une pièce, au bout du

couloir. Une douzaine d'enfants attendent, sagement assis sur des chaises le long des murs.

— Ce sont les quinze enfants avec lesquels Henryk prétend avoir été enfermé dans la cave de la rue Planty. La confrontation aura lieu tout à l'heure. Au revoir, messieurs.

— L'accusation de crime rituel ne date pas d'hier, explique le correspondant du *Jewish Chronicle* à ses collègues. Elle a toujours servi, par le passé, à déclencher les pogromes. Mais dans le temps, les pogromistes prenaient bien soin de présenter le corps d'un enfant chrétien mort, en guise de preuve. Les antisémites polonais ont appris, grâce à Hitler, qu'une telle preuve n'est plus nécessaire. Un bon mensonge suffit à produire le même effet.

Les responsables du Comité des Juifs de Czestochowa ont beaucoup de peine à conserver leur calme. Le pogrome de Kielce, par son ampleur, fait souffler un vent de panique sur l'ensemble des communautés mais celle de la ville sainte se sent concernée au premier chef.

— Il s'en est fallu de peu pour que les Polonais d'ici nous fassent subir le même sort. Nos gens ont vu des attroupements en ville ; ils ont entendu les calomnies habituelles sur les Juifs et leur soif de sang chrétien. Nous nous sentons de moins en moins en sécurité.

Le président a reçu Halpert et Gertler au siège du Comité. Il n'en finit pas de se lamenter.

— Depuis que nous sommes revenus ici, il ne se passe guère de jours sans qu'un Juif soit molesté, dévalisé.

Halpert comprend que son collègue évite de répondre à la question qu'il lui a posée en arrivant. C'est finalement Mordekhaï Gertler qui met un terme à la litanie :

— Connaissez-vous, oui ou non, un médecin qui accepterait de nous accompagner ? Nous avons 80 blessés et les 30 à 40 rescapés valides ne valent guère mieux. Ils ont subi un choc considérable.

— Je vais voir.

— Antek Cukierman est déjà à Kielce, ajoute précipitamment Gertler dans l'espoir de convaincre son interlocuteur. Il voulait nous accompagner mais il est resté là-bas pour essayer de vendre les vivres qu'il a amenés de Varsovie et dont nous n'avons nullement besoin maintenant que nous sommes si peu. L'argent liquide nous sera plus utile[1].

Il est près de vingt heures quand le président du Comité repose le récepteur du téléphone. Plusieurs médecins juifs se sont excusés de ne pouvoir faire le déplacement jusqu'à Kielce, prétextant, l'un de ne pas pouvoir quitter une mère malade, l'autre d'être retenu pour diverses raisons non moins plausibles.

— Ils ont peur, constate Halpert. Et pendant ce temps d'autres Juifs vont mourir.

— La nuit n'arrange rien. Traverser la forêt, même avec votre garde, ne serait pas prudent. Je vais vous faire préparer de quoi loger.

— Il nous faut quelqu'un, insiste Halpert. Un médecin, une infirmière...

— Attendez.

Le président compose un numéro cependant que ses hôtes se consultent du regard.

— Allô ! Héléna !

En quelques mots il explique la situation à sa correspondante puis tend le récepteur à Halpert en chuchotant :

— Héléna Majtlis. Une infirmière. Elle est d'accord.

Halpert prend le récepteur.

— J'accepte, dit une voix féminine au bout du fil.

— Merci, merci, répond Halpert.

— Je serai là demain matin, à huit heures précises. Attendez-moi au bureau du Comité.

Et elle ajoute, sur un ton beaucoup plus grave :

— Si je peux sauver un seul Juif, je saurai au moins pourquoi j'ai survécu.

Le référendum organisé le 30 juin[2] par le gouvernement avait attiré un certain nombre de journalistes occidentaux,

1. Mordekhaï Gertler nous dira qu'il avait failli ajouter « plus utile pour les Juifs qui vont s'enfuir de Kielce » mais qu'il s'est retenu à la dernière minute, tant la situation était tendue à Czestochowa.

2. Il comportait trois questions auxquelles il fallait répondre par « oui » ou par « non » : 1) Etes-vous en faveur de l'abolition du Sénat ; 2) Etes-vous en faveur du maintien, dans la future constitution, du système économique mis en place par les autorités (réforme agraire et nationalisation des grandes propriétés terriennes) ; 3) Voulez-vous conserver les nouvelles frontières actuelles de la Pologne à l'ouest (provinces récupérées sur l'Allemagne). Un vote « massif » en faveur du « oui » allait soulever les protestations de l'opposition considérant que le résultat avait été truqué.

chargés de suivre un événement dont l'évolution risquait de s'avérer lourde de conséquences pour un pays toujours au bord de la guerre civile. Mais depuis la proclamation des premiers résultats partiels, les dés étaient jetés. Il ne faisait plus aucun doute que le processus de soviétisation était, désormais, irréversible. L'opposition était battue d'avance.

Le pogrome de Kielce, par son ampleur, venait subitement de faire passer au second plan l'intérêt des envoyés spéciaux pour l'avenir politique de la Pologne. Dans les pays occidentaux les répercussions, au sujet de ce massacre perpétré par des Polonais sur la personne de Juifs rescapés de l'holocauste, prenaient d'ailleurs, au fur et à mesure de l'arrivée de leurs dépêches sur les téléscripteurs, des proportions gigantesques. Le *Times* de Londres, les journaux américains que représente Shneiderman, le *New York Herald Tribune,* le *New York Times,* le *Jewish Chronicle* et le *Manchester Guardian* sont parmi les premiers quotidiens internationaux à avertir le monde de ce qui se passe sur les bords de la Vistule. Sensibilisée par la découverte des camps de la mort qui remonte à à peine plus d'un an, l'opinion publique occidentale est profondément choquée par la nouvelle. Rentrés le soir même à Varsovie où les communications sont moins problématiques, Shneiderman et ses confrères n'ont pu faire mieux que de décrire la journée qu'ils viennent de passer à Kielce. Horrifiés par le spectacle des morts affreusement mutilés autant que par les témoignages des blessés interrogés à l'hôpital municipal, ils se gardent bien d'abonder dans le sens de la version officielle. Que signifierait d'ailleurs, pour le lecteur moyen américain ou suédois, une subtile différenciation entre Polonais de gauche et Polonais de droite, s'agissant de l'assassinat de femmes enceintes et de nourrissons, juifs de surcroît ?

Le « papier » expédié, les journalistes affluent vers le bar. De nouveaux confrères, américains, anglais, français, canadiens, norvégiens les accueillent. Arrivés dans la journée à Varsovie ils ont été dirigés sur l'hôtel Polonia en attendant de trouver le moyen d'atteindre Kielce, ce qui n'est guère facile dans un pays où les moyens de locomotion sont quasiment inexistants. Il faut également compter avec l'armée qui interdit toute circulation de nuit. Leur départ est fixé au lendemain matin.

Rompant avec la coutume qui veut qu'un journaliste garde jalousement pour lui les informations qu'il a pu glaner, ceux qui rentrent, ceux qui ont « vu » Kielce acceptent volontiers de répondre aux questions que leur posent les confrères fraîchement débarqués. Les Juifs, surtout, tiennent à ce que le monde sache ce qui vient de se passer en Pologne.

— Ce massacre, répète inlassablement Shneiderman, dépasse en horreur tous ceux que les Polonais ont perpétrés jusqu'ici.

— Pourquoi ? demande un jeune confrère qui représente un journal suisse, le *Neue Zürchen Zeitung*. A cause du nombre élevé de victimes ?

Le vieux baroudeur pousse un soupir.

— Hélas ! A Lwow, en 1918, les morts se comptaient par centaines, les blessés par milliers après que l'armée polonaise eut décidé de célébrer, à sa manière, le retour à l'indépendance du pays.

Le jeune homme insiste.

— Alors pourquoi dites-vous cela ? Excusez-moi mais n'étant pas très au fait de la question, je...

— Après le génocide nazi, tout massacre, fût-ce d'un seul Juif, est insupportable aux yeux d'un homme civilisé. N'oubliez jamais cela.

Victor Grosz, le responsable du « service de presse » fait son apparition à l'entrée du bar.

— Je vous attends dans la petite salle, dit-il, surpris de voir tant de monde.

Les correspondants qui viennent de débarquer se précipitent. Les autres suivent, sachant déjà à quoi s'en tenir sur les informations qu'un fonctionnaire enchaîné à une censure rigoureuse pourra leur fournir.

Victor Grosz est déprimé. Juif lui-même, il ne cache pas sa déception de constater que le pogrome risque de jeter le discrédit sur un gouvernement dont il a la charge de défendre les intérêts.

— Les autorités compétentes, dit-il en préambule, sont décidées à faire toute la lumière sur ce drame. Voici d'ailleurs une copie du discours que notre vice-premier ministre, le camarade Gomulka, doit prononcer demain matin.

Les feuilles ronéotypées circulent le long des rangées de chaises recouvertes de velours rouge.

— Le camarade Gomulka, entreprend de résumer Grosz, exprime l'avis que le Parti paysan ainsi que les clandestins de la NSZ sont impliqués dans ce pogrome qui a jeté sur la Pologne l'opprobre du monde civilisé. Battues aux élections lors du référendum du 30 juin[1], ces tendances de droite essaient maintenant de projeter le pays dans les abysses d'une guerre civile. Les fascistes polonais ont commis à Kielce un crime dont toute la Pologne a honte. Aussi le camarade Gomulka demande-t-il que les meneurs soient jugés et punis de la peine de mort.

— A propos, demande le correspondant du *Jewish Chronicle,* un procès est-il en vue ?

Victor Grosz, longuement, soigne son effet.

— Douze personnes seront jugées les 10 et 11 juillet par un tribunal spécial à Kielce.

Plusieurs journalistes se sont levés, jugeant qu'il leur reste assez de temps pour alerter leur rédaction avant la prochaine édition du journal.

— A-t-on une réaction du primat de Pologne à propos du pogrome ? demande quelqu'un dans le brouhaha qui a suivi les derniers mots de Grosz.

Le responsable du service de presse fait un geste qui en dit long sur l'estime que le pouvoir porte aux gens d'Eglise.

Dimanche 7 juillet. Un calme relatif règne à Kielce. Depuis quarante-huit heures les murs sont recouverts d'affiches, imprimées en toute hâte par l'ensemble des partis politiques, et qui demandent à la population de « condamner avec la plus grande énergie ce crime venu jeter le discrédit sur la nation polonaise tout entière ».

En réalité, le texte des affiches reprend, mot pour mot, l'appel lancé aux habitants de la ville le soir même du pogrome par les leaders politiques de la région. Ignorant, à ce moment-là, que son parti va être, dans les jours qui suivent, l'objet d'une campagne virulente orchestrée par le pouvoir, le responsable du Parti paysan s'est, lui aussi, associé à ce geste de bonne volonté à l'égard de la communauté juive.

1. Les résultats définitifs n'étaient pas encore connus.

Seule l'autorité religieuse a catégoriquement refusé de « condamner les ennemis réactionnaires du peuple », comme elle a refusé de conseiller aux catholiques polonais de « ne pas croire aux rumeurs d'un autre âge répandues par les forces du mal ».

Depuis qu'ils ont appris l'ampleur de la tragédie qui a coûté la vie à près du tiers de la petite communauté des survivants de Kielce, les leaders et responsables juifs de toutes tendances ont multiplié les démarches auprès du cardinal Hlond, archevêque de Gniezno et de Poznan et primat de Pologne, afin qu'il publie une lettre pastorale pour condamner la violence et demander le retour au calme. L'ambassadeur américain lui-même, très choqué par la sauvagerie avec laquelle les émeutiers se sont acharnés sur leurs victimes, est intervenu auprès du cardinal, le priant de faire une déclaration à la presse. En vain.

Pourtant la presse polonaise, à l'exception des journaux de droite, est unanime à condamner le pogrome. Alors que depuis quelque temps déjà les journaux polonais s'abstenaient, comme ordre leur en avait pourtant été donné, de se faire l'écho des assassinats de Juifs un peu partout dans le pays, l'affaire de Kielce occupe depuis ce 4 juillet leur première page. Et tous, dans un ensemble parfait, condamnent les « forces réactionnaires » ainsi que la hiérarchie catholique « seule capable d'empêcher le pogrome ».

L'Eglise se tait à travers toute la Pologne. Pourtant, ce dimanche matin à Kielce, alors que la grand-messe touche à sa fin, les curés remontent en chaire. Ils tiennent à la main une feuille de papier que leur a fait discrètement parvenir leur vicaire général, J. Dudzica. La lettre est arrivée l'avant-veille dans les cures mais elle comporte un post-scriptum : « A tous les prêtres de la ville de Kielce, le diocèse recommande que cet appel soit lu le 7 juillet après la grand-messe et sans aucun commentaire. »

La petite ville compte 50 000 habitants, catholiques fervents pour la plupart et dont près de la moitié a participé ou assisté au pogrome. Ils se retrouvent ce matin, le visage pieusement tourné vers leur curé, dans des églises pleines à craquer, curieux de savoir ce que Dieu et les prêtres pensent de leurs actes. Ils ne seront pas déçus.

« Le 4 juillet dernier, dit le message obligatoirement approuvé par Son Eminence le Cardinal, notre ville a été le théâtre d'une terrible tragédie due à la coïncidence de divers événements. Etant donné que les causes immédiates de ces tristes événements ne sont pas connues, il est à souligner que l'impression qui en a résulté a été doublement choquante, les faits s'étant déroulés en présence d'enfants.

« Pas un seul catholique ne peut s'abstenir d'exprimer ses regrets face à ces actes horribles et pitoyables. Au nom du respect de la loi de Dieu, de la voix de la conscience et de la dignité des Polonais et des catholiques, le diocèse demande à la population catholique de Kielce de préserver la paix. »

Arrivé la veille au soir par avion de Varsovie, le lieutenant-colonel David Kahane [1], aumônier israélite de l'armée polonaise, se rend au chevet des blessés au moment même où les églises déversent dans la rue leurs fidèles endimanchés. Plusieurs membres du Comité central des Juifs l'accompagnent, avec pour mission de recueillir les témoignages et d'étudier la situation créée par le pogrome.

En l'absence de Gertler et de Halpert, pas encore rentrés de Czestochowa, l'ingénieur Israël Rosenkranz, membre actif du Comité de Kielce et rescapé du massacre de ce 4 juillet, les a pris en charge.

C'est à l'hôpital que la rumeur leur parvient : « Les curés ont parlé du pogrome. »

Aussitôt alerté, un agent — juif — de la Sécurité a pu se procurer une copie du message signé du vicaire général et le leur a fait parvenir. Le colonel Kahane, homme très estimé pour sa personnalité autant que pour ses états de service pendant la guerre, est de ceux qui, parmi les premiers, se sont adressés au cardinal Hlond. Il veut savoir.

A la lecture des quelques lignes, le visage du rabbin se crispe. Il est atterré d'apprendre que des enfants ont assisté à l'affreux massacre. Mais un passage retient tout particulièrement son attention.

— Ainsi, dit-il à Rosenkranz, choqué lui aussi, l'assassinat de 42 personnes n'est pour eux qu'une simple « coïncidence ».

A peine rentrés de Czestochowa, Yehiel Halpert et Mordekhaï Gertler ont entrepris de transférer les blessés à la

1. Il n'a aucun lien de parenté avec le président assassiné.

polyclinique de la Sécurité. Leur arrivée, en compagnie de Héléna Majtlis, l'infirmière qui en aura la responsabilité, met aussitôt un terme à la grève de la faim entamée par les rescapés qui tremblent pour leur vie. Il est près de 13 heures quand se terminent les opérations. Les deux hommes se pressent car, dans quelques minutes, les Juifs ont rendez-vous au cimetière pour enterrer leurs morts.

Deux avions spéciaux, affrétés par l'armée, ont amené à Kielce un nombre considérable de correspondants étrangers ainsi que diverses personnalités politiques qui ont tenu à donner à ces obsèques un retentissement national[1]. Yakoub Berman, l'éminence grise, l'homme de Staline, membre du Politburo et en réalité vice-premier ministre, dirige la délégation officielle. Dans l'avion, il n'a pas échangé une seule parole avec son frère cadet, le Dr Adolf Berman qui, lui, représente les Juifs « déclarés », ceux que le deuil vient de frapper plus durement à Kielce qu'ailleurs.

Mais dans le cortège qui se forme entre deux haies de « curieux », les Polonais, qu'ils aient ou non participé au massacre, remarquent surtout un homme qui se tient à l'écart. Il est grand, blond, imposant. Indifférent à ce qui se passe autour de lui, Antek, l'homme de la révolte et de la bataille des égouts après la liquidation du ghetto par les SS du général Stroop, le héros entré vivant dans la légende, marche en tête du cortège, « comme une sorte de défi vivant lancé contre les forces du mal », nous dira Mordekhaï Gertler.

Toute la ville est là, sur le parcours ou aux alentours du vieux cimetière qui ressemble à une forteresse assiégée. Des soldats polonais mais aussi russes montent une garde vigilante, mitraillette au poing. Les soldats juifs, eux, sont dans le cortège. Beaucoup sont invalides, fraîchement démobilisés mais toujours en uniforme faute d'avoir pu se procurer des vêtements civils. Certains sont couverts de pansements, signe qu'ils se trouvaient, ce jour-là, rue Planty. Ils viennent de descendre un à un d'un camion à moitié vide, tout ce qui reste de la communauté. Les rescapés ont tenu à accompagner leurs morts jusqu'à la fosse commune.

1. Les correspondants étrangers, objet d'une attention particulière dans le but, évident, de les faire revenir à de meilleurs sentiments à l'égard des Polonais, avaient voyagé à bord de l'avion présidentiel mis à leur disposition par le président Bierut lui-même.

Les obsèques des victimes de Kielce prennent, très vite, l'allure d'une manifestation organisée par le gouvernement, les partis démocratiques, les syndicats. Des milliers d'ouvriers portent des drapeaux rouges prônant la « solidarité entre les travailleurs » et la « lutte contre le fascisme et la réaction ». Pas une seule banderole ne comporte le mot « antisémitisme ». Les Juifs, guère plus nombreux que les morts qu'on enterre, se sentent plus que jamais seuls au milieu de cette masse chrétienne.

Mordekhaï Gertler examine les visages des gens de Kielce venus rendre un dernier hommage aux Juifs qu'ils ont peut-être eux-mêmes jetés par la fenêtre, piétinés, tués. Il sait qu'ils font acte de présence, adoptant des mines de circonstance dans l'espoir d'échapper à une éventuelle arrestation. En fait, les Polonais ont peur des Juifs depuis le pogrome. Et la présence de Yakoub Berman ne les rassure guère. Pourtant beaucoup sourient, sûrs de leur alibi.

Le bruit des moteurs a fait se retourner la foule quand 40 camions viennent, tour à tour, déposer un cercueil de bois blanc à l'entrée du vieux cimetière juif totalement dévasté. La fosse commune a été creusée au milieu des débris des anciennes pierres tombales, entre des tombes béantes recouvertes d'herbe sauvage. Les hommes qui portent les cercueils avancent avec précaution pour ne pas trébucher. Recouvert d'un drapeau bleu et blanc, la dépouille mortelle du Dr Kahané glisse lentement au fond du trou. La scène va se reproduire pendant une heure. Chaque cercueil porte le nom de la victime à l'exception des huit derniers sur lesquels on a inscrit « inconnu ».

Soudain les Juifs qui se pressent autour de la grande fosse éclatent en sanglots. Les hommes, chargés de la descente des corps, viennent de déposer la dernière victime. L'un d'eux revient sur ses pas, cherche un nom sur les cercueils alignés les uns près des autres. Puis il s'arrête et place délicatement une minuscule caisse de bois sur un cercueil d'adulte. Adam Fisz, assassiné à l'âge de trois semaines, pourra ainsi reposer sur le ventre de sa mère. Pour l'éternité.

Le ministre Kaczorowki, qui représente le gouvernement, s'approche du micro planté à même la terre qui, tout à l'heure, va recouvrir les cercueils de bois blanc.

« Nous nous trouvons devant cette tombe le cœur plein de

honte, dit-il d'une voix chargée d'émotion non feinte. Pendant six ans les Juifs ont été enfermés dans les ghettos et ont subi les pires persécutions. Les nazis sont partis mais nous nous trouvons, une fois de plus, devant des tombes juives. Ces gens sont morts de la même manière que leurs frères et leurs sœurs dans les ghettos, uniquement parce qu'ils étaient juifs. Ce massacre pèse d'un poids terrible sur le peuple polonais et sur la république polonaise... Au nom de notre république je salue les victimes. J'exprime ma sympathie à leurs proches et je promets solennellement que les responsables seront punis comme ils le méritent. »

Gertler a gardé les yeux fixés sur Antek dont la haute silhouette se détache à une extrémité de la fosse, à quelques pas de l'orateur. Le calme de l'ancien partisan contraste avec cette attitude d'abattement qu'il décèle chez la plupart des Juifs présents et qui lui rappelle ceux du ghetto. Le Dr Berman, lui, semble au bord de l'évanouissement au moment où il prend la parole. Même avec l'aide des haut-parleurs sa voix est presque inaudible.

« Au nom du Comité des communautés juives, au nom de tous les Juifs de Pologne, je vous adresse un dernier adieu, mes frères et mes sœurs. Nous n'avons plus de mots, nous n'avons plus de larmes après toutes les souffrances que nous avons endurées... »

Le colonel Kahane s'est approché. Lui aussi a compris que l'orateur n'ira pas au bout de son intervention. Mais le Dr Berman reprend, avec plus de force :

« Nous n'accusons pas l'ensemble du peuple polonais mais nous sommes terriblement choqués par le fait que de larges couches de ce peuple ont été empoisonnées par l'hitlérisme. Nous sommes également choqués d'avoir appris que certains des pogromistes n'étaient autres que des ouvriers qui ont trahi le drapeau rouge. »

Le colonel, avant de prendre la parole, aide le Dr Berman à retrouver sa place. Son frère Yakoub, au centre de la délégation officielle du Parti, est resté de marbre. L'aumônier juif de l'armée polonaise n'est pas homme à se contenter de vagues paroles de circonstance. Brillant officier, vétéran de l'armée polonaise, franc et peu enclin au compromis quant aux droits des Juifs de vivre égaux et en paix en Pologne, il s'en prend à ceux qu'il estime responsables de l'antisémitisme. Son discours est bref mais précis.

« Il appartient au clergé polonais et uniquement au clergé polonais de mettre un terme à l'agitation antisémite dans ce pays. »

Puis il pose sur son uniforme le châle de prières. Le chantre, une fois la fosse refermée, doit réciter la prière des morts. Mais un homme âgé, très digne, au visage typiquement polonais et à la chevelure d'un blanc immaculé, s'approche du micro. Un instant il laisse errer son regard sur la foule puis il s'écrie :

« Polonais, chrétiens, nos mains sont tachées du sang des Juifs innocents. Nous sommes tous responsables de ce crime. »

Le professeur Gorecki, président de la Ligue polonaise contre le racisme, se frappe la poitrine à plusieurs reprises avant de s'écrier à nouveau :

« Jamais, jamais nous ne devrons oublier ce poids qui pèse sur nos consciences. »

## CHAPITRE XIV

# LES HÉSITATIONS DE SON ÉMINENCE

Depuis ce 4 juillet, les 200 000 Juifs de Pologne sont en état de choc comme le sont, aux quatre coins du globe, les communautés juives traumatisées par ce massacre de l'après-holocauste. Largement tenue au courant par la multitude de correspondants qui, soudain, découvrent quelle a été la situation des Juifs avant, pendant et maintenant après la guerre en Pologne, l'opinion publique internationale est, elle aussi, frappée par ce phénomène inadmissible qui veut que des rescapés du plus grand génocide de tous les temps puissent encore mourir sous les coups d'une foule déchaînée. Eux-mêmes fortement secoués par l'ampleur du massacre, les journalistes ne s'embarrassent pas de précautions inutiles pour faire leur travail. Le leitmotiv de la « provocation » face aux cadavres horriblement mutilés de la morgue de Kielce leur paraît dérisoire autant que l'argument « fasciste » étayant la thèse officielle. Ils sont surtout frappés par l'obscurantisme des Polonais capables d'assassiner leurs semblables sur la foi de superstitions d'un autre âge.

Ainsi le correspondant du journal *le Monde,* qui suit de très près la situation, se sent-il obligé d'expliquer à ses lecteurs comment les émeutiers ont pu se livrer à de tels excès.

« Les dires d'un enfant de huit ans ont fourni le prétexte du massacre de Kielce. L'histoire s'est répandue comme le feu sur une traînée de poudre. La populace se rassembla dans les rues et, armée de bâtons et de pierres, alla donner l'assaut aux maisons habitées par les Juifs. Les malheureux furent traînés hors de leurs demeures, grièvement blessés ou battus à mort. La plupart des cadavres sont atrocement mutilés[1]. »

D'autres journaux français, plus portés sur le « fait divers » que *le Monde*, ont dépêché leurs reporters à Varsovie. Dans une France qui a connu, seule des « trois Grands » occidentaux, la guerre et l'occupation allemande il n'est guère nécessaire de sensibiliser l'opinion publique au problème de l'antisémitisme et du génocide. La quête des journalistes les pousse tout naturellement à certaines comparaisons entre l'aide qu'ont pu recevoir les Juifs en France et en Pologne à une époque encore très récente. Leurs conclusions, dans ce contexte de pogrome, ne puisent pas aux sources de l'histoire mais, plus simplement, font appel aux témoignages des rescapés. Et ceux-ci vont — et vont encore — tous dans le même sens : c'est en Pologne que le pourcentage des Juifs sauvés par des chrétiens est, proportionnellement, le plus faible de tous les pays d'Europe.

Anglais ou Américains, Suisses ou Canadiens, les journalistes dont le pays n'a pas connu ce problème ne se livrent pas moins à certains amalgames peu favorables à la bonne renommée de la Pologne qu'ils découvrent.

« Le pogrome de Kielce », note le *Manchester Guardian*, britannique donc peu enclin à voler au secours d'éventuels candidats pour une émigration en Palestine, « est l'illustration tragique de l'insécurité dans laquelle vivent aujourd'hui les Juifs en Pologne. Il est également l'illustration de la manière dont la propagande raciale nazie a trouvé ici un terrain fertile puisque même après la disparition de cette propagande, des milliers et des milliers de Polonais sont toujours prêts à la mettre en pratique aussi longtemps qu'il sera question de tuer des Juifs[2]. »

Le *New York Times* constate pour sa part :

« Quiconque a visité la ville de Kielce après le pogrome a cherché, en vain, une expression de regret ou de honte sur les visages. A l'exception des affiches officielles réclamant le retour au calme, il ne s'est trouvé personne pour regretter le massacre. [...].

1. *Le Monde*, des 7 et 8 juillet 1946.
2. *Manchester Guardian*, du 13 juillet 1946.

« En plus des gangs de terroristes pour qui le meurtre de Juifs est devenu une affaire quotidienne, une foule d'au moins 5000 personnes[1] a pris part au pogrome, lequel a duré plus de cinq heures, même après que l'armée fut intervenue. Les cas où les Juifs ont été sauvés du massacre par des civils polonais sont, pour ainsi dire, inexistants[2]. »

Depuis le retour, à Varsovie, des délégués aux obsèques des victimes du pogrome, le Comité central des Juifs de Pologne siège sans interruption. Deux questions sont débattues :

1 — Mettre à l'abri les petites communautés installées dans les villages ou les villes de faible importance.

2 — Trouver les moyens d'enrayer un début d'exode qui s'amorce déjà à travers l'ensemble du territoire.

A la première question, il est nécessaire d'apporter une réponse de toute urgence. Les Juifs ont peur, ils tremblent pour leur vie. La psychose du « crime rituel » qui ravage le pays depuis le pogrome aggrave chaque jour davantage la panique qui s'est emparée de chacun d'entre eux.

Les Polonais eux aussi ont peur, peur de la police « juive ». Pourtant un fait est là : partout, à Czestochowa, Lodz, Cracovie, Lublin la rumeur court, insidieuse, de la disparition soudaine d'enfants polonais.

Mais il y a pire. Six Juifs qui se trouvaient à bord d'un train allant de Varsovie à Bialystok viennent d'être assassinés, trois jours seulement après les événements de Kielce, le 7 juillet. Près de Lublin les terroristes ont tendu une embuscade à un train de voyageurs. « Les Juifs et les Russes descendez ! » Cinq soldats de l'Armée rouge et trois passagers juifs ont été exécutés et le train a repris sa course. Le lendemain, ce sont quatorze Juifs, dont plusieurs enfants en bas âge, qui ont subi le même sort, toujours dans un train, entre Katowice et Wroclaw (Breslau) cette fois. Et dans une rue de Katowice un Juif a été abattu, le même jour, à bout portant, de six balles de revolver.

A Sosnowiec, en Silésie, un drame affreux se produit le

1. Les témoins oculaires rencontrés estiment entre 15000 et 20000 le nombre des habitants de Kielce venus ce jour-là rue Planty.

2. *New York Times*, du 11 juillet 1946.

jour même de l'ouverture du procès. Répercutée par un seul journal juif local, la nouvelle ne fait aucun bruit. Pourtant les conditions mêmes dans lesquelles s'est déroulé ce meurtre sont, en quelque sorte, une innovation.

Quelqu'un a appelé le docteur Goldenberg pour une consultation urgente en dehors des horaires habituels. « D'accord, a dit le praticien, venez. »

L'homme est venu et le médecin n'a pas eu le temps d'enfiler sa blouse blanche. En partant le meurtrier a laissé un bout de papier : « La sentence de mort a été exécutée sur l'ordre des forces nationalistes. »

Le document qui fait état de cet incident indique aussi que « l'homme a réussi à prendre la fuite aussitôt après ».

Pourtant, dans le paradis silésien, une sorte de milice de défense juive vient de se former avec l'autorisation spéciale des autorités.

En attendant que s'ouvre le premier procès des accusés, pris sur le fait vers la fin du pogrome — ils sont douze sur plus de cent personnes arrêtées mais aucun responsable officiel ne figure sur la liste — les nouvelles faisant état de meurtres, de début de pogrome, de rumeurs moyenâgeuses s'accumulent sur le bureau du Comité, lequel siège dans une ambiance qui n'est pas sans rappeler les jours les plus sombres de l'occupation. Le Dr Adolf Berman, conseiller du gouvernement pour les affaires juives, est absent. Il est resté à Kielce où il fait partie de la commission d'enquête sur le pogrome proprement dit, le cas des officiers de police incapables de réprimer l'émeute restant couvert par le secret militaire.

La deuxième question qui se pose à ceux qui ont la charge de la communauté n'a pas le caractère urgent de la première à laquelle, d'ailleurs, aucune réponse ne sera trouvée. Elle est pourtant de nature, bien qu'à plus long terme, à tout remettre en question pour ce qui est de la renaissance d'une vie juive en Pologne.

Les camarades communistes, les plus atteints par la perspective d'un exode massif en réaction au pogrome, n'osent même pas ouvrir les télégrammes qui s'amoncellent sur les tables, pas plus qu'ils n'osent prendre le récepteur du téléphone qui sonne sans arrêt. Les morts de Kielce qui s'ajoutent aux centaines d'autres officiellement dénombrés jusque-là [1] vont peser lourd dans la poursuite du rêve d'une communauté florissante œuvrant en faveur du socialisme égalitaire en Pologne.

Antek Cukierman et ses amis des partis sionistes continuent à faire cavaliers seuls dans la panique qui règne à tous les niveaux. Les déclarations, sincères ou de circonstance, des leaders polonais de gauche, comme les interventions ininterrompues des ministres appelant à un retour au calme et à une meilleure compréhension des problèmes spécifiques aux survivants juifs, restent sur eux sans effet. Si le Premier ministre Osubka-Morawski lui-même, si Gomulka et leurs collègues croient qu'il leur suffit de montrer du doigt l'opposition, l'Eglise, les « gars dans la forêt », c'est leur affaire. Les faits parlent d'eux-mêmes, depuis longtemps, trop longtemps.

« Les Polonais, nous dira Mordekhaï Gertler, craignaient surtout la réaction des pays occidentaux. Le visage de la Pologne, résistante et martyre, en prenait un sérieux coup. Nous avons répondu aux questions de beaucoup de journalistes, dont, et quoi qu'en disent les Polonais, quelques-uns seulement étaient juifs. Ils ont beaucoup écrit sur la Pologne antisémite à ce moment-là.

« La radio et la presse soviétiques avaient découvert une mine d'or avec Kielce. C'était, pour eux, une occasion unique de dénoncer les fascistes et ceux qui, soi-disant, les soutenaient en Allemagne [2].

« Mais personne ne s'est demandé pourquoi une police chargée de protéger les citoyens, pourquoi une armée censée rétablir l'ordre, avaient prêté main-forte aux pogromistes. On a dit, un peu trop vite : " Ce sont les gars de l'armée Anders. " Mais alors, qui les a laissés passer ? Et comment a-t-on pu les reconnaître ? Vous savez, il n'y a rien qui ressemble plus à un Polonais en uniforme qu'un autre

1. Le nombre des disparus, compte tenu des circonstances qui prévalaient en Pologne à ce moment-là, n'a jamais pu être établi. Il était souvent impossible de savoir si une personne ayant survécu à l'holocauste mais ne s'étant pas déclarée avait trouvé la mort dans des conditions mystérieuses.

2. Depuis le début de l'année 1946, Russes et Occidentaux avaient abandonné toute idée de politique unitaire à propos de l'Allemagne. Des différends de plus en plus nombreux opposaient les anciens alliés à Berlin, les Russes accusant les Occidentaux de favoriser la création d'une Allemagne revancharde. On approchait de la guerre froide.

Polonais en uniforme. Et si vraiment il s'agissait des terroristes d'Anders agissant à visage découvert, on aurait dû les arrêter avant même qu'ils ne pénètrent à l'intérieur de la maison. Les miliciens étaient là pour ça. En fait, les gens de Kielce, pas plus que ceux de Cracovie, n'avaient besoin d'une " provocation " pour assassiner des Juifs[1]. »

Le 11 juillet à 9 heures du matin s'ouvre le procès d'un premier groupe d'accusés — une femme, onze hommes — devant un tribunal — militaire — d'exception. La rapidité avec laquelle le gouvernement entend mener cette affaire indique sa détermination de frapper un grand coup. Il s'agit, à l'intérieur, de montrer aux Polonais qu'il va désormais leur en coûter cher de s'attaquer aux Juifs, à l'extérieur des frontières, que la Pologne ne lésine pas sur les moyens d'assurer à ces derniers bien-être et sécurité[2].

Ce premier procès de lampistes-meurtriers est présenté comme devant servir de test à ceux qui vont suivre. En effet, parmi les autres personnes arrêtées se trouvent : le major Sobczynski, chef des services de Sécurité du district ; le colonel Kuzminski, commandant de la Milice du district et le lieutenant Zagorski, responsable de la Milice de Kielce, l'homme qui, le 3 juillet, n'a pas cru nécessaire d'enregistrer la plainte du père d'un enfant de 9 ans, revenu après une absence de trois jours.

AUCUN DE CES OFFICIERS NE SERA TRADUIT EN JUSTICE[3].

Le bâtiment du tribunal est gardé par d'importantes forces de l'ordre — militaires — une toujours possible attaque des « gars dans la forêt » étant présentée comme preuve supplémentaire à la version « provocation ». A l'intérieur, d'autres militaires, la presse et le public ont pris place dans la salle exiguë de ce tribunal de province. Sous la chaleur de ce mois de juillet, les couteaux, les haches, les

1. Entretien avec l'auteur.
2. Jusqu'ici, les procès pour attentat antisémite avaient été longs, discrets et leur importance constamment minimisée dans l'intention évidente de ne pas choquer l'opinion publique. Quatre pendaisons avaient eu lieu mais sous l'accusation de « vol », les victimes n'étant juives que par hasard ! En général les peines étaient légères.
3. Toutes les personnes arrêtées (entre 60 et 120) seront relâchées peu après. Quelques militaires seront jugés « en secret », condamnés à des peines de principe et rapidement... pardonnés.

pierres et les barres de fer ainsi que des vêtements, pièces à conviction, dégagent une odeur de sang.

Assis sur un banc, le colonel-rabbin Kahane observe les accusés. « Ils gardaient la tête baissée n'osant nous regarder en face. »

Il se souvient :

« Il y a là Antonina Biskupska, une jeune femme de vingt-six ans, mère d'un enfant de quatre ans. Ce triste jeudi, elle a marché en tête de la foule en criant : " Mort aux Juifs ! " Elle a poussé les autres au meurtre des " youpins ", jeté des pierres à l'intérieur du bâtiment, participé au massacre.

« D'une voix tremblante, elle reconnaît les faits. Mais elle n'est qu'une faible femme aux nerfs fragiles. Quand elle a entendu que les Juifs avaient tué un enfant chrétien, elle n'a pas pu se dominer. Une force surnaturelle l'a poussée hors de chez elle, à se joindre à la foule. »

Les journalistes qui ne comprennent pas le polonais écoutent, tête penchée, la traduction de leurs collègues. Ils sont atterrés par tant de violence, tant d'ignorance primitive.

Les Juifs, eux, prennent des notes, calmement. La force de l'habitude dépasse ici la déformation professionnelle.

Le rabbin Kahane :

« Edouard Jurkowski a quarante ans. Homme cultivé, membre de l'orchestre symphonique de Kielce. Il a conduit la foule comme un chef d'orchestre en scandant : " En avant les hommes, tuons les assassins de nos enfants. " Il essaie de prouver qu'il était ivre ce jour-là mais les juges lui démontrent le contraire. »

Les hommes de presse non-polonais ont sursauté à la déposition de ce personnage. Lui aussi aurait cru à cette histoire de meurtre rituel ? Ils sont sceptiques. La haine du Juif a certainement d'autres racines. Leurs feuilles de papier se couvrent de points d'interrogation.

Le rabbin Kahane :

« Julian Pokrzywinski, 43 ans, regarde, sur la table, sa chemise maculée de sang. Il a piétiné le ventre d'une femme jetée par la fenêtre, quand elle était allongée dans une mare de sang.

« — Pourquoi, demande le juge, avez-vous, tous, crié des slogans contre le gouvernement pendant le pogrome ?

« La réponse résume dix siècles d'histoire :

« — Nous n'avons pas crié de slogans. Nous n'avons fait que battre des Juifs, rien de plus ! »

Un murmure approbateur s'élève du public. Sur la table des juges, cloué à sa croix, le Christ penche sa tête vers les magistrats en uniforme comme il la penchait avant guerre, quand les juges s'abstenaient de condamner les pogromistes.

L'accusé Rurarz est un jeune homme blond, pâle, âgé de 18 ans. Il est d'un calme impressionnant :

— Oui, monsieur le juge, j'ai tapé sur un Juif avec un bâton et quand il est tombé je lui ai fracassé le crâne avec une pierre. Je lui ai donné un tel coup que le sang a giclé de partout.

Il hésite. Va-t-il perdre son calme ?

— Je suis coupable et je regrette mon geste. Ne me condamnez pas à mourir [1].

Pokrzywinski lève le bras pour redemander la parole. On la lui donne :

— J'ai oublié de dire que lorsque mes pieds trempaient dans le sang de la Juive, au bout d'un moment, cela ne m'a plus intéressé. J'ai dû être saisi par une crise de folie.

Et il ajoute, candide :

— En réalité je n'ai rien contre les Juifs. Aussi je demande à la Cour de m'accorder son pardon. Je jure sur la tête de mes enfants que je regrette.

— Vous vouliez vous venger des Juifs, demande le procureur, mais pour quelle raison ?

Le prévenu le regarde, effaré, avant de prendre le public à témoin :

— Je pensais qu'il n'y aurait plus de Juifs en Pologne, que les Allemands les avaient liquidés une bonne fois pour toutes. Mais ils ont commencé à revenir de je ne sais où... c'est pour cela que moi et d'autres Polonais, nous nous sommes mis en colère...

La séance de l'après-midi prend fin assez rapidement. Sans voix, écœurés par tant de haine acceptée comme allant

1. Rurarz sera condamné à la prison à perpétuité, peine qui fut par la suite largement réduite

de soi, les correspondants, dès le premier jour du procès, « étoffent » leurs commentaires de questions[1] :

— Pourquoi Blaszczyk, le père de l'enfant, et son ami de beuverie Antoni Pasowski, qui ont ameuté les passants dans la matinée du 4, ne sont-ils pas à la barre des accusés ou, tout au moins, des témoins ?

— Pourquoi le fermier du village de Bielaki et son voisin chez qui l'enfant aurait passé la dernière nuit ne sont-ils pas là eux aussi ? C'est le fermier qui, pourtant, aurait poussé l'enfant à raconter cette histoire... sous la menace.

A la cantine improvisée de l'hôtel fort modeste où sont descendus les reporters les impressions s'échangent. Les questions sans réponses — elles le resteront jusqu'à aujourd'hui — laissent déjà présumer de la suite des événements.

— Pourquoi l'armée a-t-elle mis si longtemps pour atteindre Kielce en venant de Varsovie alors qu'eux-mêmes n'ont mis que 2 heures 45 minutes[2] ?

— Qui a désarmé les Juifs et pourquoi ?

— Et pourquoi les autorités polonaises répondraient-elles à nos questions ? a demandé un journaliste — canadien — à Yehiel Halpert venu leur faire part des derniers assassinats de Juifs dans les trains.

— Oui, pourquoi ? a dit Halpert désabusé, puisqu'elles-mêmes se les posent.

Le journaliste Léon Leneman, qui signe sous le pseudonyme de L. Arié ses articles pour le *Haboker* de Tel-Aviv, envoie une première « Lettre de Varsovie » par la poste :

« Je ne me suis pas rendu à Kielce ; je n'ai pas vu de mes propres yeux le visage des assassins ; je n'ai vu ni leurs cheveux ni leurs vêtements imprégnés de sang. Non, je n'ai vu ni les haies ni les pierres couvertes de sang séché.

« Je reconnais mes fautes ; j'ai transgressé mon devoir de journaliste. J'avoue ne pas être allé à Kielce bien que c'eût été mon devoir.

« Mais si je n'ai pu le faire, c'est précisément parce que je suis citoyen polonais, élève de l'école et du lycée polonais... Mon cœur se révoltait à l'idée que j'aurais pu me trouver

1. Les citer tous reviendrait à n'en citer qu'un seul.
2. Rappelons que l'armée n'est arrivée à Kielce que vers 16 heures alors que le pogrome avait commencé un peu après 9 heures du matin.

face à face avec des hommes (même ceux-là on les appelle encore des hommes !) qui ont dépecé, piétiné de leurs bottes, jusqu'à ce que mort s'ensuive, des dizaines de Juifs, femmes et enfants inclus.

« Ces animaux de proie sont des bipèdes, ce sont des Polonais. Non, ce ne sont ni des criminels professionnels ni des voleurs, pas plus que des rois de la pègre.

« Ce sont de bons Polonais moyens. Musiciens ou coiffeurs, boulangers ou maçons, simples miliciens ou sergents, des Polonais comme j'en rencontre à chaque pas, dans le tramway ou chez l'épicier. [...].

« Que les lecteurs me pardonnent de n'avoir pas voulu me trouver face à face avec ces Polonais moyens dont les mains sont couvertes de sang juif. Un homme comme moi, dont la femme et l'enfant, les frères et les sœurs ont été assassinés par les nazis, qui séjourne dans Varsovie dévastée et qui côtoie sans arrêt des Polonais moyens, recule devant une sensation de cette sorte [1]. »

12 JUILLET

Stefan Mazur, le milicien qui tenait à accomplir son devoir de patriote en s'offrant, lui aussi, la vie de quelques Juifs, est le plus insolent de tous les accusés. Quand il s'adresse à la Cour, son attitude est celle d'un homme convaincu que tout cela n'est qu'un simulacre qui doit bientôt prendre fin. Peut-être espère-t-il voir arriver un commando de « gars dans la forêt » seuls capables d'arrêter cette mascarade inventée par le pouvoir communiste ? Mais les heures passent et la libération se fait attendre.

Le procureur : — Avez-vous atteint M^me^ Fisz avec la première balle ?

Mazur : — Je ne rate jamais ma cible même à un bon kilomètre de distance.

— Et l'enfant ? Pourquoi avez-vous tué aussi l'enfant ?

— J'avais tué la mère. Je ne pouvais pas laisser un si jeune enfant tout seul.

— Le chauffeur s'est-il servi de votre arme ?

— Le chauffeur ! Je n'aurais jamais prêté mon revolver à un civil.

Près de lui, sur le banc des accusés, Nowakiwski, Sliwa et

1. L. Arié, *Haboker*, 16 juillet 1946.

Pruszkowski, qui faisaient partie de l'expédition de la rue Léonarda, essaient d'adopter une attitude de défi.

— Oui, nous reconnaissons les faits mais ce n'était que des Juifs après tout.

Sur les bancs du public, le représentant de l'évêque Kaszmarek, assis à côté du journaliste Shneiderman, se montre attentif au déroulement du procès. Le prêtre, qui a refusé d'assister aux obsèques des victimes, est là pour s'assurer que leurs assassins sont équitablement traités. A la question : Quelle est votre nationalité ? les accusés ont répondu : Catholiques romains, et le prêtre s'est redressé, fier de cette réponse.

— La parole est à la défense, a dit le juge militaire avec un accent qui trahit ses origines paysannes.

L'avocat Chmielewski surpasse ses collègues quand il déclare, plus hypocrite qu'eux :

« Les accusés se sont rendus rue Planty pour voir si des enfants polonais y étaient détenus et si vraiment un meurtre avait été commis. Le peuple polonais est tolérant à l'égard de ceux qui ne mettent pas en danger son existence. Les gens qui sont allés rue Planty ont agi avec des sentiments paternels pour protéger des enfants. Cette réaction d'autodéfense doit être prise en compte par la Cour au moment d'évaluer les conditions psychologiques dans lesquelles se trouvaient les accusés ce jour-là[1]. »

La Cour en uniforme, après une courte délibération, rejette l'ensemble des arguments présentés par la défense. L'insolence des accusés se transforme peu à peu en une sorte de panique, la même que celle qu'ils ont pu lire dans le regard de leurs victimes.

Les « gars dans la forêt » ne sont pas venus mais les ordres de Varsovie, eux, ne vont pas manquer le rendez-vous de Kielce. Dehors la foule a envahi les environs du tribunal, nerveuse, excitée, prête à tout. Les Juifs ne peuvent plus faire un pas sans être accompagnés par des soldats, l'arme au poing. Des tracts circulent, promettant la mort à cent Juifs par Polonais pendu. La ville tout entière est suspendue aux lèvres du jeune juge. Le bouche-à-oreille, qui tient lieu — c'est encore souvent le cas — de téléphone en Pologne, laisse déjà entendre que les « choses ne vont pas se passer

1. Déclaration de l'avocat Chmielewski, le 13 juillet 1946.

comme ça ». Jamais les Polonais n'accepteront que certains des leurs meurent à cause des Juifs. On parle de grèves, de manifestations de masse si...

Le verdict s'abat comme un coup de tonnerre sur la ville en ébullition.

Neuf des accusés sont condamnés à mort, dont sept par pendaison. Les deux autres, membres de la Milice, auront droit au peloton d'exécution. La femme, Antonina Biskupka, est condamnée à 10 ans de prison, Rurarz, le repenti, à perpétuité, le chauffeur du camion à 3 ans[1].

Le verdict est porté à la connaissance des habitants de Kielce — et de Kielce exclusivement — à l'aide d'affichettes collées sur les murs.

Mais aucun journal polonais, de droite comme de gauche, ne prend le risque de l'annoncer à ses lecteurs. Le refus du président Bierut d'accorder la grâce aux condamnés aura droit, en revanche, à une place de choix. En première page.

Enfin, et à une époque où le fait était coutumier, on évita de procéder à des exécutions publiques par crainte de déclencher un nouveau pogrome.

Certains témoins se demandent encore aujourd'hui, si, réellement, les accusés ont été exécutés, les vrais responsables n'ayant jamais été inquiétés.

— Sortez, dit doucement Yehiel Halpert, sortez !

Elle est là qui implore, les mains jointes, presque à genoux.

— Mon mari a aidé les Juifs pendant la guerre, beaucoup de Juifs. J'ai oublié leur nom mais il les a aidés. Les Juifs sont nos amis, je vous en prie, aidez-moi à votre tour.

Quand elle lui a dit son nom, Halpert a jeté un coup d'œil sur la liste des douze accusés qui allaient payer pour tous les autres, du colonel responsable de la sécurité à l'enfant qui était allé chercher des pierres pour approvisionner les assaillants.

1. Jugeant ces dernières peines trop légères la Cour suprême militaire demanda la révision du procès des trois inculpés. La suite donnée à cette affaire n'a laissé, apparemment, aucune trace dans les archives.

— Je ne peux rien faire pour vous. Votre mari était parmi les meneurs.

— Peut-être, mais il a sauvé des Juifs... il ne peut pas mourir après tout ce...

Halpert, délicatement, la prend par le bras et la reconduit. Puis il ferme la porte.

— Peut-être disait-elle la vérité, murmure Gertler. Mais cela ne change rien. Les jeux sont déjà faits. Ils vont trinquer pour les chefs. Demain on va les exécuter.

— A propos de payer, répond Halpert avec lassitude, la municipalité exige du Comité qu'il règle les frais d'enterrement des victimes ainsi que les frais d'hospitalisation des blessés.

— Les porcs ! hurle Gertler.

« Tous les coupables sont polonais et moi aussi je suis polonais », s'était écrié l'avocat général dans son réquisitoire contre les douze accusés du premier — et dernier — procès de Kielce. « Ils sont catholiques et moi aussi je suis catholique. Et c'est précisément la raison pour laquelle j'ai honte pour eux ; je suis consterné à l'idée qu'ils ont transgressé le commandement " Tu ne tueras point ". »

Consternée, l'Eglise catholique — « un Etat dans l'Etat », écriront les correspondants — l'est effectivement, pour les neuf Polonais que la raison d'Etat a condamnés à mort. Mais elle refuse encore de prendre position en faveur des victimes juives du pogrome.

La hiérarchie catholique continue de se taire depuis plus de 10 jours que le pays est en effervescence. Tous les appels lancés par les dirigeants de la communauté, par la Ligue contre le racisme, par diverses personnalités du monde des arts et des lettres sont restés sans réponse. A l'exception de l'évêque Kubina, de Czestochowa, qui a eu le courage de stigmatiser et la violence et les accusations de crime rituel, aucun membre du clergé n'a fait le moindre geste d'apaisement que le monde entier, alerté par les journalistes, attend de l'Eglise.

Insensibles aux accusations, comme l'est le Parti paysan, cible privilégiée des communistes dans cette affaire comme dans beaucoup d'autres, les prêtres jugent plus utile de poursuivre, dans l'ombre, le combat contre le régime.

Le journaliste Shneiderman est peut-être né en Pologne

mais il a le comportement du citoyen d'un grand pays libre et démocratique qu'il est devenu. Son passeport américain comme sa carte de presse le dispensent du complexe d'infériorité dont peuvent souffrir la plupart de ses coreligionnaires dans un tel contexte. Et il n'a pas, pour le cardinal, la vénération que lui vouent ceux qui croient encore que les Juifs fabriquent leurs galettes de Pâque avec du sang d'enfants chrétiens.

— Nous devons amener le cardinal à rompre son silence, a-t-il dit à ses collègues dans la voiture qui les ramenait à Varsovie.

— Nous sommes la presse étrangère et il ne pourra pas refuser de nous recevoir, a renchéri Arthur Gaeth, grande star de la presse américaine.

Effectivement, sur simple coup de téléphone, le cardinal a accepté le rendez-vous.

L'arrivée des journalistes rentrant de Kielce a provoqué la ruée des Juifs qui se pressent dans les salons de l'hôtel Polonia. Tous veulent savoir à quoi s'en tenir sur ce procès où n'ont été jugés que des comparses de peu d'importance.

— Quand va-t-on juger les vrais responsables ? demande quelqu'un.

Arthur Gaeth hausse les épaules.

— A mon avis, jamais.

Devant les mines consternées de l'auditoire, Shneiderman veut être rassurant.

— Demain nous rencontrons le cardinal. Nous allons lui arracher une déclaration.

Antek Cukierman est là, en compagnie de plusieurs autres personnalités dont le lieutenant-colonel Kahane. La nouvelle le laisse de glace. Shneiderman, comme Gertler au lendemain du pogrome, comprend que pour l'ancien chef partisan, le problème est déjà réglé.

— Hlond, dit le rabbin Kahane, sanglé dans son uniforme de l'armée polonaise, est un personnage curieux. Au mois de mai dernier nous voulions lui soumettre un mémorandum sur la circulation incessante des accusations de crime rituel et sur le danger de pogrome que cela faisait courir à la communauté. Le cardinal nous a retourné le mémorandum sans en avoir pris connaissance et a refusé de nous recevoir. Si peu de courtoisie entre dignitaires religieux est inexcusable.

Antek triture sa fine moustache, signe qu'il se retient de faire une remarque déplaisante.

— OK ! conclut Arthur Gaeth avant de se diriger vers le bar. Nous nous reverrons demain soir.

Le cardinal n'attendait pas une aussi importante délégation. Aussi a-t-il longuement hésité avant de faire introduire dans son bureau les neuf envoyés spéciaux qui lui ont laissé le choix : neuf ou pas un seul. « Au passage, notera Shneiderman, le secrétaire a bien pris soin de repérer lequel d'entre nous avait un visage sémite. »

Les premières paroles de Son Eminence se veulent apaisantes.

« Premièrement, dit-il, le clergé catholique condamne le meurtre. Le meurtre doit être condamné en Pologne, quels qu'en soient les auteurs. Les catholiques considèrent le meurtre comme une abomination qu'il soit commis à l'encontre de Polonais ou à l'encontre de Juifs à Kielce ou où que ce soit dans la république. »

Les journalistes se regardent, étonnés d'une aussi bonne disposition à l'égard du problème qui les amène. Mais le Cardinal s'est remis à parler...

« Deuxièmement, le cours des très hautement regrettables événements de Kielce prouve que la violence n'est pas due à des motifs raciaux. Elle s'est inspirée de raisons différentes, tragiques et fort pénibles.

« Pendant l'occupation allemande des Polonais, eux-mêmes persécutés, ont aidé à sauver des Juifs au risque de leur vie. Beaucoup de Juifs en Pologne aujourd'hui doivent d'avoir survécu à l'aide des Polonais et des prêtres polonais.

« La raison qui veut que ces conditions se détériorent est principalement due au fait que des Juifs occupent actuellement d'importantes fonctions dans le gouvernement de la Pologne et qu'ils s'efforcent d'introduire dans le pays des structures gouvernementales que rejette la majorité des Polonais. C'est triste car cela crée une tension dangereuse.

« Dans la lutte fatale qui se produit sur le front politique en Pologne il est à regretter que des Juifs aient dû payer de leur vie. Mais un nombre disproportionné de Polonais ont également perdu la leur. »

Les journalistes sont littéralement assommés par la haine qui ressort de cette déclaration. Publiés tels quels en

Pologne, les propos du cardinal constitueraient une charge de dynamite incontrôlable. Shneiderman veut le faire vertement remarquer au prélat mais ce dernier devance sa question.

— Je vous mets en garde, messieurs. Cette déclaration est à usage ex-clu-si-ve-ment extérieur. Elle ne devra, sous aucun prétexte, paraître en Pologne.

Cette ingérence dans la liberté de la presse, fût-ce par le plus haut dignitaire de l'Eglise polonaise, n'est pas du goût des journalistes. Ils sont choqués de constater que le cardinal, qui condamne, pour les lecteurs étrangers, la présence de Juifs au sein du gouvernement polonais, hésite à jouer ce petit jeu avec les lecteurs polonais par crainte de représailles.

« Les journalistes étrangers, constate le correspondant du *Jewish Chronicle*, sont sidérés [*astonished*] par ces accusations. Mais ils n'ont pas pour habitude de se soumettre à une censure d'où qu'elle vienne comme le leur conseille la singulière mise en garde du cardinal Hlond. Quant à traiter le pogrome de Kielce " d'événements hautement regrettables " cela tient purement et simplement de l'insulte à la mémoire des victimes [1]. »

— Pourquoi n'avez-vous pas publié de lettre pastorale afin de calmer les esprits ? demande Arthur Gaeth. Tout le monde vous a prié de le faire, les organisations juives, la Ligue contre le racisme, notre ambassadeur...

— J'ai analysé les faits, répond le cardinal, et n'ai pas trouvé suffisamment de raisons pour publier une telle lettre. Mais la situation a évolué, je dois d'abord consulter mes évêques.

La déclaration du primat de Pologne fait, comme prévu, l'effet d'une bombe dans les jours qui suivent. Les grandes organisations juives américaines en appellent au président Truman à qui elles demandent d'intervenir auprès du pape afin qu'il condamne l'antisémitisme en Pologne.

« Justifier les meurtres des Juifs, déclare le communiqué de la Conférence juive américaine, sous prétexte que des Juifs sont au gouvernement équivaut à absoudre les meurtriers. »

Le Dr Joseph Tenenbaum, à peine rentré de son voyage en

1. *Jewish Chronicle*, du 19 juillet 1946.

Pologne, rappelle, dans une déclaration à la presse américaine, « qu'aucun Juif n'occupait une quelconque position d'importance avant la guerre ce qui n'empêchait pas l'antisémitisme d'être alors très florissant ».

A New York, plusieurs congrégations — chrétiennes — religieuses demandent à Truman de rompre les relations avec le Vatican. Des télégrammes partent des chancelleries occidentales en direction de Varsovie. La Ligue contre le racisme et l'antisémitisme en Pologne s'adresse à l'archevêque de Westminster, le Dr Griffin, ainsi qu'au cardinal américain Spellman, ses démarches auprès de Hlond demeurant infructueuses.

La Ligue, dont les activités vont à contre-courant de l'attitude des masses polonaises, a fait distribuer un demi-million de tracts et imprimer 100 000 affiches pour demander aux chrétiens de ne plus attaquer les Juifs. Mais le professeur Julius Gorecki, son infatigable président, reconnaît déjà que la campagne n'aura pas beaucoup d'effet.

Harcelé de toutes parts, le pape fait connaître son avis sur le pogrome de Kielce par l'entremise d'un article publié par *Ari,* organe officieux du Vatican. « Les incidents antijuifs en Pologne, dit l'article, sont le résultat exclusif des passions politiques provoquées par les mesures prises par les AUTORITÉS JUIVES[1]. Les attaques contre les Juifs ne peuvent être considérées sous l'angle racial comme voudrait le faire croire le gouvernement [polonais]. »

A Rome, un porte-parole du Vatican déclare au correspondant de la *Overseas News Agency :* « Le Vatican ne condamne pas le pogrome de Kielce parce que le condamner reviendrait à donner à cette affaire " une saveur partisane et politique "[2]. »

Mais la nouvelle la plus inquiétante vient de... Jérusalem. Elle est ainsi conçue : « Les amis fidèles du général Anders tiendront une réunion afin de célébrer la mémoire des martyrs de Kielce. Seuls les amis d'Anders seront

1. Souligné par l'auteur. Par « autorités juives » il faut naturellement entendre le gouvernement communiste polonais.

2. A peu près à la même date, le Vatican avait demandé au gouvernement polonais de surseoir à l'exécution du Gauleiter nazi Artur Greiser, bourreau de la Pologne occidentale occupée. Greiser fut pendu le lendemain à Poznan, en présence de 15 000 personnes.

autorisés à participer à cette réunion qui aura lieu dans les locaux de la maison polonaise à Jérusalem. »

Par « martyrs de Kielce », précise l'agence de presse *JTA*, l'association entend les neuf pogromistes exécutés pour avoir tué des Juifs au cours du pogrome[1].

Comme il fallait s'y attendre les retombées des exécutions étaient nombreuses. Approuvée par la gauche, condamnée par la droite, mais aussi par des ouvriers d'usine, des avocats, des procureurs, la décision du gouvernement de « donner un avertissement à la réaction fasciste » avait obligé ce dernier à prendre des mesures très strictes pour prévenir d'autres débordements racistes[2]. Ces mesures s'avéraient d'autant plus nécessaires que les déclarations du cardinal Hlond, strictement réservées à l'étranger sur sa demande, alimentaient déjà le fameux bouche-à-oreille local.

Accueillis dans les locaux du Comité central des Juifs de Pologne, les correspondants, qui vont quitter Varsovie dans la soirée, expliquent, d'emblée, le but de leur présence.

— On parle beaucoup, dans les milieux juifs, de cette fameuse lettre pastorale qu'aurait publiée le cardinal Hlond avant la guerre, dit Arthur Gaeth au Dr Berman. Pourriez-vous nous en résumer le contenu ?

Le président se lève, se dirige vers une petite table placée sous une fenêtre, ouvre un tiroir et en retire quelques feuilles de papier. Puis il les tend à l'Américain :

— Jugez vous-même. C'est une version en anglais mais elle est tout ce qu'il y a de plus fidèle.

Arthur Gaeth lit à haute voix à l'intention de ses collègues qui prennent des notes :

« Février 1936. A lire dans toutes les églises... »

— A l'époque, intervient le président, la campagne antisémite était pour ainsi dire... officielle. On cherchait à expulser les Juifs de tout ce qui touchait, de près ou de loin, aux

1. En Palestine où ils étaient stationnés, les soldats polonais de l'armée Anders se livrèrent à des débordements antijuifs. A Rehovot, en septembre 1946, donc deux mois après Kielce, une femme et un jeune homme juifs furent assassinés. La population ayant protesté contre ces agissements, les unités furent alors consignées dans les villes arabes.

2. A Varsovie, au cours d'un match de football, l'équipe de Kielce avait été longuement applaudie par le public dès son entrée sur le stade.

affaires économiques du pays. Mais nous avions de la réserve, nous étions encore plus de 3 millions, alors qu'aujourd'hui...

Le journaliste trouve une contenance dans la reprise de la lecture :

« Un problème juif existe et existera aussi longtemps que les Juifs resteront juifs... Cette question se pose avec beaucoup d'acuité dans notre pays et mérite d'être examinée très sérieusement... C'est un fait que les Juifs combattent l'Eglise catholique. Libres penseurs, ils représentent l'avant-garde de l'athéisme, du bolchevisme et de la révolution... »

De temps à autre Gaeth interrompt sa lecture afin de se rendre compte si ses confrères parviennent à le suivre.

« C'est un fait que l'influence juive sur la moralité est fatale. Les Juifs propagent la littérature pornographique, commettent des fraudes, pratiquent l'usure et sont même impliqués dans l'esclavagisme. »

Dans son fauteuil, le Dr Berman semble pétrifié. De temps à autre, un journaliste fait une réflexion désagréable à l'adresse du cardinal mais le président ne réagit pas.

— Attendez, dit Gaeth, ici la lettre change de ton.

Et il poursuit :

« Tous les Juifs ne sont pas comme je les décris. Et je suis contre un antisémitisme inconditionnel. Il est contraire à nos principes. Il est permis d'aimer les siens plus que d'autres ; il ne l'est pas de détester quiconque, même les Juifs. Il n'est pas permis de se livrer à la violence à leur égard. Il faut se protéger de l'influence pernicieuse juive, boycotter la presse et les publications juives démoralisantes. Mais il n'est pas permis de maltraiter les Juifs, de les battre... »

— Nom de Dieu ! explose l'envoyé spécial du journal français *Combat*. On comprend pourquoi Hitler a pu faire un aussi bon travail en Pologne.

Le Dr Berman s'est levé, à la manière d'un automate :

— Hlond était prêt à nous accepter à condition que nous renoncions à notre foi. Baptisé chrétien, un Juif avait subitement droit à toute son affection. Il perdait tous ses défauts...

Les correspondants se lèvent à leur tour.

— Vous savez, soupire le vieux président, que Hlond se décide, sur l'heure ou demain, d'appeler ses ouailles à plus de modération ne changera rien, mais strictement rien à la situation résultant de Kielce. Elle évolue de manière catastrophique aux yeux de notre Comité.

Ils le regardent, surpris.

— Pourquoi donc ? demande Gaeth.

— Nous savons, depuis quelques jours, que nos Juifs fuient la Pologne en laissant tout derrière eux. Ils traversent la frontière, affolés, traumatisés. Par milliers. Par dizaines de milliers. Bientôt, notre Comité n'aura plus sa raison d'être.

## CHAPITRE XV

# SAUVE QUI VEUT !

Au 7 de la rue Planty, les jours se suivent mais ne se ressemblent plus. Halpert, Gertler, l'ingénieur Rosenkranz, aidés de quelques volontaires, se sont attelés à la tâche la plus pénible de leur existence : « nettoyer » la ville de ses derniers Juifs.

Les rescapés valides sont partis pour Varsovie à bord d'un camion militaire. Le gouvernement a chargé l'armée de la protection des petites communautés que le pogrome chasse de leur lieu de résidence, mais à Kielce le camion mis à la disposition du Comité est presque vide au moment de prendre la route. Par petits groupes, les rescapés du massacre capables de tenir debout se sont discrètement enfuis en direction de la frontière tchécoslovaque. Samuel Cantor, le militant communiste venu à Kielce pour se mettre au service de la Pologne socialiste, fait partie des nouveaux exilés dont il a lui-même organisé la fuite par une nuit sans lune vers la mi-juillet.

Transférés à bord d'un train sanitaire spécial dans un hôpital de Lodz, où des médecins juifs les ont pris sous leur protection, les blessés ont eu droit, en quittant la gare de Kielce, aux quolibets d'un groupe de Polonais venus « saluer » leur départ.

— Ils nous ont amené le communisme et maintenant ils s'en vont, ont dit les Polonais à la vue des civières que les soldats installaient dans le train.

Gertler n'a pas prêté la moindre attention à ces propos. Le

train emmenait avec lui quatre siècles d'histoire. Les Juifs n'en étaient pas à leur première expulsion de la ville. Déjà, en 1535, grâce à un « privilège » accordé par le roi, Kielce avait pu se débarrasser des réfugiés d'Allemagne. Revenus en 1833, expulsés à nouveau en 1847, ils sont 101 ceux qui, en 1852, réussissent à s'accrocher. Le cimetière, où reposent les victimes du pogrome, date de cette époque-là. La communauté compte 25 000 personnes en 1939. Elle enterrera ses morts dans l'antique cimetière jusqu'à l'arrivée des SS qui en feront un lieu d'exécutions. Les Polonais venaient de terminer leur tâche. Kielce, désormais et pour toujours, était *Judenrein.*

Fin juillet, tel un commandant de navire après un naufrage, le Comité qui est resté jusqu'au dernier Juif, se dissout. Halpert, Gertler, Rosenkranz prennent à leur tour le chemin de Varsovie.

Mordekhaï Gertler n'est pas prêt d'oublier l'atmosphère qui régnait, cet après-midi-là, au siège du Comité central.

« Nous avons cru pénétrer à l'intérieur d'un asile de fous. Depuis le pogrome, les locaux du Comité étaient littéralement assiégés par des gens venus de partout, par leurs propres moyens ou dans les fourgons de la police, habituellement réservés aux criminels. Ils n'avaient que ce qu'ils portaient sur le dos et un peu d'argent pour acheter éventuellement un garde au moment de traverser la frontière. Tous, sans exception, étaient effrayés, terrifiés à l'idée de passer un jour de plus en Pologne. La psychose du pogrome prenait des proportions gigantesques. Dès qu'une porte s'ouvrait sur un nouvel arrivant, les gens se ruaient sur lui pour savoir quelle avait été l'étendue des " massacres " dans sa région. A la faveur de la nuit, les locaux se vidaient pour être aussitôt pris d'assaut le lendemain matin, à la première heure, par d'autres réfugiés. Les Juifs étaient en proie à une hystérie collective, laquelle n'était pas sans rappeler les premiers jours de l'occupation. Les bruits les plus contradictoires circulaient dans Varsovie à propos de ceux qui fuyaient en abandonnant tout derrière eux. On citait des chiffres, des cas. Tel village s'était vidé d'un coup, telle ville avait déjà perdu plus de la moitié de ses Juifs. Nous avons vécu un psychodrame en permanence jusqu'au jour où l'on s'est rendu compte que la réalité dépassait la fiction. Les chiffres, qu'on croyait fantaisistes, se révélèrent tout ce qu'il y a de plus exacts[1]. »

Le journaliste Léon Leneman est toujours à Varsovie où il « couvre » les événements pour plusieurs journaux hors de Pologne.

Sous le titre « Un flot de Juifs polonais, pris de panique, s'écoule vers les frontières dans une débâcle indescriptible », il note, le 27 juillet :

« Même si nos réflexes se sont considérablement détériorés, même si nous avons pu nous habituer à toutes sortes de catastrophes et d'horreurs, nous, les Juifs de Pologne, avons reçu, avec l'atroce boucherie de Kielce, un choc sans précédent. [...]

« Les Juifs qui émigrent ne sont plus seulement ceux qui n'ont pas pu trouver une situation et s'établir définitivement. On abandonne son bel appartement de Silésie, son bureau ou son atelier, on s'organise en groupe et, après s'être trouvé un guide, on se met en route. [...]

« SI LES FRONTIÈRES ÉTAIENT OUVERTES, IL NE RESTERAIT PLUS, DANS QUELQUES JOURS, QU'UN NOMBRE RESTREINT DE JUIFS EN POLOGNE. [...]

« Mais les frontières sont fermées, en droit comme en fait. Certes, ces derniers temps, la police des frontières n'a pas été la source de beaucoup d'obstacles. On ne note pas de cas de refoulement de Juifs. Ce périple reste malgré tout une fuite, toujours liée aux risques de vol et à des événements imprévus. Cependant, les Juifs ne prennent pas garde au danger encouru et, par milliers, franchissent les frontières, en particulier celles de Tchécoslovaquie. Le nombre de 20 000 Juifs émigrés ce mois-ci ne paraît pas exagéré. Il arrive que les Polonais d'une petite ville, s'étant levés à l'aube, s'aperçoivent qu'au cours de la nuit, la ville s'est vidée de ses Juifs. Tous, y compris le Comité et toutes les organisations, ont quitté l'endroit... et la terre de Pologne. Parfois, les Juifs vont de ville en ville, à la recherche de parents. Chemin faisant, ils rencontrent un groupe de Juifs qui se dirigent vers la frontière, s'y joignent immédiatement et tous quittent le pays[2]. »

1. Entretien avec l'auteur.
2. *Haboker*, 27 juillet 1946.

Les nouvelles, qui se confirment, d'un exode massif, provoquent, début août, une conférence générale des rabbins et des responsables de toutes les communautés. Une douzaine de rabbins ont fait le voyage jusqu'à Varsovie. Ils viennent de Stettin, de Gliwice, de Sosnoviec, de Lodz... La conférence se tient rue Twarda, au Centre des Congrégations religieuses juives qui rouvre ses portes. Après d'importants travaux de réparations — les Allemands et les bombardements ayant causé d'importants dégâts aux bâtiments — l'inauguration de ce Centre devait être placée sous de meilleurs auspices mais l'heure n'est pas aux réjouissances.

Au train où vont les choses depuis la première quinzaine de juillet, il ne restera bientôt plus de Juifs sur qui veiller, tant du point de vue du corps que de l'âme. A quoi serviront alors les institutions, charitables ou religieuses, éducatives ou sociales voire sportives péniblement reconstituées à l'aide des millions de dollars envoyés par les Juifs américains ?

Rester ? Partir ? Rester avec ceux qui croient encore que leur avenir est lié, malgré tout, à la Pologne, ou partir avec ceux qui ne parviennent pas à surmonter leur incommensurable peur ? Le dilemme est total, profond, vieux comme le peuple juif.

A l'instar du colonel Kahane, aumônier militaire toujours en service, les autres rabbins doivent tous leur survie à leur séjour en Union soviétique pendant la guerre. Rentrés depuis peu avec l'espoir de reconstituer une nouvelle vie spirituelle pour les rescapés, ils sont, moins que quiconque, enclins à abandonner les Juifs, qui décideront de rester, à l'arbitraire de l'assimilation.

Mais rabbins et agnostiques travaillent dans le vide le plus complet. De quoi demain sera-t-il fait ? Sur les 200 000 Juifs présents avant Kielce combien en restera-t-il lorsque se seront calmés les esprits ?

Les discussions dans la grande salle remise à neuf s'éternisent mais aucune décision ne peut être prise.

Finalement, les camarades communistes sont les seuls à adopter une attitude sans équivoque : l'avenir des survivants ne peut s'imaginer ailleurs qu'en Pologne socialiste, amie et alliée de la grande nation soviétique.

Leur discours, en tout point semblable à celui que dispensent à longueur de journée les organes de propagande officiels, n'impressionne guère les autres délégués. Tout au plus estiment-ils choquant que des Juifs osent parler, après Kielce, de lendemains qui chantent en Pologne. Mais les staliniens ne s'arrêtent pas à ce détail.

— Nous ne devons pas renoncer, lance le premier camarade ; nous devons combattre aux côtés de l'ensemble de la démocratie polonaise contre les réactionnaires. Lorsqu'on tue les Juifs, ce n'est pas tant eux-mêmes que l'on vise que les forces démocratiques. Il faut augmenter, autant que faire se peut, la productivité des Juifs dans ce pays. C'est par un travail en commun dans les ateliers, les mines et les usines que se fera l'assimilation, l'intégration pleine et entière des Juifs dans une Pologne libre et indépendante[1]. Demain la Pologne sera un pays riche, prospère, et nous, les Juifs, nous serons fiers d'être polonais.

Une atmosphère de gêne s'abat sur l'assemblée, la première de ce genre à se tenir autour d'une même table.

Pourtant un deuxième orateur communiste se lève. Convaincu, à juste titre, de la prédominance de leur tendance au sein du Comité[2], il se veut conciliant et convaincant à la fois.

— Notre pays est en ruine. Il a besoin de bras et de cerveaux ; les grands seigneurs ont été chassés de leurs terres. Ils sont, enfin, privés de leurs prérogatives et ne pourront plus exploiter la paysannerie. Libres, mangeant à leur faim, les paysans polonais, enfin tirés de leur obscurantisme moyenâgeux, ne seront plus antisémites.

Un vieux rabbin s'écrie : « Comme à Kielce », mais l'orateur l'ignore.

— Il n'y aura plus de pogrome dans ce pays car le Juif est devenu un citoyen à part entière.

Les autres écoutent sans broncher, habitués à ce genre d'exercice de la part de gens qui prennent leur désir pour la réalité. Mais l'orateur ajoute :

1. Un « Commissariat à la Productivité » des Juifs avait d'ailleurs été créé deux semaines après le pogrome.

2. Ce groupe ne constituait pas un parti en soi mais se présentait comme une cellule du Parti communiste polonais. De la même manière les socialistes juifs (*Bund*) tendaient à devenir une section du Parti socialiste polonais.

— Il faut montrer aux provocateurs fascistes et antidémocratiques que les Juifs sont capables de résister à toute provocation, d'où qu'elle vienne.

Un rabbin a levé la main. Il est jeune et porte les vêtements traditionnels qui en Russie n'ont choqué personne. Originaire de Biélorussie, il a accepté, de bon gré, de participer à la renaissance d'une communauté en Silésie.

— Provocation ! Provocation ! Vous n'avez que ce mot-là à la bouche. Fasciste, cette femme qui a dirigé le pogrome en criant « Mort aux Juifs » ? Fascistes, ces enfants polonais qui ont applaudi chaque fois qu'on jetait un Juif par la fenêtre ? Fascistes, ces militaires qui ont tout saccagé, tout volé rue Planty ?

Le jeune rabbin s'éponge le front. Le mois d'août est encore plus chaud que juillet.

— *Provokatia !* C'est un mot facile pour justifier l'injustifiable, reprend le jeune homme sans lâcher du regard les camarades qui viennent de parler. Les journaux de gauche comme de droite en sont remplis ; les partis s'accusent mutuellement et le cardinal prétend que la présence des Berman, des Minc, des Zambrowski et autres [1] est l'unique raison qui a poussé 20 000 Polonais à lapider des Juifs !

Le jeune garçon fait une pause avant de conclure :

— Provocation ! Grâce à vous, camarades communistes, les assassins de Kielce ne sont pas des Polonais mais des... provocateurs. Au nom des victimes, je vous en remercie.

Les autres rabbins hochent la tête en guise d'approbation. Kahane reste impassible. Près de lui, Antek Cukierman, qui représente les sionistes, semble se concentrer sur la lecture d'un journal. De temps à autre il caresse sa fine moustache, jette un regard indifférent sur l'assemblée et reprend sa lecture.

Seuls de tous les présents, les sionistes ont depuis longtemps viré leur cuti. Les problèmes psychologiques des communistes qui se débattent dans leurs propres contradictions sans oser s'avouer que la cause est perdue d'avance, comme ceux, d'ordre religieux, des rabbins, moralement

1. A l'époque ministres communistes juifs du gouvernement de coalition.

tenus de demeurer sur place aussi longtemps qu'une âme juive se cramponnera aux chandeliers, ne les intéressent guère, aujourd'hui moins que jamais. En transit en Pologne, en attendant que s'ouvrent les portes de la Palestine, ils ont signé, le 30 juillet, un accord secret avec les autorités polonaises, accord qu'ils se garderont bien de porter à la connaissance de cette assemblée.

Le rabbin se rassied, le front ruisselant de sueur. Antek sourit. Depuis une semaine, les dispositions ont été prises le long des frontières pour permettre aux hommes de l'organisation[1] de mettre sur pied les réseaux de passeurs rendus nécessaires par ce premier exode massif vers l'Allemagne et l'Autriche. Comme prévu, les camarades juifs communistes se sont opposés à cet accord, mais les ministres concernés ont tenu bon. Et déjà les groupes de jeunes pris en charge par les convoyeurs font route vers l'ouest.

Antek n'entend pas entamer la même polémique qui l'a opposé, au printemps dernier, aux communistes du Comité. A l'époque, ceux-ci ont pu rejeter l'offre de la Suède de prendre en charge des orphelins juifs afin qu'ils se refassent une santé avant de partir sur la terre de leurs ancêtres. Mais il y a eu Kielce. L'accord secret signé par les sionistes avec les autorités compétentes enlève désormais aux délégués communistes toute prérogative, ce qui va peser lourd dans la balance[2].

La présence de Kahane, homme modéré, d'une culture et d'une intelligence qui en imposent, n'est pas fortuite. Depuis que le colonel a « vu » Kielce, lui qui connaît le mieux les sentiments des Polonais tant civils que militaires, il a tiré un trait sur ses projets d'avenir en Pologne.

— Jamais jusqu'ici, dit Kahane, il n'y eut autant de haine envers les Juifs sur le sol polonais. Quelle valeur, quelle

1. Rappelons qu'elle avait pour nom hébreu *Berikha* (la fuite). Les principaux responsables en étaient des Juifs palestiniens, anciens officiers de l'armée britannique, auxquels de nombreux Juifs européens prêtèrent main-forte.

2. A partir de cette attitude négative des communistes, des voix, de plus en plus nombreuses s'élèveront pour demander qu'un nouveau Comité central soit élu. Ce sera peine perdue, le gouvernement devant prendre en main, dès 1947, les destinées des Juifs qui auront cru bon de demeurer en Pologne.

signification peut encore avoir notre vie face à tant d'animosité ? Je ne blâme pas les autorités, elles ne sont pas responsables. Je dis même que sans ce gouvernement nous aurions un Kielce tous les jours.

Partir ? Rester ? Kahane a le mot de la fin :

— Chaque parti politique est libre de son choix. Je demande à chacun de prendre une décision en son âme et conscience.

A quelque temps de là, le colonel, rangeant son uniforme dans une armoire, se réfugiera au Venezuela.

L'exode se poursuit. Fin août, les chiffres officiels annoncent que « plus de 30 000 » personnes ont déjà quitté la Pologne, mais ce chiffre s'avère très approximatif. A la conférence où « aucun consensus n'avait pu être atteint » les rabbins s'étaient inquiétés de la disparition rapide de leurs ouailles. Leurs inquiétudes se révélaient parfaitement fondées.

A Gliwice, par exemple, sur 7 000 âmes au début de juillet, il n'en reste plus que 1 000 au retour du rabbin, et la fuite continue.

A la faveur de la nuit, les appartements se vident, désertés par des familles entières qui craignent d'être attaquées et dévalisées par leurs voisins au cas où ceux-ci les surprendraient en train de transporter tout ce qui est transportable. Le reste, meubles, vaisselle, linge, vêtements, est abandonné au profit des Polonais qui s'en emparent aussitôt.

Guidé par la peur, le Juif errant retrouve ses réflexes, quelques instants mis de côté, dans l'euphorie des promesses égalitaires. Pour courir plus vite, pour aller plus loin, ailleurs, il n'emporte que ce qui est monnayable, échangeable contre un peu de liberté.

Officieusement lié par son accord, le gouvernement fait savoir, officiellement, qu'il ne peut s'opposer à cette hémorragie autrement que par la force, ce qui, dans un tel contexte, n'entre pas en ligne de compte.

Cependant, les autorités de Varsovie s'inquiètent d'une autre source de fuyards. Polonais, civils ou militaires, gardes-frontières ou guides, hommes, femmes, enfants profitent du départ des Juifs pour abandonner le pays. Ironie de l'histoire, après les Juifs qui, il y a tout juste un an, se sont fait passer pour des Allemands expulsés des régions de l'Ouest, c'est au tour des Polonais de devenir provisoirement « Juifs » au moment de choisir la liberté [1].

Les Juifs qui hésitent à prendre une décision n'en sont pas pour autant quittes avec le pogrome de Kielce. La violence, plus sporadique, n'en continue pas moins de s'exercer.

Ainsi, le 30 août au matin — « à dix heures », précise la presse polonaise de ce jour — un train qui ramène un convoi de rapatriés d'Union soviétique est attaqué à deux reprises juste après avoir franchi la frontière. Trois Juifs, pris au hasard, sont jetés à l'extérieur et tués sur-le-champ. Parmi eux se trouve Joseph Lapidus, 50 ans, membre important de la Commission des rapatriements russo-polonaise. Aussitôt, les représentants vont se plaindre auprès du général Radzkiewicz, le ministre de la Sécurité.

— Voici une liste de Juifs assassinés dans les trains depuis le début des opérations. Nous pensions que, après Kielce, les meurtres prendraient fin.

— Moi aussi, répond le général. Mais nous allons faire le nécessaire.

S'il n'y avait eu que les trains...

Ce même jour, le 30 août, un attentat a failli coûter la vie à Marek Edelman, l'ancien membre de l'état-major des combattants du ghetto vivant à Lodz. C'est le deuxième attentat contre sa personne en quelques semaines. « Sérieusement blessé à la jambe, dit le rapport, Marek Edelman risque l'amputation. Aucun de ses assaillants n'a pu être arrêté [2]. »

Dans un village près de Walbrzych, non loin de la frontière, le corps d'un jeune enfant chrétien est jeté, un matin, par-dessus la barrière d'un campement de jeunes pionniers juifs en instance de départ. Le corps, par chance, a été découvert par un moniteur au cours de sa ronde, avant que la rumeur d'un meurtre rituel ne dégénère en pogrome.

Deux heures plus tard, le camp était rendu aux villageois. Les installations avaient coûté très cher au *Joint* américain.

1. D'abord réfugiés politiques puis « économiques » ils seront, 40 ans plus tard, plusieurs milliers à fuir leur pays. Les moyens utilisés aujourd'hui — croisières en bateau, voyages en autobus, visite à des amis ou mariage avec des étrangers — sont, évidemment, beaucoup moins dangereux qu'alors.

2. Retiré de la vie publique, cardiologue réputé, Edelman est l'un de ceux, Juifs déclarés, que l'idée de fuir ne semble pas avoir effleuré. Il est toujours à Lodz.

A Bytom, ville minière de Silésie, une femme a essayé de voler une paire de chaussures dans le seul magasin tenu par un Juif. Prise sur le fait par le propriétaire, qui se lance à sa poursuite, elle se met à hurler que « les Juifs veulent lui prendre son sang ». Les badauds entourent bientôt l'homme à bout de souffle qui leur paraît, effectivement, très excité. Les premiers coups pleuvent. C'est au tour du Juif de hurler qu'on l'assassine. Une patrouille de police passe par hasard. Depuis l'affaire de Kielce, les ordres sont très stricts...

Fin août, tous les camps d'entraînement sionistes de la région de Lodz — où ils étaient le plus nombreux — sont désertés par leurs occupants. On signale également le départ d'une trentaine d'écrivains et d'artistes à qui l'on a soudainement accordé un visa de sortie qui se faisait attendre. Il y a, parmi eux, des gens déjà illustres comme l'écrivain Berlinski, sa femme Lilia Felman, ex-actrice du théâtre juif de Moscou, le poète Isaac Perlov. Ils viennent tout juste de rentrer d'Union soviétique.

Les rumeurs de massacres restent, pour les Juifs, incontrôlables comme restent incontrôlables, pour les autorités, les rumeurs de crime rituel. « Sans ce gouvernement, a dit le rabbin Kahane, il y aurait un Kielce tous les jours. » Le rabbin, les documents le prouvent, savait ce qu'il disait. Que ce soit à Sosnowiec où un enfant porté disparu sera retrouvé à... 220 mètres de sa maison, ou à Lublin, où l'effervescence est à son comble, après que plusieurs personnes ont été découvertes assassinées, l'intervention de la police permet d'éviter le pire. Pourtant...

A Klodzko, en Basse-Silésie, une femme, Janina Kostek, parvient à répandre rapidement une rumeur, inhabituelle, donc plus efficace. « Une jeune fille polonaise, M^lle^ Wanda T., a été violée par un Juif. » Heureusement, là encore, la police veille. Mais aux policiers venus l'arrêter, Janina Kostek déclare : « J'espérais pouvoir, à moi seule, déclencher un autre Kielce. »

Les journalistes étrangers en poste en Pologne voient à nouveau leurs articles occuper la « une » des quotidiens ou des agences qu'ils représentent. « Les Juifs quittent la Pologne, en grandes quantités », ou encore : « L'exode des Juifs fuyant les massacres, qui s'ajoutent au génocide des

9/10e d'entre eux, se poursuit sans relâche », sont les deux titres qui reviennent sans cesse sous la plume de ces correspondants[1].

Il est vrai que vers la fin du mois d'août, on parle déjà de plus de 100 000 Juifs qui auraient réussi à traverser la frontière tchécoslovaque ou celle de la zone soviétique de l'Allemagne[2]. Sur les 26 000 pionniers installés à Stettin et dans cette région privilégiée, il n'en reste déjà plus que 6 000 en attendant de nouveaux départs.

Si cette fuite fait l'affaire des Polonais, antisémites ou non, qui héritent ainsi d'une manne supplémentaire inespérée, si, dans une certaine mesure, elle soulage les autorités pour qui les Juifs représentent un sujet d'inquiétude superflu, elle jette la consternation parmi les camarades communistes dont le rêve est en train de s'effondrer.

Peu crédibles, à la merci du Parti, rejetés par une majorité de leurs coreligionnaires, ils sont d'autant plus impuissants à endiguer le flot des fuyards qu'une nouvelle rumeur, une de plus, s'est mise à circuler dans les rangs des candidats à l'évasion : bientôt, très bientôt, les frontières allaient se refermer hermétiquement et les Juifs seraient pris au piège.

Qui a eu intérêt à répandre ces bruits ? Personne ne peut répondre[3]. Mais aucun de ceux qui veulent partir ne tient à courir le risque d'en constater, à ses dépens, le bien-fondé. Et, pour ajouter encore à la panique, la Grande-Bretagne venait, très officiellement, de demander à la Roumanie, à la Tchécoslovaquie et à un certain nombre d'autres pays d'Europe occidentale, de mettre fin à l'émigration illégale des Juifs.

A ce moment-là, les camps de *DP* d'Allemagne et d'Autriche avaient fait le plein, en attendant que s'ouvrent les portes de la Palestine[4].

1. Collections *le Monde, New York Times, Newsweek, Manchester Guardian,* etc.

2. Laquelle deviendra, en 1949, la République démocratique allemande, DDR.

3. Les témoins interrogés sont en général d'avis qu'il s'agissait d'un « prolongement de la peur ».

4. Cet exode massif, provoqué par les meurtres et les pogromes, contribuera largement à la création de l'Etat d'Israël en 1948. Le pogrome de Kielce sera même évoqué à l'O.N.U.

A Cracovie où il vit depuis la libération, Michel Borwicz [1], journaliste et écrivain, sent qu'il est de son devoir de réagir face à une situation qu'il déplore. Très introduit dans les milieux intellectuels polonais qui le considèrent comme un des leurs, il entreprend aussitôt de rédiger un ouvrage pour expliquer, aux uns et aux autres, comment on a pu en arriver là dans une Pologne libérée et, exceptionnellement, favorable à la minorité juive. Le livre s'intitulera : *l'Organisation de la rage.*

« J'ai essayé de décrire, le plus minutieusement possible, les moyens utilisés par les nazis pour répandre l'antisémitisme dans les pays occupés et plus particulièrement en Pologne. J'ai expliqué, preuves à l'appui, comment un tel phénomène a pu se produire, en Pologne, après le génocide. La rage antijuive avait été scientifiquement organisée. Kielce en était l'un des résultats. Je soutiens une chose : on a parlé de provocation mais jusqu'à aujourd'hui personne n'a pu prouver d'où elle est venue, personne.

« Il est vrai que les fascistes polonais agissaient à l'époque comme de véritables terroristes, notamment contre la présence soviétique et partant, la présence des Juifs, assimilés aux staliniens.

« En fait, il existe deux hypothèses :

« — La provocation fasciste ;

« — La provocation communiste.

« Je réponds à cela : pour qu'une telle provocation réussisse encore faut-il que les conditions soient réunies. Or, à Kielce, elles l'étaient [2]. »

La rage, avant qu'elle ne soit organisée par les Allemands entre 1939 et 1945, avait pourtant fait un certain nombre de victimes en Pologne entre l'indépendance (1919) et la Seconde Guerre mondiale. Déjà, à cette époque, le monde civilisé avait été terrifié par les pogromes de Lwow, de Przytyk, de Varsovie, de Kielce. Les excès antisémites avaient chassé des milliers de Juifs vers l'Europe occiden-

1. Homme fin, imprégné de culture polonaise, l'ancien commandant Michel Borwicz est certainement le plus polonais des témoins qu'il nous a été donné de rencontrer. Sa démarche pour une réconciliation entre Juifs et Polonais est très critiquée par ceux qui la rejettent et la considèrent comme impossible.

2. Entretien avec l'auteur.

tale, les Amériques du Nord et du Sud. Jonathan Grynspan avait 20 ans quand il arriva en France, « couvert de pansements » à la suite d'une blessure qui avait failli lui coûter la vie... à Kielce précisément.

« C'était le 11 novembre 1918, le jour de l'armistice. Les Juifs, alors très attachés à la Pologne, s'étaient réunis dans la grande salle du théâtre *Polski* afin de célébrer l'événement.

« Hitler n'était pas encore passé par là, mais l'idée de se débarrasser de nous, à la faveur de l'indépendance, continuait à faire son chemin. Ce fut terrible. Un ami eut la langue coupée, une femme le ventre transpercé par une lame de baïonnette. Un coup de hache m'a fendu le crâne. Le pogrome de l'armistice se solda par trois morts et quelques blessés mais il jeta le trouble parmi les Juifs parce qu'il servait d'avertissement, les Polonais prenant la relève des Cosaques. Ainsi la ville de Kielce aura eu le triste privilège d'avoir été le théâtre du premier et du dernier pogrome en Pologne[1]. »

Les souvenirs de Mordekhaï Gertler ne remontent pas aussi loin quand bien même ils n'ont rien à envier à ceux de ses aînés. Mais il sera surtout frappé par l'attitude des uns et des autres au lendemain de la tragédie.

« Après le pogrome on nous a donné beaucoup de conseils sur la manière d'éviter les massacres à l'avenir. Les Russes partaient du principe que nous devions renoncer à récupérer nos biens, ceci afin de ne pas nous attirer les foudres des Polonais qui en avaient hérité.

« Le gouvernement, camarades juifs en tête, nous demandait de participer à la lutte contre les réactionnaires et de devenir, tous sans exception, de fervents adeptes du régime. Pour que nous puissions être acceptés, il était nécessaire de nous transformer en ouvriers productifs, à être, en quelque sorte, professionnellement " invisibles ". Hitler ayant rendu la Pologne aux Polonais, nous n'avions plus le droit de nous occuper de commerce, de politique, d'art. En fait, ce gouvernement avait dix ans d'avance[2].

1. Entretien avec l'auteur.

2. Le témoin fait allusion aux campagnes antisémites qui, en 1956, puis en 1968, chasseront les Juifs de l'administration et, partant, de la Pologne. (Voir Epilogue.)

# Jewish Protest Committee Against Pogroms.

(Representing Synagogues, Friendly Societies, Trade Unions, and other Jewish Organizations.)

## THE MASSACRE OF JEWS IN POLAND.

### A MANIFESTO.

4, Fulbourne Street, London, E.1.

Ever since Poland regained her independence last November the Jews in that country have been the object of ceaseless persecution. Anti-Jewish outrages have taken place in over 140 towns and villages, in which hundreds of Jews have been killed and thousands wounded. Jewish dwellings and shops without number have been plundered, synagogues have been desecrated, and cemeteries have been defiled. In several towns, especially Lemberg, Jewish synagogues, houses, and shops have been burned to the ground. Jewish women and girls have been dishonoured, and old men have been tortured and humiliated by the violent tearing of their beards. Those who have committed and continue to commit these atrocities are the Polish townsfolk and soldiery, who are allowed to carry on their barbarous work without hindrance.

Protests against these savage excesses have been made in all parts of the world, in Paris and New York, in Boston and Geneva, in Montreal and Copenhagen. Questions have been asked in the House of Commons. The Council of Four at the Peace Conference have made strong representations to the Polish Peace Delegation in Paris.

But the killing and plundering of the Jews in Poland still continues. Reports come daily of butchering, looting and brutal assaults. Are these never to cease? Are the Poles to be allowed to go on massacring until no Jews are left?

The cry of the countless victims ought to rouse the conscience of the world. But still nothing is done to help them.

We must protest in the name of humanity against the crimes that are committed against our brethren.

We must protest publicly, emphatically, and repeatedly until the Allied Powers take drastic action and put a stop to this dreadful scandal.

We can help only by protesting again and again until the Powers listen and do their duty.

A Jewish National Day of Mourning and Protest will take place on Thursday, June 26th, 1919, when every Jewish worker is pledged to cease work and all Jewish shops and businesses of every description are to be closed. The day is to be recognised as a day of fasting and prayer and memorial services will be held in every synagogue where Jewish men, women, and children are expected to attend.

A Mass Meeting, arranged by the above Committee, will also be held at the People's Palace, Mile End, at 11 A.M. addressed by prominent Englishmen, to be followed by a demonstration at the Queen's Hall, Langham Place, W., at 3 P.M., under the auspices of the Anglo-Jewry.

We are confident that no Jew worthy of the name will stand aloof from active participation in this day of mourning and protest.

J. L. Fine, *Hon. Secretary.*

---

J. B. FRANCIS, 11 and 13, Bream's Buildings, Chancery Lane, London, E.C.4

COMITÉ JUIF DE PROTESTATION
CONTRE LES POGROMES

**Le massacre des Juifs en Pologne**

MANIFESTE

Depuis que la Pologne a accédé à son indépendance en novembre dernier (1918) les Juifs de ce pays sont l'objet d'incessantes persécutions. Des émeutes antijuives se sont déroulées dans 140 villes et villages, faisant des centaines de morts et des milliers de blessés. [...] Dans certaines villes et notamment à Lemberg (Lwow) des synagogues, des magasins, des maisons ont été détruits, des femmes et des jeunes filles déshonorées, des vieillards torturés et humiliés. [...] Ceux qui ont commis et continuent à commettre ces atrocités sont des Polonais, civils et militaires, agissant en toute impunité.

Des protestations contre ces actes de barbarie s'élèvent de toutes parts dans le monde, à Paris comme à New York, à Boston comme à Genève, à Montréal comme à Copenhague. Des questions sont posées à la Chambre des communes. A la Conférence de la paix à Paris des démarches énergiques ont été entreprises auprès de la délégation polonaise.

Cependant, les meurtres et les pillages de Juifs en Pologne se poursuivent. Les rapports faisant état de ces actes sanguinaires sont quotidiens, Vont-ils un jour cesser ? Les Polonais auront-ils le droit de massacrer les Juifs jusqu'au dernier ? [...]

*Affichette apposée sur les murs de Londres en juin 1919 et appelant à une journée nationale de deuil et de protestation contre les massacres de Juifs en Pologne.*

« La hiérarchie catholique, les Hlond, les Kaczmarek et tous les curés partageaient cet avis. Pour eux, la présence des Juifs, dans la politique et l'administration, expliquait les meurtres et les pogromes. Sur le dos des Juifs, Polonais de droite et Polonais de gauche réalisaient un consensus, le seul au demeurant : nous faire disparaître en tant que tels. Pour mériter l'insigne honneur d'être citoyens polonais nous devions en passer par là [1]. »

Ils sont un peu plus de 100 000, les Juifs qui refusent cet honneur dans les trois mois qui suivent le pogrome. Mais leurs motifs, selon qu'ils ont survécu à l'holocauste ou qu'ils ont trouvé refuge en URSS, sont très différents. Mordekhaï Gertler, Yehiel Halpert et ceux qui, comme eux, ont connu la terreur nazie répondent à un instinct de protection qui leur a, jusqu'ici, sauvé la vie.

« Les nouvelles générations, qui n'ont pas connu cette époque, ne peuvent pas, fort heureusement, comprendre ce que représentent cinq années de peur quotidienne, de cavale, de problèmes, ne serait-ce que pour se procurer un morceau de pain ou une chemise. La guerre finie, nous pensions être libérés de cette peur, mais c'était une erreur. Elle est revenue à la première alerte. Pour les " Russes " c'était différent. Ils n'avaient pas connu la terreur de l'occupation, ils refusaient de connaître celle de la liberté, même en Pologne. Aucun d'entre nous n'a accepté la théorie de la provocation. Cantor, Halpert, le pauvre Preis, moi-même et beaucoup d'autres, nous savions, depuis des mois, que quelque chose se préparait à Kielce. Il ne se passait pas de jour sans qu'une de mes vieilles connaissances polonaises, que je rencontrais en ville, ne s'étonne de ma survie. Au début nous n'étions que quelques-uns, pas trop voyants. Puis des Juifs sont revenus... en masse. Pensez ! Une centaine sur 25 000 ! C'était trop. Le cordonnier ivrogne a dû monter le coup un soir de beuverie chez des amis. A notre avis, c'est lui-même qui a mené l'enfant chez le fermier de Bielaki. Après, il a raconté son histoire, une histoire que la population attendait avec impatience. Alors, que les historiens polonais, qui ont pris la relève, ne nous parlent pas de provocation. Nous sommes formels

1. Entretien avec l'auteur.

sur ce point. Il n'y en a pas eu parce qu'il n'y en avait pas besoin[1]. »

Gertler quitte la Pologne, la peur au ventre mais la conscience tranquille, vers la fin du mois d'août. A l'exception des Juifs « invisibles » restés volontairement à Kielce[2], il a veillé à ce que tous ceux qui ont fait appel à son dévouement soient en sécurité.

Il ne retournera jamais dans sa ville natale. La maison de ses parents, l'usine, les souvenirs, tout a été versé au chapitre des « profits et pertes de l'holocauste ». En sortant du camp de Personnes déplacées, il s'arrêtera, par hasard, à Francfort et s'y établira, « les Allemands n'ayant été antisémites que par accident ».

Yehiel Halpert, son épouse et quelques autres rescapés du massacre de la rue Planty n'auront pas pu supporter longtemps l'hystérie qui régnait dans les locaux du Comité à Varsovie. A leur tour, ils prendront le chemin de l'exil via Stettin et Berlin sans bagages et sans argent. Dans la chambre qu'il occupait au deuxième étage, les soldats ont tout raflé, même l'argent envoyé par les Américains, anciens de Kielce, que le Comité s'apprêtait à distribuer aux nécessiteux le matin de ce 4 juillet. C'est d'ailleurs pour cela qu'ils étaient si nombreux à s'être retrouvés dans la maison ce jour-là.

A partir des camps d'Allemagne et d'Autriche, les Juifs peuvent choisir leur destin. Halpert partira pour la Palestine cependant que d'autres iront ailleurs, parfois par hasard, au gré des quotas d'entrée, ici ou là.

Entre 100 000 et 120 000 Juifs décident de rester de leur propre chef. Tous ne sont pas communistes, tous n'occupent pas de hautes fonctions dans l'administration, tous ne sont pas « invisibles ». Juifs déclarés qui croient encore que les Polonais vont revenir à de meilleurs sentiments, ou camarades du Parti, convaincus que le jour viendra où le socialisme sera à même de régler tous les problèmes, pour eux comme pour l'ensemble des citoyens de ce pays, leur décision, qui découle de motifs divers, est parfaitement

1. Mordekhaï Gertler, entretien avec l'auteur.

2. Il en restait trois, selon ses informations. L'un d'eux, marié à une Polonaise, est mort il y a quelques années. Il fut le dernier Juif de la ville. Son fils a, depuis, émigré au Danemark.

logique, même si, par la suite, ils seront les premiers à la regretter.

L'infatigable Dr Sommerstein, qui s'est dépensé sans compter pour « ses » Juifs, n'est pas de ceux-là. S'ajoutant aux années de Goulag russe, la violence quotidienne, qui a fait officiellement plus de 1 500 morts depuis la libération, est venue à bout de sa résistance. Au crépuscule de sa longue vie d'homme de bien, il sera grand temps de reprendre, une dernière fois, ses béquilles.

Il finira ses vieux jours comme le bon Dr Adolf Berman [1] et comme beaucoup d'autres qui, un instant, ont cru pouvoir inverser le cours des choses, sur la terre de ses ancêtres.

Antek Cukierman ira, lui, jusqu'au bout de son idéal. Sioniste, il a combattu dans le ghetto, les égouts, les rues de l'insurrection ; sioniste il demeurera pour fonder, avec ses camarades de combat, le « Kibboutz des combattants du ghetto », là-bas, en Israël, près de la frontière libanaise, en souvenir de tous ceux qui ne sont plus là, morts pour la liberté, celle des Juifs comme des Polonais.

Moshé Lisiak se considérait comme privilégié à Wroclawek depuis que le « petit » pogrome fomenté par les paysans s'était soldé par une reprise en main des forces de l'ordre commandées par un coreligionnaire. Il avait même pu reprendre son ancien métier, « un métier de Juif », dans le cadre d'une coopérative de tailleurs agréée par les autorités. Le massacre de Kielce avait, dès le lendemain, mis quelques machines à coudre au chômage. Moshé, responsable du syndicat, avait cru de son devoir de rester... quelque temps encore.

Mais l'ambiance, à Wroclawek comme ailleurs, s'est peu à peu détériorée. Le commandant juif de la place a été appelé à d'autres fonctions.

Un matin, la machine de Moshé Lisiak changea de propriétaire.

Sam Silver — il a anglicisé son nom — est un de ces Juifs laissés pour morts dans le couloir du deuxième étage de la rue Planty. Lui aussi a été sauvé pendant la guerre par un paysan polonais « un juste parmi les justes », près de

1. A ne pas confondre avec son frère Yakub, l'éminence grise du régime, dont on disait qu'il était le seul, en Pologne, à posséder une ligne téléphonique directe avec Staline.

Chmielnik, dans le district de Kielce. Il a même fait le nécessaire auprès de Yad Vashem à Jérusalem afin que « ces gens courageux aient droit à la reconnaissance du peuple juif ». La famille a reçu la médaille frappée tout spécialement en l'honneur de ces hommes et de ces femmes extraordinaires, Polonais mais aussi Allemands, Tchèques... qui ont couru un risque énorme.

Citant le Talmud de Babylone, la médaille rappelle que « celui qui sauve une vie, sauve l'humanité ».

Sam a passé près de quatre mois à l'hôpital de Lodz, entre la vie et la mort.

Il a survécu en Grande-Bretagne où une organisation juive de charité s'occupait des orphelins expédiés plus ou moins clandestinement de l'Europe de l'Est.

C'est là que nous l'avons rencontré.

Le home d'enfants dont s'occupait Sholem Rosenberg à Kolumna dut fermer ses portes bien avant les événements de Kielce. Dans la région de Lodz, avec l'arrivée des « Russes », la communauté avait pris trop d'ampleur et les soucis s'accumulaient.

« Nous sommes partis comme des voleurs, laissant derrière nous tous ceux que nous avions connus, aimés. Les Allemands avaient tout détruit, tout saccagé. Nous ne voulions pas que cela recommence. C'est dur de raconter de telles choses. Excusez-moi. »

Sholem Rosenberg n'est plus un jeune homme. Mais son chagrin n'a pas une ride.

Max Glait vit depuis 40 ans à Montréal, au Canada. Lui aussi a été compté, le soir du 4 juillet, parmi les morts avant d'être sauvé, in extremis, par quelqu'un qui l'a vu bouger dans le camion qui partait à la morgue. Frappé à coups de gourdin, à la tête et dans les reins, il a été jeté dans la foule, au début de la deuxième vague d'assaut.

« Provocation ! Pour nous, il n'y a pas eu de provocation. Nulle part ailleurs on ne pourrait faire déplacer 20 000 personnes pour tuer des gens si elles ne sont pas déjà prêtes à le faire. Les Polonais peuvent raconter ce qu'ils veulent, que c'est la gauche qui l'a organisé pour discréditer la droite. D'autres soutiennent que c'est cette dernière qui a fait le coup pour gêner le pouvoir. Quelle importance pour les victimes ? Comment expliquer ce climat propice, cette foule armée de gourdins, de barres de fer, de couteaux et venue faire couler le sang ? Vous savez ce qu'il a dit aux policiers, Blaszczyk, le père du gosse ? Il leur a dit : " Depuis que j'occupe l'appartement d'un Juif, j'ai formé le projet de décourager les Juifs de revenir à Kielce. C'est pourquoi j'ai ressorti le vieux truc du kidnapping d'un enfant. J'en avais un, c'était facile[1]. " Les autres ont suivi comme un seul homme parce qu'ils en avaient envie.

« Quand j'ai quitté la Pologne, dans un piteux état, j'ai juré de ne jamais plus remettre les pieds en Europe. J'ai tenu ma promesse[2]. »

Dénoncé ainsi que son père, par un *Schmaltzovnik,* Léon Abramowicz tentait, tant bien que mal, de « vivre avec sa bosse » à Varsovie. Fonctionnaire dans un ministère, la nouvelle du massacre de Kielce lui était parvenue par petites bribes, selon ce qu'en disaient les journaux polonais. Ils avaient d'abord parlé de deux morts, puis de dix, rarement du chiffre exact.

« Dans les bureaux, les Juifs invisibles se reconnaissaient subitement à l'expression de leur visage au moment de prendre connaissance des nouvelles.

« A voir la mine atterrée de certains on se disait : Tiens, celui-là aussi est juif ! C'est dire à quelle extrémité nous en étions réduits, volontairement qui plus est.

« Après Kielce beaucoup, comme moi, ont fait leur examen de conscience. Ceux qui ont alors compris que la Pologne était devenue une terre sans avenir pour les Juifs en ont tiré la seule conclusion qui s'imposait : partir.

« En fait, si le fascisme, après la guerre, a survécu quelque part, c'est bien en Pologne et uniquement en Pologne. Sans la présence de l'Armée rouge, des élections libres auraient sans doute donné une écrasante majorité à l'extrême droite. Le clergé, les militaires, les " gars dans la forêt " — une force non négligeable — étaient viscéralement anticommunistes. Certains pays occidentaux étaient d'avis, sans le dire ouvertement, que seule la force armée soviétique pouvait venir à bout de ce pays fasciste.

« Provocation ? Certes les " staliniens " n'étaient pas à une

1. Blaszczyk avait même ajouté : « Je ne voulais pas tuer les Juifs ou déclencher un pogrome. Je ne pensais pas que toute cette affaire déboucherait sur une émeute. (Déclaration faite à M. Checinski, officier de la Sécurité en 1946, et répétée en 1961.)

2. Entretien avec l'auteur.

provocation près. Mais encore fallait-il disposer de suffisamment d'exécutants. Ce ne sont pas les soldats soviétiques qui ont envahi la rue Planty. Entre Juifs et soldats russes il n'y a pas eu d'incidents majeurs. Au contraire, beaucoup de nos gens ont été sauvés par les Russes des mains des Polonais. Je n'invente rien, les preuves existent. C'est vrai que les Juifs préféraient avoir affaire à l'Armée rouge qu'à la Wehrmacht. On nous a beaucoup reproché l'accueil que nous avions réservé aux *Ruskis*. Pour les Polonais, nous étions des collaborateurs du nouvel occupant. Or, si avant la guerre, les Juifs représentaient les 9/10^e^ du Parti communiste polonais, après la guerre ce n'était plus le cas. Ils étaient même la minorité.

« Mais pour que vos lecteurs puissent se faire une idée de la portée psychologique du pogrome sur les Juifs à l'époque, et encore aujourd'hui, il faut comparer ce qui est comparable : que dirait-on de Français qui seraient allés massacrer les rares rescapés d'Oradour-sur-Glane après la guerre ou de Tchèques qui en auraient fait de même à Lidice[1] ? La situation des uns et des autres était la même, toutes proportions gardées[2]. »

Un matin de septembre 1946, Léon Abramowicz, reprenant et son patronyme et sa « bosse », ne s'est pas rendu au ministère.

Il est monté dans un train qui partait vers l'ouest, vers la liberté...

Léopold Gertler, qui, avec son épouse, s'occupait de la recherche des enfants sauvés de l'hécatombe, n'est pas retourné à Chelm. Il ne sait pas si les pierres tombales du vieux cimetière pavent encore la grande rue commerçante. Avec leur enfant en bas âge, ils ont traversé la frontière tchécoslovaque où « l'accueil a été chaleureux ». Prague, Vienne, les camps, Paris...

Ils y sont toujours.

Pour Ysok Helman, que le lecteur aura rencontré dans une église un dimanche avant Noël, la boucle était aussi bouclée.

1. Lidice, village de Tchécoslovaquie « rayé » de la carte en représailles contre l'assassinat du SS Heydrich, bras droit de Himmler, par des partisans tchèques venus de Londres.
2. Entretien avec l'auteur.

Seul, perdu dans son village près de Pabianice, il avait continué à assister à la grand-messe malgré les risques et les imprécations antisémites du curé, jusqu'à l'arrivée effective des « Russes et des Juifs », dans la nuit du 19 au 20 janvier 1945.

La paix revenue, Ysok a repris le chemin de Lodz, sa ville natale, sans se préoccuper du sort que la police russe allait réserver à l'homme d'Eglise libéré, malgré lui, par ses ennemis.

A Lodz, Ysok avait subi un premier choc, fin juin 1946, juste avant le pogrome de Kielce. Son ami d'enfance, Fishké Neuman, le jeune leader socialiste, étudiant en médecine comme lui, avait été assassiné par d'autres étudiants qui lui avaient tranché la tête. Seul, sans famille, sa première réaction avait été de suivre un groupe de jeunes gens partis en direction de Kalish et de la frontière silésienne. Mais il y avait Génia...

Un matin du mois d'août, au plus fort de l'exode, il avait dit à son amie polonaise :

— Il n'y a plus de place pour nous dans ton pays. Veux-tu me suivre ?

— Oui, avait répondu Génia sans hésiter. Je m'y attendais.

Avant de s'en aller, Ysok Helman a tenu à saluer le paysan, près de Pabianice.

— Reste avec moi, lui a dit le vieux. La vieille est morte, le fils n'est pas rentré de captivité. Je te laisserai la ferme. La propriété est petite, ils ne te la prendront jamais.

Le vieil homme était triste.

— Merci, a répondu Ysok. Les Juifs arrivent, les Juifs repartent. C'est leur destin.

— Mais Stefan, tu es des nôtres, tu es Polonais. Je te demande de rester.

— Même si je le voulais je ne le pourrais pas, a ajouté Ysok que le vieux appelait toujours Stefan.

En quittant la ferme, il s'est retrouvé dans la rue principale du village, désemparé, franchement malheureux. Devant l'église il a eu un instant d'hésitation. Puis il a repris son chemin. A quoi bon ? Des gens, dans la rue, le saluaient, lui demandaient des nouvelles de sa santé ; certains croyaient même qu'il était revenu pour s'occuper de la ferme, comme avant.

Ysok Helman abandonnera la Pologne, avec regret, le 16 août 1946, pour s'installer, avec Génia, à Vancouver, au Canada, où il vient de prendre, en mars 1984, sa retraite de pédiatre.

Une année a passé. A Kielce, ce 4 juillet 1947, premier anniversaire du pogrome, quelques dizaines de Juifs venus de Varsovie, de Lodz, de Czestochowa, de Radom vont se rendre au cimetière où doit être inauguré un monument à la mémoire des victimes. Des invités polonais seront là, eux aussi, représentant les autorités du district, l'armée, les partis politiques.

Le train est arrivé quelques heures avant l'heure fixée pour la cérémonie. Dans une ruelle, proche de la rue principale, les Juifs attendent, adossés à un mur, le camion qui doit les conduire au cimetière. Ils restent debout sous le soleil. Il n'y a plus de maison juive à Kielce pour les recevoir. Les grands bâtiments de la rue Planty, dont les murs ont été recouverts de chaux blanche, sont redevenus propriété de la ville.

Dans les rues, des jeunes gens et des jeunes filles se promènent en se tenant par la main. Les Juifs attendent, toujours debout. Vers une heure, le camion arrive.

Au cimetière, l'atmosphère est insoutenable. Un linceul noir recouvre la fosse commune.

Le monument est simple, presque trop discret. Il comporte les noms des victimes avec une inscription : « Aux quarante-deux martyrs assassinés le 5 Tamouz 5706 [1]. Que l'Eternel venge leur sang. » La liste des morts n'est pas complète, à cause des Juifs inconnus venus mourir à Kielce par hasard, en cherchant un refuge.

Trente-trois ans plus tard, un petit groupe de Juifs américains, originaires de Kielce, en visite en Pologne, a voulu rendre hommage aux morts du dernier pogrome.

Ted Grass, William Mandel et Zalman Lerer, guidés par leurs souvenirs, ont dû chercher longtemps. Le cimetière juif de Kielce n'existe plus. Il a été transformé en terrain de sports.

De retour à New York, ils s'empressent d'en avertir l'Association de bienfaisance des Juifs de Kielce qui existe

1. Date du calendrier hébraïque correspondant au 4 juillet 1946.

depuis 1905. L'avocat de l'Association, Irving Markowitz, adresse aussitôt une lettre au Dr Ryszard Frelek, ambassadeur de Pologne aux Etats-Unis et représentant permanent de son pays aux Nations unies;

« Votre excellence,

« Je dois attirer votre attention sur le fait que lors d'une récente visite à Kielce, trois représentants de notre Association ont été horrifiés de découvrir que le cimetière juif de cette ville a été saccagé [*vandalized*]. Toutes les pierres tombales ont été enlevées des tombes, brisées et empilées dans un coin. Le cimetière a été transformé en terrain de football.

« J'attire tout spécialement votre attention sur la destruction du monument élevé à la mémoire des 45 enfants — âgés de 18 mois à 10 ans — assassinés par les nazis. Cette destruction est un acte sacrilège...

« J'attire également votre attention sur le fait qu'un autre monument, élevé à la mémoire des victimes du pogrome du 4 juillet 1946, a été également détruit.

« J'ai été prié de porter à votre connaissance ces faits déplorables et j'ose espérer que le gouvernement polonais fera le nécessaire afin que ces monuments soient reconstruits et le cimetière restauré...

« La communauté juive ainsi que le monde entier vous en seraient reconnaissants.

« Sincèrement vôtre.

« Irving Markowitz[1]. »

L'avocat attend encore sa réponse.

Pour le chercheur étranger, que rien n'attire à Kielce si ce n'est la conscience professionnelle, la quête n'est guère plus aisée. Le guide polonais, soudain, a des trous de mémoire. A Kielce, on sait seulement que « les Juifs sont partis pour les Etats-Unis au temps de... l'occupation ». Le cimetière, les monuments, les fosses communes sur lesquelles s'ébattent les enfants ont dû, eux aussi, vraisemblablement, émigrer.

Henryk Blaszczyk, l'enfant par qui arriva le malheur, échappe à cette occultation nationale. Depuis 40 ans il attire les curieux. Mais parfois il ne se souvient de rien. Question

1. Copie de la lettre a été adressée à plusieurs membres du Congrès américain.

de visiteurs ! N'est pas Polonais qui veut, même pour les besoins d'une enquête.

Les nouveaux livres d'histoire polonais, les guides, les dépliants touristiques se gardent bien de mentionner les pogromes antijuifs, anciens ou récents. Même le *Guide des lieux de lutte et de martyre* qui signale toujours au visiteur la présence, dans le quartier de Pakosz, du « cimetière juif où les hitlériens exterminèrent en masse, entre 1939 et 1945, la population polonaise et juive », reste muet sur le dernier pogrome du 4 juillet 1946. Il est vrai que, pour les Polonais, l'horreur a pris fin en 1945.

Sur les plans de la ville de Varsovie offerts aux touristes, le « Monument aux héros du Ghetto » — pourtant très beau et très photogénique grâce au talent du sculpteur Rappaport — a été oublié.

Pourquoi Henryk Blaszczyk nous rafraîchirait-il la mémoire à la place des plans et des brochures ? Ce n'est pas son rôle. Et pourquoi un étranger s'intéresserait-il à ces vieilles histoires ?

Le jour où la curiosité m'a conduit à Kielce, j'ignorais un détail : Arnhem, la ville de Hollande où près de 10 000 soldats alliés sont morts dans les combats pour libérer l'Europe du joug nazi, a renoncé à son projet de se jumeler avec la ville de Kielce. Pourtant, des parachutistes polonais de l'armée britannique sont enterrés dans l'impressionnant cimetière d'Arnhem.

Le nom de Kielce n'a pas été associé à celui de la petite ville hollandaise. A cause du pogrome et sur intervention des Juifs qui, à défaut de monument et de cimetière, ont conservé, intacts, leurs souvenirs

## ÉPILOGUE

Les circonstances ayant mené au pogrome de Kielce restent, depuis 40 ans, entourées du plus profond mystère. De même, les principaux aspects de ce massacre et des suites judiciaires censées en découler continuent-ils d'être occultés ou déformés par les historiens polonais officiels.

Mot clé pour expliquer l'attitude de milliers d'habitants d'une ville anonyme, capables, sur une simple rumeur, de se transformer en assassins, la « provocation » avait, jusqu'ici, donné lieu à deux hypothèses :

1 — La provocation fasciste : soutenue par le régime qui en rendait responsables la droite et l'extrême droite fascisantes et ouvertement antisémites.

2 — La provocation communiste : soutenue par l'opposition d'alors qui voyait dans ces excès une manœuvre du gouvernement et de Moscou pour détourner l'attention internationale de la falsification des résultats du référendum du 30 juin 1946.

A l'époque, une rumeur avait circulé sur la responsabilité des Juifs eux-mêmes dans cette affaire. Le contexte avait évité d'y donner suite.

Or, la rumeur vient d'être reprise. Officiellement. En 1983, à un moment où une poignée d'hommes de bonne volonté se préoccupaient de réconcilier Juifs et Polonais.

La version « provocation sioniste » a pris la forme d'un ouvrage de 271 pages. Il a pour titre : *Esquisses, les Relations polono-juives entre 1918 et 1949*. Pour auteur, un journaliste, Jozef Orlicky. Pour éditeur, la très officielle Agence nationale polonaise d'éditions *Krajowa Agency*.

Tiré à 50 000 exemplaires, cet ouvrage constitue un événement exceptionnel dans la Pologne d'aujourd'hui où les tirages de ce genre, consacrés à feu le judaïsme polonais, dépassent rarement les 2 000 exemplaires.

Balayant les hypothèses d'antan, la « provocation sioniste » surgit 40 ans plus tard, dans une Pologne nettoyée de tous ses Juifs, d'abord par Hitler, ensuite par les Polonais. Pourquoi ? Dans quel but ?

Michel Borwicz, l'homme qui lutte désespérément pour une meilleure compréhension entre Juifs et Polonais, est catégorique :

« Ecrit à la manière des propagandistes nazis, cet ouvrage est, en quelque sorte, un événement. Est-ce vraiment le journaliste qui l'a écrit ou sert-il d'autres intérêts plus obscurs ? En tout état de cause il a dû, obligatoirement, être agréé par la censure officielle et c'est ce qui nous paraît le plus inquiétant. La démarche qui veut que les Juifs aient eux-mêmes organisé le massacre de Kielce est malsaine, car il y a quelqu'un, aujourd'hui, en Pologne qui se charge — ou qui est chargé — de propager de telles monstruosités [1]. »

Destiné, en raison de son tirage, à une partie au moins de ces Polonais « nés après la guerre et qu'on ne peut pas tenir responsables des crimes de leurs pères ou de leurs grands-pères », l'ouvrage traite en dernier lieu du pogrome de Kielce.

« Il faut rappeler, écrit en substance l'auteur, que les nationalistes juifs soupçonnent la nation polonaise d'un antisémitisme traditionnel et zoologique. Parfois même, ils imputent à cette dernière leurs propres crimes. A notre époque, cette accusation se rapporte au prétendu pogrome de Kielce.

« Il n'y avait pas de Juifs communistes à Kielce mais un groupe de sionistes formés en kibboutz au 7 de la rue Planty.

« Qui donc pouvait avoir besoin de cette tragédie et pourquoi ? Plus d'un lecteur se posera la question. Le profit de cette tragédie est allé uniquement aux sionistes car, après Kielce, plus de 200 000 Juifs [sic] se retrouvèrent à l'étranger poussés par la peur.

« A qui a profité le crime ? Est-ce que le sionisme aurait

1. Entretien avec l'auteur.

été suffisamment cynique, après des années de pratique hitlérienne de l'extermination, pour réaliser son programme au prix de tels sacrifices ?

« La provocation sioniste de Kielce n'a été ni la première ni la dernière. Donc nous pouvons répondre affirmativement à la question. [...].

« Si le pogrome de Kielce n'avait eu pour seules victimes que des dirigeants communistes juifs, alors on pourrait supposer qu'il était l'œuvre de l'état-major du général Anders.

« Mais alors, pourquoi limiter l'action à la seule ville de Kielce ? »...

La polémique est inutile, les pages qui précèdent prouvant amplement que les 1 500 morts de l'après-guerre en Pologne n'ont pas tous été assassinés un 4 juillet 1946 dans un immeuble situé au 7 de la rue Planty à Kielce.

Mais « l'erreur » qui consiste à citer le chiffre de « plus de 200 000 Juifs » ayant fui à l'époque la Pologne n'est pas fortuite. Elle permet à son auteur de passer sous silence le sort qui fut réservé, par la suite, à ceux qui avaient choisi, malgré tout, de rester. Ils étaient plus de 100 000, camarades communistes, Juifs invisibles vivant sous une fausse identité, Juifs déclarés tenant à leur spécificité, fonctionnaires et ouvriers, artisans et rabbins, policiers et militaires de carrière, médecins, intellectuels, artistes, enfants ayant appris les prières chrétiennes pour passer inaperçus et qui, refusant la fuite et l'exil, rejetant le sionisme et le capitalisme, s'étaient accrochés à un pays considéré comme étant le leur et le seul.

Beaucoup s'étaient reniés, avaient supporté n'importe quelle humiliation dans l'unique but d'être acceptés par les autres.

Les pogromes « à froid » les en ont, depuis, chassés. Par vagues successives dans les années 50 et 60, après que l'antisémitisme d'Etat eut remplacé les pogromes sauvages et l'antisémitisme populaire. Le drame de ceux-là dépasse notre propos.

Anticapitalistes installés depuis en Occident, antisionistes réfugiés en... Israël, les Juifs « polonisés » de l'après-Kielce assistent aujourd'hui dans l'indifférence la plus totale à la fuite d'autres Polonais, chrétiens ceux-là, qu'aucun pogrome ne pousse à quitter leur patrie socialiste.

Ceux « d'avant » Kielce, à la mémoire desquels nous avons fait appel, partagent ce point de vue. Les difficultés, de tous ordres que peuvent rencontrer les Polonais et la Pologne ne les concernent plus.

Tout au plus, ces témoins expriment-ils leur regret, face à l'intérêt des médias pour la mort d'un prêtre polonais assassiné, que leur calvaire à eux et à ceux qui ont payé de leur vie deux années de violence impardonnable soit resté, jusqu'ici, ignoré de leurs contemporains.

Kielce aura été le dernier pogrome, l'aboutissement d'une tragique série d'excès qu'il est vain de chercher à justifier en accusant les victimes.

Occultés ou déformés, selon les besoins, ces excès antisémites de l'après-guerre en Pologne ont définitivement effacé du paysage mille ans de vie juive dans ce pays. C'est au point que, en dehors de ceux qui ont la charge de récrire l'Histoire, le vocable pour les désigner a, lui aussi, disparu de la réalité polonaise. Il est, à son tour, déformé.

Interrogés dans les rues de Varsovie, de Lodz mais aussi de Kielce, les enfants polonais, ceux qui ne peuvent être tenus pour responsables, ont répondu à la question : Qu'est-ce qu'un pogrome ?

— Un pogrome ? Ah oui ! Quand les miliciens chargent les sympathisants de *Solidarnosc*, c'est un pogrome.

Nous n'avons pas cru devoir insister.

# TABLE DES MATIÈRES



## PREMIÈRE PARTIE



## DEUXIÈME PARTIE



## TROISIÈME PARTIE

*Achevé d'imprimer en octobre 1985*
*sur presse CAMERON*
*dans les ateliers de la S.E.P.C.*
*à Saint-Amand-Montrond (Cher)*
*pour Plon,*
*éditeur à Paris.*

Dépôt légal : octobre 1985.
N° d'Édition : 11412. N° d'Impression : 2033-1327
*Imprimé en France*